工业和信息化部“十二五”规划教材
东南大学“十二五”规划立项建设教材

创优系列·电子商务

电子商务
——理论与实践（第2版）

Electronic Commerce: Theory and Practice
Second Edition

吴清烈　等编著

電子工業出版社
Publishing House of Electronics Industry
北京·BEIJING

内 容 简 介

本书讨论企业电子商务应用面临的重要问题，从电子商务概述及其现状与未来、电子商务变革与业务创新、电子商务应用与商业模式、电子商务设计与平台创新、电子商务交易与电子市场、电子商务营销与客户智能、电子商务协作与虚拟社区、电子商务运营与支持服务、电子商务创新与技术支持以及电子商务环境与政府行为10个方面，总结了电子商务应用的基本理念以及相关理论、方法和技术应用，建立了一个比较完整的电子商务理论体系框架。

书中对电子商务的相关概念、原理和方法的讨论，力求联系企业电子商务应用实践，不是简单介绍电子商务的概念和包含哪些内容，而是讨论电子商务应该如何为企业服务或企业应该如何应用电子商务；同时，也介绍长尾理论、大规模协作、众包、免费、群体智慧等网络时代最新理论，以及基于云计算、物联网和大数据等智慧技术和移动互联网的电子商务创新应用，并重点讨论网络团购、社交商务、O2O、C2B、SoLoMo等商业模式以及传统企业基于电子商务的理念创新和业务转型。

本书的体系、内容和结构新颖，在电子商务本质内涵、学科框架、职业岗位、专业人才核心能力以及电子商务应用的专业理念和应用实践方面做了比较深入的讨论，强调理念、方法与技术运用，强调电子商务本质在于基于互联网络创造和变革商业关系、服务和管理业务创新，强调服务创新理念是电子商务应用的灵魂，充分体现了作者多年来对电子商务应用和人才培养的思考，也包含作者及其研究团队的一些原创性研究成果。

本书适合作为电子商务专业"电子商务理论与实践"或"电子商务导论"课程的教材，也可作为其他专业"电子商务"课程的教学用书。同时，本书也适合广大电子商务从业人员参考使用。

图书在版编目(CIP)数据

电子商务：理论与实践/吴清烈等编著.—2版.—北京：电子工业出版社，2015.11
(华信经管创优系列)
ISBN 978-7-121-27599-9

Ⅰ.①电…　Ⅱ.①吴…　Ⅲ.①电子商务-高等学校-教材　Ⅳ.①F713.36

中国版本图书馆CIP数据核字(2015)第274950号

策划编辑：王志宇(wangzy@phei.com.cn)
责任编辑：王志宇
印　　刷：北京京师印务有限公司
装　　订：北京京师印务有限公司
出版发行：电子工业出版社
　　　　　北京市海淀区万寿路173信箱　邮编　100036
开　　本：787×1 092　1/16　印张：19　字数：487千字　插页：1
版　　次：2015年11月第1版
印　　次：2015年11月第1次印刷
印　　数：3 000册　　定价：39.00元

凡所购买电子工业出版社图书有缺损问题，请向购买书店调换。若书店售缺，请与本社发行部联系，联系及邮购电话：(010)88254888。

质量投诉请发邮件至zlts@phei.com.cn，盗版侵权举报请发邮件至dbqq@phei.com.cn。

服务热线：(010)88258888。

前言

电子商务的时代已经到来，网上购物已经成为人们的消费习惯，“互联网＋”已经成为中国商界和政界的流行词汇。对当今的企业来说，已经不是要不要电子商务，也不是如何看待电子商务的问题，而是如何应用电子商务的问题。

电子商务是21世纪商务领域的新理念和新技术：既是驱动商务创新的最新商业理念，又是商务综合创新的最新商务技术。越来越多的企业把电子商务应用看做降低经营成本、创新业务模式、提升经营业绩、获取核心竞争力和超越竞争对手的战略机会。各国政府尤其是发达国家政府把电子商务作为国家经济政策的一个重要方面，并希望利用它来提升整个国家的竞争力。

随着云计算、物联网、大数据、社交网络和移动互联网等新兴技术的不断发展，网络化与数字化浪潮冲击着社会的方方面面，商业领域中的电子商务变革不断对产业、企业和市场产生巨大影响。很显然，电子商务是互联网革命的必然产物。截至2014年12月，中国网民规模达到6.49亿，中国互联网和电子商务应用有着很好的发展前景。但是，目前中国互联网和电子商务应用的发展远没有美国等发达国家成熟或发达。中国电子商务应用的落后，主要体现在两方面：一是网络信息化基础落后，二是电子商务应用理念落后。

电子商务迅速发展迫切需要培养电子商务专业人才，目前很多所高校都已设立电子商务本科专业，如何培养社会急需的电子商务专业人才是电子商务专业共同面对的问题。在所有问题中，教材是重中之重。能否反映电子商务正确理念是教材能否服务于电子商务专业人才培养的关键。电子商务专业理念不清是人才培养定位模糊的根本原因。《电子商务——理论与实践》是电子商务专业的基础课程，作为教材编著者，本人深感责任重大。

本书对电子商务相关理念的思考源于作者十多年来在东南大学从事电子商务专业人才培养与专业建设工作。东南大学致力于电子商务应用创新人才培养以及一流电子商务专业建设，不断跟踪社会对电子商务专业人才需求的走势，积极探索我国电子商务专业人才的培养模式，在国内率先提出电子商务专业核心能力问题以及区分电子商务专业岗位和普通岗位的必要性，并呼吁在重视电子商务专业教育的同时，也要重视电子商务普及教育和电子商务素质教育。东南大学2002年设立电子商务本科专业，在专业特色上，强调理念、方法和技术，强调服务创新和网络运用。

高层次的电子商务专业人才应该是“战略家”和“建筑师”，而不仅是通常意义上的“工程师”。关于我国企业电子商务发展的瓶颈有很多提法，如物流问题、安全问题等。电子商务中的物流和安全确实是很重要的问题，但在中国，电子商务发展的最大瓶颈应该是企业高层管理人员头脑中正确的电子商务理念的缺乏。对消费者来说，电子商务关注的可能仅是如何在网络平台上进行交易及其相关问题；但对企业来说，电子商务不能仅仅关注如何在网络平台上进行交易，更要关注如何运用电子化渠道开展具体业务。本书作者认为，电子商务不仅是基于电子化互联网络创造和变革商业关系的活动，也是创新和发展业务能力的电子化互联网络应用的过程。

本书讨论电子商务应用面临的重要问题，从电子商务概述及其现状与未来、电子商务变革与业务创新、电子商务应用与商业模式、电子商务设计与平台创新、电子商务交易与电子市场、电子商务营销与客户智能、电子商务协作与虚拟社区、电子商务运营与支持服务、电子商务创新与技术支持以及电子商务环境与政府行为10个方面，总结了电子商务应用的基本理念以及相关理论、方法和技术应用，建立了一个比较完整的电子商务理论体系框架。

书中对电子商务的相关概念、原理和方法的讨论，力求联系企业电子商务应用实践，不是简单介绍电子商务的概念和包含哪些内容，而是讨论电子商务应该如何为企业服务或企业应该如何应用电子商务；同时，也介绍长尾理论、大规模协作、众包、免费、群体智慧等网络时代最新理论，以及基于云计算、物联网和大数据等智慧技术和移动互联网的电子商务创新应用，并重点讨论网络团购、社交商务、O2O、C2B、SoLoMo等商业模式以及传统企业基于电子商务的理念创新和业务转型。

本书的体系、内容和结构新颖，在电子商务本质内涵、学科框架、职业岗位、专业人才核心能力以及电子商务应用的专业理念和应用实践方面做了比较深入的讨论，强调理念、方法与技术运用，强调电子商务本质在于基于电子互联网络创造和变革商业关系、服务和管理业务创新，强调服务创新理念是电子商务应用的灵魂，充分体现了作者多年来对电子商务应用和人才培养的思考，也包含作者及其研究团队的一些原创性研究成果。

本书在写作过程中，得到东南大学电子商务与互联网经济研究中心杨宇、王维、季晶、王璜、黄国芳等研究生的大力支持，他们在本人确定本书详细框架后承担了部分初稿的撰写工作。尽管本书的大部分内容在修改过程中已被重新组织或改写，但对他们所做的工作还是深表谢意。

本书是工业和信息化部“十二五”规划教材和东南大学“十二五”规划立项建设教材。本书在编辑出版过程中，得到电子工业出版社王志宇编辑的大力支持和帮助，在此表示衷心的感谢。另外，在本书的编著过程中，参考了国内外大量文献，并引用了其中有关的概念和观点。在此，对被引用文献的作者也表示衷心的感谢。由于水平有限，书中的缺点和错误在所难免，恳请广大读者和专家们批评指正。

本书适合作为电子商务专业“电子商务理论与实践”或“电子商务导论”课程的教材，也可作为其他专业“电子商务”课程的教学用书。同时，本书也适合广大电子商务从业人员参考使用。

电子商务是一个崭新而又在不断发展的新兴领域，本人期待与感兴趣的同行做进一步的交流，为本书进一步完善和修改提出宝贵建议。欢迎需要教辅资料的教师到华信教育资源网（http://www.hxedu.com.cn）下载或与本人联系，电子邮箱：wql@sina.com；微博（微信）：@水青风扬。“电商实践”APP是为电子商务专业人员关注电商前沿开发的移动应用平台，欢迎各位老师和同学下载使用。

吴清烈

于南京

目　录

第1章

电子商务概述及其现状与未来

内容概要

在这一章，首先介绍电子商务的概念和内涵、E-Business 与 E-Commerce 的区别、对电子商务本质的理解，然后讨论电子商务的主要分类方法、电子商务学科的框架体系以及电子商务应用的职业岗位，最后讨论电子商务产生和发展的现状以及电子商务未来发展的趋势。

学习目标

1. 掌握电子商务的基本概念；
2. 理解 E-Business 与 E-Commerce；
3. 掌握电子商务的本质内涵；
4. 了解电子商务的主要分类方法；
5. 理解电子商务学科的框架体系；
6. 理解电子商务应用的职业岗位；
7. 掌握电子商务专业的能力要求；
8. 了解电子商务的产生与发展现状；
9. 了解电子商务发展的未来趋势。

开篇案例

阿里巴巴的发展历程

阿里巴巴集团，是一家由中国人创建的国际化的互联网公司；经营多元化的互联网业务，致力于为全球所有人创造便捷的交易渠道；自成立以来，集团建立了领先的消费者电子商务、网上支付、B2B 网上交易市场及云计算业务，近几年更积极开拓无线应用、手机操作系统和互联网电视等领域。集团以促进一个开放、协同、繁荣的电子商务生态系统为目标，旨在对消费者、商家以及经济发展做出贡献。阿里巴巴集团由本为英语教师的马云于 1999 年带领其他 17 人所创立，集团由私人持股，服务来自超过 240 个国家和地区的互联网用户；集团及其关联公司在中国、印度、日本、韩国、英国及美国等 70 多个城市共有 20 400 多名员工。

1999 年，马云带领下的 18 位创始人在杭州的公寓中正式成立了阿里巴巴集团。

1999—2000 年，阿里巴巴从软银、高盛、美国富达投资等机构融资 2 500 万美元。

2002 年，阿里巴巴 B2B 公司开始盈利。

2003 年，在马云位于杭州的公寓中，成立个人电子商务网站淘宝。

2003 年，发布在线支付系统——支付宝。

2005 年，阿里巴巴集团与雅虎美国建立战略合作伙伴关系。同时，执掌雅虎中国。

2006 年，阿里巴巴集团战略投资口碑网。

2007 年 1 月，以互联网为平台的商务管理软件公司阿里软件成立。

2007 年 11 月，阿里巴巴网络有限公司在香港联交所挂牌上市。

2007 年 11 月，阿里巴巴集团成立网络广告平台阿里妈妈。

2008 年 6 月，口碑网与中国雅虎合并，成立雅虎口碑。

2008 年 9 月，阿里巴巴与淘宝合并。

2008 年 9 月，阿里巴巴集团研发院成立。

2009 年 7 月，阿里软件与阿里巴巴集团研发院合并。

2009 年 8 月，阿里软件的业务管理软件分部注入阿里巴巴 B2B 公司。

2009 年 8 月，作为"大淘宝"战略的一部分，口碑网注入淘宝，使淘宝成为一站式电子商务服务提供商，为更多的电子商务用户提供服务。

2009 年 9 月，阿里巴巴集团庆祝创立 10 周年，同时成立阿里云计算。

2010 年 3 月，阿里巴巴集团宣布成立大淘宝战略执行委员会，其成员来自淘宝、支付宝、阿里云计算和中国雅虎的高管，以确保"大淘宝"战略的成功执行。

2010 年 5 月，阿里巴巴集团宣布，从 2010 年起将年度收入的 0.3% 拨作环保基金，以促进全社会对环境问题的认识。

2010 年 11 月，淘宝商城启动独立域名 Tmall. com。

2011 年 1 月，阿里巴巴集团宣布将在中国打造一个仓储网络体系，并与伙伴携手大力投资中国物流业。

2011 年 6 月，阿里巴巴集团将淘宝网分拆为三个独立的公司：淘宝网（taobao. com）、淘宝商城（tmall. com）和一淘网（etao. com），以更精准和有效地服务客户。

2012 年 1 月，淘宝商城宣布更改中文名为天猫，加强其平台的定位。

2012 年 6 月，阿里巴巴网络有限公司正式从香港联交所退市。

2012 年 7 月，阿里巴巴集团宣布将现有子公司的业务升级为阿里国际业务、阿里小企业业务、淘宝网、天猫、聚划算、一淘和阿里云 7 个事业群。

2012 年 9 月，阿里巴巴集团完成对雅虎初步的股份回购并重组与雅虎的关系。

2012 年 11 月，淘宝网和天猫平台本年度的交易额突破人民币 10 000 亿元。

2013 年 1 月，阿里云计算与万网合并为新的阿里云计算公司。

2013 年 1 月，阿里巴巴集团重组为 25 个事业部，以更好地迎接中国增长迅速的电子商务市场所带来的机会和挑战。

2013 年 9 月，阿里巴巴集团正式对外发布移动社交产品"来往"，确定无线优先的集团发展战略。

2014 年 2 月，作为天猫平台延伸方案的天猫国际正式推出，让国际品牌直接向中国消费者销售产品。

2014 年 5 月 6 日，阿里向美国证券交易委员会提交了首次公开募股申请。阿里巴巴计划出售 12% 的股份，按其估值推算，这次公开募股融资额将为 200 亿美元左右，超过 2008 年信用卡巨头维萨公司 196.5 亿美元的融资额。

2014 年 6 月，阿里巴巴集团完成收购移动浏览器公司 UC 优视并整合双方业务。阿里巴巴集团开始以阿里电信品牌在中国提供移动虚拟网络运营商服务。

2014 年 7 月，阿里巴巴集团与银泰成立合资企业，以在中国发展 O2O 业务。阿里巴巴集团完成对数字地图公司高德的收购。

2014 年 9 月 19 日，阿里巴巴集团于纽约证券交易所上市。

2014 年 10 月，阿里巴巴集团关联公司蚂蚁金融服务集团（前称"小微金融服务集团"）正式成立。淘宝旅行成为独立平台并更名为"去啊"。

2014 年 10 月 13 日，阿里巴巴在首届浙江县域电子商务峰会上表示，计划在未来 3～5 年内投入 100 亿元发展千县万村计划，即建立 1 000 个县级运营中心和 10 万个村级服务站，带动农村创业机会，让"淘宝村"模式在全国范围推广。

2014 年 10 月 23 日，知情人士透露阿里巴巴集团董事局主席马云正在加大公司与好莱坞的合作力度，将率领一支高管团队与美国电影公司谈判，收购在线内容。业界认为娱乐和电影是阿里生态系统非常重要的组成部分，电影行业将成为阿里重要的增长驱动力。

2014 年 11 月 11 日，阿里巴巴执行副董事长蔡崇信表示，阿里巴巴与苹果公司正在商讨支付领域的潜在合作事宜。

2014 年 12 月 16 日，百度、阿里巴巴集团在全球净数字广告营收市场的份额将超越多数美国同行，直追谷歌与 Facebook。

2015 年 1 月 13 日，易传媒集团宣布，阿里巴巴集团将战略投资并控股易传媒。易传媒仍保持独立运营，与阿里巴巴集团旗下营销推广平台阿里妈妈一起，推动数字营销程序化在中国的发展，并逐步实现大数据营销能力的普及化。

2015 年 2 月 1 日，阿里巴巴集团宣布成立 10 亿港元的香港青年企业家基金，该基金为非牟利性质。

2015 年 2 月 9 日，阿里巴巴集团宣布以 5.9 亿美元战略投资魅族科技，未透露具体持股比例。

2015 年 2 月 10 日，阿里巴巴集团宣布与蚂蚁金服集团完成重组，蚂蚁金服为支付宝的母公司。

2015 年 3 月 11 日，阿里巴巴集团宣布旗下全球批发贸易平台和英国创新借贷机构 ezbob 及 iwoca 达成战略合作，协助英国中小企业在向平台上的中国供应商购买货物时，可更方便地获得营运资金。

2015 年 4 月 15 日，阿里巴巴集团宣布和香港上市的阿里健康信息技术有限公司达成最终协议。根据协议，阿里巴巴集团将转让天猫在线医药业务的营运权给予阿里健康，以换取阿里健康新发行的股份和可转股债券，阿里健康将成为阿里巴巴集团的子公司。

2015 年 5 月 14 日，阿里巴巴集团宣布，已联手云锋基金对国内主要物流快递企业圆通进行战略投资。

（资料来源：百度百科）

上述是阿里巴巴公司的发展历程，可以帮助大家了解电子商务和中国电子商务的现状和未来发展趋势。

1.1 电子商务的概念与内涵

1875 年 6 月 2 日，第一部电话在美国诞生。1946 年，贝尔实验室造出了第一部所谓的移动通信电话。从 1973 年手机注册专利起，直到 1985 年，才诞生第一台现代意义上的、真正可以移动的电话。1946 年 2 月 14 日，世界上第一台计算机 ENIAC 在美国宾夕法尼亚大学诞生。1969 年美国 ARPANET 建成，标志着互联网的诞生。计算机技术和通信技术的结合，诞生了网络，产生了信息高速公路。1987 年 9 月，CANET 在北京计算机应用技术研究所内正式建成中国第一个国际互联网电子邮件节点，并于 9 月 14 日发出了中国第一封电子邮件："Across the Great Wall we can reach every corner in the world(越过长城，走向世界)"，揭开了中国人使用互联网的序幕。自从计算机诞生以来，信息科技发明改变了社会，人类的智慧是无穷的，互联网的发明被称为人类历史上迄今为止的最伟大的发明。计算机和互联网对人类社会的影响是革命性的，所产生的影响不仅在技术层面也体现在社会的方方面面。互联网的发展从根本上改变了人类的生活方式、商业模式和思维方式。随着计算机和互联网技术的迅速发展和广泛应用，电子商务已经成为人们颇为关注的新型商务方式和新兴学科领域。对电子商务定义和电子商务相关概念的讨论，目的在于准确理解电子商务的本质内涵。

1.1.1 电子商务的概念

电子商务并非新事物，早在 1839 年，人们就开始对运用电子手段进行商务活动的讨论。电子商务最早产生于 20 世纪 60 年代，90 年代开始迅速发展。什么是电子商务？电子商务的英文是 Electronic Commerce，简记 E-Commerce、eCommerce 或 EC。在概念上，电子商务有广义与狭义之分。广义的电子商务，就是运用电子化信息技术手段开展商务活动的方式。这样的电子商务应用开始于 70 年代早期，如电子资金传输(EFT)和电子数据交换(EDI)，甚至电话、电报、传真等从事的商务活动都称为电子商务。狭义的电子商务，一般是指通过互联网来实现商品、服务和/或信息的购买、销售与交换。

对很多人来说，E-Commerce 还是一个比较新的概念，并且有很多与其相关的概念，如 E-Business、E-Market、E-Transaction、E-Trade、E-Shopping 等，至今都没有一个统一的定义。不同的国际组织、国家或地区政府机构对电子商务的描述有所不同，不同企业对电子商务的理解也有差别。

联合国经济合作和发展组织对电子商务的定义：电子商务是发生在开放网络上的包含企业之间(Business to Business)、企业和消费者之间(Business to Consumer)的商业交易。全球信息基础设施委员会电子商务工作委员会对电子商务的定义：电子商务是运用电子通信作为手段的经济活动，通过这种方式人们可以对带有经济价值的产品和服务进行宣传、购买和结算。这种交易的方式不受地理位置、资金多少或零售渠道的所有权影响，公有企业、私有企业、公司、政府组织、各种社会团体、一般公民、企业家都能自由地参加广泛的经济活动，其中包括农业、林业、渔业、工业、私营和政府的服务业。电子商务能使产品在世界范围内交易并向消费者提供多种多样的选择。联合国国际贸易法律委员会对电子商务(EC)的定义：电子商务是采用电子数据交换(EDI)和其他通信方式增进国际贸易的职能。

欧洲议会在"电子商务欧洲动议"中给出的定义：电子商务是通过电子方式进行的商务活

动。它通过电子方式处理和传递数据，包括文本、声音和图像。它涉及许多方面的活动，包括货物电子贸易和服务、在线数据传递、电子资金划拨、电子证券交易、电子货运单证、商业拍卖、合作设计和工程、在线资料、公共产品获得等。它还包括了产品（如消费品、专门设备）和服务（如信息服务、金融和法律服务）、传统活动（如健身、教育）和新型活动（如虚拟购物、虚拟训练）等。

1997 年 11 月 6—7 日在法国首都巴黎，国际商会举行了世界电子商务会议，关于电子商务最权威的概念阐述：电子商务，是指对整个贸易活动实现电子化。从涵盖范围方面可以定义为：交易各方以电子交易方式而不是通过当面交换或直接面谈方式进行的任何形式的商业交易；从技术方面可以定义为：电子商务是一种多技术的集合体，包括交换数据（如电子数据交换、电子邮件）、获得数据（共享数据库、电子公告牌）以及自动捕获数据（条形码）等。

美国政府在其《全球电子商务纲要》中，比较笼统地指出：电子商务是通过互联网（Internet）进行的各项商务活动，包括广告、交易、支付、服务等活动，全球电子商务将涉及世界各国。加拿大电子商务协会给出了电子商务的较为严格的定义：电子商务是通过数字通信进行商品和服务的买卖以及资金的转账，它还包括公司间和公司内利用电子邮件（E-mail）、电子数据交换（EDI）、文件传输、传真、电视会议、远程计算机联网所能实现的全部功能（如市场营销、金融结算、销售以及商务谈判）。

通用电气公司对电子商务（E-Commerce）的定义：电子商务是通过电子方式进行商业交易，分为企业与企业间的电子商务和企业与消费者之间的电子商务。企业与企业间的电子商务是指以 EDI 为核心技术，增值网（VAN）和互联网（Internet）为主要手段，实现企业间业务流程的电子化，配合企业内部的电子化生产管理系统，提高企业从生产、库存到流通（包括物资和资金）各个环节的效率。企业与消费者之间的电子商务是指以 Internet 为主要服务提供手段，实现公众消费和服务提供方式以及相关的付款方式的电子化。

IBM 公司提出的 E-Business 概念包括 3 部分：企业内部网、企业外部网、电子商务。它所强调的是在网络计算环境下的商业化应用。不仅是硬件和软件的结合，也不仅是我们通常意义下的强调交易的狭义的电子商务，而是把买方、卖方、厂商及其合作伙伴在互联网（Internet）、企业内部网和企业外部网结合起来的应用。

HP 公司提出 E-Commerce、E-Business、E-Consume 和 E-World 的概念。它对电子商务的定义是：通过电子化手段完成商业贸易活动的一种方式，电子商务使我们能够以电子交易为手段完成物品和服务等的交换，是商家和客户之间的联系纽带。它包括两种基本形式：商家之间的电子商务及商界与最终消费者之间的电子商务。对 E-Business（电子商业）的定义：一种新型的业务开展手段，通过基于 Internet 的信息结构，使公司、供应商、合作伙伴和客户之间，利用 E-Business 共享信息。E-Business 不仅能够有效地增强现有业务进程的实施，而且能够对市场等动态因素做出快速响应并及时调整当前业务进程。更重要的是，E-Business 本身也为企业创造出了更多、更新的业务动作模式。对 E-Consume（电子消费）的定义：人们使用信息技术进行娱乐、学习、工作、购物等一系列活动，使家庭的娱乐方式越来越多的从传统电视向 Internet 转变。HP 所描述的 E-World 不仅仅是一种理想的企业运作和经营模式，同时展示了在未来高度信息化的社会环境下人们的工作和生活方式。E-world 概念可以概括为“一个基础，三个基本点”。以现代扩展型企业为信息技术基础结构，由 E-Commerce、E-Business、E-Consume为基本组成，构成 E-World。

对于电子商务，不同学者从不同角度给出定义。比如美国著名电子商务学者拉维·卡拉科塔(Ravi Kalakota)和安德鲁·温斯顿(Andrew B. Whinston)认为，电子商务是一种现代商业方法，从如下几个不同角度来定义电子商务：

- 从通信的角度定义，电子商务是指在计算机网络上或借助其他电子媒介进行商品、服务与信息的递送或支付；
- 从在线的角度定义，电子商务提供在互联网上购买与销售商品和信息的能力或其他在线服务；
- 从业务流程的角度定义，电子商务是指技术在商业交易和工作流自动化中的应用；
- 从服务的角度看，电子商务是设法达成企业、消费者与管理人员在改善客户服务水平和提高交付速度的同时削减服务成本愿望的一种工具。

西安交通大学李琪教授认为，客观上存在着两类或三类依据内在要素不同而对电子商务的定义。第一，广义的电子商务定义，是指电子工具在商务活动中的应用。电子工具包括从初级的电报、电话到 NII(National Information Infrastructure)、GII(Global Information Infrastructure)和 Internet 等工具。现代商务活动是从商品(包括实物与非实物、商品与商品化的生产要素等)的需求活动到商品的合理、合法的消费除去典型的生产过程后的所有活动。第二，狭义的电子商务定义，是指在技术、经济高度发达的现代社会里，掌握信息技术和商务规则的人，系统化运用电子工具，高效率、低成本地从事以商品交换为中心的各种活动的全过程。

维基百科上对电子商务的定义：电子商务(E-Commerce)是指在互联网(Internet)、企业内部网(Intranet)和增值网(VAN，Value Added Network)上以电子交易方式进行交易活动和相关服务活动，是传统商业活动各环节的电子化、网络化。

1.1.2 E-Business 与 E-Commerce 的区别

E-Business 和 E-Commerce 是目前社会用得最多的两个“E 化”术语。下面，我们讨论一下两者之间的区别。一般认为，E-Commerce 是指比较狭义的电子交易，而 E-Business 除了买卖商品和服务外，还包括客户服务、与商务伙伴之间的合作、网上学习、企业内部的电子交易等。很多学者认为 E-Commerce 是 E-Business 的子集，也有学者认为 E-Business 只是企业内部的 IT 应用；国内很多学者把 E-Business 译为电子商业，另外也有很多学者把 E-Business 和 E-Commerce 都译为电子商务。

国内也有学者把 E-Business 译为电子业务、电子(化)企业或者电子企务。应该说，国内学者把 E-Business 和 E-Commerce 都译为电子商务，不是非常合适，至少从概念上要有所区分，因为 E-Business 与 E-Commerce 在英文中是有区别的。

中国人难以区分 E-Business 和 E-Commerce，源于难以理解 Business 和 Commerce。查英汉词典，Business 和 Commerce 似乎都可译为商业或商务。根据柯林斯高阶英汉双解学习词典，Business 可用作不可数名词，如“Business is work relating to the production, buying, and selling of goods or services.” Business 也用作可数名词，如“A business is an organization which produces and sells goods or which provides a service.”Commerce 一般用作不可数名词，如“Commerce is the activities and procedures involved in buying and selling things.”

在一些国际学术会议中，E-Business 与 E-Commerce 通常是作为两个不同的研究方向列出的。国外对 E-Business 与 E-Commerce 的关系的认识也不尽一致，如大卫·范胡斯(David

Vanhoose）认为，区分 E-Business 与 E-Commerce 很重要，E-Business 是指“在一个组织的内部对电子网络的使用”；E-Commerce 是指“通过以计算机为媒体的电子网络在市场的交易各方之间进行的产品和服务的交换”。E-Commerce 可能会伴随 E-Business 发生但不同于 E-Business。詹姆斯·奥布赖恩（James A. O'Brien）和乔治·马拉卡斯（George M. Marakas）认为，E-Business是应用互联网及其他网络和信息技术来支持 E-Commerce、企业通信与协作和 Web 方式下的企业内部业务流程以及企业与客户、业务伙伴间的业务流程。E-Commerce 是通过各种各样的计算机网络，实现产品、服务和信息的买卖、营销与服务。拉维·卡拉科塔（Ravi Kalakota）与玛西亚·鲁宾逊（Marcia Robinson）认为，E-Business 是运用电子信息技术使各个商业过程、各种应用程序、各个商业系统实行全商业范围的集成。朱迪·斯特劳斯（Judy Strauss）与雷蒙德·弗罗斯特（Raymond Frost）给出了如下关于电子业务（E-Business）和电子商务（E-Commerce）的公式：EB = EC + BI + CRM + SCM + ERP，其中：BI 即商业智能；CRM 即客户关系管理；SCM 即供应链管理；ERP 即企业资源规划。

事实上，E-Business 和 E-Commerce 看问题的角度有所不同。E-Business 强调电子化信息技术对企业主体商业活动（Business）的支持，是指企业如何运用电子信息技术工具来支持自身以及与外部主体间的业务活动。而 E-Commerce 强调电子化信息技术对商业活动主体参与交易过程（Commerce）的支持，一般意义的 E-Commerce 是指企业在外部与客户或者供应商进行产品或服务交易。E-Commerce 的角度可以是一个交易主体之外的角度，E-Commerce 是一个相对宏观视野下的商务行为（方式）。所以，政府一般对 E-Commerce 提得比较多，而企业通常会对 E-Business 提得比较多。

一个企业的 E-Business 可以不仅是 E-Commerce 活动，也未必就是 E-Commerce 活动。但企业要参与 E-Commerce，就必须考虑 E-Business——如何运用电子信息技术工具来支持自身以及与外部主体间的业务活动。在 E-Commerce 时代，E-Commerce 事实上形成了企业的无可选择的商务环境。企业不可能用完全传统的商业活动和商业模式参与 E-Commerce。所以，一个企业考虑 E-Commerce 应用实际上就是在考虑 E-Business 应用，尽管 E-Business 应用可能是局部范围的。对 E-Commerce 与 E-Business 的理解参见图 1-1。

如果我们把客户等交易主体的概念内部化，E-Commerce 的概念有时也可以泛指运用电子化信息技术支持企业与内部员工间的信息交流与服务互动，这时，企业 E-Commerce 概念的范围就很接近 E-Business，但这两个概念的角度还是不一样的。国内有学者把 E-Business 与 E-Commerce 区分为“电子商务活动”和“电子商务交易”。

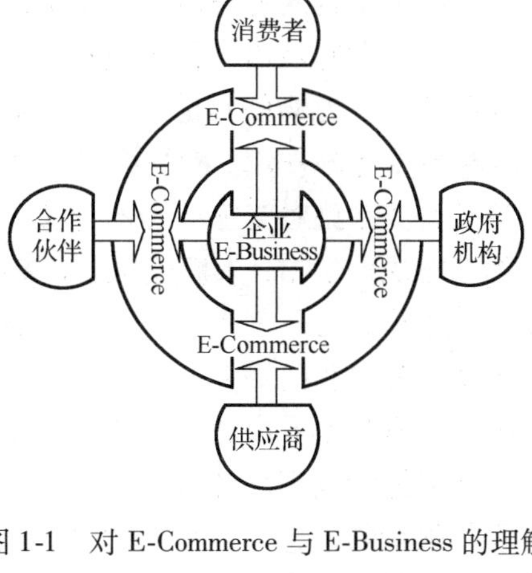

图 1-1　对 E-Commerce 与 E-Business 的理解

E-Business 和 E-Commerce 的概念也可应用到非商业性的机构和组织，这时“交易”活动中的企业或公司就可用一般意义上的“组织”来代替。对非商业性的机构和组织，E-Business 译为“电子业务”比较合适。

在本教材中，E-Commerce 可指比较广义的电子商务，但与 E-Business 在概念上还是应该有所不同。另外，对“电商”的理解，在不同场合，可能也有所不同。E-Commerce 意义的“电商”，不是电也不是商；E-Business 的“电商”，可以指一种业务或一个企业。

1.1.3 电子商务的本质内涵

对电子商务的很多定义，虽然具体表达有所差异，但有一点是共同的，是对电子商务过程和内容的描述。虽然，很多学者强调电子商务是商务，但很难深层次理解电子商务的内在本质。

著名的 Commerce Net 公司对电子商务所下的定义与上述定义有所不同：“电子商务即用互相连接的计算机网络去创造和变革商业关系。”它进一步解释：“其最普遍的用途是通过互联网将买卖信息、产品和服务连接起来，但它也在机构内部通过内部网传输和共享信息，从而改善决策过程和消除重复的劳动。电子商务的新范例并非仅建立在交易上，还与建立、维护和改善现存和潜在的关系休戚相关。”（参见 http://www. commerce. net/ resources/pw/chap1-9/pg2. html）。

2000 年，许多“. com”公司纷纷倒闭，“E 化”经济泡沫的破灭，促使人们对电子商务开始反思。电子商务核心是商务，电子商务更多地要关注商务本身。上述定义强调商业关系的创造和变革。电子商务不是简单地将传统商务电子化或搬到互联网上。企业电子商务应用的重点是建立起与传统商务不一样的商业关系，新的商业关系可能是从无到有的创造，也可能是传统基础上的变革。新的商业关系在技术基础和商业理念上已发生很大的变化。

Commerce Net 公司对电子商务下的定义指出了电子商务的本质：运用电子化互联网络创造和变革商业关系。同时，本书作者认为，在实践中，电子商务不仅是基于电子化互联网络创造和变革商业关系的活动，也是创新和发展业务能力的电子化互联网络应用过程。电子商务在本质上是运用电子化互联网络创造和变革商业关系、创新和发展业务能力的过程，所建立的支持业务创新的商业关系，无论是对客户还是对企业，都会创造新的商业价值。所以，我们可从更一般意义上定义电子商务：电子商务是基于电子化互联网络创造和变革商业关系、创新和发展业务能力的过程，是运用电子化互联网络为不同商业主体创造商业价值的活动。电子商务支持的业务活动，除交易外，还包括服务、沟通和协作等。

著名管理大师彼得·德鲁克认为，信息革命的真正革命性影响才刚刚被人们感觉到，而激起或助长这一影响的不是信息，不是人工智能，也不是计算机和数据处理对决策、政策决定或战略所发生的作用，而是电子商务，即互联网作为推销渠道的出现。电子商务对信息革命的意义类似铁路对工业革命的意义。铁路是工业革命中真正革命性的组成部分。在铁路所创造的心态地理学中，人们征服了距离。而在电子商务的心态地理学中，距离被消除了，只存在一种经济，也只存在一个市场。电子商务的应用使互联网成为创造和变革商业关系、服务和创新业务过程的商务技术，对人类社会正在产生真正革命性的影响。

对电子商务本质内涵的认识具有重要的实践指导意义。电子商务在本质上是运用电子化互联网络创造和变革商业关系、创新和发展业务能力的过程，首先，必须形成商业关系创新支持业务创新的理念。应该如何创造和变革企业与客户（或合作伙伴）间的商业关系？商业关系建立的基础是什么？客户体验和客户感知价值的变化对建立新的商业关系有什么影响？其次，用什么商业模式支持创新的商业关系。电子商务应用总离不开商业模式设计，简单地把传统商业模式搬到互联网上，企业电子商务很难成功，如何才能建立以网络为媒介的商业关系？商业模式的正确选择对电子商务成功十分重要。最后，用什么商务技术支持商业模式和业务能力的创新和发展？商务技术是基于 IT 的商务支持技术，在线商务需要与离线商务不一样的商务支持技术。比如业务流程优化带来的效率对电子商务成功是至关重要的。从技术层面说，电子商务是商业领域的高科技，因为电子商务的成功总离不开创新的商务技术，但我们不能简单把电子商务理解为一般的信息技术。

1.2　电子商务的分类方法

按照不同的角度或标准，可对电子商务进行不同的分类。不同的电子商务类型常常与不同的电子商务理念相对应。通过讨论电子商务的典型分类，可以加深我们对电子商务内涵的理解。

1.2.1　基于数字化程度分类

根据所销售的产品（服务）、销售过程和销售代理（或中间商）的数字化（从实物到数字的转变）程度的不同，可以将电子商务分为完全的电子商务与不完全的电子商务。

在电子商务交易过程中，产品可以是实体的或数字化的，销售过程可以是实体的或数字化的，销售代理也可以是实体的或数字化的。所有可能的组合方案共同形成了 8 个立方体，每个立方体上都有三个维度，参见图 1-2。

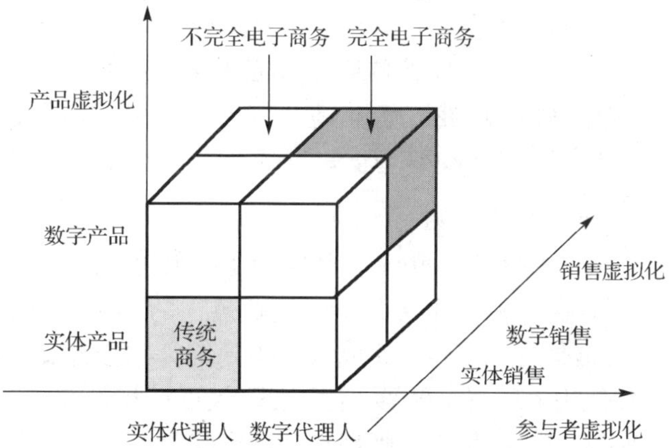

图 1-2　电子商务维度

传统商务的所有维度都是实体的（图 1-2 中左下角的立方体），完全的电子商务的所有维度都是数字化的（图 1-2 中右上角的立方体）。除此之外的立方体包括了数字维度和实物维度的混合。只要有一个维度是数字化的，我们就认为它是电子商务，只不过是不完全的电子商务。例如，从网站上购买一台计算机或购买一本书都是不完全的电子商务，因为商品配送是要靠实体完成的。然而，如果从网站上购买一本电子图书或购买一个软件产品就是完全的电子商务，因为这时产品、配送、付款和到购买者处的传输都是数字化的。

1.2.2　基于网络平台分类

根据企业开展电子商务业务所使用网络类型的不同，电子商务可以分为如下三种形式。

(1)基于EDI的电子商务

这类电子商务是按照一个公认的标准和协议，将商务活动中涉及的文件标准化和格式化，通过计算机网络，在贸易伙伴的计算机网络系统之间进行数据交换和自动处理。EDI主要应用于企业与企业、企业与批发商、批发商与零售商之间的批发业务。

(2)基于互联网的电子商务

这类电子商务是指利用连通全球的Internet网络开展的电子商务活动。在互联网上可以进行各种形式的电子商务业务，所涉及的领域广泛，全世界各个企业和个人都可以参与，正以飞快的速度在发展，其前景十分诱人，是目前电子商务的主要形式。

(3)基于内联网络的电子商务

这类电子商务是指在一个大型企业的内部或一个行业内开展的电子商务活动，形成一个商务活动链，可以大大提高工作效率和降低业务的成本。例如在北京图书大厦，客户通过大厦主页可以查阅和购买北京图书大厦经营的几十万种图书。

1.2.3 基于交易对象分类

根据参与电子商务交易涉及的对象分类，电子商务可以分为以下几种类型。

(1)企业对消费者(Business to Consumer，B2C)的电子商务

这类电子商务是消费者利用互联网直接参与经济活动的形式，类同于商业电子化的零售商务。随着万维网(WWW)的出现，网上销售迅速地发展起来。目前，在互联网上有许许多多各种类型的虚拟商店和虚拟企业，提供各种与商品销售有关的服务。通过网上商店买卖的商品可以是实体化的，例如书籍、鲜花、服装、食品、汽车、电视等；也可以是数字化的，如新闻、音乐、电影、数据库、软件及各类基于知识的商品；还有提供的各类服务，如安排旅游、在线医疗诊断和远程教育等。

(2)企业对企业(Business to Business，B2B)的电子商务

这类电子商务是电子商务应用最重要和最受企业重视的形式。企业可以使用Internet或其他网络对每笔交易寻找最佳合作伙伴，完成从定购到结算的全部交易行为，包括向供应商订货、签约、接受发票和使用电子资金转移、信用证、银行托收等方式进行付款，以及在商贸过程中发生的其他问题如索赔、商品发送管理和运输跟踪等。企业对企业的电子商务经营额大，所需的各种软硬件环境较复杂，但在EDI商务成功的基础上发展得最快。

(3)企业对政府(Business to Government，B2G)的电子商务

这类电子商务覆盖企业与政府组织间的各项事务。例如企业与政府之间进行的各种手续的报批，政府通过互联网发布采购清单，企业以电子化方式响应；政府在网上以电子交换方式完成对企业和电子交易的征税等，这成为政府机关政务公开的手段和方法。

(4)消费者对消费者(Consumer to Consumer，C2C)的电子商务

这类电子商务是指消费者与消费者之间进行的电子商务或网上事务合作活动。这类电子商务借助一些特殊网站在个人之间开展事务合作或商业交易，如网上拍卖、网上事务合作、网上个人广告、网上跳蚤市场等。这里所指的个人可以是自然人也可以是商家商务代表。这类电子商务是近来电子商务发展的一个热点。在中国，各大门户网站，如新浪、搜狐等门户

网站都设有网上跳蚤市场，方便个人之间网上旧货交易。eBay 易趣、淘宝网站等也都是这类电子商务的成功例子。

(5)消费者对企业(Consumer to Business，C2B)的电子商务

这类电子商务是消费者驱动的商务活动。真正的 C2B 应该先有消费者需求产生而后有生产，即先有消费者提出需求，后有企业按需求组织生产。C2B 的交易过程是：由客户选择自己要些什么东西，要求的价格是什么，然后由商家来决定是否接受客户的要求。假如商家接受客户的要求，那么交易成功；假如商家不接受客户的要求，那么交易失败。Priceline 是美国人 Jay Walker 在 1998 年创立的一家基于 C2B 商业模式的旅游服务网站，是目前美国最大的在线旅游公司。海尔是国内率先引入 C2B 定制模式的家电企业，通过海尔商城可以选择容积大小、调温方式、门体材质、外观图案不同的家电。马云认为，C2B 是电子商务的未来，未来的世界由数据驱动，生意将是 C2B 而不是 B2C 模式，用户改变企业，而不是企业向用户出售。

(6)个人对个人(Person to Person，P2P)的电子商务

这类电子商务是发生在个人与个人之间的商务活动。网上个人信贷服务就是一种典型的 P2P 电子商务。目前已有很多 P2P 平台，如 Lending Club、陆金所、人人贷等。有时候，P2P 是 peer to peer 的缩写，peer 在英语里有“(地位、能力等)同等者”、“同事”和“伙伴”等意义。这样一来，P2P 也就可以理解为“伙伴对伙伴”的意思，或称为对等联网。应该注意这里概念上存在的差别。

(7)企业内部(Intra-business)电子商务

这类电子商务是指组织内部的所有互动活动，包括商品、服务和信息等在组织内各部门及个人之间的交换。比如，向员工销售产品、在线培训和合作设计等。

(8)企业与员工间(Business to Employee，B2E)的电子商务

这类电子商务是组织向员工传递服务、信息或产品。其中一类主要的员工是在外流动工作的员工，如区域代表，支持这类员工的电子商务也称为 Business to Mobile Employee，即 B2ME。

还有一些电子商务模式，参与交易的对象有时可能不是人或组织。例如，A2A(Agent to Agent)模式涉及搜索引擎之间的交易；D2D(Device to Device)模式是相互作用的两个设备之间相互搜寻、传递和交换信息，甚至完成交易过程。

1.2.4 基于商务活动分类

按照商务活动功能目标不同，电子商务又可以分为以下三种类型。

(1)内容型电子商务

这类电子商务反映了企业主要依赖于提高网站的内容制作与管理水平，提高本企业电子商务系统的竞争力，实现企业电子商务的目标。如果网站包含的内容(内容本身可能就是产品)质量高、个性化、编排新颖、应用方便、易于理解，就能决定企业开展电子商务具有较强的竞争力。例如，中央电视台开展的收费 IPTV 频道(网络电视)、瑞星的在线杀毒系统、出版社的网络直销系统、保险公司的网上保险平台、律师事务所的网上服务系统。

(2)协同型电子商务

这类电子商务反映了企业主要依赖于提高企业业务部门的协作水平与细化规范交易流程，提高本企业电子商务系统的竞争力，实现企业电子商务的目标。如果网站能更好地与企业后台的生产系统、财务系统、物流系统等进行集成，提高企业内部各部门人员的协作效率与质量，实现业务流程的网络化处理，降低运作成本并能实现快速反应、个性化反应，就能决定企业开展电子商务具有较强的竞争力。例如，戴尔公司的 B2B 系统、海尔集团的 B2B 系统等。

(3)交易型电子商务

这类电子商务反映了企业主要依赖于提高企业交易或服务平台的服务质量、稳定性、应用方便性等方面，提高本企业电子商务系统的竞争力，实现企业电子商务的目标。如果网站能更好地加强交易或服务平台的稳定可靠、应用方便，服务覆盖面广，注重增加交易客户的利益与自助性服务，就能决定企业开展电子商务具有较强的竞争力。例如，中国工商银行的网络银行系统、国美电器集团的网络交易系统等。

除了上述分类方法外，还有按电子商务运作水平分类(分为黄页型、简单型、综合型电子商务)、按电子商务服务范围分类(分为本地型、远程型、全球型电子商务)等一些分类方法。创新是电子商务的内在本质属性。随着支持电子商务的电子信息技术的不断发展，将会不断出现一些新的电子商务形式或电子商务类型，比如 O2O 电子商务、社交电子商务、移动电子商务、对等电子商务、智能电子商务等。

1.3 电子商务学科的概念与体系

企业对电子商务的广泛应用，促使人们思考电子商务领域的相关问题。电子商务已经成为颇为人们关注的新型商务方式，同时也是一门新兴的前沿学科领域。下面主要讨论电子商务学科的框架体系，目的在于对电子商务学科有一个总体认识。

1.3.1 电子商务学科的概念内涵

电子商务在受企业界关注的同时也成为学术界关注的研究热点，电子商务教育也发展迅速，在中国设立本科电子商务专业的高校已有 375 所。毫无疑问，电子商务已经成为一门新兴的前沿学科领域。

电子商务是基于互联网信息技术的新型商务方式，电子商务的相关问题涉及计算机、网络技术、商业、经济、社会、法律、艺术等很多领域。在很多学科领域，都有与电子商务相关的研究，如电子商务经济研究、电子商务管理研究、电子商务法律研究、电子商务安全研究，等等。所以普遍认为，电子商务是一门交叉学科。但是，是否存在一个独立的电子商务学科？有没有关于电子商务应用规律与现象本质以及实践知识体系的电子商务学？目前学术界似乎还没有一个定论。

在明确定义电子商务学之前，首先了解一下学科的内涵。从概念上，学科有两种含义。第一种含义是学术的分类，是指一定的科学领域或一门科学的分支。例如，自然科学中的化学、生物学、物理学；社会科学中的法学、社会学等。学科是与知识相联系的一个学术概念，是自然科学、社会科学两大知识系统(也有自然、社会、人文之三分说)内知识子系统的集合概念，学科是分化的科学领域，是自然科学、社会科学概念的下位概念。学科的第二种含义是指高校教学、科研等的功能单位，是对高校人才培养、教师教学、科研业务隶属范围的相对界定。学科建设中“学科”的含义侧重后者，但与第一个含义也有关联。很显然，我们需要讨论的是第一种含义的学科概念，也就是作为学科，电子商务学是一个什么样的科学领域和知识子系统。

前面已经讨论过电子商务的概念和本质内涵，并从更一般意义上给出了电子商务的定义：电子商务是运用电子化网络信息技术为不同商业活动主体创造价值而创新商业关系的商务活动方式。作为一门学科，电子商务应该是支持电子商务应用所必需的科学领域和知识子系统。根据对电子商务本质和学科内涵的理解，给出电子商务学的一般定义：电子商务学是关于电子商务应用中技术与商业创新方法、规律和现象本质的科学。

在上述定义中，我们强调了电子商务学是关于电子商务应用的学科。电子商务学关注的是指导电子商务应用实践对相关科学领域知识的需要。所以，电子商务学是一门实践性很强的应用学科。

在上述定义中，我们强调了电子商务学的研究对象是技术与商业创新的方法、规律和现象本质。电子商务应用迫切需要研究支持创造价值的技术与商业创新方法，也需要掌握电子商务应用中技术与商业创新的规律和现象本质。

在上述定义中，我们强调了电子商务学是一门交叉学科。电子商务学关注的是电子商务应用中技术与商业创新的相关问题，涉及计算机、网络技术、商业、经济、社会、法律、艺术等很多领域。所以，电子商务学必然是在多学科基础上形成的新兴交叉学科，不仅很多发展时间较长的学科，如经济学、管理学、社会学、行为学、人文科学、系统科学、信息科学、管理科学、计算科学、智能科学等是电子商务学的学科基础；很多刚刚出现的新兴学科，如网络科学、服务科学、认知科学、创新科学等也是电子商务学的学科基础。

网络、服务和创新是电子商务的核心理念。电子商务学在本质上是一门基于网络的创新服务学，是关于如何运用网络为价值创造进行商务创新的学问。电子商务学的根本目的在于为电子商务应用中的技术与商业创新实践提供科学的原理、方法和技术。

1.3.2　电子商务学科的体系框架

电子商务学是关于电子商务应用规律与现象本质以及实践活动的总体认识。电子商务学既是一个科学领域，也是一个知识子系统。所以，电子商务学科体系在一定程度上就是电子商务专业知识体系。

尽管电子商务涉及计算机、网络技术、商业、艺术、经济、社会、法律等很多领域，但是，作为一个独立学科，电子商务应该有一个相对独立的学科体系，而不是相关学科知识的简单拼凑。从学科结构上，电子商务学科又可划分成若干分支，如图 1-3 所示。

电子商务学，可以从不同角度，分成不同的电子商务学，如电子商务系统学、电子商务经济学、电子商务法律学、电子商务管理学、电子商务设计学和电子商务工程学等。从电子商务应用对象角度，可以有不同对象领域的电子商务学，如金融电子商务学、旅游电子商务学等。从电子商务应用职能角度，可以有不同职能领域的电子商务学，如电子商务营销学、电子商务运营学等。从电子商务应用技术角度，可以有侧重不同技术应用的电子商务学，如智能电子商务学、安全电子商务学、移动电子商务学等。另外，需要说明的是，在图 1-3 所示的电子商务学科框架体系中，电子商务学下有的分支学科还可继续细分，如电子商务运营学，可以再细分为电子商务网站运营学、电子商务服务运营学、电子商务业务运营学等。

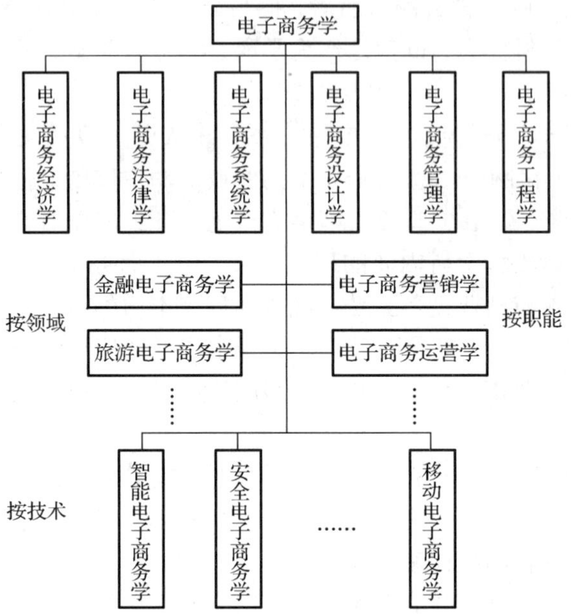

图 1-3　电子商务学科框架体系

1.4　电子商务职业岗位与能力模型

对电子商务专业人才职业定位模糊是我国许多学校电子商务专业学生不符合企业需求的重要原因。同时，电子商务专业学生缺乏核心专业能力也是电子商务专业人才职业定位模糊的结果，更是导致许多学校电子商务专业学生就业迷茫的根本原因。所以，下面重点讨论企业中电子商务应用的职业岗位。

1.4.1　电子商务应用的职业岗位分类

近几年电子商务一度炒得很热，但很多企业因缺乏电子商务应用相关的专业人员，被动地套用美国的模式，这与中国的国情是脱节的，几年前的一场网络泡沫也就成了必然。现在很多企业真正意识到企业中电子商务应用人才是不可或缺的，并设置专门的职业岗位。

对电子商务应用人才或岗位的分类国内有很多不同分法，有的分为技术类和商务类两大类，有的分为技术类、管理类和经济类三大类，有的按照 B2B、B2C、C2C 等电子商务应用模式来分类。为了更好地思考我国电子商务人才培养问题，根据企业对电子商务应用的不同需求，在电子商务应用企业中，与电子商务应用对应的职业岗位总体可分为三大类：电子商务应用业务操作类岗位、电子商务应用专业服务类岗位和电子商务应用专业管理类岗位。电子商务应用岗位有可分为电子商务应用普通型岗位和电子商务应用专业型岗位。

1. 电子商务应用业务操作类岗位

电子商务与传统商务最大的不同在于，电子商务交易活动的全部或部分是在电子商务平台上进行的。在电子商务应用中，无论买或卖，交易操作过程一般需要专门的人员在网络商务平台完成。所以，在电子商务应用企业中，一般都有电子商务应用业务操作类岗位，如网上交易员或网上业务员。当然这样的岗位也可能就是一个具体的业务操作岗位，它的业务交易活动全部或部分是在线操作的。

电子商务应用业务操作类岗位是企业电子商务应用的一线岗位，直接处理在线处理电子商务的相关业务。电子商务应用业务操作类岗位的特点是：岗位人员是在电子商务平台上进行具体业务操作，不仅需要掌握电子商务相关知识和网上操作技能，也需要掌握具体的业务知识和技能。

由于电子商务平台，对使用者来说，通常是傻瓜式的，只要具有一定的计算机和网络技术知识、基本的网上操作技能，就比较容易掌握。所以，对于电子商务应用业务操作类岗位人员来说，一旦能掌握电子商务相关知识和熟练进行网上业务操作，具体的业务知识和技能以及相关的职业素养则更为重要。

随着电子商务的不断发展，企业中绝大多数业务在电子商务平台上进行，所以，企业对一线业务人员进行电子商务相关知识和网上操作技能的培训需求将会越来越大。与此同时，企业也要求学校培养掌握电子商务相关知识和网上操作技能的现代商务人才。事实上，相关非电子商务的一些商贸或管理类专业已在开设计算机网络和电子商务的相关课程。

所以，电子商务应用业务操作类岗位所招聘的人才可能是电子商务专业毕业生，也可能是其他具体业务专业的毕业生。尽管电子商务应用业务操作类岗位是企业电子商务应用中的重要岗位，但是这类岗位有时可能更看重具体业务知识和技能以及相关的职业素养。

2. 电子商务应用专业服务类岗位

如前所述，电子商务与传统商务最大的不同在于商务平台的不同，因而也带来业务活动的不同。企业电子商务应用业务的完成通常需要电子商务专业人员和非电子商务专业人员一起完成。电子商务应用专业服务就是企业在电子商务应用中需要电子商务专业人员提供专业化的服务，对企业来说，要成功开展电子商务应用，不能没有电子商务专业人员提供专业化的电子商务服务。

所谓电子商务应用专业服务类岗位，就是企业中专门为电子商务应用提供专门化服务的岗位。电子商务应用专业服务类岗位一般需要招聘电子商务专业人才。电子商务应用专业服务可以分为两类：商业类服务和技术类服务。电子商务应用专业服务类岗位也可分为两类：商业服务类岗位与技术服务类岗位。

电子商务应用专业商业服务类岗位一般包括：电子商务流程设计、电子商务营销分析与策划、网络广告策划、网络广告发布、在线客户服务、网店设计、电子商务知识和技能培训等。电子商务应用专业技术服务类岗位一般包括：网站设计与网页制作、网站信息维护、网络广告制作、网店图标制作、网店页面美化等。但应该说这两类岗位很难绝对区分，如广告设计与广告制作有时可能是同一个人完成的。这两类岗位都需要掌握计算机软件开发和硬件方面的知识、电子商务相关知识、网上操作技能、网站设计与网页制作等专业知识和专业技能，只是要求的程度有所不同。

根据岗位要求技能的不同，可以有很多不同的电子商务应用专业服务类岗位。另外，根据岗位要求技能的复杂程度，电子商务应用专业服务类岗位可以分为初级电子商务应用专业服务类岗位、中级电子商务应用专业服务类岗位和高级电子商务应用专业服务类岗位。

初级电子商务应用专业服务类岗位人员要求具有电子商务理念和相关知识，掌握比较简单的电子商务应用业务操作和制作技能，如在线服务、网站维护、静态网页制作、广告画面制作、广告发布、信息发布等。初级电子商务应用专业服务类岗位主要侧重操作，也可称为电子商务应用操作服务类岗位。

中级电子商务应用专业服务类岗位人员要求具有比较丰富的电子商务理论和实践知识、掌握比较专业的电子商务应用技术以及设计和制作技能，如网站设计、动态网页制作、网页制作、广告设计与制作、网店美化等。

高级电子商务应用专业服务类岗位人员要求具有丰富的电子商务理论和实践知识、掌握专业的电子商务应用技术以及策划和设计技能，如电子商务流程设计、营销方案策划和设计、广告方案策划和设计、网店运营策划与设计、电子商务培训方案设计等。

所以，可以看出，电子商务应用专业服务类岗位是电子商务专业人员的主要岗位，是其他专业领域人员不能胜任的，唯有经过专门学习和训练的电子商务专业人员才能胜任电子商务应用专业服务类岗位。

3. 电子商务应用专业管理类岗位

电子商务与传统商务一样，也有着一系列管理问题。企业应用电子商务不是为应用电子商务而应用电子商务，而是为企业建立业务竞争优势而服务的。所以，电子商务管理就不仅仅是对电子商务应用中具体活动的管理，从一般意义上说，电子商务管理是对企业电子商务应用能力的管理。

从概念上说，电子商务管理是为实现企业战略目标对电子商务应用中技术和商业及其创新活动进行规划、组织、协调和控制的过程。电子商务管理是对企业管理人员而言的，并且是企业中一个综合的管理职能。在具体企业中，可能有专门的电子商务管理部门，也可能没有专门的电子商务管理部门而是由多个部门共同履行电子商务的一般管理职能。同时电子商务管理也有着不同的层次管理职能。目前，企业电子商务管理，已不仅是运作层面的管理，更重要的是战略层面的管理。电子商务管理不仅是企业中电子商务管理部门的工作，企业高层管理人员也需要考虑电子商务管理问题。企业高层决策者对电子商务应用越来越重视，如何运用电子商务是战略选择时必须考虑的问题，而不是战略实施时才考虑的问题。

对于企业不同组织层次管理者来说，电子商务管理者的具体任务可能有所不同，比如，负责电子商务高层管理者的主要任务是从战略角度和创新理念方面思考企业电子商务应用的模式和战略的设计，实施问题；具体电子商务管理部门的主要任务是考虑如何提供必要的基础设施与支持服务以及如何协同、规范和控制电子商务活动过程等。电子商务管理部门具体人员又会有不同的具体任务分工。另外，有的电子商务管理工作也可能是由某些具体业务或职能部门负责的。例如，营销部门负责电子商务营销方面的管理工作，物流部门负责电子商务物流方面的管理工作，财务部门负责电子支付服务方面的管理工作。当然，企业也可能把电子商务部门独立出来成立一个分公司，负责处理公司原来所有的电子商务相关业务的运作和管理。

所谓电子商务应用专业管理类岗位，就是企业中专门为管理电子商务应用能力提供专门化管理的岗位。电子商务应用专业管理类岗位，也可分为两类：商业管理类岗位与技术管理类岗位。商业管理类岗位主要侧重电子商务应用业务的管理工作，如制定企业具体业务的电子商务应用战略和应用模式、具体业务的电子商务营销管理和网店运营管理等。技术管理类岗位主要侧重电子商务网络平台和技术工具运用的相关管理工作。

根据岗位要求技能的不同，可有很多不同的电子商务应用专业管理类岗位。另外，根据岗位要求技能的复杂程度，可以分为初级、中级和高级电子商务应用专业管理类岗位。

初级电子商务应用专业管理类岗位人员要求具有电子商务理念和相关知识、掌握比较简单的电子商务管理技能，如在线服务管理、网站信息管理、网站安全管理等。

中级电子商务应用专业管理类岗位人员要求具有比较丰富的电子商务理论和实践知识、掌握比较专业的电子商务管理技能，如电子商务客户管理、电子商务营销管理、电子商务运营管理、电子商务项目管理等。

高级电子商务应用专业管理类岗位人员要求具有丰富的电子商务理论和实践知识、掌握专业的电子商务管理技能，如电子商务战略管理、电子商务协同管理等。

所以，可以看出，电子商务应用专业管理类岗位是电子商务专业人员的主要岗位，是其他专业领域人员不能胜任的，唯有经过专门学习和训练或者在电子商务应用管理实践中积累丰富经验的电子商务专业人员才能胜任电子商务应用专业管理类岗位。

1.4.2　电子商务应用能力概念模型

如前所述，电子商务应用岗位可分为电子商务应用普通型岗位和电子商务应用专业型岗位。但是，电子商务应用岗位到底需要什么样的职业能力，尤其是什么才是电子商务应用的专业核心能力，一直是需要考虑的重要问题。

现在我国各类学校的电子商务专业课程设置很杂，也差别很大，电子商务专业的专业性普遍不强，甚至有人认为电子商务专业就是“电子＋商务”专业，“1 电子 +9 商务”与“9 电子 +1 商务”都是电子商务专业。似乎没有比较明确的核心专业能力。一个专业没有明确的核心专业能力显然是有问题的。

“电子商务”=“电子＋商务”还反映在电子商务复合型人才的培养上。复合型人才培养定位本身没问题，但是，应该如何理解复合型的电子商务专业人才？“电子＋商务”复合型的课程设计无助于电子商务专业化人才的培养。许多学校在电子商务人才培养方面，脱离“专业化”而大谈“培养跨世纪的复合型人才”。

“电子商务专业岗位”应该是具有电子商务专业核心能力才能胜任的岗位。“电子商务专业岗位”一定是“电子商务应用岗位”，但并不是所有的“电子商务应用岗位”都是“电子商务专业岗位”。到底哪些岗位是“电子商务专业岗位”？电子商务专业到底要不要培养“非电子商务专业岗位”人才？这些是目前不同层次电子商务专业教育需要思考的。

企业电子商务应用，需要“电子商务专业岗位”，也需要一些“非电子商务专业岗位”。但是，“非电子商务专业岗位”并不是对电子商务应用不重要的岗位，例如，电子商务物流对电子商务运营非常重要，但仓储和配送等具体物流运作显然就不是典型的“电子商务专业岗位”，而是典型的“物流专业岗位”。

本书作者提出如图 1-4 所示的电子商务应用能力概念模型。电子商务应用能力可以概括为：一个中心——理念；两个重点——分析、设计；三个维度——技术、营销、运营；四个方面——创造、变革、创新、发展。本书作者认为，区别其他专业的电子商务专业核心能力，主要体现为基于电子商务应用专业理念，创造性地解决电子商务应用问题的分析和设计能力。

电子商务专业人员应该有理念、精分析、善设计、懂技术、通营销、会运营，具有创造、变革、创新、发展的职业素养和专业能力。

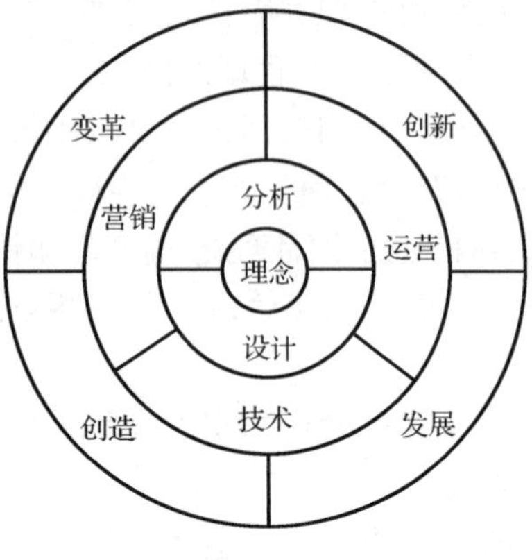

图 1-4　电子商务应用能力概念模型

这里的分析和设计，可以是网络营销方案的分析与设计，可以是在线服务方案的分析与设计，可以是网店运营方案的分析与设计，而不仅仅是指电子商务网站的分析与设计，包括战略、战术与作业三个层面，涉及技术、营销和运营三大业务领域。明确基于电子商务专业理念，创造性地解决电子商务应用问题的分析和设计能力是电子商务专业的核心能力，对电子商务专业建设和人才培养具有重要意义。

企业电子商务应用需要方方面面的知识和技能。目前电子商务专业的专业性不强，一个重要原因就是电子商务专业开设了与电子商务应用相关的很多商务类和技术类课程，而又没有明确的专业方向。“电子商务专业人才”到底是否应该是“电子商务应用全才”？有的电子商务专业简单区分商务类和技术类，又导致商务类电子商务专业不重视技术和技术类电子商务专业不重视商务。事实上，无论商务类和技术类电子商务专业人才都需要商务基础和技术基础。

1.5　电子商务的产生与发展现状

目前，人们所说的电子商务多指在网络上开展的商务方式，即通过内部网(Intranet)、外部网(Extranet)和互联网(Internet)进行的电子商务。其实，并非计算机技术及网络技术产生之后才有电子商务。从技术的角度来看，人类利用电子通信的方式进行贸易活动已有很久的历史了。1837 年，美国人塞缪尔·莫尔斯发明了电报；1843 年，英国人亚历山大·贝恩发明了传真；1875 年，苏格兰人(后移居加拿大)亚历山大·贝尔〔又一说法是 1863 年意大利人(后移居美国)安东尼奥·梅乌奇〕发明了电话。实际上，当电报刚出现的时候，人们就开始运用电子手段进行商务活动，当买卖双方在贸易过程中的意见交换、贸易文件等开始以莫尔斯码形式在电线中传输的时候，就有了电子商务的萌芽。

美国是电子商务的发源地。计算机和互联网的产生和不断发展，促使电子商务应用不断得到发展和普及。20 世纪 40 年代，开始了信息技术革命的新时代，与工业革命相比，发展速度更快，对社会生产力和人类工作、生活方式的影响也都更为深入和广泛。1946 年，美国宾夕法尼亚大学研制出了世界上第一台可运行程序的电子计算机。电子计算机诞生至今 60 多年来，由于构成其基本部件的电子器件发生了重大的技术革命，使它得到了突飞猛进的发展，突出表现为计算机的体积越来越小、速度越来越快，而成本却越来越低。1981 年，美国 IBM 公司研制成功了 IBM-PC，并迅速发展成为一个系列。微型计算机采用微处理器和半导体存储器，具有体积小、价格低、通用性和适应性方面的能力强、可靠性高等特点。随着微型计算机的出现，计算机开始走向千家万户。

20 世纪 60 年代，美国军方最早开发了作为保障战时通信的互联网(Internet)技术，把单个计算机连接起来应用，计算机开始了网络化的进程。进入 70 年代，当时的美国政府和军方出于冷战的需要，设想将分布在美国本土东海岸的四个城市的计算机联系起来，使它成为一个打不烂、拖不垮的网络系统。美国国防部构想的这个系统叫 ARPANET。但当时的计算机厂商们生产的计算机，无论是硬件还是软件都是不一样的，要组成这样的网络，就必须把很多不同的计算机硬件和软件通过某种方式连接起来。于是在 20 世纪 70 年代初，出现了一个关于计算机网络互联的共同协议——TCP/IP 协议，这个协议达成之后，ARPANET 取得比较大的扩展：从美国本土连接到了其在欧洲的军事基地。20 世纪 80 年代初，美国科学基金会发现这种方式非常实用，于是把这几个地区的计算机连接起来，并接进了大学校园，参加互联网技术开发的科研和教育机构开始利用互联网，这便是今天 Internet 的雏形。

20 世纪 60 年代末 70 年代初，电子数据交换(Electronic Data Interchange，EDI)和电子资金转账(Electronic Funds Transfer，EFT)，作为企业间电子商务应用的系统雏形，已经出现。多年来，大量的银行、航空公司、连锁店及制造业单位已建立了供方和客户间的电子通信和处理关系。这种方式加快了供方处理速度，有助于实现最优化管理，使得操作更有效率，并提高了对客户服务的质量。

20 世纪 90 年代，当互联网技术被发现有极其广泛的市场利用价值，而政府无法靠财政提供互联网服务时，美国政府的政策开始转向开放市场，由私人部门主导。1991 年，美国政府解除了禁止私人企业为了商业目的进入互联网的禁令，并确定了收费标准和体制。从此商业网成为美国发展最快的互联网络：个人、私人企业和创业投资基金成为美国互联网技术产业化、商业化和市场化的主导力量。

1991 年 9 月，美国田纳西州的民主党参议员戈尔在为参议院起草的一项法案中，首次把作为信息基础设施(National Information Infrastructure，NII)的全国性光导纤维网络称为“信息高速公路”。美国国家信息基础设施的建成，为人类打开了信息世界之门。美国国家信息基础设施主要由高速电信网络、数据库和先进计算机组成，包括 Internet，有线、无线与卫星通信网以及各种公共与私营网络构成的完整网络通信系统。随着 NII 对公众的开放以及各类网络的联网，个人、组织机构和政府系统都可以利用 NII 进行多媒体通信，各种形式的信息服务也得到了极大的发展。克林顿 1992 年入住白宫后，为占领世界信息竞争制高点，重振美国经济，提高美国竞争力，维持美国在世界经济、政治、军事等领域中的霸主地位，适时发布了一系列框架性文件，表明了美国占领全球互联网经济制高点的行动纲领。1993 年 9 月，制定并发布了《国家信息基础设施：行动纲领》的重大战略决策。“国家信息基础设施”是“信息高速公路”的正式名称，它的实质是以现代通信和计算机为基础，建设一个以光缆为主干线覆盖全美国的宽带、高速、智能数据通信网，以此带动美国经济与社会的信息化进程，促进经济的发展。美国的目标是确保其在全球信息基础设施建设的领先地位。

1994 年 9 月，美国在建设本国信息高速公路的基础上，又提出了建立全球信息基础设施(Globe Information Infrastructure，GII)计划的倡议，呼吁各国把光纤通信网络和卫星通信网络连接起来，从而建立下一代通信网络。1997 年 7 月，发布《全球电子商务框架》，明确美国将主导全球电子商务，并制定了 9 项行动原则。《全球电子商务框架》确立了五大原则：私人部门应作为主导；政府应该避免对电子商务不恰当的限制；当政府需要介入时，它的目标应该是为商务提供并实施一个可预见的、简洁的、前后一贯的法制环境：政府应当认清互联网的独特性质；应当立足于全球发展互联网上的电子商务。

在 1999 年年初，美国政府又提出发展“数字地球”的战略构想。这是国际信息领域发展的最新课题，以信息基础设施和空间数据基础为依托的信息化发展的第三步战略。1999 年 11 月 29 日，克林顿政府成立电子商务工作组，由商务部领导，主要负责以下两项事务：①识别出可能阻碍电子商务发展的联邦、州或政府法律与管制；②建议如何改进这些法律以利于电子商务的发展。美国政府的这一系列政策极大地促进了网络经济的发展。

一般认为，电子商务产生和发展的重要条件主要体现在如下 5 个方面。

(1) 计算机的广泛应用

近 30 年来，计算机的处理速度越来越快，处理能力越来越强，价格越来越低，应用越来越广泛，这为电子商务的应用提供了基础。

(2) 网络的普及和成熟

由于 Internet 逐渐成为全球通信与交易的媒体，全球上网用户呈级数增长趋势，快捷、安全、低成本的特点为电子商务的发展提供了应用条件。

(3) 信用卡的普及应用

信用卡以其方便、快捷、安全等优点而成为人们消费支付的重要手段，并由此形成了完善的全球性信用卡计算机网络支付与结算系统，使“一卡在手、走遍全球”成为可能，同时也为电子商务中的网上支付提供了重要的手段。

(4) 电子安全交易协议的制定

1997 年 5 月 31 日，由美国 VISA 和 Mastercard 国际组织等联合制定的 SET(Secure Electronic Transfer protocol) 即电子安全交易协议出台，该协议得到大多数厂商的认可和支持，为在开发网络上的电子商务提供了一个关键的安全环境。

(5) 政府的支持与推动

自 1997 年欧盟发布了欧洲电子商务协议，美国随后发布“全球电子商务纲要”以后，电子商务受到世界各国政府的重视，许多国家的政府开始尝试“网上采购”，这为电子商务的发展提供了有力的支持。

应该说，中国互联网和电子商务应用与美国等发达国家差不多是同时起步的。1993 年，美国白宫和联合国总部接入 Internet；1994 年，中国国家计算机与网络设施正式接入 Internet；1994 年，第一家网上银行 First Virtual 开始营业；1994 年，美国硅谷的 20 家大 IT 公司开始共同建立 Commerce Net 公司；1995 年，Yahoo！公司创立；1995 年，Amazon. com 公司开张；1995 年，eBay. com 公司创立；1995 年，美国安全第一网络银行(SFNB)正式营业；1996 年，联合国国际贸易法委员会通过《电子商务示范法》(Model Law on Electronic Commerce)。1996 年，中国国际电子商务中心正式成立，并于 1997 年创建中国国际电子商务网；1998 年，全球最大的华人门户网站新浪网站开通；1999 年，马云与另外 17 人在中国杭州市创办了阿里巴巴网站，为中小型制造商提供了一个销售产品的贸易平台；1999 年全球最大的中文网上书店当当网开通；2003 年阿里巴巴集团投资成立淘宝网。

2008 年和 2009 年在中国互联网和电子商务发展史上是具有里程碑意义的两个年份。据 2008 年 7 月公布的中国互联网络发展状况统计报告，2008 年 6 月底，我国网民数量达到了 2.53 亿，首次大幅超过美国，跃居世界第一位，如图 1-5 所示。

2009 年，我国正由互联网大国向互联网强国冲刺。强意味着在量与质两个方面的提高。在量上，互联网营收规模、网民数量、域名数量均在进一步增长；在质上，互联网诞生了以腾讯为代表的互联网优秀公司、电子商务的快速发展强化了互联网的多元化、网民通过互联网广泛参与到社会生活当中。中国的互联网向着愈发完善和健康的方向发展，它将在中国大国崛起的道路上，发挥越来越重要的作用。2009 年，中国正式进入 3G 元年。3G 牌照颁布以后，移动运营商竞争形势发生改变，运营商纷纷投入巨资，拓展 3G 产业。3G 的用户规模得到了一定发展，产业积极性空前高涨。2009 年，大量 B2C 电子商务网站犹如雨后春笋，持续涌现，运动用品类、箱包类、化妆品类和保健品类的电子商务站点层出不穷，其产品线都体现了垂直化的特点。其中，不乏一些具有发展潜力的电子商务网站，如专注于做鞋业网络销售的好乐买、中粮集团旗下的我买网等。2009 年 11 月 30 日，商务部发布《关于加快流通领域电子商务发展的意见》，要求各地商务部门扶持电子商务发展，并提出到“十二五”(2011—2015 年)期末，力争网络购物交易额占我国社会消费品零售总额的比重提高到 5% 以上。杭州、南京、上海、深圳、成都等地方政府，对构建电子商务中心极为支持，对电子商务企业的发展，提出了一系列优惠措施。

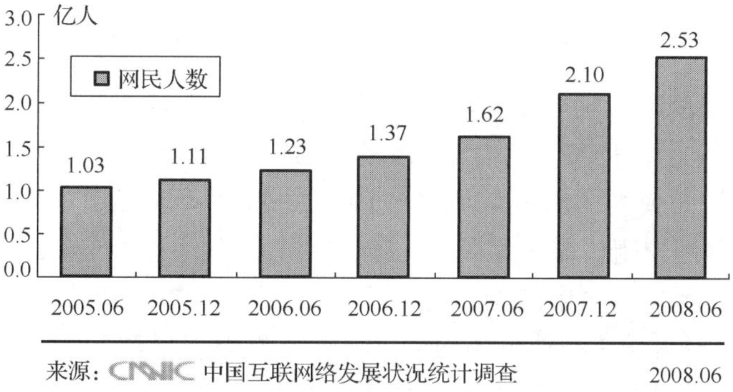

图 1-5　2008 年 6 月，中国网民 2.53 亿，居全球第一

截至 2014 年 12 月，我国网民规模达 6.49 亿，全年共计新增网民 3 117 万人。互联网普及率为 47.9%，较 2013 年年底提升了 2.1 个百分点。2014 年 12 月中国网民规模与普及率如图 1-6 所示。

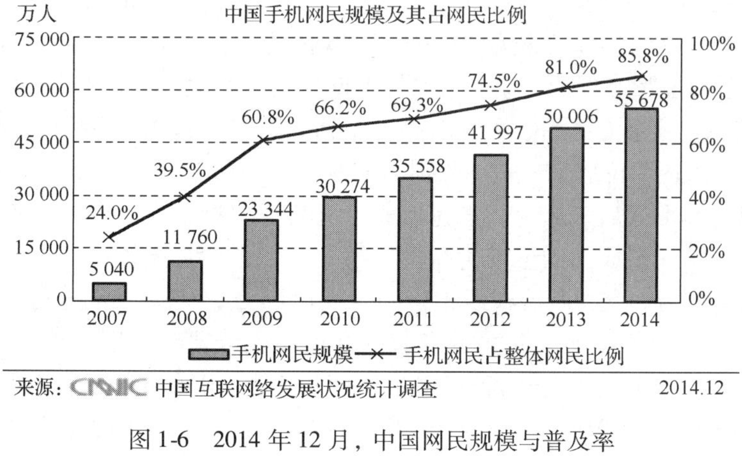

图 1-6　2014 年 12 月，中国网民规模与普及率

随着网购观念的普及，网络购物已经逐渐成为网民消费生活的习惯。截至 2014 年 12 月，我国网络购物用户规模达到 3.61 亿，较 2013 年年底增加 5 953 万人，增长率为 19.7%；

我国网民使用网络购物的比例从48.9%提升至55.7%。2013—2014年网络购物/手机网络购物用户规模及使用率如图1-7所示。

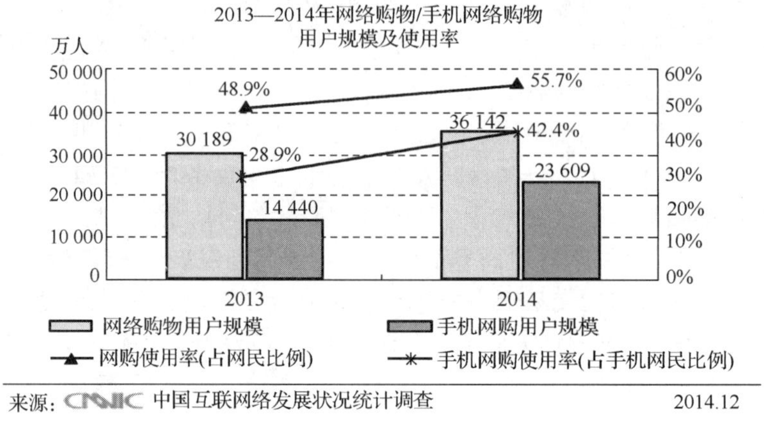

图1-7　2013—2014年网络购物/手机网络购物用户规模及使用率

纵观2014年我国网络购物市场，主要呈现出普及化、全球化、移动化的发展趋势。具体而言，网购群体主流年龄跨度增大，向全民扩散。CNNIC数据显示，2014年最主流网购用户（20～29岁网购人群）规模同比增长23.7%，10～20岁网购人群用户规模同比增长10.4%，50岁及以上网购人群用户规模同比增长33.2%。

跨境B2C业务的开启彰显中国网络零售全球化发展趋势。随着中国消费者对海外优质商品的旺盛需求、中国制造在海外市场的畅销，以及跨境支付体验的不断完善，2014年，跨境B2C业务在天猫、京东、苏宁等各大网络零售平台上线。阿里数据显示，“双11”期间，217个国家和地区在阿里巴巴平台上进行交易。至此，跨境电商在中国进入全球化大众消费时代。

手机网购激发移动环境下的消费，引领网络购物发展。2014年手机购物市场发展迅速。CNNIC数据显示，2014年我国手机网络购物用户规模达到2.36亿，增长率为63.5%，是网络购物市场整体用户规模增长速度的3.2倍，手机购物的使用比例提升了13.5个百分点，达到42.4%。CNNIC研究显示，手机购物并非PC购物的替代，而是在移动环境下产生增量消费，并且重塑线下商业形态促成交易，从而推动网络购物移动化发展趋势。

2014年随着京东、聚美优品、阿里巴巴的上市，网络零售市场格局趋向稳定。淘宝网、天猫、京东的品牌渗透率位居前三位，分别为87%、69.7%和45.3%，遥遥领先于同类竞争对手。唯品会以特卖形式后来居上，超过众多传统网络购物平台，位居第四位，品牌渗透率18.8%。由团购网站转型成功的聚美优品排在第九位，品牌渗透率11.7%。

截至2014年12月，全国开展在线销售的企业比例为24.7%。部分行业中，制造业，信息传输、计算机服务和软件业，批发零售业的开展比例较高，分别达到38.4%、36.5%和34.9%，而建筑业，交通运输、仓储和邮政业，房地产业，租赁和商务服务业以及居民服务和其他服务业的比例较低。2014年，互联网O2O商业模式实现高速发展，这一商业模式将实体企业尤其是本地生活服务业和商业服务业与互联网紧密结合，线下企业已经成为互联网消费经济中重要的一环。在这一趋势下，未来将有越来越多的传统企业开展在线销售。截至2014年12月，全国开展在线采购的企业比例为22.8%。与在线销售的开展情况一致，部分行业中，制造业，信息传输、计算机服务和软件业，批发和零售业的开展比例较高，分别达到 34.3%、36.5% 和 33.8%，租赁和商务服务业也超过全国平均水平。

随着互联网的不断发展，网络化与数字化浪潮冲击着社会的方方面面。商业领域中的电子商务变革将不断对产业、企业和市场产生巨大影响。不可否认，我们已进入电子商务时代。

通过对美、韩两国电子商务发展趋势研究，电子商务增长高峰期都处于互联网网民普及率在 30% ~60% 的快速增长期间。很显然，中国电子商务发展已步入黄金时期。2015 年，“互联网 +”已被写入政府工作报告，从而上升为国家战略。在“互联网 +”战略驱动下，中国电子商务和互联网经济的发展，已经成为社会各界关注的热点。

尽管我国的电子商务应用已经进入快速发展的轨道，云计算、大数据和物联网的发展，也将进一步促进我国的电子商务应用的普及。但是，必须注意目前存在的一些问题。

(1)“宽带不宽”的问题严重，会直接影响电子商务应用

据工业和信息化部统计，我国 4 M 以上宽带用户占比达到 80%。然而，在上网高峰期，或者观看高清视频、下载文件时，宽带常常捉襟见肘。宽带不宽、下载不快、网速不给力，已成为困扰用户和运营商的难题。中国人宽带上网费用远远高于美国、日本、韩国等互联网发达国家。2015 年，美国 1 GB 流量 60 元，英国 1 GB 流量 50 元，中国 1 GB 流量 100 元，的确是高很多，但速度还比它国慢不少。网费降低与加大信息基础设施建设力度息息相关，互联网硬件和信息基础设施建设非常重要。相比之下，中国的信息与通信技术(Information and Communication Technology，ICT)水平依然不高，与欧美等国相差至少 10 年以上。在国际电信联盟(ITU)发布的 2014 年《衡量信息社会报告》里，中国 ICT 水平排名 86 位。加大信息基础设施建设、提高网络带宽，在这方面中国的潜力很大，空间也很大。

(2)我国互联网电子商务应用发展不平衡

我国有一些省份、城市在互联网和电子商务应用方面已比较发达，但内地很多地区在互联网电子商务应用方面还很落后。如图 1-8 所示是世界工厂网《2009 年第 1 季度中国网民电子商务行为研究报告》对国内电子商务行为区域带的划分。

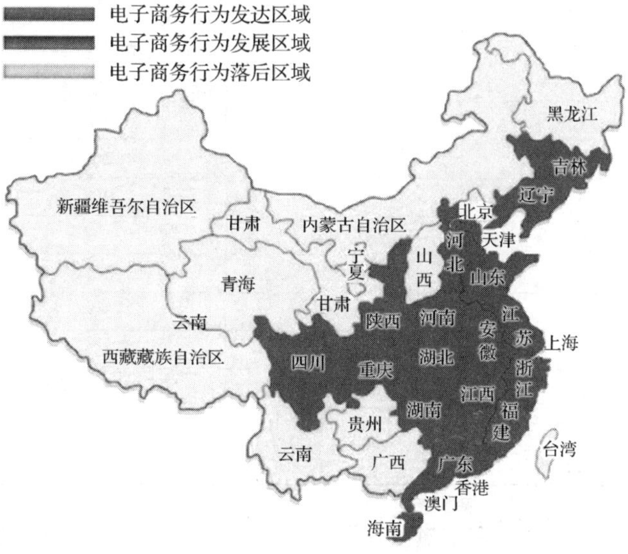

图 1-8　国内电子商务行为区域带划分

截至2014年12月，中国大陆31个省、直辖市、自治区中网民数量超过千万规模的达25个，互联网普及率超过全国平均水平的省份达12个。分经济区域看，东部地区10省中有8省的互联网普及率超过全国平均水平；中部地区6省中仅有1省、西部地区12省中仅有2省、东北部地区3省中仅有1省的互联网普及率超过全国平均水平，不同经济区域间互联网普及率差异非常明显。2013—2014年中国内地分省网民规模及互联网普及率见表1-1。

表1-1　2013—2014年中国内地分省网民规模及互联网普及率

省　份	网民数(万人)	普　及　率	网民规模增速	普及率排名
北京	1 593	75.3%	2.4%	1
上海	1 716	71.1%	2.0%	2
广东	7 286	68.5%	4.2%	3
福建	2 471	65.5%	2.9%	4
浙江	3 458	62.9%	3.9%	5
天津	904	61.4%	4.4%	6
辽宁	2 580	58.8%	5.2%	7
江苏	4 274	53.8%	4.4%	8
山西	1 838	50.6%	4.7%	9
新疆	1 139	50.3%	4.2%	10
青海	289	50.0%	5.5%	11
河北	3 603	49.1%	6.3%	12
山东	4 634	47.6%	7.0%	13
海南	421	47.0%	2.3%	14
陕西	1 745	46.4%	3.3%	15
内蒙古	1 142	45.7%	4.5%	16
重庆	1 357	45.7%	4.9%	17
湖北	2 625	45.3%	5.4%	18
吉林	1 243	45.2%	6.9%	19
宁夏	295	45.1%	4.2%	20
黑龙江	1 599	41.7%	5.6%	21
西藏	123	39.4%	6.9%	22
广西	1 848	39.2%	4.2%	23
湖南	2 579	38.6%	7.0%	24
四川	3 022	37.3%	6.6%	25
河南	3 474	36.9%	5.8%	26
安徽	2 225	36.9%	3.5%	27
甘肃	951	36.8%	6.4%	28
云南	1 643	35.1%	7.5%	29
贵州	1 222	34.9%	6.7%	30
江西	1 543	34.1%	5.1%	31

截至2014年12月，我国网民中农村网民占比27.5%，规模达1.78亿，较2013年年底增加188万人。城镇网民增长幅度较大，相比2013年年底增长2 929万人。在整体网民规模

增幅逐年收窄、城市化率稳步提高的背景下，农村非网民的转化难度也随之加大，未来将需要进一步的政策和市场激励，推动农村网民规模增长。尽管农村地区网民规模、互联网普及率不断增长，但是城乡互联网普及率差异仍有扩大的趋势，2014 年城镇地区互联网普及率超过农村地区 34 个百分点。造成差距的原因，部分在于城镇化进程在一定程度上掩盖了农村互联网普及推进工作的成果，根本则是地区经济发展不平衡。妥善解决城乡数字鸿沟的方法仍然需要进一步探索创新。城乡互联网普及率如图 1-9 所示。

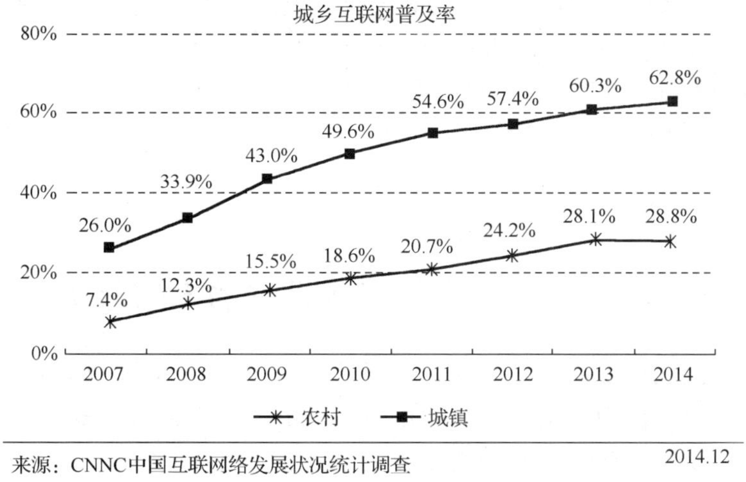

图 1-9　2014 年 12 月我国城乡互联网普及率

表 1-2 为阿里研究院给出的 2013 年全国各省城市电子商务发展指数；表 1-3 为电子商务发展指数前 10 位城市。北京、深圳、上海、宁波、杭州、南京、成都、重庆、天津、厦门被评为中国电子商务研究中心评委 2014 年中国电子商务十大最具活力城市。

表 1-2　2013 年全国各省城市电子商务发展指数

排　名	省　市	电子商务发展指数	排　名	省　市	电子商务发展指数
1	北京	27.95	18	湖南	9.32
2	上海	27.16	19	陕西	9.24
3	浙江	22.29	20	安徽	8.89
4	广东	18.53	21	贵州	8.81
5	海南	16.63	22	山西	8.62
6	福建	15.72	23	河北	8.61
7	江苏	15.51	24	内蒙古	8.60
8	天津	15.31	25	江西	8.59
9	新疆	13.92	26	宁夏	8.55
10	台湾	13.85	27	广西	8.49
11	西藏	13.22	28	吉林	8.44
12	湖北	10.98	29	黑龙江	8.26
13	辽宁	10.71	30	云南	8.23
14	重庆	10.23	31	河南	7.69
15	山东	10.07	32	甘肃	7.20
16	四川	9.77	33	香港	6.83
17	青海	9.57	34	澳门	6.01

（城市样本数：294 个）

电子商务是网络化的新型经济活动，正以前所未有的速度迅猛发展，已经成为主要发达国家增强经济竞争实力、赢得全球资源配置优势的有效手段。电子商务还能为企业有效地节省成本，令企业更具竞争力，特别是目前全球经济衰退的环境下，电子商务更能体现其无与伦比的优势。随着互联网的不断发展，网络化与数字化浪潮冲击着社会的方方面面，商业领域中的电子商务变革将不断对产业、企业和市场产生巨大影响。不可否认，我们已进入了电子商务时代。

表 1-3　电子商务发展指数前 10 位城市

排　名	城　市	电子商务发展指数
1	深圳	37.49
2	广州	33.36
3	杭州	33.22
4	北京	27.95
5	上海	27.16
6	金华	25.86
7	珠海	25.57
8	厦门	24.96
9	苏州	22.75
10	南京	22.72

1.6　电子商务发展的未来趋势

当前，各国都在积极发展电子商务，电子商务已成为各个国家和各大公司竞争的焦点。所以，把电子商务作为迎接经济全球化的关键手段并不为过。现今，电子商务应用的发展前景巨大已是毋庸置疑的。可以想象，正如目前任何企业不可以离开电话开展商务活动一样，所有企业的商务活动也会越来越离不开互联网和电子商务应用。在不久的将来，任何企业都会拥有自己的门户网站，并且绝大多数业务在电子商务平台上进行。正如阿里巴巴 CEO 马云 2005 年所说，“20 年后世界上 80% 的生意都将在网站上进行，网下只不过是商品的流通而已。”

发展电子商务已经不仅仅是经济问题，而是关系社会转型时期国家生存与发展的关键问题，信息化和电子商务的发展将决定在新经济中一个国家或一个地区的地位和今后发展的命运。电子商务不但会带动信息产业和信息服务业的发展，而且会从根本上实现对传统产业的结构性改造升级，促进国民经济结构的调整，扩大内需，从而对经济发展起到巨大的推动作用。全球电子商务呈现出竞相发展的态势。美国凭借其高度发展的信息技术优势，竭力推动全球电子商务。电子商务在美国信息技术行业领先的各大公司中，已经成为主体方式；在用信息技术改造传统产业中，也已经成为主导方式。

尽管中国电子商务应用远没有美国等发达国家成熟或发达，但是从 2009 年我国互联网和电子商务应用的发展可以看到，中国电子商务应用已经步入比较快速发展的轨道。中国电子商务市场至少还需要 5 年才可能进入成熟期。未来几年，网上购物将是发展最快的产业，也会带来越来越多传统企业进军电子商务。电子商务将成为人类生活中一个重要的组成部分。正如阿里巴巴副总裁梁春晓所说，中国电子商务已进入大规模发展与运营阶段。而随着电子商务大规模发展，电子商务的平台化、个性化和生态化特征越来越明显。

在中国，未来电子商务应用的总体发展趋势主要体现在如下 9 个方面。

(1) 电子商务应用规模化趋势

越来越多的传统企业开展了电子商务应用，电子商务应用的规模越来越大。B2C 应用的趋势是大而全的超级卖场；C2C 应用的趋势是基于买卖的超级社区。

(2) 电子商务应用专业化趋势

由于专一化网站的不可替代性以及较稳定的网民基础，个性特点很强的专一化网站将会大量增加；面向电子商务应用的专业化服务平台越来越受到个人和企业的关注；电子商务服务业迅速发展，将催生新行当——电子商务应用服务商。有了第三方电子商务应用服务，将为中小企业电子商务应用提供更大的便利，中小企业只要专注于做好自己的产品和服务便可。

(3) 电子商务应用智能化趋势

智能化技术在电子商务应用中的运用将成为发展趋势。智能化电子商务的出现成为中国电子商务的最新亮点，特别是智能型电子商务应用平台是以“交易门户网站 + 智能导购机器人”的产品孵化模式，颠覆了传统的电子商务运用理念和运作模式，在未来网络云级海量数据资源里，以智能导购机器人的主动运作模式代替人工不可为的工作方式。

(4) 电子商务应用客户化趋势

随着电子商务的发展,以客户为中心提供个性化的产品、个性化的服务逐渐成为电子商务的发展趋势之一。提供个性化产品和服务是电子商务应用的最高境界。马云认为客户化 C2B 模式一定会成为电子商务产业升级的未来。客户化 C2B 以消费者为导向，把消费者融入产品研发、产品创新的过程中，定制化生产个性化产品，满足不同消费者的不同需求，同时网络销售的商品让生产厂家的利润提高，价格战减少、中间渠道消失。反过来，卖家的信用更加具有透明度，更受消费者尊重。

(5) 电子商务应用生态化趋势

走向生态化是一个产业逐步走向成熟的标志之一，如今的电子商务服务产业就正在经历这一过程。事实上，经过十多年的发展，中国电子商务服务产业环境和产业内部，已经初步形成了近乎全过程和多层次的商业生态环境。电子商务平台内部、平台与用户之间以及用户群体内部，都出现了大规模协作现象，同时用户的自我服务体系也逐步走向了产业化。

(6) 电子商务应用社交化趋势

社交化商务在 2006 年以后会成为一个热点关注领域，原因在于之前的 Web 2.0 体系的沉淀积累，从 Web 2.0 理念到应用都为社交化商务的应用自然而然浮出水面创造了日渐成熟的环境。目前，国内微博和微信已不仅是社交媒体，也在开始与电子商务结合，已出现微博钱包和微信支付，基于朋友圈的微商也开始受到人们的广泛关注。微博和微信等社会化媒体已经成为电子商务应用的重要工具，出现专门的社交媒体职业岗位，同时也出现了不少新兴购物社交网站，如蘑菇街、美丽说等。

(7) 电子商务应用本地化趋势

本地化电子商务按字面的意思是地方性的电子商务，现比较看好的是地方论坛、地方性门户网站这类转化成的电子商务。本地电子商务通常采用 O2O 模式，具有很大的发展潜力，是未来电子商务发展模式之一。本地化电子商务很有发展潜力，主要是因为这种电子商务模式瞬间拉近了消费者与商家的距离，它把本地商家带到了电子商务世界，本地商家能够对消费者触手可及，拉近了商家和具有消费能力和消费冲动人的距离，使得线上虚拟经济与线下实体经济得到很好的融合，这个市场无疑是巨大的，具有很广阔的空间，本地电子商务前景广阔，是未来电子商务发展新的趋势。

(8) 电子商务应用移动化趋势

移动电子商务(M-Commerce)，是由电子商务(E-Commerce)的概念衍生出来的，现在的电子商务以PC为主要界面，是“有线的电子商务”；而移动电子商务，则是通过手机、PDA(个人数字助理)这些可以装在口袋里的终端与我们谋面，无论何时何地都可以开始。近年来移动设备及移动互联网的发展和普及速度令人惊讶，随之也带来了全新的用户习惯和消费模式。电子商务优化平台Mobify首席执行官Igor Faletski列举了电子商务能够崛起的5个原因：①平板计算机使用者成为电商消费的主力军；②消费者在使用移动设备时有更强的购买欲；③移动设备的广告点击率比桌面搜索要高；④夜间移动购物带来的商机；⑤移动互联网拥有巨大的潜力。美国KPCB风投公司合伙人约翰·杜尔(John Doerr)第一次提出了“SoLoMo”这个概念。他把最热的3个关键词整合在一起：Social(社交)、Local(本地化)和Mobile(移动)，“SoLoMo”被一致认为是互联网的未来发展趋势。

(9) 电子商务应用普及化趋势

电子商务应用已全面覆盖经济各个方面，电子商务应用，将会越来越普及化与常态化。电子商务应用的普及化类似于如今计算机的普及化。电子商务正在成为我国经济增长的新动力。电子商务应用的根本目的是支持业务的创新和发展。服务创新是电子商务的灵魂。随着电子商务的不断发展，电子商务产业不仅是作为一个产业得到发展，同时也是几乎所有产业的电子商务化发展。

延伸阅读

电子商务2.0：消费者的革命

电子商务2.0的颠覆性，体现在消费者(用户)力量的空前强大上。他们的参与方式更为主动和积极，市场以需求方为主反向配置资源。由此，催生了新的形态和业态。21世纪，要么电子商务，要么无商可务。比尔·盖茨在十多年前的预言，正在成为现实。

电子商务已成为我国社会经济的重要组成部分。2006年中国电子商务的整体交易额突破了万亿元大关，2009年整体规模更是达到3.6万亿元；而在2010年Q1，整体交易规模为10 152.7亿元，首次实现单季交易额过万亿元；据艾瑞咨询预测，2013年的交易规模将高达12.7万亿元。

据清科研究，2004—2009年中国社会消费品零售总额年均增长率达16.07%，而电子商务B2C市场规模平均增长率在76.7%，远高于社会消费品零售总额的增长。中国电子商务研究中心数据显示，截至今年6月底，网购用户已突破1.3亿人，预计年底将达1.44亿人；全年网购交易额将达4 300亿元；而移动电子商务的用户规模也超过5 000万人，移动电子商务实物交易规模则达到13亿元。

电子商务是资本投向密集的热门领域，2010年Q1互联网行业14.3亿元的投融资额中，电子商务的占比高达74.3%。而近两三年来，传统商家也纷纷试水电子商务，如苏宁电器的易购商城、百丽商城、优衣库等。

自 1997 年开始，中国电子商务已经走过 13 年的历程。从最初的强调“互联网”、“新经济”的技术属性，到现在对“商务”本质的返璞归真，企业界对电子商务的理解不断深入；从 B2B、B2C、C2C 再到如今的 C2B，电子商务的商业模式与运营形态正在走向多元化。越来越多的人开始认识到：电子商务不只是一个新产业，而是一个新商业时代。

2008：转折之年

2008 年对于中国的经济发展与社会进化来说，堪称是不平凡的年头，这也成为了中国电子商务发展历程中的一个转折年份。易观国际电子商务咨询中心总经理冯阳松表示，“对中国电子商务而言，2008 年有两个典型特点：一是传统的品牌制造商、实体零售商不断涌入；二是政府部门的扶持力度逐渐加强。”正是在这一年，传统的、通过信息流连接供需双方的电子商务 1.0 时代逐渐步入尾声，以信息流为核心来组织人流、物流、资金流，强调以需求搜集为中心的电子商务 2.0 时代正拉开帷幕。

2008 年中国的网民人数接近 3 亿，手机用户约 6 亿，稳居全球第一。中国的信息基础设施也在飞速发展，网络规模、技术层次和服务手段都达到了较高水平，并逐步向数字化、智能化、宽带化方向发展。移动互联网、视频技术也逐渐开始应用于电子商务领域，以提升服务水平。

而金融危机给中小企业发展和人们的日常生活也造成了很大影响，企业更积极地采用低成本的电子商务来开拓销售渠道，节俭型消费观的抬头也使得网络购物备受青睐。波士顿咨询的相关研究表明，互联网有助于企业接触到较小城市和农村地区的广泛消费者。

电子商务规模化的一个背景是，在 2008 年前后电子商务服务业的整体崛起。中国电子商务发展的第一动力是专业化——大批有外贸需求的中小企业，专业化需求催生了电子商务服务业——京东、淘宝、支付宝、财付通等服务平台和服务工具，服务业大发展降低了电子商务应用的门槛，就此形成的良性循环，推动了电子商务产业的整体性快速发展。

同时，伴随着 80 后、90 后为主体的新一代消费群体的日渐成形，互联网经济领域的“长尾效应”终于开始显现。新群体的消费需求的突出特征在于个性化。“2004—2007 年，买家主要是图便宜；2008—2010 年，买家主要是图方便；2010 年以后，买家图的是个性，这个趋势非常明显。”淘宝客户营销部渠道总监廖兵对本刊总结道。

在天时、地利、人和之下，2008 年中国电子商务领域发生了一件影响深远的大事——当年的网络零售突破三个“1”：“网络零售消费者总数突破 1 亿，交易额突破 1 000 亿，占社会消费品零售总额比例突破 1%”，这标志着网络零售领域的电子商务进入规模化的快速发展时期。

电商 2.0 将颠覆什么？

与电子商务 1.0 时代相比，2.0 时代的最大不同，是需求的变革力量与消费者的强势出击。借助低成本的网络技术，消费者实现了自媒体与自发组织，用户的力量空前凸显，市场交易结构随之发生革命性变革，品牌塑造机制不可避免地发生转型。

从信息经济学角度来看，传统意义上的品牌是工业文明的产物，在消费者与厂商直接沟通的成本过高的背景下出现，本质上是在向消费者传达一个信号（比如优质、诚信、亲和力强等），进而获得消费者的信任，即这一过程也就是“漏斗式”品牌选择机制。

传统品牌是在媒体介质单向传播的前提下出现的，因此品牌的形成和沉淀需要时间。互联网改变了这一切，Twitter 模式更是全面释放了草根力量，消费者与厂商直接沟通的鸿沟正在被填平，带来的直接变化就是电子商务对传统品牌的依赖度大幅下降。

80后、90后新生代消费者也加速了这一过程。与50后、60后、70后相比，他们更习惯平层结构，以平视的眼光看待大品牌(而前几代人是仰视)；更强调个性化，部分人中甚至出现了反品牌尤其是反大品牌的趋势。这从根本上颠覆了传统品牌塑造的基础，加快了网络化品牌的价值形成、累积速度。一言以蔽之，消费者真正当家做主的时代即将到来。

从经济学的角度来说，这一变化可以概括为生产方和需求方的双向资源配置机制。电子商务大幅度降低了信息流成本，使得搜集规模需求变为可能；强大的记录、统计、分类功能，使得经济人的分配、储蓄和交易实名制成为可能；在需求“透明”之后，可以实现反向配置资源，改变传统的、标准化的生产方式，代之以大规模、个性化的定制生产方式，避免资源浪费。

从更宽广的视野来看，电子商务将重塑新的商业生态。今天的中国，基于网络社区的、互动的新社会结构正在形成，它将奠定未来数十年中国社会的基本模式，奠定我们看待世界的眼光和心智模式。“互联网上，没人知道你是一条狗”的时代已经过去，淘宝上那些钻石、皇冠、好评、差评，正是代表着草根群体的认可，代表着普罗大众对事物的认知。

“认识电子商务，不但要从国家战略层面入手，还要从哲学层面入手。”在深圳电子商务试点城市工作小组成员、市场监督管理局副处长冯念文看来，如果意识不到人的价值观、行为方式、决策依据等因素，是做不好电子商务在国家层面的战略规划的。“毫无疑问，未来十年是电子商务2.0的时代，它决定着未来中国网民会形成什么样的心智模式，一旦形成很难改变，就像人在青春期形成的性格很难改变一样。”

需求正在引导全方位的变革，而基于需求的资源配置方式，将实现对传统经济发展模式的超越，新经济将实现资源的集约型配置。从这个意义上说，马云经常提到的“开放、分享、透明、责任”的新商业文明，可以看做电商2.0最大的颠覆性所在。

概括起来，电子商务2.0的颠覆性，就是3点：①电子商务不只是一个行业，也正在塑造新的商业时代；②消费者或用户的力量变得空前强大，他们的参与方式更为主动和积极；③由此推动了需求的反向配置资源，实际上就是“按需生产”，催生了新的型态和业态。

（资料来源：中国企业家网 http://www.iceo.com.cn/research/potential/2010/0921/200559.shtml）

讨论题

电子商务2.0与电子商务1.0有何本质不同?

本章小结

1. 电子商务的英文是Electronic Commerce，简记E-Commerce、Ecommerce或EC。电子商务有广义与狭义之分：广义的电子商务，就是运用电子化信息技术手段开展的商务活动方式；狭义的电子商务，一般是指通过互联网来实现商品、服务和/或信息的购买、销售与交换。

2. E-Business和E-Commerce看问题的角度有所不同：E-Business强调电子化信息技术对企业主体商业活动的支持，是指企业如何运用电子信息技术工具来支持自身以及与外部主体间的业务活动，这种活动，可以是企业方方面面的活动；而 E-Commerce 强调电子化信息技术对商业活动主体参与交易过程的支持，一般意义的电子商务是指企业在外部与客户或者供应商开展商务交易活动。

3. 电子商务在本质上是运用电子化互联网络创造和变革商业关系、创新和发展业务能力的过程，所建立的支持业务创新的商业关系，无论对客户还是对企业，都会创造新的商业价值。所以，我们可从更一般意义上定义电子商务：电子商务是基于电子化互联网络创造和变革商业关系、创新和发展业务能力的过程，是运用电子化互联网络为不同主体创造商业价值的活动。电子商务支持的业务活动，除交易外，还包括服务、沟通和协作等。

4. 电子商务学是关于电子商务应用中技术与商业创新方法、规律和现象本质的科学。电子商务学在本质上是一门创新服务学，是关于为价值创造服务的学问。电子商务学的根本目的在于为电子商务应用中的技术与商业创新实践提供科学的原理、方法和技术。

5. 根据企业对电子商务应用的不同需求，在电子商务应用企业中，与电子商务应用对应的职业岗位总体可分为三大类：电子商务应用专业操作类岗位、电子商务应用专业服务类岗位和电子商务应用专业管理类岗位。电子商务应用岗位可分为电子商务应用普通型岗位和电子商务应用专业型岗位。

6. 电子商务应用能力可以概括为——一个中心：理念；两个重点：分析、设计；三个维度：技术、营销、运营；四个方面：创造、变革、创新、发展。本书作者认为，区别其他专业的电子商务专业核心能力，主要体现为基于电子商务应用专业的理念创造性地解决电子商务应用问题的分析和设计能力。电子商务专业人员应该有理念、精分析、善设计、懂技术、通营销、会运营，具有创造、变革、创新、发展的职业素养和专业能力。

7. 我国网民数量居世界第一位。我国的电子商务应用已经进入快速发展的轨道，但我国电子商务应用发展不平衡。我们已进入了电子商务时代。对如今的企业来说，不是要不要电子商务，也不是如何看待电子商务，而是如何应用电子商务。

8. 在不久的将来，任何企业都会拥有自己的门户网站，并且绝大多数业务在电子商务平台上进行。发展电子商务已经不仅仅是经济问题，而是关系到社会转型时期国家生存与发展的关键问题。未来电子商务应用的总体发展趋势主要体现在 9 个方面：规模化、专业化、智能化、客户化、生态化、社交化、本地化、移动化和普及化。

关键术语

电子商务　电子业务　电子商务学科　职业岗位　发展现状　未来趋势

思考与练习

1. 何谓电子商务？广义的电子商务与狭义的电子商务有何不同？
2. E-Business 和 E-Commerce 在概念上有何不同，又有什么关系？
3. 按参与交易涉及的对象分类，企业电子商务可分成几大类？
4. 如何理解电子商务本质内涵对电子商务应用实践的指导意义？
5. 如何理解电子商务是一门交叉学科？简述电子商务学科的框架体系。

6. 电子商务应用专业岗位与电子商务应用普通岗位有何不同？

7. 如何理解电子商务专业应该具有区别于其他专业的核心能力？

8. 电子商务产生和发展的重要条件主要体现在哪几个方面？

9. 在 E-Commerce 中，如果“E”不理解为“电子化”，对“E”可作如何理解？

考察与实践

1. 在互联网上搜索并下载当前最新的《中国互联网络发展状况统计报告》。

2. 设计一份研究本地企业信息化与电子商务应用现状的调查问卷，调查一下当地电子商务发展现状，分析存在的主要问题，提出有针对性的改进建议。

3. 在新浪网用 E-mail 注册个人微博，并关注微博@电商实践和@智为电商。

4. 分组讨论：电子商务专业、计算机应用专业、物流管理专业、信息管理与信息系统专业等不同专业的人才培养定位和核心专业能力有何不同？

5. 分组讨论：中职、高职和本科电子商务专业教育在培养定位上应该有何不同？

第2章

电子商务变革与业务创新

内容概要

在这一章，首先介绍电子商务变革的概念和本质内涵以及电子商务对企业商业环境的主要影响。然后讨论企业电子商务应用面临的商业理念、商业模式、组织结构、管理方式和商业技术等几个方面的变革要求，并从7个方面讨论电子商务对业务创新的支持作用，最后讨论企业面向业务创新的三项电子商务应用战略。

学习目标

1. 理解企业电子商务变革的概念和内涵；
2. 了解电子商务环境下企业变革的必然性；
3. 理解电子商务应用对企业的革命性影响；
4. 掌握企业电子商务应用面临的变革要求；
5. 理解电子商务应用对业务创新的支持作用；
6. 掌握面向业务创新的电子商务应用战略。

开篇案例

苏宁二十年发展历程

苏宁云商1990年创立于中国南京，是中国商业的领先者，国家商务部重点培育的"全国15家大型商业企业集团"之一，中国最大的商业零售企业。2004年7月，苏宁云商〔苏宁电器(002024)〕在深交所上市，成为国内首家IPO上市的家电连锁企业，连锁网络覆盖海内外600多个城市，中国香港和日本东京、大阪地区，拥有1 600多家店面，海内外销售规模2 300亿元，员工总数18万人，先后入选《福布斯》亚洲企业50强、全球2 000大企业中国零售业第一，中国民营企业前三强，品牌价值1 052.35亿元。

1990—1993年企业创立　树立品牌

1990年12月，苏宁诞生于中国南京宁海路60号，专营一家200平方米的空调店。

1991年4月，组建售后服务中心，树立专业自营的售后服务品牌。

1993年4月，苏宁电器完成了创业初期的原始积累，在"空调大战"中一举成名。

1994—1996年空调专营　行业第一

1994年，苏宁电器立足空调专营，自建专业售后服务队伍，树立了"服务为本"的苏宁品牌，销售持续增长，成为中国最大的空调销售企业。

1995年，成立专营批发部，除零售和工程外，建立了全国的批发网络。

1996年3月，苏宁电器走出南京，在扬州开设第一家外埠公司，揭开了连锁发展的序幕；与此同时，苏宁电器率先启动计算机开票系统，实现销售、财务一体化和会计电算化。

1997—1999年壮大规模　起步连锁

1997年2月，苏宁电器投资3 000万元在南京自建第一代物流配送中心和10个售后服务网点，初步形成了“前后台协同发展，后台优先”的经营管理模式。

1998年，苏宁电器把握行业发展趋势，实施二次创业，向综合电器连锁经营转型。

1999年12月，南京新街口旗舰店成功开业，标志着苏宁电器从空调专营转型到综合电器全国连锁经营。

2000—2002年综合电器　探路连锁

2000年12月，苏宁ERP系统上线，打造企业IT神经系统，苏宁实施二次创业战略，全面推进全国电器连锁发展

2001年3月，苏宁电器进行内部组织再造，建立了以“专业化分工、标准化作业”为基础的矩阵式管理架构和第一代电器连锁专业ERP信息系统。

2003—2005年开发提速　全国布局

2002年，苏宁电器连锁网络从南京走向浙江、北京、上海、天津、重庆等地，初步建立了全国连锁发展的战略布局。

2003年3月，亚洲规模最大、品种最全的单体专业电器综合购物广场——苏宁电器南京山西路3C旗舰店开业，苏宁电器连锁经营全面进入“3C”时代。

2004年7月21日，苏宁电器(002024)在深交所成功挂牌上市，成为中国家电行业第一品牌。

2006—2008年连锁升级　稳健发展

2005年，苏宁电器在行业内率先完成全国一级市场网络布局。苏宁电器启动“5315服务工程”，建立全国一体化的物流配送体系、售后服务体系、客户服务体系，全方位提升苏宁电器为消费者提供服务的能力

2006年4月，以第五代3C+旗舰店为主导，建立了租、建、购、并四位一体的开发方式，形成了以“内生增长，后台优先”为核心的发展模式，并实施了中国零售业信息化1号工程——SAP/ERP系统上线，建立了集团化、全球化的经营管理平台。

2007年1月，苏宁电器董事长张近东入选“2006 CCTV中国经济年度人物”。

2008年3月，苏宁第三代物流基地——南京雨花物流基地全面交付使用，苏宁物流迈入作业机械化、管理信息化、网络集成化、人才知识化的新时代。

2009—2010年三年攻略　行业领先

2009年，苏宁以1 170亿元、941家店面的经营规模成为中国最大的商业流通企业，提前实现行业领先。苏宁先后入主日本LAOX电器和中国香港镭射，开启国际化连锁拓展，苏宁电器集团总部基地奠基仪式在徐庄软件产业园隆重举行。

2010年2月，苏宁易购正式上线，打造国内第一的电子商务网购平台，苏宁依托大开发、营销变革、服务变革、管理提升、人才梯队建设，构建面向未来发展的新平台。

2011—2014 年科技转型　智慧苏宁

2011 年 3 月，苏宁全球总部基地启用，打造世界级管理平台。

2011 年 6 月 9 日，苏宁发布未来十年的发展规划，启动以“科技转型，智慧再造”为方向的发展规划，提出到 2020 年跻身世界一流企业行列的发展目标。

2012 年 4 月 23 日，“云集苏宁，易购天下”苏宁易购总部基地奠基仪式在集团总部隆重举行，国家工信部、商务部等主管部门，江苏省、南京市各级政府，全球供应商、互联网与 IT 领域、金融界、投行、规划设计、传媒等各界合作伙伴共 700 多人参加，共同见证世界级电子商务总部建设的启动。

2012 年 9 月 25 日，苏宁并购红孩子媒体通报会在南京举行。苏宁拟出资 6 600 万美元或等值人民币收购红孩子公司，承接“红孩子”及“缤购”两大品牌和公司的资产、业务，全面升级苏宁易购母婴、化妆品的运营。这是苏宁在电商领域的首次并购，对于苏宁“超电器化”经营和苏宁易购品类拓展、精细运营、规模提升具有重要意义，也拉开了电商行业整合大幕。

2012 年 12 月 3 日，苏宁召开发布会，正式推出全新一代实体零售门店——苏宁地区旗舰店。

2012 年 12 月 29 日，苏宁全球第一生活广场南京新街口 Expo 超级店正式开业，凭借全新经营模式和服务体验，提前引爆元旦购物热潮，受到众多消费者的追捧，迎来 2013 年元旦黄金周的“开门红”。

2013 年 2 月初，苏宁正式公布新模式、新组织、新形象，标志着行业革命性的“云商”模式全面落地，开启了跨越式发展的新征程。

2013 年 3 月 11 日，由南京市发改委牵头，南京市工商行政管理局、苏宁具体承接的全国唯一一个电子商务交易纠纷处理服务试点项目在南京启动。

2013 年 5 月 25 日，苏宁成为首家进驻西藏自治区的全国性大型连锁企业，也实现了在中国大陆地区连锁布局的圆满收官。

2013 年 6 月 8 日，苏宁全国所有苏宁门店、乐购仕门店销售的所有商品将与苏宁易购实现同品同价，这是全国首例大型零售商全面推行线上线下同价，此次价格一致是苏宁多渠道融合的重要一步，标志着苏宁 O2O 模式的全面运行。

2013 年 9 月 12 日晚，苏宁开放平台战略通报暨平台联盟大会在北京水立方盛大举行，苏宁高管团队集体亮相，近千商户、媒体、行业专家和投资者共同见证了苏宁开放平台的发布。前期十万全球征集平台命名也揭晓答案——“苏宁云台”，寓意苏宁云商开放平台。

2013 年 10 月 28 日，中国领先的视频媒体 PPTV 聚力与苏宁云商、弘毅投资在北京联合宣布，苏宁和弘毅将以 4.2 亿美元的公司基准估值联合战略投资 PPTV 聚力。PPTV 聚力在引进新的战略投资者之后，将大大加强其在资金和战略资源方面的行业领先优势，加速视频行业格局的演变。

2013 年 11 月 19 日，“苏宁美国研发中心暨硅谷研究院”隆重揭幕，苏宁董事长张近东正式宣布其全球首家海外研究院开始运行。苏宁硅谷研究院将着眼于融合线上线下 O2O 模式，聚焦于智能搜索、大数据、高性能计算、互联网金融等领域的前沿技术研究。

2014年1月27日，苏宁官方对外宣布100%收购国内知名团购网站满座网，并整合为本地生活事业部，加速本地生活服务领域的发展，推动线上线下融合的O2O战略进一步深入。这是互联网领域2014年第一起并购，表明集团将在2014年继续快马加鞭加速转型。

2014年1月13日晚，苏宁云商发布公告称，旗下的南京苏宁易付宝网络科技有限公司（以下简称“易付宝”）推出的余额理财产品“零钱宝”将于1月15日正式上线。

2014年3月4日，苏宁对外正式宣布成立“苏宁互联”独立公司，作为虚拟运营商的客服号码为10035。苏宁互联公司的成立标志着集团全面进军移动转售业务。3月21日上午10点08分，随着电话的接通，苏宁互联号码宣布测试成功。

2014年6月25日，世界品牌实验室在北京发布了2014年《中国500最具价值品牌》榜单，苏宁以1 052.35亿元蝉联中国最具价值的商业零售品牌，并位列中国500最具价值品牌榜第13名。

2014年8月26日，苏宁客服体系成功通过了4PS国际标准认证，正式全面接轨4PS国际标准体系，成为国内首家获得该标准认证的互联网零售企业和虚拟运营商企业。

2014年11月26日，苏宁与航天信息集团（“航天信息”）举行签约仪式，正式宣布双方合力推进国内电子发票业务发展，扩大电子发票应用领域和地域，让电商规范化发展有据可依。

2014年12月26日，苏宁延续公益庆生的传统，宣布正式上线公益频道，旨在发挥线上线下O2O融合优势，探索互联网时代下的公益之路。

2014年12月20日，位于澳门大三巴草地围的澳门大三巴店隆重开业。

（资料来源：苏宁官方网站 http://www.suning.cn）

上述苏宁20年发展历程，可以帮助大家理解电子商务变革和业务创新的重要性。

2.1 电子商务变革与业务创新概述

随着互联网技术的不断发展，企业电子商务不断发展和普及。目前互联网和电子商务在世界范围内发展极为迅速。美国已故著名管理学家彼得·德鲁克把电子商务比作工业革命中的铁路（运输），认为电子商务是史无前例的全新发展，迅速改变着当今的经济、社会和政治。如今的企业，不是要不要电子商务，不是如何看待电子商务，而是如何应用电子商务，如何面对电子商务带来的商业变革。

2.1.1 电子商务变革的概念与分类

电子商务变革是新世纪各类企业所面临的巨大变革。从概念上说，所谓电子商务变革，就是由于电子商务应用在商业领域所发生的根本性变化。对于一个企业来说，电子商务变革既包括外在的电子商务变革，也包括内在的电子商务变革。

外在的电子商务变革，是指由于电子商务的广泛应用，企业必须面对的生存与发展的外部商业环境所发生的根本性变化。互联网与电子商务应用已经和正在改变或将要改变企业的外部商业环境，这对任何企业都是不争的事实。一个企业，无论是否决定应用电子商务，都不应无视外部商业环境发生的一些根本性变化。

内在的电子商务变革，是指为应用电子商务，企业在自身商业理念、商业模式、组织结构、管理方式和商业技术等方面所发生的根本性变化。由于互联网与电子商务应用，已经和正在改变或将要改变企业的外部商业环境，对企业而言，可能带来机遇，可能带来威胁，也可能暂时没有太大影响。但是，一个企业，无论是否决定应用电子商务，都不应该无视外部商业环境发生的一些根本性变化。

所以，从本质上说，电子商务变革是网络信息技术驱动下的商业环境、商业理念、商业模式、组织结构、管理方式和商业技术的变革。电子商务变革既体现在宏观的社会经济层面，也体现在微观的企业经营层面。

2.1.2　电子商务业务创新的重要性

创新是企业电子商务应用的内在驱动力。从概念上，电子商务只是一种理念、能力和方式，电子商务的出现就是为了支持具体业务，是为业务创新服务的。电子商务业务创新的重要性体现在如下几个方面。

首先，没有脱离业务创新的抽象电子商务存在。电子商务的存在价值就是业务创新。考虑任何电子商务应用，对业务逻辑本身的深入思考是电子商务应用的商业基础。

其次，业务创新理念是电子商务设计的依据。任何电子商务技术，没有业务创新理念支持，就不可能实现技术应该的商业价值。

最后，电子商务业务创新是一个动态的过程。电子商务应用本身是一种创新，但通常不是一次创新就结束的。电子商务应用中的业务创新是一个动态过程，业务创新是电子商务应用创新的需求，这种需求在电子商务应用中不断满足又不断被创造。

基于上述对电子商务业务创新的认识，我们从不同角度思考企业中电子商务应用对业务创新的支持，对学习电子商务业务创新理念和培养电子商务业务创新思维具有非常重要的意义。在 2.4 节中，我们将从 7 个方面思考和讨论电子商务应用对业务创新的支持作用。

2.2　电子商务对商业环境的主要影响

随着互联网技术和电子商务的不断应用，社会经济的各个领域都在发生着变化。企业所面临的外部商业环境无疑也在不断发生着很多根本性变化。这些基于互联网和电子商务应用的商业环境变化是不依企业意志为改变的，并且在不断变化，甚至会对企业发展的商业环境产生革命性的影响。这是每一个企业必须要面对的。

2.2.1　对个人工作和生活方式的影响

在电子商务环境下，人们的生活、工作、学习以及娱乐方式，如信息传播方式、生活方式、办公方式、教育方式等，也在不断发生变化。

1. 信息传播方式

互联网是一个具有交流特性的网络，它不仅可以作为个人传递信息的工具，也是企业间传递信息的媒体。无论对信息传播者还是信息受众，网上信息的传播都是便利的选择。这也是电子商务受欢迎的原因之一。由于网络信息传播的优点，网络广告也越来越受广告主欢迎，像可口可乐公司、电话公司等都在互联网上投入大量的广告。当然，广告费用与传统广告相比，还是很少的，但其取得的效果却是传统广告不可比拟的。尤其是随着移动互联网和社交媒体的出现，对信息传播方式产生的影响，显然是革命性的。

2. 办公方式

无论什么任务，通过网络的传输功能，随时随地都可以完成。这样，在家里或者其他地方，随时都可以办公，而不像以前那样局限于办公室。而且，在家里办公，上下班花费在路上的时间节省了，上班时的交通堵塞不再存在，同时也减轻了交通负担。21 世纪，在家里办公的情况会日益流行。尤其是在云计算环境下，办公方式会更加个性化和自主化，也更加智能化。

3. 生活方式

由于互联网的流行和电子商务的兴起，人们的生活也发生了变化。以前，总要花费大量的时间去商场或者百货商店购物，几个商场逛下来，人都累得散了架。现在，待在家里，轻松地点击鼠标，就可以在互联网的虚拟商场里挑选购买物品。在网上商场里逛累了，去音乐站点或者其他娱乐站点逛一逛，放松一下心情。总之，聚会、购物、看电影、玩游戏、看书、收藏、游泳、讨论……只要你喜欢，你都可以在网络上解决。时间、费用、心情都要比传统的方式美妙得多。当然，互联网与电子商务给人们带来了方便，也带来了新的问题：未成年人的上网问题、信息污染问题、家庭隐私问题、电子商务的安全问题等都给我们带来了新的挑战。

4. 教育方式

交互式的网络多媒体技术给人们的教育带来了很大的方便。数字化的课堂让很多没有时间的专业学生和在职的工作人员的教育问题得到解决。讲课、作业、讲评，一切都在网络上进行。网络大学作为远程教育的一种方式，为越来越多的人所接受。网络大学打破了时间和空间的限制，远程就能学到想要学到的知识，给纵深学习提供了机会。另外，互联网不仅改变着人们接受教育的方式，也在改变着学校组织教育的方式。MOOC 是 Massive（大规模的）、Open（开放的）、Online（在线的）、Course（课程）4 个词的缩写，指大规模的网络开放课程。MOOC 是一种在线教育形式，任何人都能免费注册使用，它有与线下课程类似的作业评估体系和考核方式。按时完成作业和考试的学习者还可能收获导师签署的课程证书。2012 年，美国的麻省理工学院和哈佛大学等顶尖大学陆续设立网络学习平台，在网上提供免费课程，Coursera、Udacity、edX 三大课程提供商的兴起，给更多学生提供了系统学习的可能。2013 年 2 月，新加坡国立大学与美国公司 Coursera 合作，加入大型开放式网络课程平台。这三个大平台的课程全部针对高等教育，并且像真正的大学一样，有一套自己的学习和管理系统。并且，它们的课程都是免费的。以前，我们远渡重洋前往世界知名学府求学，现在一种新型的学习方式正在国内兴起，不出国门，也能接受世界顶尖名校的免费教育。一场 MOOC 运动正席卷中国。

2.2.2 对人们消费方式和消费观念的影响

在电子商务环境下，消费者找厂家、跑商场、进银行、排队、交涉、办手续等行为，都在被电子商务改变着。“腰酸腿疼”的购物方式，正在被轻松的“点击鼠标”所代替。用经济学的语言来说，互联网和电子商务极大地降低了购买者的交易费用。

在电子商务环境下，消费者很容易获得与产品价格、性能和质量等相关的信息，网络改变了原来厂家或商场与消费者不对称的信息结构。现在消费者购买重要物品时，即使不在网上购买，通常也会在去商店购物前，先在网上搜索所购物品的相关信息。用管理学语言来说，电子商务极大地增强了购买者的讨价还价能力。

在电子商务环境下，商家经常提供一些免费或是打折的商品和服务吸引消费者，消费者总是希望得到更多的免费或是打折的商品和服务。所以，在网络环境下，对消费者来说，并不是所有的商品和服务都要支付费用，“免费”或“打折”常常是网店非常重要的销售策略，也是网上购物的诱人之处。

在电子商务环境下，消费者满意的购物或消费体验变得越来越重要。消费者稍不满意，鼠标就可能点到其他网站上去了。甚至，以后再也不会到你的网上商店购物了。另外，消费者的不满意，也极有可能通过网络渠道传给很多人，尤其在社交媒体广泛使用的今天，消费者的购物体验会非常重要，人们可能会通过互联网分享和传播自己的购物体验，从而影响更多的消费者的购物行为。

所以，在电子商务环境下，人们消费方式和消费观念在不断变化，并且很容易传播，消费者的力量会变得愈来愈强大，这是无可置疑的。过去的“被动消费者”正在进化为“主动消费者”或“战略性消费者”。

2.2.3　对厂家销售与采购方式的影响

在电子商务环境下，厂家运用网络渠道可把自己的产品销售给全球任何有互联网连接的客户。对于中小企业，有了电子商务交易平台，就可以做国际贸易。中国的阿里巴巴和中国制造网使得无数中小企业能与许多大企业一样参与全球竞争。

在电子商务环境下，许多厂家可以绕开传统中间商，向客户直接销售产品，降低产品价格，提供定制化的产品和服务。如“戴尔模式”。

在电子商务环境下，许多厂家采用在线采购的方式，由于更容易“货比三家”，所以更有利于找到合适的(物美价廉的)原材料和零部组件；更有利于找到合适的合作伙伴；而且降低采购的交易费用。电子商务增强了厂家作为采购方的讨价还价能力，极大降低了厂家采购成本。

2.2.4　对企业间竞争方式的影响

在电子商务环境下，企业间的竞争，在某种意义上讲，是全球化的。客户通过互联网电子商务平台可以购买全球的商品，企业间的竞争更加激烈了。

在电子商务环境下，企业间的竞争，由于产品质量同质化，越来越表现在基于客户个性化需求和服务导向的竞争。电子化服务在电子商务环境下愈来愈重要。企业出售的不仅是产品，更多的是服务，是一套解决方案。

在电子商务环境下，企业间的竞争，更多的是供应链间的竞争，更多的是生态系统间的竞争。供应链的优化和生态系统的优化越来越重要。

上述 4 个方面的变化，是电子商务环境下企业外部商业环境所发生的主要变革。在电子商务时代，企业必须适应这种外在的电子商务变革。同时，在电子商务时代，要参与市场竞争，建立企业竞争优势，还必须积极地进行内在的电子商务变革。

2.3 企业电子商务变革的主要内容

我们把应用电子商务的企业，称为电子商务企业。所以，企业内在的电子商务变革，也就是电子商务企业的变革。外在的电子商务变革会影响企业生存和发展的外部商业环境。电子商务企业的变革，是企业为适应电子商务发展要求，主动进行的内在变革。企业电子商务变革，从内容上，至少包括商业理念、商业模式、组织结构、管理方式与商业技术等几方面所发生的根本性变化。

2.3.1 电子商务商业理念变革

电子商务商业理念变革，是指企业为适应电子商务发展，在商业理念上的根本性变化。企业的电子商务变革，从根本上是商业理念变革驱动的。

所有伟大的理念都具备3个商业目标中的一个：提高效率、增强效力、产品或流程的创新。在某种意义上，这三者已经把所有的可能性概括其中。做事正确、做正确的事或者尝试新鲜的事。流程再造能够同时满足这3个目标，但是人们只是利用流程再造来提高效率，于是大大制约了流程再造释放更大的能量和价值。电子商务很好地融合了这3个元素，这就是这个电子商务理念能够长久存活的原因。电子商务曾经因为网络泡沫经济的爆发而遭受重创。但是后来因为它解决了效率的问题而再次发展壮大。

从2009年开始，阿里巴巴都会在每年的11月11日举行大规模的消费者回馈活动。回顾历年“双11”，其成交额都是呈现几何级的增长，2009年“双11”销售额5 200万元；2010年“双11”总销售额增至9.36亿元；2011年，这一数字飙升至52亿元。而在2012年，天猫11·11购物狂欢节实现191亿成交额，刷新全球网购节单日销量纪录，成为全球最大购物日。2013年“双11”达362亿元，占到当天中国社会消费零售总额的一半以上，是美国年度最大网络购物日——“网络星期一”（感恩节后的第一个星期一）的2.5倍以上。2014年成交额571.12亿元，2014年11月11日凌晨，活动开场仅到第3分钟，阿里的平台成交额已突破10亿元人民币；14分钟02秒，突破50亿元；38分钟28秒，交易额冲上100亿元；13时31分，天猫“双11”成交额突破362亿元，打破2013年11月11日全天的成交纪录；21时12分，成交总额突破500亿元。所有的这一切都证明了电子商务应用具有相当巨大的威力：尽管在泡沫经济时代，电子商务产生了很多的负面影响，但是它仍然在很多企业得到了蓬勃发展。

有什么样的电子商务商业理念，就有什么样的电子商务应用，或者说，电子商务就应用到什么程度。目前，中国电子商务发展的成熟度不如美国高，一个很大的原因，就是很多企业管理者头脑中基于电子商务的商业理念不够。所以，中国的电子商务的发展迫切需要培训懂电子商务的管理者。这对中国电子商务专业的学生来说，推动中国电子商务发展是他们的重要使命。中国电子商务专业学生不应该是只懂电子商务的专才，要努力成为懂电子商务的商务与管理创新人才。

2.3.2 电子商务商业模式变革

商业模式是企业市场价值的实现模式。随着全球化、信息化、市场化不断深入,传统商业模式受到了前所未有的挑战,创新商业模式势在必行。电子商务商业模式变革,对企业的电子商务应用至关重要。电子商务商业模式变革是企业在电子商务商业理念变革驱动下对商业模式做出的根本性变化。任何企业的业务发展都有相应的商业模式。传统企业的业务本来有其适合的商业模式。电子商务的冲击使外部的商业环境发生变化,企业就可能变革原来的商业模式。这里,电子商务商业模式变革有两种:一种是主动的电子商务商业模式变革,另一种是被动的电子商务商业模式变革。

主动的电子商务商业模式变革,是指企业主动意识到电子商务应用能提供新的有价值的服务或给客户更好的增值服务,电子商务能建立新的业务或新的竞争优势,企业主动应用电子商务开展新的业务或对原有业务创新。如美国亚马逊公司、雅虎、新浪网、中国制造网、阿里巴巴等的创立,都是认识到互联网的商业价值。戴尔计算机采用在线直销模式,也是认识到互联网在降低产品销售成本、提供定制化产品和服务等方面的价值。基于互联网的商务活动与传统商务活动,不能照搬传统商业模式,应该根据互联网商务环境和业务特点思考应该采用何种商业模式合适。早期的很多网络公司纷纷倒闭,充分说明电子商务企业正确选择商业模式的重要性。

被动的电子商务商业模式变革,是指企业原来的商业模式不再适合业务的发展,企业不得不应对电子商务冲击,如很多传统零售业开始涉足电子商务应用,很大的原因是电子零售发展的影响。传统企业一旦决定利用电子商务的渠道发展业务,并不是仅仅建个网站,将商品放在网上销售,也要考虑应该采取什么样的商业模式。

电子商务发展与普及的趋势不容置疑。无论是主动地应用电子商务,还是被动地应用电子商务,面向电子商务应用的商业模式变革都是十分重要的。商业模式变革充分反映企业管理者电子商务商业理念的变革,商业模式的设计是电子商务商业理念创新的体现。

2.3.3 电子商务组织结构变革

电子商务组织结构变革,是指电子商务应用带来的企业组织结构的根本性变化。这里有两个层面:一是电子商务环境下企业组织结构的柔性化、扁平化、网络化、虚拟化的变化趋势;二是电子商务企业商业模式变革的实施通常离不开相应的组织结构变革。

在电子商务的环境下,企业面对的是更加激烈的竞争和更加挑剔的顾客。这一切对传统的科层组织结构形成了强烈的冲击。传统科层组织是建立在专业化分工基础上的金字塔形组织结构,在工业革命时期的专业化、标准化生产或重复性工作中发挥了巨大的作用。电子商务的广泛应用,使企业的经营管理具有全球性、平等性、共享性、知识性、虚拟性、创造性、自主性等特征,企业间的竞争已进入无边界的竞争时代。显然,传统的刚性组织模式与电子商务企业发展的矛盾不可调和。面对电子商务环境,传统科层式组织结构不能够适应急剧变化的环境,面临着巨大的挑战。信息技术促进着柔性化组织创新的进行,而组织又不断进行着自身的改造与创新,去适应电子商务的商业环境,在这种良性的双向互动中,企业的发展被推向新的高度。

在电子商务的环境下,信息技术的广泛应用,首先使内部组织的有效市场化成为了可能，破除了科层组织信息沟通不畅的弊端，使结构更加精简、扁平。但这种组织结构不是一般意义上的"扁平化"，而是根据企业再造的思想将企业内部业务流程和企业间业务流程重新设计与整合。在进行企业再造的过程中，各个子系统，如生产、营销、研发、财务、后勤服务等业务部门的功能将重新调整，它们之间的关系也将因此而改变。在Internet、Intranet、ERP等基础上的企业电子商务系统能智能化地实现大部分的组织管理职能——计划、组织、指挥、协调、控制（领导、激励除外）。组织内部的分工方式将发生革命性的变化，由职能分工型的组织结构向任务分工型的组织结构转变。

与扁平型组织相适应，必须赋予一线管理人员更多参与决策的权力，从而可以减少信息传递次数，打破官僚主义和等级制度，提高管理效率，增强企业的竞争力。因此决策权从工业经济的集中化向网络经济的分权化转变，这样会产生众多的"授权小组"，每个授权小组通过企业的授权，围绕任务和目标自行决定其工作方式，每个授权小组及其成员通过自我设计、自我优化和自我创造，使传统的依靠"上级"做出决策的方式逐渐向依靠"团队"来进行决策的方式转变。

随着经济全球化的发展，企业间的竞争日趋激烈，任何一个企业依靠自身的力量都很难垄断市场，为了避免恶性竞争，保存自身实力，有效地整合企业外部资源，抓住有限的市场机会，企业新的经营方式和组织方式不断涌现。如虚拟企业、网络化组织等组织形式和概念相继出现。这些都超越了传统企业的边界，使企业在利用品牌、网络和资本优势的基础上，充分整合社会资源。在降低交易费用的同时，取得超常现的发展。虚拟企业是以核心企业为龙头，为实现某一市场机会，将拥有实现该机会所需资源的若干企业集结而成的一种网络化的动态组织。当市场机会不存在时，虚拟企业则自行解体。网络化组织是按工作流程构成的一个具有固定连接的业务关系为基础的小单元联合体，它既可以是企业内部的工作单位的联合，也可以扩充到外部联盟企业。

另外，企业面向电子商务的商业模式变革的战略实施，通常也离不开相应的组织结构变革。企业应根据所选择电子商务商业模式的具体要求，调整企业的组织结构，增减业务部门，建立新的组织结构关系。如企业有可能设立首席电子商务主管与电子商务部门，也可能另设独立的电子商务分公司来开展电子商务业务。总之，电子商务组织结构变革，对一个企业电子商务的成功应用至关重要。

2.3.4 电子商务管理方式变革

电子商务管理方式变革，是指企业为适应电子商务发展，在管理方式上所发生的根本性变化。随着网络计算技术的飞速发展以及电子化企业管理思想的出现，企业信息管理也进行着不断的调整，以适应电子商务时代的来临。总体说来，电子商务时代企业管理正在发生的变革至少包括如下6个主要方面：①企业内外部的运作电子化管理方式更有效更有效率；②企业对客户的服务与体验管理和客户关系管理越来越重要；③企业更加重视信息与知识管理和信息化管理工具的应用；④企业重视核心业务能力和服务外包管理；⑤管理范围进一步地延伸到企业供应链范围；⑥企业越来重视与客户间的互动以及不同部门间甚至与外部企业的协同管理。

第一，在电子商务时代，企业内外部的运作电子化管理方式更有效更有效率。由于Internet大大缩小了时间和空间的距离，企业内部部门和员工之间的沟通模式将有很大变化。在内部工作和业务流程的控制方面，企业将大量采用电子商务模式进行交流。无论该项业务涉及的员工或经理是否在同一物理位置或网络上，业务的处理将会同样顺利进行。例如，在传统管理系统模式下，一个财务或采购单据的审批，如果审批人/经理出差在外，单据的执行或入账只有等待他回来或远程登录到系统。可是，有了电子商务模式，即使出差也同样可以通过电子邮件方式审批这个单据，而不必延误业务。电子商务物流本身有特殊要求，电子商务环境下电子化物流运作提高物流服务的有效性和运作效率。

第二，随着 Internet 和电子商务广泛应用，企业对客户的服务与体验管理和客户关系管理越来越重要。电子商务环境下市场竞争日益激烈，企业的产品和服务本身已很难分出绝对优劣，在线客户讨价还价能力越来越强，客户一旦不满意，就会去到其他网站。所以，谁能把握客户的需要、加强与客户的沟通、得到正确的信息，谁就能取得竞争优势，捷足先登。电子商务企业越来越重视电子化服务和客户体验，企业建立呼叫中心能够更好地、更有效地与客户沟通，了解客户的需求和市场的变化，从而在销售和服务等方面提高企业服务水平和整体形象。电子商务网站设计中电子化服务和客户体验的考虑至关重要。

第三，电子商务时代企业更加重视信息与知识管理和信息化管理工具的应用。电子商务网站交易信息平台系统与企业生产、仓储、配送、售后服务等信息化管理系统的整合越来越重要；电子商务企业广泛运用 ERP、CRM、SCM 和 BI 等信息化管理工具，越来越强调网络环境下的信息共享和知识管理问题。

第四，企业重视核心业务能力和服务外包管理。电子商务环境下，电子商务业务的相关服务很多，不可能完全由一家企业提供，通常电子商务企业专注自己的核心业务能力，而将本企业非核心业务外包给其他电子商务服务企业，如电子零售企业通常将电子支付服务和配送服务外包。很显然，在企业强化核心业务能力的同时，管理外包服务非常重要。

第五，企业管理范围进一步地延伸，除了传统的企业财务、库存、销售、生产、物流、采购、外包等管理以外，涉及整个企业供应链的许多环节也被要求进入管理范畴。客户、供应商以及合作伙伴连成一片的供应链已经成为企业与企业之间竞争的核心。企业供应链协同管理愈来愈重要。

第六，企业越来越重视与客户间的互动、企业不同部门间甚至企业与外部企业的协同管理。在电子商务环境下，客户要求的个性化和定制服务要求越来越多。客户通常在电子商务交易中定制产品和服务，甚至参与产品的设计和生产过程。电子商务要求企业具有为客户快速提供满意产品和服务的能力，这时，企业要求不同部门间密切配合、外部供应商的合作支持。所以，电子商务环境下不同部门间甚至与外部企业的协同管理就变得非常重要。

2.3.5 电子商务商业技术变革

电子商务商业技术变革，是指与电子商务相关商业技术上所发生的根本性变化。所谓商业技术(Business Technology)，是指支持商业活动的各种技术。电子商务离不开网络信息技术的支持，同时也正是企业电子商务应用使网络信息技术产生更多的商业价值。如今的网络信息技术发展，更多的是由商业应用驱动，很多的网络信息技术已成为重要的商业技术。互联网本身不仅是信息技术，更是商业技术。ERP、CRM、SCM 都是目前企业业务发展离不开的商业技术。基于网络信息技术的商业智能技术和决策支持技术愈来愈受到企业的重视。

对企业来说，能用于支持商业活动的各种商业技术会不断涌现，电子商务环境下企业业务发展更需要各种商业技术的支持。Web 2.0是目前颇受关注的新一代互联网应用。作为人们使用互联网方式的巨大变革，Web 2.0强调的参与、社群正在逐步地渗透到企业当中，同时它所表现出来的应用模式创新也正在催生新的技术，呼唤着新的软件架构的出现。当前，这种新的技术和架构已不再是停留在理论层面，它开始应用在具体的开发过程中，例如Rest、Ajax、Mashup、Rails、敏捷开发等。另外，云计算和物联网的不断发展，也将为企业电子商务应用提供更有效的商业技术支持。

2.4 电子商务对业务创新的支持

随着网络信息技术的不断发展，企业的业务活动愈来愈离不开互联网，就像如今很难想象一个企业不装电话还能开展业务一样，我们也将很难想象一个企业没有电子商务平台还能开展业务，所有企业应用电子商务将是必然趋势。由于互联网与电子商务的应用，已经和正在改变或将要改变企业外部商业环境，对企业，可能带来机遇，也可能带来威胁。

市场、经济、法律、社会和技术因素创造了一个高度竞争、以顾客为中心的商业环境。企业除了必须采取传统的降低成本、关闭亏损部门等措施之外，还必须进行创新，如按顾客需求定制产品、开发新产品或提供出色的客户服务。如前所述，创新是企业电子商务应用的内在驱动力。企业对电子商务应用的根本目的就是为了支持业务创新，从而为客户提供更有价值的服务，同时也为企业创造业务竞争优势。

电子商务应用对业务创新的支持作用至少可以体现在如下7个方面：①支持客户化业务创新；②支持网络化业务创新；③支持全球化业务创新；④支持协作导向业务创新；⑤支持服务导向业务创新；⑥支持资源外包业务创新；⑦电子商务支持中小企业业务创新。

2.4.1 电子商务对客户化业务创新的支持

以客户为中心是现代企业的重要经营理念。以客户为中心理念的出发点是消费需求，是以买方(客户群)的要求为中心，其目的是从客户的满足之中获取利润，这可以认为是一种以消费者(用户)为导向或称市场导向的经营理念。

按照以客户为中心的理念，企业越来越注重对客户关系的管理。客户关系管理涉及企业很多领域，如市场、销售、服务、技术支持等与客户相关的领域，通过向企业的专业人员提供全面的客户资料，以及强化跟踪服务和信息分析的能力，使得专业人员能够建立和维护一系列与客户之间的“一对一关系”，另一方面通过信息共享和优化商业流程有效降低了企业的经营成本。

随着以客户为中心成为企业基本理念和客户关系管理成为企业基本的管理工具，客户化业务创新逐渐成为企业竞争优势的主要来源，客户中心企业也就成为现代企业新的组织形态。在客户中心企业中，原先的大规模生产模式已经演化成大规模定制(Mass Customization)模式或客户化定制(Customerization)模式。客户主导的大规模定制是21世纪企业的竞争前沿。在实践中，大规模定制已在许多行业取得成功。美国Dell公司应用大规模定制和直销模式，在短短十几年里，一举成为世界PC市场占有率最高的企业。

电子商务应用可以很好地支持企业的客户化业务创新。首先，电子商务应用本身就体现以客户为中心或以消费者(用户)为导向的经营理念。不以客户为中心的网站不是一个电子商务平台，最多只是一个信息平台；不以消费者(用户)为导向的网络营销肯定是一个无效的营销行为。电子商务应用的出发点是基于网络平台向客户提供传统方式难以提供的 7×24 小时服务。其次，电子商务环境下企业可以更有效地管理客户关系。在网络环境下，可以有效获取和运用客户行为相关知识，从而更方便地建立和维护一系列与客户之间的“一对一关系”。最后，电子商务环境下客户化业务创新更为方便。在电子商务应用中，企业可以充分地考虑客户在产品和服务方面的个性化需求，不仅可以让客户选择不同的支付方式和配送方式，也可以通过网络平台让客户定制产品，甚至可以让客户参与定制产品的设计过程，与客户共同创造价值(Co-Creation)。客户化定制导向的 C2B 模式会成为电子商务产业升级的未来。提供个性化产品和服务是电子商务应用的最高境界。

2.4.2 电子商务对网络化业务创新的支持

网络化也是现代企业发展和业务创新的重要理念。网络化有两个不同的概念：一个是指业务组织网络化，如虚拟企业、连锁企业等；另一个是指基于网络技术的业务创新，主要是互联网应用对生产、服务和交易活动的支持。后者的网络化通常可以有效支持前者的网络化。电子商务就是对网络商务平台的运用。电子商务活动，除交易活动外，一般还包括服务、交流和协作等。

电子商务应用模式有很多种，如 B2B、B2C、C2C、B2G、B2E、Intra-business 等。电子商务应用通过基于网络商务平台，可以有效支持网络化运营的业务；同时，基于网络商务平台的业务创新，可以利用网络化平台和互联网环境建立业务竞争优势，如金融服务的网络化，可以支持用户多样化和服务个性化、业务网络化和决策智能化。

在电子商务环境下，通过网络商务平台，可以与大量分散的客户建立联系，建立新型的客户关系网络，形成基于互联网的集聚市场。在传统商务中，企业 20% 的热门产品会带来 80% 甚至更多的利润，所以，一般不会重视销售品种多、批量小的冷门产品。但在电子商务中，利用互联网优势，足够多的“小批量的非热门产品”组合到一起，有可能形成能与热门市场相匹敌的大市场。美国《连线》杂志主编克里斯·安德森深入研究亚马逊、Google、eBay、Netflix 等互联网零售商的销售数据，并与沃尔玛等传统零售商的销售数据进行了对比，观察到一种符合统计规律(大数定律)的现象。这种现象恰如以数量、品种为二维坐标上的一条需求曲线，拖着长长的尾巴，向代表“品种”的横轴尽头延伸。在统计学中，这种形状的曲线被称作“长尾分布”，如图 2-1 所示。

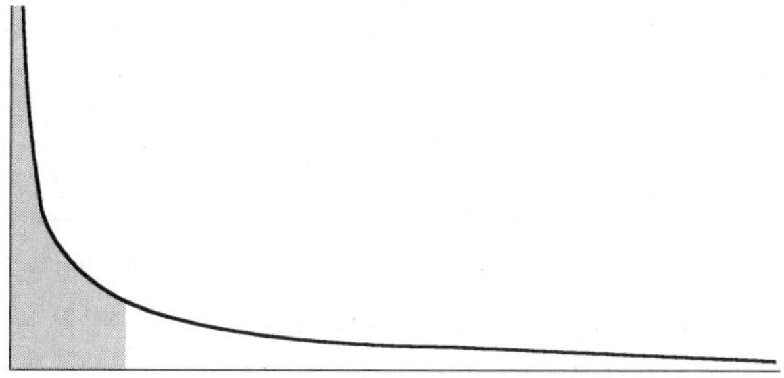

图 2-1 长尾分布

具有如图 2-1 所示“长尾分布”特征的产品也就称为“长尾产品”。在传统商务中，人们只能关注曲线的“头部”，而将处于曲线“尾部”、需要更多的精力和成本才能关注到的大多数人或事忽略。而在网络时代，由于关注的成本大大降低，人们有可能以很低的成本关注正态分布曲线的“尾部”，关注“尾部”产生的总体效益甚至会超过“头部”。安德森认为，网络时代是关注“长尾”、发挥“长尾”效益的时代。很显然，基于网络商务平台销售长尾产品是一种典型的网络化业务创新。

另外，尽管社会网络与互联网络不是同一个概念，但两者关系非常密切。电子商务应用的核心是基于互联网络的创新服务。电子商务应用形成的商业关系网络是一种基于互联网的新型社会网络。所以，新兴的网络科学是研究电子商务环境下网络化业务创新的重要理论基础。

2.4.3 电子商务对全球化业务创新的支持

“全球化”(Globalization)一词最早是莱维特(Theodre Levitt)于1985年在其《市场的全球化》一文中提出的。经济全球化，使得各个国家的经济相互渗透、相互依存，各国经济与世界经济已具有不可分割性，商品、服务、资本、技术跨越国界的流量越来越大，实现资源在更大范围内有效配置。经济全球化带来了产业的全球化，据统计，目前世界各国的跨国公司近4万家，其设在世界各地的子公司有25万家。他们控制了世界生产的1/3以上、世界贸易的2/3、世界对外直接投资的4/5、世界技术成果转让的9/10以上。根据咨询公司埃森哲和中国企业联合会在2010年5~8月针对89家中国企业发放的问卷调查结果，有89%的企业目前已开展了全球化业务，有5%的企业计划开展全球化的业务。

日新月异的信息技术，迅速延伸的互联网络以及蓬勃发展的电子商务，正在把世界变成一个全新的“网络社会”，把硕大的地球变成一个小小的“地球村”。在互联网上，没有国界，没有边境，也不论国籍、民族和肤色，对全球的任何用户来说，它是完全开放的和平等的。企业可以通过网络在全球范围内从事贸易和投资活动，这就意味着企业进入了一个一体化的全球市场，资金、技术、商品和劳务在全球范围内流动。

电子商务是运行于互联网之上的，而互联网作为一个全球性的网络，其基础设施的建设及运行其上的一些规则的制订，必然需要全世界的协作，而电子商务全球框架的建立和调整，也需要各国政治经济组织的共同参与。全球信息化迅猛发展，以信息技术的发展直接引起的全球电子商务革命，深刻地影响着全球商业贸易形式和市场结构。电子商务无疑代表着未来贸易方式的发展方向。电子商务作为经济全球化和信息网络化的产物，也成为全球经济最具活力的增长点，有力地推动了世界经济的发展与繁荣。

目前，中国已有很多支持企业全球化业务创新的电子商务平台，如阿里巴巴(http://china.alibaba.com)是全球最大的B2B网站，通过旗下3个交易市场协助世界各地数以百万计的买家和供应商从事网上生意；中国制造网(http://cn.made-in-china.com)是最资深的全球采购网，它的信息平台和优质商业服务更为中国对内对外贸易的发展提供了强有力的支持；环球资源网(http://china.globalsources.com)是最早一家在美国纳斯达克上市并盈利的B2B网上交易中枢，通过创建、管理各种有效媒体，为买卖双方传递相互结识及交易所需的信息，以适当资讯、在适当时机、通过适当渠道，联结全球买家及供应商。

2.4.4 电子商务对协作导向业务创新的支持

所谓协作，就是不同行为主体作为合作伙伴为完成共同任务互相合作并努力做好各自的工作。通过协作，可以集中力量，充分利用组织资源，依靠共同的力量来共同完成某一件任务。通常，协作可以是企业与企业之间协同合作，也可能是部门与部门之间、个人与个人之间的协调与配合。

在当今需求多变、竞争激烈的市场环境中，任何一个企业都不可能拥有全面的核心资源，足以应付竞争压力，也不可能单独地与其他所有企业相抗衡，他们只能以联盟的力量与其他企业相抗衡，以维护企业的共同利益。一个企业成功的关键，在很大程度上依赖于其是否能快速地应对商业环境的变化，并为其所服务的市场创造价值。为此，企业就需要和供应商、客户甚至竞争对手建立密切的商业伙伴关系。企业应该把自己看做整个供应链中的一员，和其他成员一道共享信息、协同计划和处理业务流程，以一种全新的商业运作模式一起为最终的客户提供快速灵活、高效的支持和服务。要提高供应链的竞争力，使供应链在竞争中获胜，关键是供应链企业之间实现协同，实现供应链协同管理。供应链协同管理是供应链管理的重要内容。供应链协同管理就是针对供应链网络内各职能成员间的合作所进行的管理。

电子商务为供应链协同管理创造了条件。随着互联网应用的普及，制造商可以访问分销商甚至零售商的库存数据，了解更准确的需求信息，以合理地安排生产。供应链下游成员也可了解上游成员的生产能力和库存信息，从而有效缓解客户的焦虑。在电子商务环境下，通过网上与消费者直接的信息交流，制造商可以有效地了解市场需求，满足顾客个性化要求，对市场做出快速反应，可以充分实现按单制造、交货，没有生产效率的损失，更有获利的把握，减少供应链延迟和存货数量。许多企业已经获得了巨大的成功：通过电子订货方式，每张订单的处理费用降低70% ~80%。同时，客户的订货率大大提高，可以缓解由于批量订单带来的生产计划的大波动，使企业与伙伴间建立起更密切的合作关系，商业运转的各个环节更加协调一致，使资金流动、库存、成本服务获得更好的改善。

另外，电子商务也可为企业内部基于协作的业务创新提供有力支持。企业的各种资源，包括人、财、物、信息和流程组成了企业运作的基本要素。基于电子商务的协同管理可以将这些资源整合在统一的平台上，通过网状信息和关联业务的协同环境将它们紧密地联系在一起，随着企业的某个目标或者某项事务而被灵活地组织起来并进行协作，为这个目标或事务“各司其能”并发挥最大的价值，换言之，也即各种资源能够随企业的需要而及时地响应并突破各种障碍实现一致性协作。在协同管理平台中，人与人之间的屏障被打破，并可被随时调动起来组成跨部门、跨企业、跨地域的虚拟团队。

在电子商务环境下，蓝色巨人IBM已不再是一家传统意义上的跨国公司，而是一家全球整合企业（Globally Integrated Enterprise，GIE）。GIE公司把自己看成多个专门业务模块的组合体——采购、制造、研究、销售、分销及其他等，其中各模块在经营业务的全球整合过程中，公司要决定这部分工作要在什么地方完成，以及选择这部分工作到底是由公司自己来做还是给外部合作伙伴来做。面向GIE方向，IBM打破原先以业务为主导的级别分明的集权式组织，按照全球资源优势的分布，将不同的功能中心移植到各个地区，并进行相应的业务流程和模式创新。比如在中国建立全球采购中心和研发中心，投资60亿美元在印度建立服务中心（Call Center），把全球金融服务事业部设在巴西，在菲律宾、马来西亚设立人才中心、财务中心等。

无论是发达国家，还是发展中国家，通过全球整合资源与业务的企业都能带来巨大的经济利益。全球整合企业这一创新模式的最大亮点在于“让合适的人才有机会在合适的地方做合适的工作”，对成熟市场有经验的专业人才和新兴市场尚无太多经验的人才进行合理的配置，在这个过程中，后者有更多机会获得迅速而有效率的技能提升。事实上，越来越多的跨国公司正在全球范围内进行资源的重新配置，比如某全球企业咨询亚太区负责人常住澳大利亚悉尼，他的财务总监在上海上班，许多财务处理又集中在北京和大连。以 Nokia、宝洁、IBM 等为代表，进入 21 世纪后，一些领先的跨国公司，为了应对全球市场及客户需求的快速变化，结合信息技术在管理领域的创新应用，逐渐形成了全球整合企业（GIE）这种全新的企业形态。

随着 Web 2.0 应用的迅速发展，互联网越来越表现出自组织、开放性、去中心化、聚合性、高度交互性和创新性等特征，普通大众在互联网上扮演着越来越重要的角色。由于技术、人口、商业、经济和世界的深刻变革，我们正进入一个前所未有的大众共同参与经济活动的时代。而这种大众共同参与的大规模协作也成为互联网上一种新的模式，产生了意想不到的影响，发挥着越来越重要的作用。

大规模协作是 21 世纪新的经济趋势。素有“数字经济之父”美誉的新经济学家唐·泰普斯科特在其著作《维基经济学：大规模协作如何改变一切》中指出，未来的几年，新的大规模协作生产模式将替代传统的公司层级制成为经济中财富创造的主要引擎。互联网的革命比任何其他事物都更能推动这个时代的发展。Web 2.0 的应用在创造一个全球范围内无所不在的、能够影响人类日常事务各个方面的计算和协作平台。随着用户、计算能力和易用工具的迅速增加，互联网正发展成为一个人人可以操作的全球性的网络计算机。维基经济学所揭示的四个新法则——开放、对等、共享以及全球运作——正在取代一些旧的商业教条，许多成熟的传统公司正在从这种新的商务范式中受益。这种利用大规模协作生产产品和提供服务的新方式，正颠覆我们对于传统知识创造模式的认识。

2.4.5　电子商务对服务导向业务创新的支持

服务导向是如今业务创新的重要理念。随着买方市场渐趋成熟，企业不仅要生产产品，更要努力提供服务，通过提供各种优质的服务来赢得市场，提高效益。服务型企业正成为企业发展的新趋势。所谓服务导向，是指从经营理念到经营行为，企业都体现为客户服务的宗旨。从根本上说，企业是为客户存在的，没有客户需求，企业就失去存在的价值。

如今，差异化服务已成为企业差异化竞争策略的重要内容。不仅服务类企业要强调服务导向的业务创新，制造类企业也同样要强调服务导向的业务创新。服务型制造是制造企业服务导向的业务创新形式，是为了实现制造价值链中各利益相关者的价值增值，通过产品和服务的融合、客户全程参与、企业相互提供生产性服务和服务性生产，实现分散化制造资源的整合和各自核心竞争力的高度协同，达到一种高效创新的制造模式。在价值实现上，服务型制造强调由传统的产品制造为核心，向提供具有丰富服务内涵的产品和依托产品的服务转变，直至为顾客提供整体解决方案；在作业方式上，由传统制造模式以产品为核心转向以人为中心，强调客户、作业者的认知和知识融合，通过有效挖掘服务制造链上的需求，实现个性化生产和服务；在组织模式上，服务型制造的覆盖范围虽然超越了传统的制造及服务的范畴，但是它并不去追求纵向的一体化，它更关注不同类型主体（顾客、服务企业、制造企业）

相互通过价值感知，主动参与到服务型制造网络的协作活动中，在相互的动态协作中自发形成资源优化配置，涌现出具有动态稳定结构的服务型制造系统；在运作模式上，服务型制造强调主动性服务，主动将顾客引进产品制造、应用服务过程，主动发现顾客需求，展开针对性服务，企业间基于业务流程合作，主动实现为上下游客户提供生产性服务和服务性生产，协同创造价值。

事实上，自 20 世纪中期以来，世界经济结构发生了深刻的变革，传统以产品为主的制造业比例正在逐步压缩，而且产品的服务化趋势也十分明显，最新推出的产品几乎无一不包含服务的内容，老的产品和服务的划分，已被产品-服务一体化所取代；软件产业也已出现一个不可阻挡的潮流，从过去以销售软件产品包为主，转向“软件作为一种服务”（SaaS），为客户提供“按需软件”或“按需服务”（SOD）。各类新兴、门类繁多的服务部门蓬勃发展，全球经济正在进入服务经济时代。服务产业具有更高的效率，所有发达国家都历史性地转向了服务经济，目前世界经济总量的 2/3 是服务经济。美国服务经济占经济总量的 76%，走在世界前列。在这一新经济时代，产业的重构已不可避免，如何认真研究、寻找合适的发展策略，已成为经济可持续发展的关键，可以看出，任何对现代服务业生产率提高或质量改进有益的措施，将会对经济发展产生举足轻重的影响。

“服务科学、管理与工程”是 IBM 公司针对现代服务业的飞速发展而形成的一整套包含学科建设、人才培养和学术研究的新学科概念。服务科学学科是一门新兴的复合交叉型学科，将计算机科学、运筹学、产业工程、商务战略、管理科学、社会认知行为学和法学等领域综合在一起，培养现代服务业发展所必需的相应技能。服务科学最终的发展应该是一个大的范畴，是一个一级学科，是跨管理学、经济学和工学的综合学科。

企业对电子商务的应用从根本上支持服务导向的业务创新。首先，网络、服务、创新是电子商务的核心理念。成功的电子商务应用本身就意味着一种服务创新。电子商务本质上是创造性运用电子化网络信息技术服务于商业关系创新。电子商务是运用电子化网络信息技术为不同商业活动主体创造价值而创新商业关系的商务方式。其次，电子商务活动，除交易活动外，还包括服务、交流和协作等。基于网络平台的电子服务是电子商务的重要形式。电子服务的运用可以更加有效地支持服务导向的业务创新，通过提供在线服务更多地为客户创造价值。最后，电子商务的运用促使传统服务的电子化，进一步提高了服务的效果和效率。如电子商务在物流服务和金融服务中的运用，有效地促进了物流和金融领域服务导向的业务创新。

另外，在电子商务应用中，服务导向的业务创新也越来越重要，成功的电子商务应用离不开服务导向的业务创新。网络化商务平台通常需要向客户提供能够聚集客户或支持客户运用电子商务的免费服务。事实上，正是在“免费”的推动下，众多互联网公司获得了公众的青睐。“免费”商业模式，所代表的正是数字化网络时代的商业未来。克里斯·安德森在其著作《免费：商业的未来》中指出，互联网时代是一个不断变化的时代、一个无所不能的时代，它对人的心理、观念甚至价值观，以及对社会的重构都是革命性的。新型的“免费”并不是一种左口袋出、右口袋进的营销策略，而是一种把货物和服务的成本压低到零的新型卓越能力。在 20 世纪“免费”是一种强有力的推销手段，而在 21 世纪它已经成为一种全新的经济模式。很显然，克里斯·安德森的“免费”商业模式理论对电子商务应用中服务导向的业务创新具有指导意义。

2.4.6 电子商务对资源外包业务创新的支持

资源外包(Outsourcing)，也称业务外包、资源外置，是指企业整合用其外部最优秀的专业化资源，从而达到降低成本、提高效率、充分发挥自身核心竞争力和增强企业对环境的迅速应变能力的一种管理模式。企业为了获得比单纯利用内部资源更多的竞争优势，将其非核心业务交由合作企业完成，从而把主要精力放在企业的核心业务上。

企业对电子商务的应用也从根本上支持资源外包业务创新。首先，电子商务可以为资源外包业务提供网络化商务平台，从而便于企业寻找和整合外部最优秀的专业化资源外包服务商。其次，电子商务可以为资源外包业务提供协作和交流平台。通过网络化商务平台，企业可以比较有效地降低业务外包的协作成本，提高外部资源的整合效率。

另外，在电子商务应用中，资源外包业务创新也越来越重要，成功的电子商务应用通常也离不开资源外包业务创新。如电子商务配送服务一般会外包给专门的物流服务商。在电子商务应用中，还有一个与资源外包(Outsourcing)相类似的概念，称为任务分包(Out-Tasking)。任务分包只是把具体职能业务中某个特定任务交给外部人员或组织处理，而不是把具体职能业务全部工作交给外部人员或组织负责处理。

美国《连线》(Wired)杂志著名资深编辑杰夫·豪在其著作《众包：大众力量缘何推动商业未来》又提出了与一个资源外包相关的概念，称为“众包”。什么是“众包”？企业原本需要花钱雇人去做的事，用户们却很高兴免费去做，这不是外包，这是“众包”。众包指的是一个公司或机构把过去由员工执行的工作任务，以自由自愿的形式外包给非特定的(而且通常是大型的)大众网络的做法。众包的任务通常是由个人来承担，但如果涉及需要多人协作完成的任务，也可能以依靠开源的个体生产的形式出现。

众包缘起于互联网，当一些公司在网络上公开其产品源代码时，这些产品却意外地得到了大众创意的改进，这些免费的群体智慧促进了商业的飞速发展。众包不仅是一种商业可能，更是商业的未来模式。我们不能忽视的是：大众创意的产品已经超越世界顶尖公司创造出的最好产品。越来越多的公司正在认识到它的重要价值：IBM 投入 10 亿美元开发众包模型、宝洁组织 14 万名科学家成立“创新中心”，利用众包解决所有员工遭遇的技术难题，宜家通过举办“天才设计”大赛，吸引顾客参加多媒体家居方案的设计，得奖者将获得 2 500 欧元的奖励，其作品将投入生产和市场。人人猎头是移动互联网时代众包招聘的创新者，它采用企业悬赏招聘的方式，在众多网络平台(包括自营的移动应用、微信、微博、合作网站)发布悬赏职位，鼓励用户推荐或者自荐来应聘。

2.4.7 电子商务对中小企业业务创新的支持

中小企业是与所处行业大企业相比人员规模、资产规模与经营规模都比较小的企业。中国现有中小企业约 1 000 万户，劳动密集型出口产品和一些高新技术出口产品大多是中小企业生产的，中小企业产品出口额占全国出口总额的 60%；中小企业提供了大约 75% 的城镇就业机会。中小企业由于自身规模小，人、财、物等资源相对有限，既无力经营多种产品以分散风险，也无法在某一产品的大规模生产上与大企业竞争，因而往往将有限的人力、财力和物力投向那些被大企业所忽略的细小市场。

在一般情况下，中小企业很难与大中型企业竞争，尤其是很难参与全球化竞争。但是，电子商务应用改变了原先的竞争格局，电子商务可以给力中小企业的业务创新。通过电子商务应用，中小企业的商业环境可以得到很好的改善，电子商务极大地增强了中小企业搜集、获取和利用信息的能力，使其可以像大企业一样方便、及时地得到自己所需要的各种信息；借助于遍布全球的互联网这个技术平台，电子商务突破了空间距离和企业规模对市场拓展的制约，使中小企业也有可能以较低成本建立起自己的全球化采购和销售系统，从而进入一个原本只有大企业才能涉足的市场，可以在更大范围的市场为客户提供有特色的产品和服务；借助于电子商务，若干家中小企业可按其不同的核心业务进行专业分工和协作，对产品设计、采购和供给、生产进度、标准和质量、制造成本、产品销售、库存、技术支持等各个环节进行实时控制和协调，由此在网络空间中形成一个功能高度关联的整体，就像一个统一、完整的实体组织；尤其在电子商务环境下一些中小企业可以参与全球化市场竞争，开展国际贸易活动。

与大中型企业相比，中小企业在电子商务应用的很多方面，如信息化基础、管理水平和电子商务应用人才等，都处于明显劣势。所以，构建中小企业电子商务服务体系就显得非常重要。阿里巴巴从成立那天起，就专注于为中小企业和电子商务服务。阿里巴巴通过自己的平台帮助无数中小企业成功，无数中小企业也推动着阿里巴巴的成长。事实上，国内的许多电子商务平台企业，如中国制造网、环球资源网等都致力于推动中小企业电子商务应用的发展。一年一度的中小企业电子商务应用发展大会历来是中小企业和行业电子商务网站专业领域的风向标。

云计算是由 Google 提出的网络应用服务新模式，近几年来已成为人们关注的热点。云计算是一种新兴的商业计算模型。它将计算任务分布在大量计算机构成的资源池上，使各种应用系统能够根据需要获取计算力、存储空间和各种软件服务。“云”中的资源在使用者看来是可以无限扩展的，并且可以随时获取、按需使用、随时扩展、按使用付费。这可是一种革命性的举措，打个比方，这就好比从古老的单台发电机模式转向了电厂集中供电的模式。它意味着计算能力也可以作为一种商品进行流通，就像煤气、水电一样，取用方便，费用低廉。最大的不同在于，它是通过互联网进行传输的。企业与个人用户无须再投入昂贵的硬件购置成本，只需要通过互联网来购买、租赁计算力。云计算服务将会使中小企业电子商务的应用环境得到比较有效的改善。

2.5　面向业务创新的电子商务应用战略

面向业务创新的电子商务应用，对企业来说，是一个战略问题。而电子商务应用本身也只有面向业务创新才是最有意义的。从业务创新角度看，电子商务战略本质上是一种业务支持战略，或者是业务平台战略，也可理解为业务战略的一个方面。

在电子商务概念出现之前，企业业务平台都是基于传统业务平台；现在企业开展业务就面临这样的战略选择：是选择传统业务平台，还是选择在线业务平台，还是同时选用两种业务平台。企业选择传统业务平台，这是传统商务，不在我们讨论的范畴内。一个电子商务应用企业，不是同时选用两种业务平台，就是仅选用在线业务平台。不同企业选择业务平台时的战略目的有所不同，本书作者将不同企业的电子商务战略分成如下 3 种类型：业务强化战略（或称升级战略）、业务再生战略（或称转型战略）和业务新创战略（或称创业战略）。

2.5.1　业务强化战略

企业选择业务强化电子商务应用战略的目的是通过电子商务的应用强化原有业务的竞争

优势。企业的业务强化电子商务应用战略可以看做企业的业务竞争战略的一部分。通过电子商务应用，企业可以充分利用网络技术改善业务流程、降低成本、扩大业务范围和销售渠道，为客户提高更多增值服务，从而增强业务的竞争优势，维护企业在行业中的战略地位。现在越来越多的企业采用“水泥 + 鼠标”式的电子商务应用模式。如很多的制造企业、零售企业和服务企业纷纷建立自己的网站，通过网络环境优化企业与供应商和客户的关系，提供在线订单跟踪、在线采购和在线销售等服务，强化企业原有业务和品牌优势。这也许是今后一段时间企业电子商务应用比较好的战略选择。

2.5.2 业务再生战略

企业选择业务再生电子商务应用战略的目的是通过电子商务的应用对原有业务进行根本性再造，甚至根本改变原有业务的商业模式。企业原有业务发展，与竞争对手相比，明显处于劣势，或者企业管理层意识到原来业务受到外部环境的威胁，必须对原有业务进行根本性再造，而电子商务的理念有助于改变原业务的竞争劣势。这时一般需要对业务价值模式做系统思考，在电子商务环境下对业务体系进行再设计。比如，一个传统的印刷公司通过电子商务应用，把自己转变成一个数字资产（在线稿件）管理平台供应商。这里，企业采用的也是“水泥 + 鼠标”式的电子商务应用模式，但在具体运作上与业务强化战略有明显的区别。这种战略一般需要对业务体系做全面的系统思考，再设计的不仅仅是流程，而是整个业务体系。

2.5.3 业务新创战略

企业选择业务新创电子商务应用战略的目的是完全根据电子商务理念，在网络环境下创造和运营一个全新的电子化业务。企业不一定有相关业务基础，如传统渠道和品牌等。通过电子商务应用，企业创造全新的业务体系和商业模式。很多的电子商务服务企业采用的电子商务应用战略就是业务新创战略，企业的电子商务应用必须能完全为客户创造必需的价值，并逐步建立起企业的竞争优势。企业高层管理人员的创新意识和商业模式的正确设计对业务新创战略至关重要。

上述 3 种类型的电子商务战略与传统商务竞争战略的结合度不一样，电子商务应用对企业业务发展和竞争优势建立所起的作用有所不同，但从本质上说，电子商务应用战略的确定都应该考虑如何支持业务的发展和业务的竞争优势。可以说，电子商务应用战略应该满足企业具体业务战略的需要。所以，无论考虑哪一种电子商务应用战略，首先必须分析企业相关业务应该采取什么样的业务战略。

延伸阅读

互联网 +

“互联网 + ”是创新 2.0 下的互联网与传统行业融合发展的新形态、新业态，是知识社会创新 2.0 推动下的互联网形态演进及其催生的经济社会发展新形态。“互联网 + ”代表一种新的经济形态，即充分发挥互联网在生产要素配置中的优化和集成作用，将互联网的创新成果深度融合于经济社会各领域之中，提升实体经济的创新力和生产力，形成更广泛的以互联网为基础设施和实现工具的经济发展新形态。“互联网+”行动计划将重点促进以云计算、物联网、大数据为代表的新一代信息技术与现代制造业、生产性服务业等的融合创新，发展壮大新兴业态，打造新的产业增长点，为大众创业、万众创新提供环境，为产业智能化提供支撑，增强新的经济发展动力，促进国民经济体制增效升级。“互联网+”是对创新2.0时代新一代信息技术与创新2.0相互作用共同演化推进经济社会发展新形态的高度概括。

国内“互联网+”理念的提出，最早可以追溯到2012年11月于扬在易观第五届移动互联网博览会的发言。于扬当时提出移动互联网的本质，离不开“互联网+”。在未来，“互联网+”公式应该是我们所在的行业的产品和服务，在与我们看到的多屏全网跨平台用户场景结合之后产生的这样一种化学公式。马化腾也认为：“互联网加一个传统行业，意味着什么呢？其实是代表了一种能力，或者是一种外在资源和环境，对这个行业的一种提升。”

“互联网+”是对创新2.0时代新一代信息技术与创新2.0相互作用共同演化推进经济社会发展新形态的高度概括。在2012年11月14日的易观第五届移动互联网博览会上，易观国际董事长兼首席执行官于扬先生首次提出“互联网+”理念。他认为“在未来，‘互联网+’公式应该是我们所在的行业目前的产品和服务，在与我们未来看到的多屏全网跨平台用户场景结合之后产生的这样一种化学公式。我们可以按照这样一个思路找到若干这样的想法。而怎么找到你所在行业的‘互联网+’，是企业需要思考的问题。”

在2015年3月5日上午的十二届全国人大三次会议上，李克强总理在政府工作报告中首次提出“互联网+”行动计划。李克强总理所提的“互联网+”，在较早相关互联网企业讨论聚焦的“互联网改造传统产业”的基础上，已经有了进一步的深入和发展。李克强总理在政府工作报告中首次提出的“互联网+”实际上是创新2.0下互联网发展的新形态、新业态，是知识社会创新2.0推动下的互联网形态演进。伴随知识社会的来临，驱动当今社会变革的不仅仅是无所不在的网络，还有无所不在的计算、无所不在的数据、无所不在的知识。“互联网+”不仅仅是互联网移动、泛在、应用于某个传统行业了，更加入了无所不在的计算、数据、知识，造就了无所不在的创新，推动了知识社会以用户创新、开放创新、大众创新、协同创新为特点的创新2.0，改变了我们的生产、工作、生活方式，也引领了创新驱动发展的“新常态”。

李克强提出的“互联网+”实际上是创新2.0下的互联网与传统行业融合发展的新形态、新业态，是知识社会创新2.0推动下的互联网形态演进及其催生的经济社会发展新形态。新一代信息技术发展催生了创新2.0，而创新2.0又反过来作用于新一代信息技术形态的形成与发展，重塑了物联网、云计算、社会计算、大数据等新一代信息技术的新形态。新一代信息技术的发展又推动了创新2.0模式的发展和演变，Living Lab（生活实验室、体验实验区）、Fab Lab（个人制造实验室、创客）、AIP（“三验”应用创新园区）、Wiki（维基模式）、Prosumer（产消者）、Crowdsourcing（众包）等典型创新2.0模式不断涌现。新一代信息技术与创新2.0的互动与演进推动了“互联网+”的浮现，关于知识社会环境下新一代信息技术与创新2.0的互动演进可参阅《创新2.0研究十大热点》一文。互联网随着信息通信技术的深入应用带来的创新形态演变，本身也在演变变化并与行业新形态相互作用、共同演化，如同以工业4.0为代表的新工业革命以及Fab Lab及创客为代表的个人设计、个人制造、群体创造。可以说“互联网+”是新常态下创新驱动发展的重要组成部分。

传统产业与互联网是“互联网+”，而不再是“+互联网”。

一个“+”号的位置变化耐人寻味。过去，无论是信息化带动工业化还是深度融合，都是“+互联网”概念，即传统产业是主体，互联网只是工具。工具的最大特点是被动。再好的工具，只有被利用才有价值，这就是工具的特征。工具化是工业3.0阶段互联网的主要特征。在3.0阶段，互联网作为具有革命性的工具，的确可以扩大和提升信息交流的空间和速度，从而让传统产业不仅生产效率继续有所提高，而且使得消费效率获得极大提升。特别是网络销售平台的建立，让消费过程变得更加高效、便捷。如果说以蒸汽机和电气化为代表的工业1.0和2.0所运用得是力学原理，解放的是体力，解决的是产能，那么以信息化为代表的3.0运用得则是数字手段，延伸的是人类的眼睛和耳朵，主要解决的是生产效率和消费效率之间的矛盾。但是在这一时期，互联网仍然是工具，因此传统产业的基本形态并没有因互联网的加入而改变。

我们再看“互联网+”。在工业4.0阶段，互联网已经不再是传统意义上的信息网络，它更是一个物质、能量和信息互相交融的物联网，互联网传递的也不仅仅是传统意义上的信息，它还可以包括物质和能量的信息。互联网自身的演进导致了它角色的变化。某种意义上讲，今后的互联网已不再是一般意义上的工具，它会上升为矛盾主体，从设计、生产、销售到售后的全流程对传统产业进行改造。传统产业则可能变为被“+”的对象。

如果说工业3.0要解决的是生产效率与消费效率之间的矛盾，那么“互联网+”为特征的工业4.0则很可能会打破先生产后消费的传统思维，甚至会让生产与消费之间的鸿沟逐步消除。

互联网的去工具化从百度、腾讯等互联网巨头纷纷主动涉足传统制造业已经初现端倪。而互联网对传统制造业带来的颠覆在发达国家也已经出现。

美国的某款新能源汽车，由于运用了物联网概念，已经取消了传统的4S店商业模式，不仅销售不需要，甚至保养、维修也不再需要4S店。因为发达的物联网络已经让生产者能掌握售出汽车的各种数据，甚至轮胎该更换或者哪个零件要出问题，厂家比用户还清楚，可以随时随地上门服务。

率先提出工业4.0概念的德国走得更远。如今在德国一些城市的街头，停着不少有特殊标识的汽车，只要是会员，就可以用一张卡片把任意一辆车开走，办完事停在路边走人即可，而你驾驶车辆的所有数据会及时传回车厂，并从你的账户扣除相关费用。这一模式未来很可能颠覆传统汽车的销售模式，很多人今后可以不必再买车，而类似奔驰、宝马这类传统制造企业，也很可能会演变成汽车服务提供商……

看到互联网企业的成功与辉煌，传统企业大可不必眼馋。互联网对于传统企业来说不仅是电商。一些年长的企业家经历了过去30年中国经济两位数的高速增长，大家一定认为2012年是中国经济最冷的一年，这种冷不仅仅反映在出口增速的下滑，也不仅仅反映在过去2008、2009年跃进或发展时在融资之后没有更多的能力，同时也反映在大经济环境下的不确定性，消费者钱包一直没有打开。

这个世界上所有的传统应用和服务都应该被互联网改变，如果这个世界还没有被互联网改变是不对的，一定意味着这里面有商机，也意味着基于这种商机能产生新的格局。我们有机会再为用户创造价值，能够自己成就新的价值，为成长奠定基础。

我们看到每一个传统行业都孕育着“互联网+”的机会。在寻找“互联网+”的过程中，我们首先注意到了用户所处的环境变化。我们每天日常面对PC屏幕，同时我们越发依赖手机这张屏。家中的智能电视有一天也会像手机、平板计算机一样，里面布满各种 APP。而汽车里的那张屏也正在被挖掘，车联网的概念刚刚兴起。未来的生活是希望在多屏的环境中随时随地用到互联网。而这样的服务会以一个“互联网+”的公式存在，从而重新改造和创造我们今天所有的产品。而对用户而言，他们未来不会关心他是通过接入网线、WiFi、移动网络还是电源线上网，不会关心他用的是 iOS、Android 还是 Windows。因为他们面对的每一个面都可以是一张屏，通过它们能将用户和互联网、企业所提供的应用和服务随时随地联系在一起。这就足够了。也许对创业者来说，当熟悉了这样一个路径之后，我们基于“多屏全网跨平台”的理念，与行业结合，才有机会再往前迈一步。我们的传统行业才能真正地转型，从而创造新的局面。

从18、19世纪第一次工业革命发明了蒸汽机的技术到19、20世纪有了电力的技术以来，我们看到很多的行业发生了变化，而且很有趣的是，比如蒸汽机发明之后蒸汽机的动力可以大大加速印刷的量，包括学校、书籍都大量地产生，造成知识的传播和有知识人的大量的培养。这跟互联网的传播、通信的特征也很接近。

再看电的产生，电力产生了很多的东西，除了灯泡，包括收音机、电视机等都是有利于资讯的传播和沟通，还有电话等，这些在有了互联网之后好像也是加强了这方面的特征，这是不是一种第三次工业革命？或者其中一个很重要的部分呢？我想这里面是很值得思考的。所以说有这样的一个推演之后，所有的传统行业不用怕，这个不是什么新经济，就跟过去没有电一样，没有电以前金融也可以，各个银行之间都是记账，交易所在那里叫号可以成交，有电可以电子化，有互联网相信也会衍生出很多新的机会，这不是一个神奇的东西，是一个理所当然的过程。

随着互联网应用的深入，特别是以移动技术为代表的普适计算、泛在网络的发展向生产生活、经济社会发展各方面的渗透，信息技术推动的面向知识社会的创新形态日益受到关注。创新形态的演变也推动了互联网形态、信息通信技术形态的演变，物联网、云计算、大数据等新一代信息技术作为互联网的延伸和发展，在与知识社会创新2.0形态的互动中也进一步推动了创新形态的演变，涌现出 Web 2.0、开源软件、微观装配等创新2.0的典型案例以及 AIP、Living Lab、Fab Lab、创客、维基、威客、众包众筹等创新2.0典型模式。

正是在这种背景下，中央提出创新驱动发展“新常态”，提出充分利用新一代信息技术发展和知识社会的下一代创新机遇，简政放权、强化法治、鼓励创新创业、激发市场和社会活力，并出台一系列鼓励大众创新、万众创业的举措。李克强总理在第十二届全国人大三次会议上的政府工作报告中提出的“互联网+”也就具有了更丰富、更深刻、更富时代特征的内涵。报告中指出新兴产业和新兴业态是竞争高地，要实施高端装备、信息网络、集成电路、新能源、新材料、生物医药、航空发动机、燃气轮机等重大项目，把一批新兴产业培育成主导产业。制定“互联网+”行动计划，推动移动互联网、云计算、大数据、物联网等与现代制造业结合，促进电子商务、工业互联网和互联网金融健康发展，引导互联网企业拓展国际市场。国家已设立400亿元新兴产业创业投资引导基金，要整合筹措更多资金，为产业创新加油助力，并全力推进创新、创业，全面激发市场和社会活力，进入创新2.0时代创新驱动发展的“新常态”。

（资料来源：百度百科）

讨论题

你认为“互联网＋”战略会给中国电子商务发展带来什么影响？请说明理由。

本章小结

1. 所谓电子商务变革，就是由于电子商务应用在商业领域所发生的根本性变化。电子商务变革既包括外在的电子商务变革，也包括内在的电子商务变革。外在的电子商务变革，是指由于电子商务的广泛应用，企业必须面对的生存与发展的外部商业环境所发生的根本性变化；内在的电子商务变革，是指为应用电子商务，企业在自身商业理念、商业模式、组织结构与管理方式等方面所发生的根本性变化。所以，从本质上说，电子商务变革是网络信息技术驱动下的商业环境、商业理念、商业模式、组织结构与管理方式变革。

2. 随着互联网技术和电子商务的不断应用，人们的生活、工作、学习以及娱乐方式以及人们的消费方式和消费观念也在不断变化；厂家销售与采购方式以及企业竞争方式也在发生变化。这些基于互联网和电子商务应用的商业环境变化是不依企业意志为改变的，并且在不断变化，这是企业必须要面对的。

3. 电子商务企业的变革，是企业为适应电子商务发展要求，主动进行的内在变革。企业电子商务变革，从内容上，至少包括商业理念、商业模式、组织结构、管理方式与商业技术等几方面所发生的根本性变化。

4. 企业对电子商务应用的目的就是为了支持业务创新，为客户提供更有价值的服务，同时也为企业创造业务竞争优势。电子商务对业务创新支持作用可体现在如下几个方面：①客户化业务创新；②网络化业务创新；③全球化业务创新；④协作导向业务创新；⑤服务导向业务创新；⑥资源外包业务创新；⑦中小企业业务创新。

5. 电子商务战略本质上是一种业务支持战略，或者是业务平台战略，也可理解为业务战略的一个方面。在电子商务概念出现之前，企业业务平台都是基于传统业务平台；现在企业开展业务就面临这样的战略选择：是选择传统业务平台，还是选择在线业务平台，还是同时选用两种业务平台。企业选择传统业务平台，这是传统商务，不在我们讨论的范畴内。一个电子商务应用企业，不是同时选用两种业务平台，就是仅选用在线业务平台。不同企业选择业务平台时的战略目的有所不同，本书作者将不同企业的电子商务战略分成如下3种类型：业务强化战略（或称为升级战略）、业务再生战略（或称为转型战略）和业务新创战略（或称为创业战略）。

关键术语

电子商务变革　业务创新　长尾理论　大规模协作　业务外包　电子商务战略

思考与练习

1. 如何理解企业外在电子商务变革和内在的电子商务变革？
2. 基于互联网和电子商务应用的商业环境变化一般有哪些？

3. 企业内在的电子商务变革一般包括哪几个方面的变革?
4. 为什么说企业的电子商务变革是由商业理念变革驱动的?
5. 电子商务对业务创新的支持作用主要体现在哪几个方面?
6. 为什么说企业电子商务战略的本质是一种业务支持战略?
7. 简述3种面向业务创新的电子商务应用战略及其基本内容。

考察与实践

1. 从《电商实践》APP中了解目前企业电子商务变革和业务创新的最新动态。
2. 注册、登录维基百科(Wikipedia),搜索、创建、编辑自己感兴趣的百科词条。
3. 分组讨论:苏宁电器和国美电器等传统零售企业为什么纷纷进军电子商务?
4. 分组讨论:在中国,电子商务创业多、电子商务转型少,主要原因是什么?
5. 读一读本章提到的《长尾理论》、《维基经济学》、《免费》、《众包》等经典书籍。

第3章

电子商务应用与商业模式

内容概要

在这一章，首先讨论电子商务应用的基本框架以及长尾理论对电子商务应用的指导意义，然后讨论电子商务中商业模式的重要性以及电子商务商业模式的分类方法，最后分析讨论零售企业电子商务、一般服务企业电子商务、制造企业电子商务以及电子商务平台服务企业常用的典型商业模式。

学习目标

1. 了解企业电子商务应用的基本框架；
2. 理解长尾理论对电子商务应用的指导意义；
3. 理解企业电子商务中商业模式的重要性；
4. 了解电子商务商业模式的基本分类方法；
5. 熟悉企业电子商务应用的典型商业模式。

开篇案例

全球十大在线旅游网站

随着旅游行业日新月异的发展，在线旅游网站的出现推动了整个旅游业的互联网化。包括OTA、旅游搜索引擎在内的旅游网站数量众多，在激烈竞争和快速发展中，在线旅游行业出现了多个巨头，在全球范围内都拥有足够的知名度和用户。下面带来全球十大知名旅游网站的盘点，排名不分先后。

Priceline. com

Priceline旗下的priceline. com是全球在线旅游网站中的佼佼者，在Priceline. com上，最直观的可选项目就是机票、酒店、租车以及旅游保险。比如酒店预订服务，用户可以根据图片、说明、地图和客户评论来选择他们想要的酒店，并且按照公布的价格付款。

Priceline. com最具特色的一项服务是Named your own price(自我定价系统)，意思就是让用户自己来决定价格。在Priceline. com上，消费者可以提出自己愿意给出的价格，等待机票、酒店、租车、旅游保险等服务的提供方是不是愿意接受这个价格并为消费者服务。因此消费者在Priceline. com上，有可能只需花费70美元的价格，便可成功预订到价格超过200美元的五星级酒店。

虽然Priceline. com在中国发展得十分缓慢，但其C2B模式在中国已有效仿者，比较知名的比如携程的“惠选酒店”。

Booking. com

不同于 Priceline 的多种业务并举，Booking. com 主打酒店住宿，覆盖了全球 180 多个国家超过 37 万家酒店的预订业务，拥有来自真实住客的 2 400 万份评语，而且这一数字还在快速增长。

在 booking. com 上预订酒店，首先要将自己所要去的城市和入住日期输入，接着便可搜索到很多不同等级的酒店，酒店列表按照星级、距离、价格、评分等排序。需要注意的是，这些排序分类里有更细的选择项，比如价格排序中可以按房间人数筛选。

通常情况下，用户入住的 3 天前是可以免费取消或更改订房的，且不会产生任何费用。用户要查看房型的“相关条款”中有无标注“免费取消”。值得注意的是，有些特价房不能退款。

此外，Booking. com 上预订酒店无须预付款和押金，用户预订后，带上预订单到酒店办理入住即可，退房时再直接付款给酒店。对了，Booking. com 还有一个好听的中文名：缤客。

Expedia. com

Expedia. com 是全球最大的在线旅游网站之一，向消费者提供旅游、机票、饭店订房、自助旅行预订和旅行度假服务，以及各地旅游景点资讯、旅游优惠、目的地指南，等等，属于一站式旅游服务的综合型在线旅游平台。

在 Expedia. com 上预订酒店，可直接搜寻城市、地标、机场附近的酒店，选择入住日期和退住日期，可一次性预订多个客房，成人和未成年人也可以进行选择，特定年龄的未成年人还有可能享受折扣。

消费者在 Expedia. com 上进行预定，可以选择不同的支付方式：立即支付，也可以随后再支付。因此，不会出现消费者在购买某些产品时可以选择支付方式而在购买另一些产品时无法进行选择的情况。

Expedia. com 还提供“最优价格保证”的承诺，如用户在其他网站发现更为优惠的自由行套票或酒店价格，Expedia. com 将会把差价退还，再额外赠送 500 元的旅游现金券。

携程旅行网 Ctrip. com

携程出现在推荐榜单中是不是有一种“高大上”的感觉呢？事实上携程作为国内最大的在线旅游网站，在全球也拥有数量不小的用户。

目前携程共有国内外近 30 000 家酒店可供预订，酒店预订业务遍布全球 138 个国家和地区的 5 900 余个城市。携程官网已经支持 9 种语言，也很重视旅游攻略，收录了 5 万个旅行目的地、20 万篇游记以及 60 万个旅行问答。

用户登录 Ctrip. com 后，可以进行酒店、旅游、机票、火车票、景区门票等查询及预订服务。近期携程还推出了“手机订机票，每张送 20 元”、“酒店最高返房费 30%”等大力度的促销活动，对于用户有着不小的吸引力。

Tripadvisor. com

Tripadvisor. com 已经是全球最大的在线旅游社区，拥有超过 190 个国家上亿条酒店景点以及参观的评论。值得一提的是，TripAdvisor. com 的“Local Picks”评分系统已经覆盖了全世界超过85万家餐馆，成为“吃货”们的一大利器。

在Tripadvisor. com上，用户可以对酒店和机票进行详细的比价，比如预订酒店可以采用“找酒店、看点评、比价格”三步走，从而选取最优性价比的酒店进行预定。

用户在Tripadvisor. com上还可以对景点进行标记，对“想去”或者“去过”进行选择。去过的景点可以进行评分和评价，想去的景点在标记后，可以查询景点所在地的酒店，然后进行比价和预定。

Agoda. com

和Booking. com一样，Agoda. com也是一家知名在线酒店预订网站，目前Agoda. com的酒店业务已经覆盖全球超过37万家酒店，提供超过3.7万多个目的地酒店预订服务，支持近40种语言，Agoda. com的会员们已经提供了超过400万份真实酒店点评。

Agoda. com推出的一项特色服务是“Book Now, Play Later”，中文意思是“先订房、后付款”，这项服务目前已适用于Agoda. com上的过千家酒店。

用户在Agoda. com上可以进行自助服务，可以享受修改预定日期、提交特殊要求、重新发送酒店入住凭证、索取收据等服务。

Hotels. com

Hotels. com也是一家专注酒店预订的在线旅游网站，已发展至向全球用户提供24万家酒店的预订服务，拥有超过650万个旅客点评，覆盖遍及全球60多个国家和地区。

目前Hotels. com正在推行会员计划，给予会员“住宿奖赏”，会员通过Hotels. com进行预定，每累积住宿10晚，就可以获得“1晚免费住宿”的奖励，住宿奖励可以在Hotels. com全球共8.5万家加盟店任意挑选。截至目前，Hotels. com会员已累积享受超过100万晚的免费住宿。

Hotels. com还推出了“价格保证”，承诺用户预定的酒店价格是最低价格，如果价格更贵，差价将马上由Hotels. com返还给用户。

Kayak. com

Kayak. com是美国知名的旅游搜索引擎网站，专注于在线旅游。作为一家垂直搜索引擎，Kayak. com主要提供旅游垂直搜索服务，为用户提供国内外机票、酒店、度假等服务的深度搜索，帮助旅游者做出更好的旅行选择。

Kayak. com目前支持29种语言，暂时不提供中文服务。但是用户可以通过Kayak. com对中国的酒店进行查询、比价以及预订等服务。

MakeMyTrip. com

相比较大名鼎鼎的Priceline和Expedia而言，MakeMyTrip或许不那么为人熟知，作为印度最大的在线旅游网站，MakeMyTrip是中国人眼中的“印度携程”，美国人眼中的“印度Expedia”。

目前MakeMyTrip. com的业务涵盖了机票、酒店、旅游度假，廉价航空机票也是其特色业务，已支持不包括中文在内的6种语言。

MakeMyTrip. com也提供“last minute deals（最后一分钟订房）”的特色酒店预订服务，每天向用户提供最低30%优惠的限时酒店预订；此外MakeMyTrip. com还提供“机票+酒店”的捆绑销售，此举可以让用户享受更高优惠。

HotelUrbano. com

HotelUrbano. com 是来自巴西的在线旅游网站，主打旅游目的地及住宿业务。目前该网站上有超过83个国家的3.5万个城市的旅游信息，包括目的地的景点、住宿、餐饮、航班等信息。

HotelUrbano. com 拥有1 500万注册用户，他们的Facebook主页上，有770万名粉丝，超过了世界上所有在线旅游代理商的Facebook粉丝数量。

随着明年巴西世界杯和2016年里约奥运会的先后临近，巴西旅游业势必会掀起多重高潮，HotelUrbano. com 的发展还将达到怎样的速度，令人期待。

旅游电子商务应用在全球范围内已经有了很好的发展，上述对全球十大在线旅游网站的介绍，可以帮助大家更好地理解电子商务应用和模式选择问题。

（资料来源：劲旅网，http://www. ctcnn. com/html/2014-01-15/1589285175. htm）

3.1 电子商务应用与商业模式概述

对电子商务的应用在全球范围内不断受到企业的重视。在电子商务应用中，商业模式选择至关重要。下面首先对电子商务应用和商业模式做一个总体的描述。

3.1.1 电子商务应用的基本框架

所谓电子商务应用，从概念上说，就是采用电子商务方式开展商务活动。从不同商务活动主体角度看，电子商务应用，可以有企业的电子商务应用、消费者的电子商务应用、政府的电子商务应用等。这里主要讨论企业的电子商务应用。

美国通用电气公司（General Electric Company，GE）的前董事长兼CEO杰克·韦尔奇早在1999年就对企业电子商务应用做出如下评论："在我任职GE以来从未遇到如Internet如此巨大的冲击，GE集团2 000多个事业部都将实施电子商务应用，并且每个GE事业部将运用网络科技来整合供应商、客户、商业伙伴和企业员工，从而彻底转化为一个电子商业。"GE如此巨大的公司都意识到，如果再不进行电子商务应用和企业电子化这场全球竞赛，自己就有可能被对手所淘汰。GE如此，国内外其他著名企业，如IBM、DELL、宝钢、海尔等企业都走在了这一场变革的前列，并取得了令业界兴奋的商业回报。海尔公司在实现电子采购以后，资金周转次数提高50%～150%；库存资金降低15%～40%。无论是新兴IT企业还是传统企业都必须通过标杆学习（benchmark），逐步进行电子商务应用，适应整个经济环境的变化。

如前所述，电子商务应用就是采用电子商务方式开展商务活动。电子商务应用包括很多类型的活动，涉及商业和技术的多个方面，而不仅仅是IT的运用。为了更好地理解电子商务应用，下面讨论电子商务应用的基本框架。

对电子商务应用，国内外许多电子商务学者提出了不同的概念框架。如图3-1所示是美国学者埃弗雷姆·特班等提出的电子商务应用框架。

埃弗雷姆·特班等认为，所有电子商务应用都离不开人、公共政策、市场营销和广告、支持服务、业务伙伴以及各种基础设施的支撑，而所有这些活动和设施都需要管理来协调。图3-1可作为我们理解电子商务应用与其他商业和技术活动之间关系的指导性框架。

本书作者认为，所有电子商务应用都是基于电子商务平台开展的商务活动。这些活动需要在线服务的支持，大多数情况还需要离线服务的支持，而在线服务和离线服务又都需要各种基础设施的支撑，电子商务应用和各种服务都需要进行规划、组织、协调和控制等微观层面的管理，同时需要受到政策、法律等宏观层面的监管。图 3-2 作为我们理解电子商务应用的框架，可以很好地说明电子商务应用中在线服务和离线服务各自的重要性，有助于人们对电子商务应用有一个比较全面的理解。电子商务应用是采用电子商务方式开展商务活动，离不开在线服务，但通常还离不开离线服务。同时，电子商务管理和电子商务监管对电子商务应用至关重要。所以，电子商务应用得成功与否，不仅取决于网上业务运作，还取决于网下业务运作，甚至网下业务运作更为重要。需要说明的是，图 3-2 中的在线服务、离线服务、电子商务平台、基础设施，可以是企业自己提供，也可通过外包方式提供。

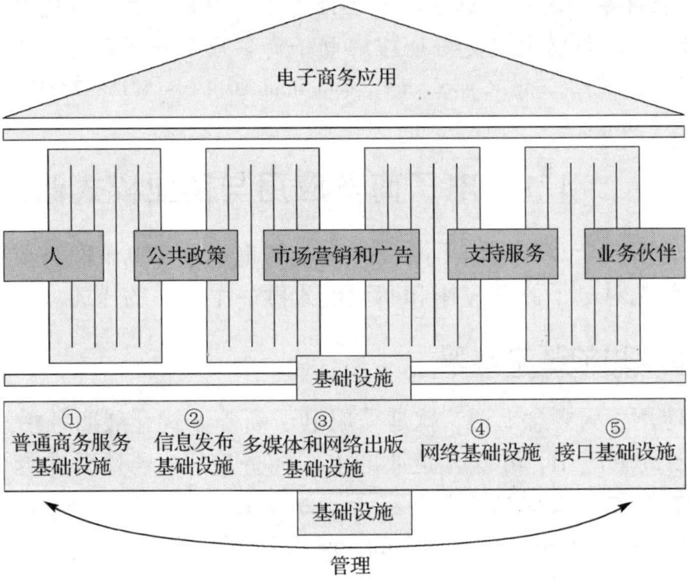

图 3-1　电子商务应用框架(1)

另外，电子商务专业人才是为企业电子商务应用服务的专门人才，图 3-2 还可以为学校电子商务专业人才培养提供一个指导性框架。如同计算机应用，电子商务应用将成为所有商务人员需要掌握的知识和技能。但企业需要电子商务专业人才不是仅仅在网上进行交易操作的人才。电子商务专业人才的核心能力要求，是电子商务专业教育必须考虑的问题。

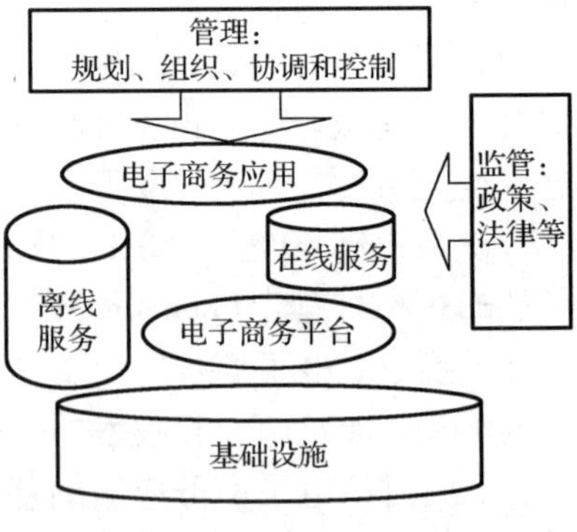

图 3-2　电子商务应用框架(2)

3.1.2　长尾理论与电子商务应用

在第 2 章，曾提到过长尾理论，这里再进一步比较详细地讨论长尾理论对电子商务应用的指导意义。长尾(The Long Tail)理论是网络时代兴起的一种新理论。长尾这一概念是由《连线》杂志主编克里斯·安德森(Chris Anderson)在 2004 年十月的“长尾”一文中最早提出，用来描述诸如亚马逊和 Netflix 之类网站的商业和经济模式。克里斯·安德森认为，网络时代是关注“长尾”、发挥“长尾”效益的时代。

长尾理论认为，由于成本和效率的因素，当商品储存、流通、展示的场地和渠道足够宽广，商品生产成本急剧下降以至于个人都可以进行生产，并且商品的销售成本急剧降低时，几乎任何以前看似需求极低的产品，只要有卖，都会有人买。这些需求和销量不高的产品所占据的共同市场份额，可以和主流产品的市场份额相比，甚至更大。

“长尾”实际上是统计学中幂律(Power Laws)和帕累托分布(Pareto)特征的一个口语化表达。由于成本和效率的因素，过去人们只能关注重要的人或重要的事，如果用正态分布曲线来描绘这些人或事，人们只能关注曲线的“头部”，而将处于曲线“尾部”、需要更多的精力和成本才能关注到的大多数人或事忽略。参见图3-3。例如，在销售产品时，厂商关注的是少数几个所谓“VIP”客户，“无暇”顾及在人数上居于大多数的普通消费者。而在网络时代，由于关注的成本大大降低，人们有可能以很低的成本关注正态分布曲线的“尾部”，关注“尾部”产生的总体效益甚至会超过“头部”。例如，某著名网站是世界最大的网络广告商，它没有一个大客户，收入完全来自被其他广告商忽略的中小企业。

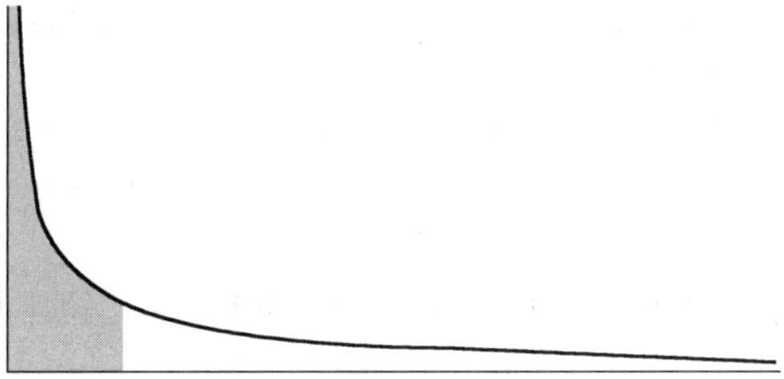

图3-3 长尾(The Long Tail)示意图

克里斯·安德森，喜欢从数字中发现趋势。有一次在跟eCast首席执行官范·阿迪布会面时，后者提出一个让克里斯·安德森耳目一新的“98法则”，改变了他的研究方向。范·阿迪布从数字音乐点唱数字统计中发现了一个秘密：听众对98%的非热门音乐有着无限的需求，非热门的音乐集合市场无比巨大、无边无际。听众几乎盯着所有的音乐！他把这称为“98法则”。克里斯·安德森意识到阿迪布那个有悖常识的“98法则”，隐含着一个强大的真理。于是，他系统研究了亚马逊、狂想曲公司、Blog、Google、eBay、Netflix等互联网零售商的销售数据，并与沃尔玛等传统零售商的销售数据进行了对比，观察到一种符合统计规律(大数定律)的现象。这种现象恰如以数量、品种为二维坐标上的一条需求曲线，拖着长长的尾巴，向代表“品种”的横轴尽头延伸，长尾由此得名。

《长尾》(long tail)在2004年10月号《连线》发表后，迅速成了这家杂志历史上被引用最多的一篇文章。特别是经过吸纳无边界智慧的博客平台，不断丰富着新的素材和案例。克里斯·安德森沉浸其中不能自已，终于打造出一本影响商业世界的畅销书《长尾理论》。简单地说，所谓长尾理论是指，商业和文化的未来不在于传统需求曲线上那个代表“畅销商品”的头部；而是那条代表“冷门商品”经常为人遗忘的长尾。

举例来说，一家大型书店通常可摆放10万本书，但亚马逊网络书店的图书销售额中，有四分之一来自排名10万以后的书籍。这些“冷门”书籍的销售比例正以高速成长，预估未来可占整个书市的一半。这意味着消费者在面对无限的选择时，真正想要的东西和想要取得的渠道都出现了重大的变化，一套崭新的商业模式也跟着崛起。

“长尾理论”被认为是对传统的“二八定律”的彻底叛逆。尽管听上去有些学术的味道，但事实上这不难理解——人类一直在用二八定律来界定主流，计算投入和产出的效率。它贯穿了整个生活和商业社会。这是1897年意大利经济学家帕累托归纳出的一个统计结论，即20%的人口享有80%的财富。当然，这并不是一个准确的比例数字，但表现了一种不平衡关系，即少数主流的人(或事物)可以造成主要的、重大的影响。以至于在市场营销中，习惯于把精力放在有80%的客户去购买的20%的主流商品上，着力维护购买其80%的商品的20%的主流客户。

在上述理论中被忽略不计的80%就是长尾。但是人们看到，在互联网的促力下，被奉为传统商业圣经的“二八定律”开始有了被改变的可能性。这一点在媒体和娱乐业尤为明显，经济驱动模式呈现从主流市场向非主流市场转变的趋势。

Google是一个最典型的“长尾”公司，其成长历程就是把广告商和出版商的“长尾”商业化的过程。数以百万计的小企业和个人，此前他们从未打过广告，或从没大规模地打过广告。他们小得让广告商不屑，甚至连他们自己都不曾想过可以打广告。但Google的AdSense把广告这一门槛降下来了：广告不再高不可攀，它是自助的、价廉的、谁都可以做的；另一方面，对成千上万的Blog站点和小规模的商业网站来说，在自己的站点放上广告已成举手之劳。Google目前有一半生意来自这些小网站而不是搜索结果中放置的广告。数以百万计的中小企业代表了一个巨大的长尾广告市场。这条长尾能有多长，恐怕谁也无法预知。

亚马逊的成功在于他几乎收集接近100%的书籍书目，相比较其他网络书店，其核心优势在于，大多数网络书店能做到90%，但亚马逊能做到100%，对众多选择者来说，亚马逊提供了别人无法提供的接近无限的选择。目前为止，除了亚马逊，其他成功的长尾案例都集中在一个领域中，并在所在领域做透做彻底。而亚马逊，也开始满足消费者的多种需求，但书籍仍是核心业务。一名前亚马逊公司员工精辟地概述了亚马逊公司的“长尾”本质：现在我们所卖的那些过去根本卖不动的书比我们现在所卖的那些过去可以卖得动的书多得多。

在电子商务应用中，成功运用“长尾理论”的例子还有很多，诸如维基百科、Netflix公司等。但是，在运用“长尾理论”时，也应该注意如下一些问题。

首先，“长尾理论”更适用于采取窄而深商品结构的专业商店。这类型商店力图营造这样的商品特色：只经营某类窄小市场的商品，并拥有无限多的消费选择。普通超市经营的主要是多品类的日常生活用品，顾客购物行为有严重从众倾向，很难出现个性化需求。

其次，应用“长尾理论”不能忽视可能带来的成本增长因素。从理论上说，无数个冷门商品汇聚起来，完全可以得到与热门商品相匹敌的巨大利润空间。但事实上，商店增加销售每件新产品都可能会带来一定成本的提高，如果增加新产品的边际利润大于边际成本，则增加冷门产品经营得不偿失。因为小批量、多品种和灵活的经营方式所额外付出的成本，只能通过收取额外的价格来补偿。而一旦由于种种原因，产品或服务的价值未能被消费者感知和认同，他们就不会支付企业所希望的价格，这时商品的成本就不会得到补偿，企业就不能继续生存下来。

最后需要强调的是，商店经营者不能因为“长尾理论”而对“二八理论”全盘否定，“长尾理论”只是一个补充，许多情形下，实体商店经营者会发现“二八理论”运用起来更有效。“长尾理论”提醒经营者关注长尾商品，并不是要经营者忽略热门商品的存在，而是给经营者提供一个新的经营思路：在特定的消费市场，我们完全可以走一条新路来避免恶性竞争。

3.1.3　电子商务商业模式的重要性

商业模式(Business Model)是一个比较新的名词。尽管它第一次出现在 20 世纪 50 年代，但直到 90 年代才开始被广泛使用和传播。商业模式是对一个组织如何行使其功能的描述，是对其主要活动的提纲挈领的概括。商业模式与(公司)战略一起，主导了公司的主要决策。企业不成功通常都是因为没有选择合适的商业模式。

在电子商务应用中，设计或选择合理的商业模式至关重要。只有采用有效率和有效果的商业模式，才能确保企业在电子商务应用中取得成功。很显然，对电子商务商业模式的分析和讨论，对于开展电子商务应用，将有非常积极的意义。

从概念上说，电子商务商业模式是通过基于网络信息技术的商业关系创新实现客户价值创造和参与主体利益分享的系统化模式。电子商务商业模式是一个系统，在其各个部分、连接环节和动力机制方面充分运用网络技术的特点来创新商业关系和提供新的价值创造和利益分享模式。电子商务商业模式是在互联网环境下，企业商业模式的各个业务组成单元充分利用互联网的特性(包括媒体特性、全球性、网络外部性、消除时空局限、减少信息不对称性、低成本性和创造性破坏等)，重组企业内部业务流程，重构企业价值链，参与整个产业价值链的变革，从而更好地满足客户的需求，并为客户提供更多的价值；通过降低成本、增加利润来源等途径获取长期盈利的一个商业系统。

根据上述定义，可从系统层次和结构、系统组成部分的联系和动力机制上来全局性地把握电子商务商业模式。按照系统观点，电子商务商业模式又可以细分为电子商务价值模式、收入模式、定价模式以及运营模式等子模式系统。

在互联网时代，电子商务商业模式的创新将可能改变市场竞争规则，使企业从过时的商业模式向能够为客户带来更大、更全面价值的电子商务商业模式转移。电子商务商业模式创新设计已成为决定企业赢利能力和未来持久发展的战略问题。世界知名企业都非常重视电子商务商业模式创新设计，并从长远的角度来制订企业的电子商务战略。美国的 eBay 和 Amazon 等所取得的成功，实质上都是电子商务商业模式的成功。

企业选择的电子商务商业模式可以促进企业战略的实现，等到电子商务无处不在的时候，电子商务商业模式可能会直接决定企业的发展方向和命运。很多企业开展电子商务应用时，往往重电子、轻商务；重模仿、轻创新。从开展电子商务开始就存在急功近利的投机思想，盲从非理性在一段时间占了上风，缺乏系统的思考和长远的战略规划，这也是网络泡沫化危机形成的重要原因。

成功的电子商务商业模式可以使企业获得两种竞争优势：①电子商务商业模式改进原业务重要流程或特性进行，从而提高运作效率，并降低成本，如在对客户的管理中引入互联网服务的策略；②电子商务商业模式对原业务进行创新性的突破，创造了新的价值，如开拓新市场、改革行业的标准或规则。第一种优势在一定的内外部环境下可能会转化为另一种优势。比如，Dell 将互联网和强大的第三方物流相结合，通过建立全新的网上直销渠道，形成了上述第二种优势。

电子商务商业模式能够提供独特的价值，也很容易招徕同行模仿。无论多么适合的电子商务商业模式都会随着客户需求、市场状况和竞争威胁的变化而失去存在性。所以，商业模式创新是永恒的主题。目前出现的企业电子商务应用创新度(Degree of Innovation)是不同的，大致有 3 种类型：第一种是传统商务活动的自动化或在线实现；第二种是在原有商务活动的基础上增加新的功能或网络化商务改进；第三种是 Internet 环境下特有的，是传统商务不可能出现的电子商务形式；即使是同一种类型，不同的企业在具体实施时也会有差别。如 eBay 的成功，不仅仅是因为它比其他的网络拍卖公司抢跑了几步，更重要的是 eBay 没有其他拍卖网站头疼的库存问题。

创新的电子商务商业模式对一个企业的意义重大，不仅可以创造新价值，更重要的是能够建立比较长期的竞争优势。因此对电子商务商业模式的保护，尤其是利用专利保护也是势在必行。目前电子商务模式在美国、欧洲和日本都可以申请专利，但是电子商务商业模式专利申请问题却存在着争议：没有专利的保护，电子商务商业模式创新很快会被扩散。比如八佰拜、8848 等网站都出现克隆事件，不仅有损于网站的品牌，而且也有损于消费者对网站的信任度。为了鼓励创新，进行某种程度的电子商务商业模式专利保护是有必要的。但商业模式作为专利来保护，也可能威胁电子商务的发展速度。

另外，传统商务与电子商务的结合是近年来人们普遍关注的问题。传统商务和电子商务各有优势，结合两者的优势可能会产生有竞争力的商业模式。电子商务商业模式既可以来自互联网环境下各种市场资源的再组织（reorganization），即创新的电子商务商业模式（creative e-BM）；也可以来自对传统商业模式的转变（transformation），即进化的电子商务商业模式（evolving e-BM）。

3.2 电子商务商业模式的分类方法

为了便于对电子商务商业模式进行分析和设计，通常按照不同的角度对电子商务商业模式分类。下面介绍目前常用的 7 种电子商务商业模式分类方法。

3.2.1 基于价值链的分类

Paul Timmers 提出的分类体系是基于价值链的整合，同时也考虑到商业模式创新程度的高低和功能整合能力的多寡。

按照这种体系，电子商务商业模式可以分为电子商店（E-Shop）、电子采购（E-Procurement）、电子集市（E-Mall）、电子拍卖（E-Auction）、虚拟社区（Virtual Community）、协作平台（Collaboration Platform）、第三方市场（3rd Party Marketplace）、价值链整合商（Value Chain Integrator）、价值链服务供应商（Value Chain Servie Provider）、信息代理（Information Broker）、信用服务（Trust Service）和其他服务（Other Service）等。

3.2.2 混合分类

Michael Rappa 将电子商务商业模式分为经纪模式（Brokerage Model）、广告模式（Advertising Model）、信息中介模式（Infomediary Model）、贸易商模式（Merchant Model）、制造商模式（Manufacturer Model）、会员模式（Affiliate Model）、社区模式（Community Model）、订阅模式（Subscription Model）、效用模式（Utility Model）九大类。其中，经纪模式又可以分为买/卖履行（Buy/Sale Fulfillment）、市场交易（Market Exchange）、商业贸易社区、购买者集合、经销

商、虚拟商城、后中介商、拍卖经纪人、反向拍卖经纪商、分类广告、搜索代理11种；广告商又可以分为大众化门户网站、个性化门户网站、专门化门户网站、注意力刺激性营销、免费模式、廉价商店（Bargain Discounter）6种。

中国学者吕本富和张鹏将电子商务商业模式分为B2B、网上金融、网上销售、网上拍卖/买、网络软服务、网络硬服务、数字商品提供者、技术创新、内容服务、网络门户、网上社区、旁观者12种。其中B2B根据职能又划分为采购、销售、物流、售后服务等类型；网上金融模式根据金融领域又划分为网络证券、网络银行、网上保险、个人理财、风险资本等类型。

3.2.3 基于原模式的分类

Peter Weill认为，电子商务的商业模式从本质上来说都是属于原模式的一种或者是这些原模式的组合。而他所认为的原模式有以下8种：内容提供者（Content Provider）、直接面向顾客（Direct to Customer）、全服务提供者（Full Service Provider）、中间商（Intermediary）、共享基础设施（Shared Infrastructure）、价值网集成者（Value Net Integrator）、虚拟社区（Virtual Community）、整体企业（Whole of Enterprise）。

3.2.4 基于新旧模式差异的分类

Paul Bambury从新的商业模式与旧商业模式的差异角度出发，将电子商务商业模式分为两大类：移植模式和禀赋模式。移植模式是指那些在真实世界当中存在的、并被移植到网络环境中的商务模式。禀赋模式则是在网络环境中特有的、与生俱来的商务模式。

3.2.5 基于控制方的分类

麦肯锡管理咨询公司认为存在三种新兴的电子商务商业模式，即卖方控制模式、买方控制模式和第三方控制模式。这种分类在一定程度上反映了卖方、买方以及第三方中介在市场交易中的相对主导地位，体现了各方对交易的控制程度。

3.2.6 基于Internet商务功用的分类

Crystal Dreisbaeh和Staff Writer按照Internet的商务功用，将电子商务商业模式划分为3类：基于产品销售的商务商业模式、基于服务销售的商业模式和基于信息交付的商业模式。

3.2.7 基于B2B和B2C的分类

中国社科院财贸所课题组基于B2B和B2C电子商务商业模式进行分类。按照为消费者提供的服务内容不同将B2C模式分为电子经纪、电子直销、电子零售、远程教育、网上预定、网上发行、网上金融7类。将B2B模式分为名录模式、B2B和B2C兼营模式、政府采购和公司采购、供应链模式、中介服务模式、拍卖模式、交换模式7类。其中中介服务模式又可以细分为信息中介、CA中介服务、网络服务、银行中介服务4种。

应该说，具体的电子商务商业模式有很多，并且在不断创新和发展中。企业电子商务应用采用的商业模式可能与传统商业模式很类似，但在网络环境下有所创新或者实现起来更加方便和有效。比如，团体采购，在传统商务中，大量采购可以享受折扣，电子商务创造的“需求集成”也可以享受折扣。

上述对电子商务分类的讨论，对我们理解具体电子商务商业模式是很有帮助的。但一定要清楚，电子商务商业模式并不仅仅是上述提到的一些模式。随着电子商务支持技术的不断发展以及创新理念的不断出现，会不断产生很多新的电子商务商业模式。另外，企业在电子商务应用中，有时不仅采用一种商业模式，而是同时采用多种商业模式。企业对电子商务商业模式的选择设计不应该拘泥于已有电子商务商业模式。但是对已有电子商务商业模式的分析讨论可以为电子商务商业模式的创新设计开拓思路。

为了加深对企业电子商务模式的理解，下面重点讨论零售企业、一般服务企业、制造企业以及平台服务企业4类企业的电子商务商业模式。

3.3 零售企业的电子商务商业模式

随着Internet的出现，零售业合乎逻辑的发展必然是转移到互联网上。在互联网上经营零售业，就称为网络零售，也称为电子零售。电子零售也可通过拍卖方式运营，但在线拍卖市场通常是由电子商务服务企业提供的。互联网上零售业的运营商就称为网络零售商或电子零售商，通常也称为网上商店。目前运作比较成功的网上商店采取以下一些商业模式。

3.3.1 广告促销

采用广告促销模式的网上商店，一般不以直接在线销售商品为主要目的，属于推广商品的广告型商业网站。此类网站多侧重于对商品的全面介绍，注重页面精美制作，并利用多媒体、虚拟现实等技术展现商品的外观和功能，并且在这类网站上常常汇集许多厂商和多种商品的信息内容，充分发挥Internet信息媒体优势，从而容易吸引客户，达到广告促销的效果。例如美国的虚拟葡萄园网站(http://www.wine.com)，如图3-4所示。

图3-4　虚拟葡萄园网站(http://www.wine.com)

美国的虚拟葡萄园网站，不仅在线销售葡萄酒，还与美国著名葡萄酒经销商 Granoff 和一批美食专家携手推出了葡萄酒的酿造工艺、葡萄酒种类、质量鉴别等知识，同时还向许多趣味与浓度兼具的美食信息消费者提供通过该网站不定期发出的 E-mail 美食期刊，使来虚拟葡萄园的每位客户很难不被这些信息所吸引，并愿意尝试订购促销产品。

这类网上商店一般适用于产品品种单一的厂商或代理商在网上进行的销售业务。无论是刚刚上市的新产品还是人们熟悉的品牌产品，为弥补因产品品种单一带来的网站题材单调的弱点，这类网站大都围绕该商品的销售，开展各种形式的广告及促销活动，对商品的介绍主题鲜明、内容详尽，在销售该商品的同时，也实现了该商品的广告发布作用。因此培育消费者对商品品牌的忠诚度是这类网上商店的主要经营特色。

3.3.2 专营零售

采用专营零售模式的网上商店犹如专卖店，通常仅销售相关的某类商品，如书籍、汽车、计算机软/硬件、鲜花、礼品、玩具等。由于销售的商品品种较多，为客户提供更多的购买机会。例如美国 Autobytel 汽车专卖网站(http://www.auto-by-tel.com)，如图 3-5 所示。

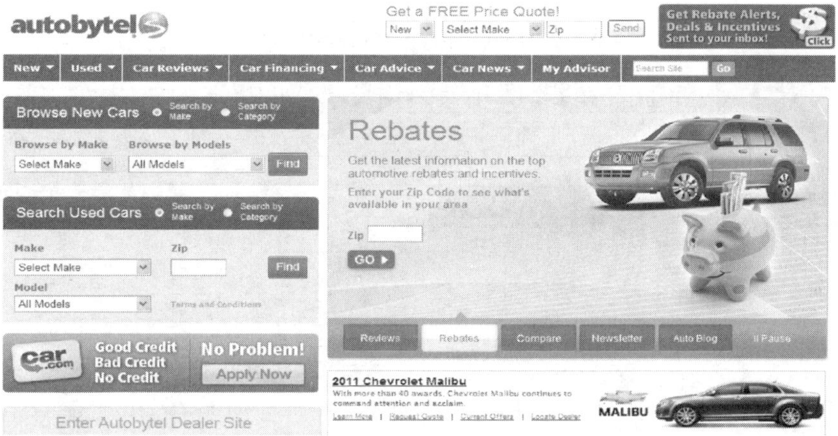

图 3-5 汽车专卖网站(http://www.auto-by-tel.com)

这类网上商店的优势在于能够满足客户在某一方面的消费需求，使客户容易挑选到满意的商品，因此尤其适用于在线零售方式。同时由于商品种类单一，故可降低成本，这是目前网上商店采用得较多的一种形式，例如网上书店、网上鲜花店。

3.3.3 综合零售

采用综合零售模式的网站如同传统的百货商场或大型超市，商品门类繁多、品种齐全，衣食住行无所不包，适合各种消费需求的客户光顾。这种网上大卖场容易吸引客户，销售的机会也较多，兼有前两种网上商店的优点，其盈利模式主要是依托规模效应。由于销售的商品多，网站建设要有一定的“规模”，因此，网站前期投入较大，维护费用也较高，需要有一定的实力支撑，一般适用于商业门户网站或传统的大型零售企业。

这类网上商店主要有如下 3 种具体形式：第一种是由经济实力较强的网络公司建立的网上商城，如八佰拜(http://www.800buy.com.cn)等；第二种是由网络公司与传统商贸企业联合建立网上连锁商店，如原来的 e 国网上商城(http://www.eguo.com)等；第三种是传统商贸企业自己建立网上商店，如美国的 Wal-Mart(http://www. walmart. com) 等，其网站分别如图 3-6、图 3-7、图 3-8 所示。

图 3-6　八佰拜(http://www. 800buy. com. cn)

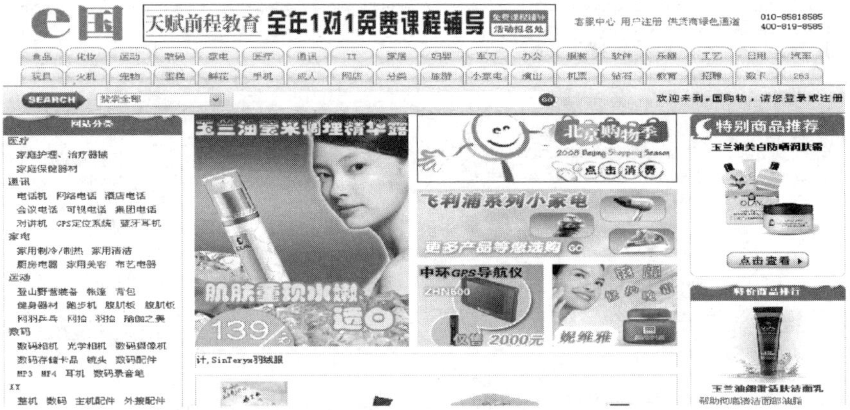

图 3-7　e 国网上商城(http://www. eguo. com) (2009 年)

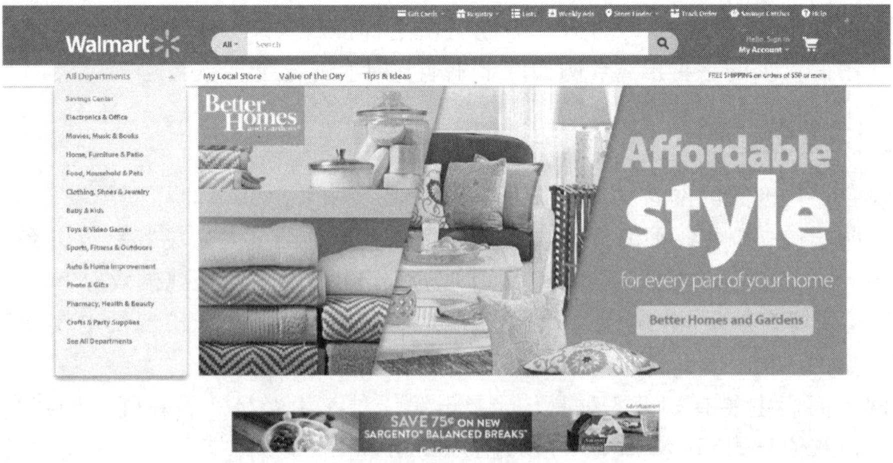

图 3-8　Wal-Mart(http://www. walmart. com)

需要指出的是，随着 Internet 日新月异的发展，开展商务活动的网站数量和形式越来越多了，网上商店将来会是什么形式，谁也无法预料，但上述各类网上商店至少还将继续存在和发展。亚马逊网店和当当网店，原来都是专营图书零售，现在都转向综合零售，其网站如图 3-9、图 3-10 所示。

图 3-9　亚马逊网店(http://www.amazon.cn/)

图 3-10　当当网店(http://www.dangdang.com/)

3.4　一般服务企业的电子商务商业模式

服务业是电子商务应用的重要领域。随着电子商务的广泛运用，现代服务业迅速发展。尽管服务业有很多具体形式，不同服务应用电子商务时采用的主要商业模式创新可归结为如下几方面：①电子化服务零售；②电子服务运作；③服务价值链整合。下面讨论服务企业电子商务几种典型的商业模式。

3.4.1　在线旅游服务

在线旅游服务，是在旅游领域电子商务的具体运用，也是电子商务最成功的实践。已有很多旅游服务网站，如国外的 expedia.com、orbitz.com、travelzoo.com、travelweb.com、ebookers.com、eurovacations.com 和 priceline.com。几乎所有航空公司、假日服务公司、大型传统旅游代理公司、铁路（如 amtrak. com）、汽车租赁代理、饭店、商业门户网站以及旅游公司也都提供在线旅游服务。旅游指南出版商，如 fodors. com 和 lonelyplanet. com 网站提供大量的旅游信息，同时也销售旅游服务产品。

在国内，几乎每个城市都建有旅游网，如南京旅游网（http://www. nju. gov. cn/）（图 3-11）；并有很多专业旅游服务网站，如携程旅行网（http://www. ctrip. com/）（图 3-12）、途牛旅游网（图 3-13）（http://www. tuniu. com/）和艺龙旅行网（http://www. elong. com/）等。

图 3-11　南京旅游网（http://www. nju. gov. cn/）

图 3-12　携程旅行网（http://www. ctrip. com/）

图 3-13　途牛旅游网（http://www. ctrip. com/）

在线旅游服务的盈利模式包括：直接收入(代理费)、广告收入、咨询费、预定或会员费和分享收入费等。在线旅游服务发展还有一些重要问题，是价值理念方面的，如增强客户的信任和忠诚度以及品牌形象问题等。

携程旅行网的收入主要有如下几类。①酒店预订代理费。这是最主要的赢利来源。酒店预订代理费用基本上是从目的地酒店的赢利折扣返还中获取的。②机票预订代理费。这通常是从订票费中获取，等于客户订票费与航空公司出票价格的差价。③代理费。自助游与商务游中的酒店、机票预订代理费，其收入途径与前两项基本一致。④线路预订代理费。通过与其他一些旅行社合作，也经营一些组团业务，但这不是主营业务。除了酒店预订大多采用酒店前台支付办法，对于其他三项交易，客户既可以选择网上支付，也可以选择线上浏览、电话确认和离线交易的办法。

途牛旅游网创立于2006年10月，以“让旅游更简单”为使命，为消费者提供由北京、上海、广州、深圳等64个城市出发的旅游产品预订服务，产品全面，价格透明，全年365天24小时400电话预订，并提供丰富的后续服务和保障。目前，途牛旅游网提供8万余种旅游产品供消费者选择，涵盖跟团、自助、自驾、邮轮、酒店、签证、景区门票以及公司旅游等，已成功服务累计超过400万人次出游。同时基于途牛旅游网全球中文景点目录以及中文旅游社区，可以更好地帮助游客了解目的地信息，妥善制定好出游计划，并方便地预订旅程中的服务项目。

虚拟旅行代理可以提供所有传统旅行社的服务，从提供一般信息到预订机票、安排食宿和娱乐。此外，有些服务是传统旅行社无法提供的，如先前旅行者的经验之谈、电子旅游杂志、费用比较、货币兑换计算器、费用跟踪(当收费降到令人满意的程度时通过免费电子邮件通知客户)、全球地址查找、购买旅行用具和书籍、专家意见、重要的国际和旅行新闻、美国和其他国家的行车路线、聊天室和留言板、老客户优待等。大部分在线旅行服务不能议价，如要议价，消费者必须去特定的网站。

一些航空公司开展机票在线拍卖。美国航空公司(aa.com)在淡季将某些航线的机票进行拍卖；国泰航空公司(cathaypacific.com)将一些竞争激烈的航线的机票进行拍卖，并在网站上提供最新报价。还有一些机票以半价限量出售，爱尔兰航空公司(aerlingus.com)拍卖一两周内到期的机票，特价销售随时都有。一些航空公司还提供“最后一分钟折扣”。Priceline.com要求消费者指定他们愿意支付的票价和房价水平，同时承诺一旦Priceline.com找到了符合要求的价格就会接受交易。其他一些公司允许消费者竞拍特定种类的票。

除了拍卖，旅行社还向客户提供许多其他的在线服务。例如lastminute.com是提供“最后一分钟折扣”的网站，经常提供极低的机票和住宿价格。此外，已经有很多航空公司提供电子化购票服务。航空公司通过互联网可销售电子机票，客户直接打印登机证或在登机前到机场电子售票端输入信用卡号领取登机证，当然也可到售票台领取。

3.4.2 在线金融服务

在线金融服务也是电子商务发展最快的领域之一。尽管美国股票交易者最早使用互联网，但在韩国，股票交易者似乎更喜欢这种方式。在2003年，韩国超过55%的股票交易是在网上完成的，而美国只有30%。目前国内的许多股票交易也是在网上完成的。

在美国，每次在线交易费用一般是4~19美元，而提供完全服务代理商和折扣代理商的委托费平均收费是100美元和25美元。在线交易的好处是：不必再为电话占线而等待，而且不用在嘈杂环境中口头交流，所以错误的可能性大大减少；可以在任何时间、任何地点下单，也不会有偏激的经纪人不断催促；投资者还可以得到大量免费的有关特定公司和共同基金的投资信息。在1995年，美国已有几家折扣经纪公司开展在线股票交易，最著名的是嘉信理财公司(Charles Schwab)，美林证券(Merrill Lynch)等完全服务经纪公司在1998—1999年期间也开始提供这样的服务。到1999年，已经有120多家经纪行提供在线交易。2002年，嘉信理财公司创建cybertrade. com网站，每笔费用只收9.95美元代理费。

在美国，提供在线交易的著名公司有E＊TRADE、Ameritrade、TD Waterhouse、Datek Online、Suretrade、Discover和Lombard等。E＊TRADE提供许多服务，并邀请投资人参与模拟投资游戏。在众多公司中，Datek. com值得一提，它提供极快的执行速度。Webstreet. com则对纳斯达克市场1 000股以上的交易不收取佣金。服务最有创新性的是E＊TRADE，在1999年它建立了在线共同基金。E＊TRADE在多个国家发展迅速，使全球交易成为可能。

在国内，很多信息门户网站都设有财经或股市频道，提供股市的相关信息，大部分证券机构都创建自己的网站，并提供股市信息和在线股票交易平台。目前比较著名的股市信息平台软件有大智慧证券信息平台软件等，其界面如图3-14所示。

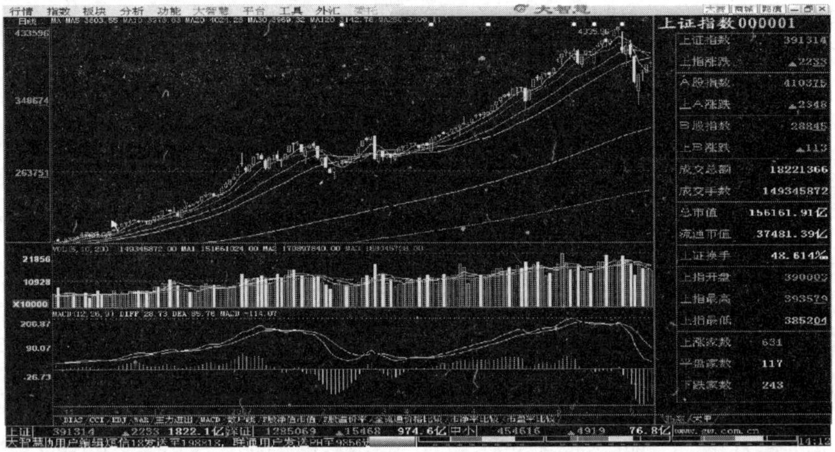

图3-14　大智慧证券信息平台软件界面

除股票外，在线交易正在向衍生金融产品、工业品、共同基金以及其他领域延伸。全球的期货交易也走向电子化交易。例如，世界上最大的期货交易所——芝加哥交易所正在提供全面的电子交易。

电子银行(electronic banking)，又被称为网上银行(cyber banking)、虚拟银行、家庭银行和在线银行，它包括各类不是在实体银行而是在家中、工作中甚至路上开展的银行业务。电子银行的业务范围从支付账单一直到以电子化方式获得贷款。许多传统银行都提供各类电子银行服务。电子银行为用户节约了时间和金钱。对银行而言，它提供了一种更经济的拓展业务的手段和获得外地客户的机会。

目前国内的许多银行也都设立了自己的网站，并提供电子银行服务。中国工商银行的“金融@家”个人网上银行可以为客户提供包括账户查询、转账、7×24小时汇款、缴费站、网上汇市、国际卡购汇还款、网上证券、网上保险、在线支付等多项服务，是目前国内功能最为强大的个人网上银行。在安全方面，工商银行与国际软件巨头微软强强联合，在国内率先推出获得国家专利的U盾——个人客户证书，使工行个人网上银行的安全性达到国际先进水平，可以有效防范假网站等各种网络犯罪行为，确保客户能够安全使用网上银行。产品和安全的巨大优势使得工行“金融@家”个人网上银行在竞争中得到了认可，市场份额稳居国内各家网上银行之首。

图3-15　中国工商银行(http://www.icbc.com.cn/icbc/)

许多实体银行也开始提供家庭银行服务，其中一些将电子商务作为主要的竞争战略。家庭银行具备的功能主要包括如下方面。

(1)在任何时间得到对账单。客户可以方便地检查其账户、储蓄、信用卡和货币市场账户的状况。

(2)获得收费和信用卡结算单。用户甚至可以设定让其账户每月自动结清信用卡。

(3)付账。电子支付通常当天或隔天自动从账户里扣除款项。与每月寄送大量账单相比，电子化支付的费用要低得多。

(4)下载账户交易数据。用户可以方便地将数据直接导入Quicken等财务管理软件。

(5)转账。客户不用再排队、填写存单和使用ATM机了。

(6)平衡账户。如果你经常忘记在ATM机上的提款数量，电子银行会帮助你管理账产，只要将数据下载并导入自己的计算机即可。

(7)向银行发送电子邮件。如果用户对自己的账户有疑问，那么可以向网上银行代表发送电子邮件。

(8)银行工作时间的新含义。客户可以根据自己的时间表来管理资金和账单。

(9)在旅行时理财。客户可以在路上访问自己的账户，甚至在不在场时安排付账。

(10)附加服务。美国的一些银行客户只要每月支付5~7美元，就可得到免费的电话银行服务。佛罗里达州联合银行为客户提供免费的对账、ATM机提款以及1年的账单支付服务，还有一些银行(包括美洲银行)，只要客户签订在线银行合同就免除查账费用。

国内的一些银行，如招商银行等，也开始向客户提供上述家庭银行的一些服务。

另外，越来越多的保险公司也利用互联网以很大的折扣提供标准的保险业务，如汽车、家庭、人寿和医疗。而且，第三方集中者还免费对这些保单进行比较。一些大型保险与风险管理公司在网上提供各类保险合同。尽管许多人不相信不见面的保险代理，但还是有人希望能享受到保险费率低的好处。例如，在insurerate.com上展示了各类不同的保单，Order.com

允许消费者和商家比较汽车保险，然后在线购买。国外知名度较高的保险网站有 Quotesmith. com、insweb. com、insurance. com、ebix. com 和 quichken. com。有些保险公司双管齐下，既保留人工代理又发展在线销售。

另外，基于互联网的金融创新越来越受到人们的广泛重视。自 2012 年，国内出现了 P2P 网贷、网络理财产品、众筹、大数据金融等互联网金融模式，这些模式尽管国外也出现过，但不像在中国，出现了互联网金融的热潮，尤其是余额宝的推出，促进了中国互联网金融的迅速发展，互联网金融似乎有挑战传统金融的态势，一些银行也纷纷试水互联网金融，推出各自的互联网金融产品。工行推出 e-ICBC 体系，主要是三个平台：电商平台融 e 购、社交通信工具融 e 联、直销银行融 e 行。招商银行也低调推出“小企业 E 家”。与工商银行力图打造电商平台不同，小企业 E 家围绕中小企业“存、贷、汇”等基本金融需求，开发了企业在线信用评级、在线授信、创新型结算、在线理财等互联网金融产品，一网打尽中小企业的其他如闲散资金理财、生产链条、内部管理等多方面所需的金融服务，创新思维可见一斑。工商银行、招商银行的新动作反映出传统银行的觉醒，将存贷汇等核心业务搬上互联网，使得金融服务更加便捷化。随着余额宝、众筹、P2P、直销银行等多样化的互联网金融形态的出现，国有大行也纷纷探索新的互联网金融形式。

互联网金融是指依托于支付、云计算、社交网络以及搜索引擎等互联网工具，实现资金融通、支付和信息中介等业务的一种新兴金融。互联网金融不是互联网和金融业的简单结合，而是在实现安全、移动等网络技术水平上，被用户熟悉接受后（尤其是对电子商务的接受），自然而然为适应新的需求而产生的新模式及新业务，是传统金融行业与互联网精神相结合的新兴领域。互联网金融与传统金融的区别不仅仅在于金融业务所采用的媒介不同，更重要的区别在于金融参与者深谙互联网“开放、平等、协作、分享”的精髓，通过互联网、移动互联网等工具，使得传统金融业务具备透明度更强、参与度更高、协作性更好、中间成本更低、操作上更便捷等一系列特征。理论上任何涉及广义金融的互联网应用，都应该是互联网金融，包括但是不限于为第三方支付、在线理财产品的销售、信用评价审核、金融中介、金融电子商务等模式。互联网金融的发展已经经历了网上银行、第三方支付、个人贷款、企业融资等多阶段，并且越来越在融通资金、资金供需双方的匹配等方面深入传统金融业务的核心。

阿里巴巴的蚂蚁金服集团包括支付宝、支付宝钱包、余额宝、财富宝、蚂蚁微贷、芝麻信用等金融服务产品，网站如图 3-16 所示。目前，我国的 P2P 网贷理财平台已有不少，如平安集团旗下的陆金所（图 3-17）；人人友信集团旗下的人人贷（图 3-18）。

图 3-16　蚂蚁金服（http://www.antgroup.com/）

图 3-17　陆金所(https://www.lufax.com/)

图 3-18　人人贷(http://www.renrendai.com)

3.4.3　在线娱乐服务

随着网络信息技术的不断发展，全球范围内的在线娱乐业增长迅速。据网络知识和统计研究公司的一项调查(2002)表明，在线娱乐已经成为美国 8 ~ 17 岁年龄段人群的最普遍媒体。这个人群的 2/3 表示喜欢在线游戏，而喜欢看电视的只有 26%。基于互联网的在线娱乐有许多种，互联网娱乐一般可以划分为两种类型：交互式娱乐和非交互式娱乐。

1. 交互式娱乐

所谓交互式娱乐，是指用户以在线方式参与游戏的决策、联想和信息交换。交互式游戏的主要形式如下。

① 网页浏览。这类网站需要足够数量的用户经常到访，而不是仅作为使用网站的部分过程的一般用户进入。将来这类网站可能为用户提供虚拟现实环境，用户可以从一个场景进入另一个场景。

② 互联网游戏。这类游戏包括拼图游戏、抽奖游戏、纸牌和升级等各种类型游戏。有些人能够在这类游戏中大笔挣钱，有些游戏暴力色彩浓厚。

③ 虚拟体育运动。据电子市场日报(eMarketer Daily)报道，访问虚拟体育运动网站的人

次每月超过740万。提供这类游戏的国外网站有 sportline. com 和 Espn. com 等。

④ 一人对多人游戏。在这类在线游戏中，多个用户登录到同一网站参加同一个游戏。玩游戏时用户需要先下载游戏并且安装到个人计算机中。提供这类游戏的国外网站有 battle. net、zone. msn. com 和 casesladder. com 等。

⑤ 纸牌游戏。这类游戏非常吸引大众，但是有一些涉及赌博。

⑥ 参与式网站。参与式网站包含一个俱乐部、用户组合信息娱乐系统网站，网站提供关于某主题的所有方面信息，用户可以使用网站提供的机制和对主题感兴趣的其他人展开讨论，例如，一个关于运动的网站。

⑦ 阅读。现在有很多在线阅读内容，如各类网络信息、网站上的电子图书，现在很多报纸杂志等印刷媒体都有网络版。

在国内网络游戏是一个比较热门的行业，盛大网络是国内最著名的网络游戏开发和运营商。盛大网络已经初步形成了完善的网络娱乐运营模式，深信能够在未来保持稳步发展，继续成为引导行业发展的先驱。国内很多门户网站都设有娱乐频道或栏目。另外，也有一些在线娱乐和游戏网站，如环球娱乐网(图3-19)和中国游戏中心(图3-20)等。

图3-19　环球娱乐网(http://www. ccwb. net/)

图3-20　中国游戏中心(http://www. chinagames. net/MyGames/)

2. 非交互式娱乐

所谓非交互式娱乐，是指互联网提供的和休闲娱乐相关的一些服务，而在实际娱乐活动中，用户并不需要登录网络。

非交互式休闲娱乐主要有下面一些形式。

① 娱乐活动售票系统。Ticket Master 公司是一家大型“鼠标加水泥”型公司，是在线购买各种娱乐活动票的最大网站。当然，娱乐活动票也可以直接从娱乐公司网站购买。Cityline.com 是亚洲地区的一个售票网站，在那里可以购买一些娱乐活动票和电影戏剧票。用户也可以通过手机购票。

② 饭店。许多饭店允许在线订餐。一些饭店还同时提供送餐服务，例如国外一些披萨饼店和一些中餐饭店。这种服务也常常可通过手机、固定电话或互联网完成。国内已出现了订餐服务网站，如武汉餐饮在线（http://www.517hao.com/）等。

③ 获取信息。许多门户网站为用户提供可获取的相关娱乐信息服务。互联网已经迅速成为许多主题的最大信息资源。

④ 获取音频和视频节目。用户可以从互联网服务器下载语音、音乐、视频和电影，然后播放。2003 年，美国苹果公司推出 iPod 播放器和 iTune 音乐下载，提供付费在线音乐下载服务（第 1 年销售 1 亿美元）。2004 年，美国杜克大学为新生提供免费 iPod，建立一个 iTune 模拟网站，学生可下载讲义、音乐、语音和图书等。

⑤ 实况转播。体育爱好者可以通过互联网收听体育比赛转播，并且有时免费收听。

随着移动信息技术的发展，人们可以通过手机获得在线娱乐服务和非在线娱乐服务。现在，很多品牌的手机都提供在线娱乐的功能。

3.4.4　在线招聘服务

传统职位招聘有多种方法，从报纸分类版面广告到通过招聘机构、商业雇佣代理和猎头公司。随着网络信息技术和电子商务的发展，现在求职市场也迁移到互联网。在线招聘已成为企业寻找所需人才最普遍的方法。目前，在中国几乎各个城市都有本地人才招聘网。也有很多专门的人才招聘服务网站，如智联招聘网（http://www.zhaopin.com/）（图 3-21）等。

图 3-21　智联招聘网（http://www.zhaopin.com/）

互联网为求职者提供了丰富的工作职位资源，也为招聘困难的公司提供了丰富的人才资源。据《eMarketer》（2003）提供的数据，美国有 74% 的人依赖互联网寻找工作，其中有 57% 成功地找到了工作。在线就业市场对技术型公司的职位特别有效，因为公司和工作者都经常使用互联网。成千上万的其他类型公司一般通过互联网发布职位招聘广告，接受简历和申请表。互联网就业市场一般包括如下一些参与主体。

(1)求职者。求职者可以回应招聘广告，或者主动将简历放在个人主页或其他网站上，或者给新闻组成员发送请求推荐信息，还可以使用人才招聘网站，如 careerbuilder. com、hot-jobs. com 和 monster. com 等。

(2)招聘者。包括公共机构在内的许多机构，在它们的网站发布空缺职位广告。有些普通公共门户网站、在线新闻报纸网站、电子公告板和职务中介公司网站也发布空缺职位广告。雇主能够在线对应聘者进行面试和测试。有些公司，如家装公司，在一些所属商店设立信息站公布空缺职位，并且申请人能够在那里填写电子申请表。

(3)职务中介代理。有许多职务中介代理活跃在互联网上。它们在自己的网页上发布空缺职位介绍，通过电子邮件和其他网站发布职务中介服务广告。职务中介代理利用新闻组、在线聊天室、公告板、互联网商业简历服务等工具，也利用雅虎、美国在线等门户网站发布信息。大多数网站是免费的，也有一些网站是收费的，但是能够提供更多的服务。

(4)政府部门和公共机构。许多政府部门在政府网站和其他网站发布职位招聘广告；有些招聘需经法律程序。除此之外，政府部门还通过互联网帮助求职者寻找外地工作。

大型用人企业，如通用电气、IBM 和施乐等每年要投入数百万美元委托在线职位中介公司招聘员工。为了节省开支，这些公司和其他一些公司联合创建了一个非营利的职业门户网站 directemployers. com。网站主要发布成员公司的招聘工作职位目录。这些网站将许多大型公司工作职位集中在一个市场，为求职者寻找工作机会提供了方便。

3.4.5 其他在线服务

上述的 4 种在线服务，只是在一般服务业中电子商务的典型应用。还有一些典型的电子服务模式，如在线出版、在线培训、在线咨询、在线房地产等都是一些典型的电子服务模式。电子商务的应用可以渗透到几乎服务业的所有领域。对于一般服务业，与零售业一样，电子商务与传统商务的有机结合也是电子商务应用的重要创新模式。

随着企业间竞争日益升级，除价格以外，服务也成为竞争焦点，企业为进一步提高服务质量、提升服务层次，倾向于将服务领域集中而把服务的范围扩大，即在某个特定的领域提供更全面的服务。另一方面，客户也不再是搜索零乱、琐碎信息的网民，他们对网络的最大希望是信息服务内容的适用性。客户不希望浏览多个网站才能满足多个方面的需求，尤其是这些需求属于同一领域。

在以客户为中心的时代，客户不想零碎地得到产品或服务，而希望得到全面解决方案。客户消费经常集中于某个特定领域，这种定向消费需求为企业设定了精确的经营参照系，全服务提供商电子商务模式在上述背景下产生了。如汽车销售公司利用与合作伙伴组成的价值网，为购买汽车的客户提供了一揽子解决方案：汽车价格比较、牌照申请、汽车保险等。这种为客户解决集成购物的模式，不仅方便了客户，也为客户节省了成本。

全服务提供商通过单一接入点覆盖客户在某个领域所需服务，涉及客户需要多种相关产品或服务的领域，如金融、旅游、医疗和化工等。通过提供来自企业内部和外部供应商的各种产品或服务，并且通过客户选择渠道，加以巩固全程服务提供者提供的增值服务。

通过集成本公司和第三方提供商的产品和服务，全程服务提供者要满足某个领域目标客户群的全部需要。全程服务提供者掌握客户关系，因此比行业内的其他参与者更了解客户的需要。公司使用客户数据库从现有领域中确定销售产品的机会，并且向领域中增加新的服务。通常客户在一个领域对某个全服务提供者有较高的忠诚度。

除上述领域外，全程服务也可能出现在以下领域：教育、娱乐、政府服务以及电信等，如电信公司在互联网上连接多个银行和多个应用业务系统，提供一站式支付服务。经过几年的发展，全服务模式涉及的领域会越来越多。

3.5　制造企业的电子商务商业模式

电子商务的应用也在不断改变传统制造企业的商业模式。制造企业对电子商务的应用可以采用 B2C 模式，也可能采用 B2B 模式，或者同时采用 B2B 与 B2C 模式。对于一个具体的制造企业来说，采用的相关商业模式主要有以下几种。

3.5.1　网上直销

直销是企业最原始最简单的一种销售方式，不需要任何中间机构来协助产品的流通，因此称为“零级渠道”。所谓网络直销，就是制造企业通过网络渠道直接向客户销售。网络直销也称为卖方电子市场(sell-side e-marketplace)交易，是制造企业直接面向客户或消费者的商业模式。

网上直销真正实现了“一切以客户为中心”的商业模式。如今，除利润、市场占有率等指标外，用户满意度、忠诚度等也成为评价经营绩效的重要指标。因此许多企业都提出“客户为中心”的口号，但实际运作却是比较困难的，因为传统的经营方式很难让企业及时跟踪用户的需求。美国 Dell 公司利用网上直销创造了 Dell 模式，其成功的秘诀就是“满足用户需求”，网站如图 3-22 所示。Dell 直销的核心是“按订单生产”，在这种经营理念下，Dell 将产品按用户的要求定做。通过直销的销售方式和售后服务，与客户建立起更密切、更直接、更长期的互动关系，在为用户提供最满意的产品的同时，也给自己带来了丰厚的利润。

图 3-22　戴尔公司(http://www.dell.com.cn/)

网上直销使营销人员可以根据用户的愿望和需要，通过网络开展各种形式的促销活动，迅速扩大产品的市场占有率。企业按客户需求组织生产，可有效地减少库存、降低生产成本。在 Dell 生产中心的周围，聚集了一大片供应商的工厂。Dell 将自己的库房建成了“别人的工厂”。它的库存周转率为一年 50 次，产品库存期平均为 7 天。快速周转的结果使 Dell 的增长速度 4 倍于市场发展的速度，2 倍于主要竞争对手的速度。没有库存压力，减少了中间渠道，因此，它比其他厂商有着更丰厚的利润。Dell 的税前利润率超过 9%，是 IT 行业平均利润率水平的 3 倍多，其利润占 PC 制造业全部利润的大约 10%。

网上直销实现了“与客户一对一的互动交流”的微营销。网上直销最主要的特点是其具有互动性和信息的可反馈性。随着市场环境和动作方式的变化，目前的市场划分越来越细、越来越个性化，直至演变成针对每一位消费者的微营销。借助于网络，企业在网上发布有关产品和企业的信息，收集各种市场信息，使用 E-mail 等工具及时实现与客户的交流沟通，由此获得快捷、准确的反馈信息，跟踪消费者的需求及变化情况。网络使企业对消费者有了较高的选择性，可按照他们的要求安排生产和销售，避免了生产的盲目性，提供的产品的服务也更具有针对性和效益性。

直销网站一般是由生产型企业建立的，它绕过了传统的中间商，直接面对市场和目标用户，其目的是建立或维持市场优势。但相当一部分企业开展网上直销并不是仅仅为了推销自己的产品。在目前的条件下，一些产品可能并不适合完全采取 B2C 网上直销的方式，企业网站在销售产品的同时，更主要的目的还是通过网站来开展全方位的市场营销活动。

许多企业已经实施客户忠诚计划，在吸引新客户的成本远高于维系老客户的今天，这种战略确实重要。但在实施中还应注意到：客户忠诚度并不等同于客户价值。客户忠诚其本质还是一个节流管理思想，企业要做大，实现价值的倍增，更需要注意开源，开拓新客户是开源的一个方面，创造客户价值也属于开源的一个重要部分，原因在于单纯的客户忠诚不一定能够给企业带来更多的价值增值，而在提高客户忠诚度的前提下，从深层次、全方位地发掘客户的需要，为客户创造价值的精髓所在。企业网站将能在这方面发挥非常重要的作用，这也应当是企业网站的基本功能之一。

网站另一个重要功能是：寻找能为企业带来最大利润的消费者，并为他们服务。每个消费者对企业的贡献率是不同的，企业不应将营销努力平摊在每位消费者身上，而应充分关注重要的消费者，将有限资源用在能为企业创造较高利润的关键消费者身上，如企业产品大量使用者、老客户和一些相关客户。Dell 公司在实施网上直销过程中，首先深入分析了消费者中不同群体为公司带来利润的巨大差异，借助网络互动功能，为它们提供一对一的服务，监督其行为变化并及时做出反应。如果通过中间商销售，企业就不能将不同价值的消费者区分出来、区别对待，往往会失去对关键消费者群体的吸引力。采用网上直销，Dell 有能力将市场细分之后再细分，寻找那些能够为公司带来最大利润的消费者，为他们服务。同时，Dell 还削减了那些不能为公司带来很大收益甚至是无利可图的业务。

网络直销或卖方电子市场交易一般有 3 种方式。

① 目录直销。企业在互联网上通过电子目录直接销售产品。一个企业可以向所有用户提供一份目录，也可以向每个大客户提供定制的目录，通常两种情况都有。

② 拍卖销售。企业通过正向拍卖一些特殊商品，如处理旧设备等。拍卖销售有两种途径：在自己的网站上拍卖；在中介网站上拍卖。

③ 一对一销售。通过谈判达成长期合作关系。这种一对一的方式十分普遍，买方就价格、数量、支付方式、运输方式以及品质标准等与卖方协商。

3.5.2　网上采购

采购是企业为了进行正常的生产、服务和运营，而向外界购买产品和服务的行为。它是企业运营过程的重要组成部分，对生产与销售以及企业最终利益的实现有着很大的影响。随着信息技术的发展，企业的运作模式、组织结构都在发生着深刻的变革，企业的采购活动也向电子化、网络化发展，网上采购的概念也随之应运而生。所谓网上采购就是通过互联网络，借助计算机管理企业的采购业务。网上采购，也称电子采购，又称为买方电子市场(buy-side e-marketplace)交易，是制造企业直接面向供应商的商业模式。

1. 网上采购的基本过程

企业的网上采购一般是通过应用相关的软件实现的，不同的软件提供了不同的解决方案。这些解决方案各有其特点，但基本都包括如下过程。

① 填写订购单。采购部门员工或采购申请部门通过软件界面提出要求并填写订购单。

② 审核订购单。一般通过管理软件自动进行审核，当订单要求超过限额或一些特殊的订单要提交企业主管进行审核。

③ 联系供应商。订单批准后，就通过网络联系供应商，供应商根据企业的采购要求，通过网络提供相应的商品或服务的信息。

④ 选择供应商。采购企业根据供应商提供的各种资料信息进行比较选择，择优选定一家或数家供应商。

⑤ 采购结算。通过软件进行采购货款结算，借助银行的参与实现货款的支付转移。

在上述网上采购整个流程中，人工参与因素越来越少，信息的传递基本依赖网络进行，从而保证了采购过程的公正、高效，对克服采购过程中的“暗箱操作”十分有效。

2. 网上采购业务的类型

企业要在网上采购，首先要回答两个方面的问题：一是企业买什么(What)、二是企业怎样买(How)。企业的采购需求，从办公用的纸张到计算机系统、从钢材到机器设备。从广义上说，企业采购可以分为生产性采购和经营性采购两类。

生产性采购是指原材料和各类部件的采购，它们直接转化为一种产品或一种过程。由于这类产品在不同行业中要求不同，如化学公司不需采购汽车制动系统、广告公司不采购原钢材等。因此，这类采购一般是从行业性的或垂直的供应商和分销商那里购买。一般还需要专业的后勤和服务机制，如邮政配送系统并不递送所有的商品。

与之相反，经营性采购不构成产品的一部分，因此，一般被称为维护、修理和操作性产品，也称为MRO(Maintenance, Repairs and Operations)产品，包括办公用品、零件、飞机票和服务等。经营性采购一般是非行业性的，因为几乎所有的企业都可能需要计算机、复印纸和清洁服务。因此，这类产品通常是从水平的供应商，如施乐公司、联想公司等服务于所有企业的供应商进行采购。这类产品的递送一般只需普通机构来完成，如邮政系统。

商业采购还需要从如何采购产品和服务方面进行分析。企业一般要进行系统采购或者现货采购。系统采购(Systematic Sourcing)需要与符合条件的供应商进行合同就业谈判。由于合同期限一般比较长，买卖双方经常会构建一种紧密的联系。现货采购(Spot Sourcing)中，买方的目的是以尽可能低的价格满足即刻的采购需求，像石油、钢材、能源这类商品贸易就属于这种方式。现货交易很少涉及与供应商之间的长期联系，事实上，在现货市场中买方通常并不清楚他们正从谁那里购买。

3. 网上采购的不同模式

网上采购是一个多对一的买方电子市场交易，通常有以下一些主要模式。

(1)逆向拍卖

逆向拍卖是网上采购的主要手段之一。逆向拍卖是这样一个系统，供应商受邀进行投标，价低者胜出。在B2B中使用逆向拍卖，买家会在自己的服务器上建立一个电子市场，邀请潜在的供应商对买家需要购买的商品进行投标。这种逆向拍卖的“邀请”是一种称为报价申请的表格或文件。逆向拍卖被认为是招标模式。政府和大型企业经常举办逆向拍卖，可以节约可观的资金。以网络为基础的逆向拍卖流程速度更快、管理成本也更低，还能找到最便宜的产品和服务。

逆向拍卖可以在企业自己的网站上进行。1996年，通用电气照明公司建立了公司的第一套在线采购系统，即交易处理网(Trading Process Network，TPN)(gegxs. com)。现在，采购部以电子化方式从内部客户处接受请求，并通过互联网向遍布全球的供应商发送询价单。系统可以自动调出正确的图纸并附到电子询价表上。在采购部开始处理过程两个小时后，供应商将得到电子邮件、传真或EDI形式的RFQ通知，并被允许在7天内准备自己的报价并通过外联网发送到通用电气照明公司。该报价再通过内联网传送给适当的评估人，并可以在当天订立合同。

逆向拍卖也可以通过第三方中介来进行。美国通用电气的TPN向其他买家开放自己的竞标网站。因此，TPN网站也可视为一家拍卖中介。A-Z二手计算机(azuc. com)以及FreeMarkets(现在属于ariba. com)等拍卖站点都是拍卖中介。

国内也有很多企业采用网上招标的采购方式，如丝宝集团(采购平台网站如图3-23所示)与海尔集团等都建有自己的采购平台，另外，国内也有许多行业性或地方性的网上采购平台，如全球IC采购网等。

图3-23　丝宝集团电子采购平台(http://bid. cbons. com/gpApp/home. do)

(2)集中目录

大企业有许多采购人员，通常位于不同地方。例如，百时施贵宝公司(Bristol-Myers Squibb)在全球有3万多名企业采购人员。这些采购人员从很多供应商处进行购买。问题是即使这些供应商都是被认可的供应商，但要对采购进行计划和控制仍然很难。在很多时候，采购人员为了节省时间，总是从最方便的供应商那里购买，并支付一定的额外费用(这种采购行为被称为“独立购买”)。另外，企业还要控制采购预算。在有大量采购人员和购买活动的政府和跨国企业中，情况尤其严重。这个问题的解决方法是将所有被认可的供应商的产品(所有相关供应商的目录)集中到公司总部。价格可以预先谈好(或将产品放入询价单中)，这样采购人员就不必再谈判了。通过将所有供应商的目录集中到公司的服务器上，就有可能实现所有采购的集中化。

(3)团体采购

许多企业，特别是小公司倾向于团购。通过团购(group purchasing)，多个买家组成一定数量的采购，可得到更合适的价格。团购有两种模式：内部集中和外部(第三方)集中。

① 内部集中。像美国通用电气这样的大企业，每年要购买数十亿美元的MRO。公司范围内的订单通过网络进行组合并自动补充。除了大量采购产生的规模效应外，通用电气用于管理和交易的成本从每次50~100美元降低到了每次5~10美元。

② 外部集中。许多中小企业都喜欢数量折扣，但很难找到合伙人来增加采购总量。因此可以通过第三方网站来寻找合伙人，这类网站有BuyerZone(buyerzone. com)、HIGPA(higpa. org)或者United Sourcing Alliance(usa-llc. com)。团购的出发点是希望在线整合需求，与供应商谈判或举行逆向拍卖，为中小企业提供更好的价格、更多的选择和更优质的服务。一旦考虑到小公司，就能够了解这个市场的重要性。据美国商务部统计：美国有90%的企业员工不到100名，他们占全国MRO交易的35%。因此，在美国，外部集中也占很大市场份额。

3.5.3 合作商务

合作商务有多种形式，从联合设计到预测。合作可以在企业之间也可以在企业内部进行。例如，合作平台可以帮助总部和分公司、分销商和总经销商通过电子邮件、信息板、聊天室、在线公司数据访问等手段在全球范围内交流和合作，不管它们是在哪个时区。这样的平台使得总经销商可以建立全球性的市场，并对分销商进行管理。分销商也可以共享自选培训计划。先进的外联网可以将总部和总经销商、被认可的供应商联结起来，使得他们更容易开展业务，并减少开支和重复工作。先进的外联网还可以加强EDI的功能，帮助零售商与供应商进行合作。

3.6 平台服务企业的电子商务模式

所谓平台服务企业，是指为电子商务交易提供在线交易市场与服务平台相关的中介服务业。在电子商务交易过程中，电子商务服务企业是为买方和卖方提供公共市场服务的在线市场或平台服务商。

3.6.1 商务信息门户网站

商务信息门户是为企业提供商务信息的门户。有些电子市场充当的就是纯粹的信息门户。它们通常包括由每个销售商提供的产品目录、列出采购商及其需求以及其他一些行业的或综合的信息。采购商可以访问销售商的网站进行交易。门户网站可以收取介绍费或从广告中获取收益。因此，在信息门户上创造足够的收益比较困难。正因如此，许多信息门户开始提供额外的收费服务来支持交易行为。信息门户可能是横向的，为不同行业提供范围广泛的产品信息，也可能是纵向的，集中于单一行业或行业的某个部分。

美国的 Thomas Register(thomasnet.com)是一个信息门户，公布了几百万个制造业公司目录。1998 年，它与通用电气合作建立 TPN Register(现已嵌入 gxs.com)，是一个帮助企业进行 MRO 采购交易门户。TPN Register 和采购商、销售商共同建立电子贸易团体。销售商可以发布销售商品的信息；采购商可以找到他们所需商品并通过一个综合且安全的采购渠道购买商品，这有助于采购商降低成本、缩短周期并提高生产率。TPN Register 也提供付费服务，然而，TPN Register 基本上还是一个信息门户，没有提供任何在网站上进行交易的机会。例如，没有提供产品需求(提出采购需求)数量列表或销售商可提供的商品。

另外一个作为纯粹信息门户网站起家的中介是阿里巴巴(alibaba.com)，目前阿里巴巴已转向可以进行贸易的第三方网上交易市场。阿里巴巴于 1999 年创办，当时关注的是中国市场；在 2004 年 11 月，阿里巴巴在 240 个国家拥有超过 480 万的注册商。公司拥有规模庞大、充满活力的贸易团体，该团体由世界各地的销售商和供应商组成，这些成员都对无须中介的直接贸易感兴趣。最初，该网站是分类广告的大型公布区，目前虽已转型，仍表现出信息门户及第三方网上交易市场的某些特征。阿里巴巴拥有一个巨型数据库，为横向信息门户提供范围广泛的产品类数据。该门户将产品类分为 27 个大类(2004 年)。每种产品大类又分为许多子类(总共有 700 多个)。

3.6.2 第三方网上交易市场

第三方网上交易市场也称公共电子市场或电子交易所。目前国内外很多电子商务服务企业都采用这类商业模式，具体的网上交易市场的商业模式通常又会有所差异。网上交易市场一般可分为横向的第三方网上交易市场，如阿里巴巴网(图 3-24)、中国制造网与慧聪网等，和纵向的第三方网上交易市场，如中国化工网(图 3-25)等。

1. 第三方网上交易市场的功能

所谓第三方网上交易市场的功能，是指第三方网上交易市场所能提供的能力。这些能力包括 4 个主要部分：①购买者和销售商可利用的内容或信息；②使购买者和销售商匹配(撮合)的能力；③处理网上交易的能力；④通过整合贸易合作伙伴的功能支持协作的能力。这些功能远远超越了技术能力，包括一个传统商业市场的所有核心功能。这是一个第三方网上交易市场的整体运营、竞争力和贸易成功的关键要素。

在一个市场中，并非所有的参与者都将同样评价各种不同的功能。同样，在不同市场或行业中，必需的功能可能有所不同。例如，在金属第三方网上交易市场有用的内容也许不同于用于能源或及农工联合企业贸易的第三方网上交易市场的内容。一般来说，第三方网上交易市场应具有如下四方面的功能。

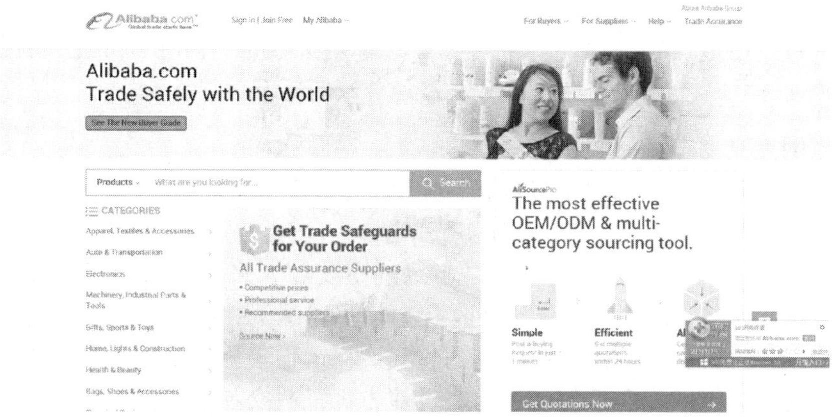

图 3-24　阿里巴巴网(http://www.alibaba.com/)

图 3-25　中国化工网(http://china.chemnet.com/)

① 信息/内容。提供信息是第三方网上交易市场最基本又必须的功能。第三方网上交易市场提供的信息也许范围广泛，包括产品目录、行业目录、价格和各种数据库，例如运送条款和税法的数据库。通过集合不同销售商的信息和目录，第三方网上交易市场允许购买者获取某个地点的、广泛的产品和服务信息，可以使购买者降低搜索成本、进行产品比较并简化选择。一些第三方网上交易市场设立了销售商的虚拟展示，采取与贸易展销会同样的方式，为购买者提供详细的产品信息。也有一些第三方网上交易市场更具动态性，可以经常更新信息，例如，罗列可以获得的新产品或提供外汇兑换率的变动信息。

② 撮合购买者和销售商。第三方网上交易市场的第二个功能是连接购买者的需求和供应商的供给的能力。这一功能包括：产品发布、报价申请书、拍卖和网上协商能力。

③ 交易能力。第三方网上交易市场的第三个功能是处理实际交易。也许这是最棘手的功能，这些能力包括：处理支付、信用金融业务、信用确认、信息和支持交易的文件的网上交换，以及提供运输、物流和其他第三方服务的网上链接。

④ 合作。第三方网上交易市场第四个功能是合作。它是指第三方网上交易市场在一个完整的 B2B 过程中的介入程度，以及在这些功能，例如质量担保、生产计划、预测和需求总计中对成员提供的支持。合作包括大量有关产品和服务的信息交换，这些信息通过市场中的

许多渠道进行交换，包括论坛、虚拟会议、公告牌、时事通信、分类广告、行业和市场报告、产品评价和目录。通过这些渠道，市场参与者就普遍关注的产品和其他问题提出建议和意见。因此，供应商可以彼此或从购买者那里收到有效的反馈信息。

2. 第三方网上交易市场的收入来源

第三方网上交易市场运营的收入来源不完全一样，可能的来源主要包括：交易费、软件销售和许可费、广告费、会员费和增值服务费等。

① 交易费。这是许多第三方网上交易市场的主要收入来源。这种费用或者以一个固定的数目征收，或者以交易价值的百分比征收。在某些情况下，对于一次交易的不同部分可能收取不同的费用，例如货品计价、支付服务、汇款和运输单据。交易费通常向销售商征收，但是也有市场向购买者或者向销售商和购买者双方都征收交易费。

② 软件销售和许可费。第三方网上交易市场若为销售商和购买者提供应用软件，可征收软件的许可费和安装系统的维护费。

③ 广告费。广告费也许是第三方网上交易市场的一个重要收入来源，尽管一些行业观察者认为网络广告增长非常有限。由于来自其他媒体，例如报纸和电视的广告，仍然没有向网络大量转移。因此，对于第三方网上交易市场，网络广告与其他来源相比，可能是次要的收入。

④ 会员费。这是一种共同的收入来源，并以定期费用征收，例如以一个月或一年为基础。少数电子集市已经尝试按每笔交易收取会员费，然而，这种模式在销售商和购买者中似乎不受欢迎，因为它往往收取的费用比定期费用高，而且也容易与前面所描述的交易费混淆。

⑤ 增值服务费。第三方网上交易市场通常对安装应用系统实施提供培训和其他服务。这些服务对用户收费，这尤其适用于没有专业技术部门的用户，它们不得不依赖第三方应用系统服务供应商。第三方网上交易市场还可通过其他一些增值服务，如电子支付服务等来增加收入来源。

另外，也存在许多其他收入来源，例如数据采集费和赞助费。

3. 阿里巴巴网的主要收入来源

阿里巴巴的会员注册实行免费制度，在获得信息的汇聚以后主要通过对会员的增值服务产生盈利。阿里巴巴的盈利栏目主要是：诚信通会员、“中国供应商”会员、关键字竞价、库存拍卖，前两者是阿里巴巴的主要盈利点。

① 诚信通会员服务。这是阿里巴巴在 2002 年 3 月 10 日推出的一项重要的收费会员服务。这项服务的内容是对会员加以企业身份认证。通过企业身份认证的会员在交纳每年 2 300 元的年费之后将享受企业认证、网上商铺、产品展示和发布供求关系等服务。

② “中国供应商”会员服务。这是基于阿里巴巴英文网站向海外展示及推广企业和产品的收费会员服务。最基本标准的“中国供应商”服务的价格为 4 万元/年，高级“中国供应商”服务为 6 万元/年。

③ 竞价排名服务。这是针对诚信通会员推出的一项增值服务。服务内容是，如果诚信通会员希望自己发布的供应信息排名在搜索结果页面的前三位，必须支付 500 ~ 16 000 元/月不等的费用，具体的费用金额由会员通过竞价产生。

④ 库存拍卖服务。这是针对诚信通会员提供的库存拍卖变现的增值服务。诚信通会员

可以将自己的库存产品以在线拍卖的形式获得买家订单，并且通过阿里巴巴提供的“支付宝”结算。

3.6.3　购物门户网站

所谓购物门户，就是通向网上商店(或网上商城)的入口。购物门户网站可能是通用入口，也可能是特定导向入口。通用或一般门户网站提供进入许多不同销售商网站的链接。通用门户网站如美国的 activebuyersguide. com 网站等。一些公共门户网站也提供购物机会和比较工具，如美国的 shopping. com、shopping. yahoo. com 等。

中商网是国内第一家购物门户网站，如图 3-26 所示。登录 http://www. ChinaEC. com，“e 路通”一站式购物服务可购买 16 000 个购物网站上的 800 万件商品，一举解决网络购物的价格比较、物流配送和信用服务等难题，开创了网络购物门户时代。

图 3-26　中商网(http:// www. ChinaEC. com)

购物门户网站主页都有清楚的购物导航，它们吸纳消费者成为网站会员以获取收益。有一些购物门户网站甚至提供帮助客户选择最优价格商品的工具；有一些公司评估网站提供购物机器人等购物工具；还有一些公司网站将小型购物支持系统结合进它们的门户网站。一些购物门户网站也可能提供针对汽车、玩具、旅游等特定领域的采购辅助工具，或者提供针对特定领域的购物信息和链接。门户网站也为客户提供商品搜索功能，例如 bsilly. com 网站提供儿童用品搜索，shopper. cnet. com 网站也提供计算机设备搜索。特定商品购物门户网站的优点是：它们能够为消费者指定确切的购物路线，在特定商品相关市场忠实地伴随消费者选购商品。有一些门户网站只收取网站会员的商品推荐费；有一些门户网站和销售商没有正式关系，而是向广告商出售网页的商标广告位置，向习惯访问网站的消费群体做广告宣传；另外有一些门户网站作为代理直接向客户销售商品。

3.6.4　网上拍卖市场

在电子商务市场中，网上拍卖以其独特的竞价运作方式占据了相当的市场份额。美国的 eBay 是最成功的拍卖网站之一，如图 3-27 所示，其首创的面向所有人的消费品网上拍卖，被称为 C2C 电子商务模式。从形式上，网上拍卖与传统拍卖似乎只是手段的改变，即利用

Internet技术实现拍卖，但实际运作却并非如此，网上拍卖有着不同于传统拍卖的特有的“拍卖”方式。

图 3-27　eBay 拍卖网站(http://www.ebay.com)

通过互联网将传统的少数人参与的拍卖方式，变成每个网民都可参与的拍卖交易方式。这样既增加了买卖双方的便利性，也减少了交易的成本。

传统拍卖需要竞买人在同一时间进行，而网上拍卖中竞买人不需要同时竞价，竞价可持续数天或数周，这使得竞买人在竞价时间上具有很大的灵活性。对于卖方来说，网上拍卖产生更大的拍卖市场。网上搜索引擎可使买方很方便地搜索到所需竞买的物品。

目前，网上拍卖主要有个人竞价、集体竞价和委托拍卖 3 种形式，严格地说，只有第三种符合拍卖法，而前两种实质上是在网上以竞买定价方式进行的交易活动。在这个意义上按经营模式可将拍卖网站分为两类：一类是符合拍卖法的网上拍卖；另一类不符合拍卖法，不妨称为网上竞价买卖。

(1) 网上拍卖

网上拍卖需按拍卖法规定进行网上拍卖运作，其实现的条件和特点如下。

① 网站的经营者应当是按照拍卖法设立的有拍卖企业营业执照的企业，必须具有拍卖法所规定的拍卖人资格，拥有一批经验丰富的拍卖师。著名的拍卖网站雅宝正是意识到这一问题，率先注册了一个传统的拍卖公司，取得了拍卖法人的资格。

② 网站的经营者是拍卖人，既可作为经纪人接受他人的委托进行拍卖，也可作为出卖人，以自己的名义进行拍卖。

③ 严格按拍卖规则进行网上拍卖，应由符合法律规定的拍卖师主持网上拍卖活动。

网上拍卖与传统拍卖的最主要区别是拍卖环境和手段的变化。因此，这类网站多是由传统拍卖公司建立的，如嘉德在线、中拍网等。

(2) 网上竞价买卖

网上竞价买卖采用与网上拍卖相同的公开竞价机制进行商品交易，具有如下特点。

① 网站的经营者没有相应的拍卖资质，只具有经营性网站许可和企业营业执照，可在网上从事经营性活动。

② 没有专业的拍卖师。竞拍活动均通过计算机程序自动完成，通常是按网站自定的规则进行交易。

③“拍卖”的物品大多是“拍卖人”自己的或经销的商品。

可见，网上竞价买卖只是借助于拍卖的形式进行的特殊交易活动。这类网站有许多是互联网企业，如易趣、易标等，甚至像 Yahoo 这样的信息门户网站也建立了网上拍卖系统。此外还有一些是由电子商务企业和传统拍卖公司联合推出的，如 Amazon、大中华拍卖网等，它们主要为个人或机构进行网上竞价买卖提供交易平台。

3.6.5 虚拟社区

电子商务服务商经常提供虚拟社区服务。需要说明的是，无论是门户网站还是其他商务网站，或者是有关某一主题的非营利个人网站，基本上都包括虚拟社区。虚拟社区的收益主要来源于以下几个方面。

(1)会员费。有些网站的虚拟社区收益主要来源于会员费，如 The Well 设计了 260 个以上的主题区域，涉及从技术到专业的各个方面，提供游戏、聊天、讨论和择业等服务，没有广告或链接，每个月收取会员 10 ~ 15 美元的会费，该社区最后于 1999 年被 Salon. com 购买。有些网站的虚拟社区不收取会员费，用户注册后就可以享受会员待遇。免费注册并享受一些服务是一个宣传策略，当会员达到足够数量的时候，或许会收取注册费用。大多数的虚拟社区作为一种附属模式，主要为用户提供交流的场所，主要是辅助其他商务模式的开展，一般短时间内很难以收取会员费作为收费来源。

(2)网站广告费用。Motley Fool 网站上有 Amazon、AOL 和 Compaq 等公司的广告。

(3)链接点击率受益。Parent Soup 是一个针对漂亮产品、婴儿拍照、汽车贷款和长途电话服务等做广告的虚拟社区。只要有网民点击，该社区经营者就可以从广告商那里获得回报，而且点击率越高，收入越多。

(4)直接向会员销售产品的提成和服务费用。Motley Fool 向网民提供大量的投资类书籍、投资分析软件，从中获取消费收入。

(5)出售社区成员的统计分析信息的费用。Planet Out 通过整理成员登记表信息，将成员的姓名、住址和 E-mail 地址等出租给广告商，获得广告收入。当然这是在保护社区成员的隐私权的条件下进行的。

(6)销售佣金。Fishing 为小艇、鱼竿和线盘等做分类广告，还链接到鱼饵用具商店、钓鱼指导和包车租赁等网站，由此促成的每一笔生意都会有一定的佣金。

虚拟社区在电子商务各个领域都已有所建树。比如在图书领域有 Amazon. com 建立的社区，在钢铁领域有 http://www. indconnect. com/steelweb 等。还有一家称为萤火虫(Firefly)的公司建立了一个有趣的虚拟社区，为社区成员展示自己的照片、资料等，这为许多渴望成为名人的网友提供增加知名度的机会。许多网络游戏的虚拟社区更是火爆异常，通常是人满为患，比如联众网站。其他的电子商务公司也常利用虚拟社区来吸引更多的客户。

建立虚拟社区的成功关键就是要了解目标市场的需求，掌握满足这一市场需求的信息特征。比如远程教育类网站、医疗类网站等都具有虚拟社区的电子商务模式。网站的设计要紧密围绕访问者的信息需求，而不是公司的手头营销资料。提供高质量的信息可以促进网上销售活动。例如，与保健品有关的网站可以建立“网上诊所”这样的虚拟社区，由医生定期在网上解答各种疑难杂症；销售宠物食品的网络公司，不妨设立类似宠物之家的虚拟社区，许多喜欢宠物的网友可以在这里探讨相关的经验和经历。

3.6.6 网络团购

网络团购，国际通称 B2T(Business to Team)，就是互不认识的消费者，借助互联网的“网聚人的力量”来聚集资金，加大与商家的谈判能力，从而获得深度折扣。网络团购起源于美国，是 SNS 平台和电子商务的结合体。它与传统团购网站的区别是：第一，网友登录网站后，整个网站首页只提供一件商品，简单明了，避免网友花费大量时间浏览无关的页面；第二，商品折扣最大可以到 2 ~ 3 折，甚至更低，消费者获得更大的实惠。

网站 Groupon. com2008 年创办于美国芝加哥，被视为网络团购的鼻祖，其营运模式是每日推出一件商品(deal of the day)，如果通过网上认购这件商品的用户达到指定数量，全部人就可以用特定的折扣价格购买这件商品，否则交易就失败。若交易成功，Groupon 就向出售商品的商户收取佣金。用户可以疯抢网站每天推出的诸如餐饮、SPA、跳伞以及高尔夫这样的商品或服务机会，Groupon. com 网站首页如图 3-28 所示。凭借清晰的盈利模式、迅速的地域扩张及强大资金的支持，Groupon 目前已实现盈利。

图 3-28 Groupon 网站(http://www. Groupon. com)

网络团购改变了传统消费的游戏规则。团购最核心的优势体现在商品价格更为优惠上。目前网络团购形式大致有 3 种：第一种是自发行为的团购；第二种是职业团购行为，目前已经出现了不少不同类型的团购性质的公司、网站和个人；第三种就是销售商自己组织的团购。而三种形式的共同点就是参与者能够在保证正品的情况下拿到比市场价格低的产品。一般认为 Groupon 最先推出网络团购模式，其实，在中国，2006 年就有类似的网站，如中国团购网，其成立于 2006 年，是目前国内唯一一家实行网络团购与实体团购相结合的专业团购网站。2010 年前后，中国国内先后涌现出多家模仿 Groupon 模式网站，F 团、美团、拉手、满座等即是代表。再如乐透团购网，网站首页如图 3-29 所示。目前已在上海、北京、广州等大型城市流行起来，并逐渐发展成为一种新型的消费模式。

艾瑞咨询分析认为，Groupon 模式团购网本质是为商家及消费者提供一个本地化服务平台。商家通过该平台推广自身的餐饮、娱乐、美容等服务，消费者通过团购的方式获得优惠的价格，网站本身则获取服务费或产品差价收益。2010 年是中国团购元年。截至 2010 年 12 月，我国团购用户数已达到 1 875 万人。目前团购活动正更多地向二三线城市扩展，预计 2011 年团购用户仍将增长迅速。

图 3-29 乐透团购网(http://www.letoutuan.com/)

3.6.7 协作平台

协作平台供应商为公司之间提供一系列工具以及信息环境用以创造他们之间的网上合作平台。一般这种模式集中在某些特别的领域，比如合作设计项目、工程开发，或者为一些团队，比如咨询团提供网上合作平台支持。这些供应商的收入主要来自管理平台，即收取一定比例的平台使用费，有时还出售某些相关工具，比如网上设计、工作流管理等软件。如图 3-30 所示为浙江省大型科学仪器设备协作共用平台(http://www.dxyq.zj.cn/)网站首页。

图 3-30 浙江省大型科学仪器设备协作共用平台(http://www.dxyq.zj.cn/)

协作平台这种模式有些地方和前面的电子商城相似，即都是出租网上区域，收取租金和管理费，但不同的是，协作平台的功能整合程度要高得多，而且创新程度要高得多，对技术的要求也更加严格。另外，协作平台的客户一般来自一些特别行业，他们租用协作平台用于网上合作，而不是简单地买卖商品。

3.6.8 信息中介

信息中介这种商业模式一般是提供大量的、各领域的信息，通过订阅或者付款阅读的方式获得收入。一般综合类的门户网站，比如 Yahoo，都属于信息中介商。他们通常将信息按照某种方式分类，有些是免费的，有些则收取费用，同时还在某种程度上提供专业咨询。另外，免费的信息往往挂带大量的网络广告，用以获取收入。比如著名的Excite信息门户网站，全部收入中75%来自广告收入。搜索引擎也是一种信息服务，提供免费服务的同时通过广告收入获得利益。还有各大传统杂志的网站，通常有一部分信息内容是需要付费的，这样既可以避免网上免费阅读对纸媒体的冲击，还积极探索了信息中介业务的商务模式。

信息中介商的功能最为简单，只是提供信息而已，但它的创新程度还是比较高的。信息提供的范围越来越广泛，从日常生活方方面面的信息到学术研究、行业研究报告，种种信息都可以放在网上，或者免费阅读，收取广告收入；或者发展会员，组织俱乐部（虚拟社区），收取会员费；还可以按次或阅读量收取费用。更为重要的是，信息中介商在企业价值量整合的过程中还可以扮演重要的角色，即有时价值链整合商以及价值链供应商都需要信息中介商提供的信息服务。这一点也是很重要的。

3.6.9 价值链整合

顾名思义，这类商业模式的运营者主要是对价值链的各个环节进行某种程度的整合，通过对价值链中各个环节的信息流研究探索出更为合理的价值链模式。价值链整合的基本思路是将价值链中的两个不同的环节放在一个服务平台上，即对价值链进行整合。这种电子商务商业模式的收入来源主要是咨询费用和网上交易费用。例如，MSN汽车频道（http://autos.msn.com）（图3-31）提供多种与购买汽车相关的服务，如贷款和保险等。

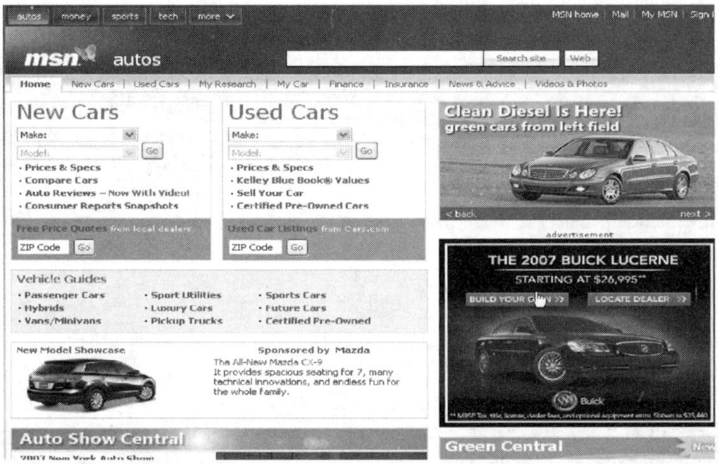

图3-31　MSN汽车频道（http://autos.msn.com）

有一些第三方市场运营服务提供商正在向这种商务模式转变，其中的原因值得探讨。价值链整合商的创新程度以及功能整合程度是最高的，所创造的价值也是最大的，因此往往收入也最可观。第三方市场运营服务提供商为客户建设网站的成本往往高于为客户的价值链进行整合的成本。综合起来看，如果第三方市场运营服务供应商具有价值链的整合经验和专业技术的话，是愿意向价值链整合商靠近的。

3.6.10 价值链服务平台

这种商业模式也是和价值链相关的。与前面的价值链整合商不同的是，该商业模式专注于价值链的某些方面，比如网上支付或者网络物流服务，通过这些服务客户可以加强自身的竞争优势。比如说银行，银行本身是价值链的一个服务商，负责货款的结算和支付，在传统业务中，或者说在传统的价值链中，大家可能会排长队来经历这个环节，如果这时有哪个银行可以提供网上支付、划拨等服务，则一定会吸引更多的客户，获得极大的竞争优势。此时，这个银行就成为电子商务应用中的价值链服务商。在货物或者存货的管理方面也存在这方面的问题。比如货运公司，如果通过一个网上的指挥中心进行操作，效率将大大提高。价值链服务商收入来源一般是通过服务收费，或者是一定比例的收入折扣取得。比较有名的价值链服务供应商如美国的 FedEx 和 UPS，他们都提供网络物流支持服务。

3.6.11 商业评级与信用认证

许多网站根据多项指标对商品和各类电子零售商评定级别。如美国的 bizrate. com、consumerreports. org、Forrester Research(forrester. com)是这类网站中的著名网站。bizrate. com 网站组织了一个消费者网络，消费者提供不同销售商的报告，网站对消费者报告汇总，根据汇总结果对销售商做出评估。不过要注意，不同的评估者可能给出不同的评估等级。

面对众多的在线销售商，很多消费者难以分辨谁是可信赖的。有一些专门做销售商等级评估和信用认证的机构，例如，TRUSTe 就是一家信用认证机构。每家通过 TRUSTe 认证的电子零售商网站的网页下面都显示有 TRUSTe 公司的印章。电子零售商向 TRUSTe 公司支付信用印章使用费。TRUSTe 公司认证的销售商有 1 300 多家，它们希望消费者将印章视为公司的信用担保，不再对公司的管理、隐私和个人信息保护等进行实际调查。使用最广泛的信用认证网站还有 VeriSign、BBBOnline 和 Web Trust(cpawebtrust. org)等。其中 VeriSign(verisign. com)网站有独占鳌头的发展趋势。

目前，国内已十分重视信用体系的建设，已有很多信用论证机构和信用论证网站，如诚信网(http://china315. com/)、中国企业信用评价网(http://www. cecrec. com/)。

延伸阅读

O2O 实践中的九点思考

(一)烧钱烧不出未来?

到家美食会孙浩："资本不可能永远扭曲市场!"

"滴滴"和"快的"烧钱大战，在"打的"这件事上 2014 年就送出了二十几个亿。2015 年专车烧钱大战又拉开了大幕，与此同时外卖领域的烧钱大战也如火如荼地进行中。美团外卖、饿了么、淘点点等，为了各自的市场份额，真金白银的厮杀。每份餐平均 6 ~ 10 元的补贴，烧遍大江南北。

疯狂的烧光投资者的钱以后，就能在市场上站稳脚跟吗？如果这样的运作，不能积累忠实的客户，岂不可惜了白花花的银子。

其实，也不白烧，这表面上是"打的"、"外卖"的平台之争，实际上却是"支付平台"之争，是他们身后的"微信支付"、"支付宝"等支付工具之争。为了折扣和优惠，你装了、用了，并且习惯了这些支付工具才是烧钱之争的终极目标。

谁是赢家，谁是输家？市场冷静下来以后，钱烧完了以后该何去何从，见仁见智。完成历史使命后，光环褪去，还留下些什么？或许“滴滴”和“快的”的合并，对他们来说，就是最好的结果！

（实例分享）半年前我们就吃过烧钱的亏，我们启动“重物宅配O2O”项目，其实做重物配送（米、油、奶）本身就挺讨喜，如果价钱合理，这是“懒人时代”的刚需。但我们发展初期就走了烧钱的弯路。重物宅配是我们跟中国电信的便民合作项目，当时做补贴力度很大，业务发展也出奇的顺利。但客户虽然在购买我们的服务，却忽略了我们的重物宅配的卖点，用折扣补贴吸引来的客户，也会因为没有折扣补贴而离去。后来，补贴停止了，业务急速下滑，客户回访的结果：他觉得以前省10元，现在原价买相当于多花10元！心里就感觉亏了。性价比、便利性已经根本不关注了。后来我们花了好大力气才把客户引导回来一些。“烧钱”烧出来的问题，后患无穷。后来的宣传中我们完全避开补贴、折扣的字眼，把便利和实惠作为推广的根本。这也是非常好的经验。

这就是资本扭曲了市场规律！违背市场规律的东西都不会长久。回归提炼自己的核心竞争力才是企业长久运行的基础。

（二）O2O同类项目太多，在竞争中如何胜出？

洗衣、社区家政、教育、社交、美业、出行、餐饮、零售宅配、母婴，现在的O2O企业，80%以上无外乎都是这九大业态之一。

O2O确实是全民创业的机会，门槛不高、创业者多、线下实体商户入场的也多。所以会看到同类型的项目扎堆。特别是一些“轻模式”的O2O APP，复制性太强，新功能、新模式被抄袭复制。所以有位投资人说得对，现在投项目，投的是“赛道”，用哪个运动员去跑都差不了太多！这句话可能会让很多创业者很失落，但是这才是真正的挑战所在，就是要在一样的赛道上，跑得比别人好！不要害怕同质化的竞争，企业要有属于自己的优质基因。利用你的好基因找到优势。例如咖啡业中的星巴克、餐饮业中的海底捞。没有一家企业单单依靠优质的产品取胜，取胜的往往是服务、团队、企业文化精神。我觉得好的基因是企业发展的动力。

（实例分享）做重物配送的服务，帮客户送二三十斤米，常常6、7楼都送上去。换做普通快递企业和员工，根本不可能持续做下去。所以我们坚持在招聘的时候，把“请靠谱的人”为标准，这样服务觉悟才高，自豪感和责任感是我们企业发展的根基。我们重物宅配的口号：“为了那些需要我们的人，我们会坚持下去。”我认为这就是一个企业的基因。有一个伙伴给一个老阿姨送米上门，阿姨很感谢，坚持要他喝杯热茶再走，天气热，茶很烫，很难下口。但在配送组的微信群里他说：“阿姨太热情了，那一杯茶下去，感觉一天的辛苦值了。”我认为这就是一个企业会成功的基因。

很多人说腾讯是“抄”的高手，我倒觉得它是“超”的高手，如果QQ和微信没有持续的“创新和超越”，如何能有此成绩。创新的基因一直都在腾讯的骨子里。好的基因才能成就好的企业！

（三）O2O必须是“互联网+”吗？

红杉资本王岑：“O2O是现代服务业的一个代名词。”

O2O其实跟当年的“电商”一样，每个时期的新模式发展到后来都会成为常态。O2O也必然成为商业新常态。

之前看一篇文章，有人评论“电话接单”后“线下完成交易”的是“伪O2O”，他认为O2O的线上部分应该是在互联网的基础上完成的。我其实反对这样的观点，商业的形态和介质怎么变，商业的本质并没有变，还是服务和产品！而服务和产品都是因为“消费者”而存在。消费者觉得便利的模式才是好模式。

在移动互联网时代，会容易忽略掉这样的一部分群体。他们具备很强的消费能力，但他们可能不擅长使用APP，甚至玩不转手机。所谓线上，对他们来说是比较遥远的。我们如果不能以他们觉得便利的方式去提供产品和服务。才叫“伪O2O”。

我认同O2O是现代服务业的代名词，不要给太多的定义。消费者习惯和喜欢的方式才是重点，ONLINE并不一定只代表“互联网+”。

（实例分享）当时我们的项目在社区内做服务推广的时候，就会让客户选择接通我们的方式，可以微信扫码关注，也可以上网下单，也可以拨打客服电话（甚至我们为了老年客户的便利，也避免用400免费电话，用客户已经习惯和信任的本地号码）。让客户舒服地下单，才是我们追求的。运行几个月以来，其实最多的还是电话下单，电话下单确实太方便。特别是老客户来电，利用数据和来电管理软件，电话一打过来就知道姓名、住址、电话是哪，之前买过什么产品、什么品牌一目了然。

无论商业的模式怎么变，商业的本质并没有变，还是产品和服务。

（四）O2O大数据如何运用？

马云在最近的演讲中总是在提DT（DATA TECHNOLOGY），大数据时代的商业战争就是数据获取和应用的竞赛。尽量引导客户使用能够抓取数据的工具来下单和购物，就对你销售和宣传更有利。大家体验得最多的应该是淘宝的数据应用，假设你在淘宝上搜过“伊利牛奶”，然后你需要牛奶的这个信息就被提取利用，你会在接下去浏览其他网页的时候发现广告栏里都是销售牛奶的链接，有伊利的，也有其他品牌的。因为数据分析你有购买牛奶意向，而向你推送牛奶的广告。这就是数据的应用。但数据并非万能，还得自己研究和分析，否则引导的方向错了，会走很多弯路。

（实例分享）业务开始之初，我们在几个线下超市做市场调查的时候发现“大米、食用油”的购买人群83%都是60岁以上老人。然而之后我们的线上实际发生的购买数据显示，大部分购买者都是年轻人。但这并不是数据有错。而是使用互联网下单的大多是年轻人，老人并不习惯这样的下单方式。所以比例较少。因为得到这样的数据结果，所以我们改进了推广方式。在线上推广的同时，加强了线下老人购物的引导，开通电话下单专线，简化下单流程。这就是最基础的一种数据应用。

大数据的分析利用是决胜的关键，DT时代终究会来。

（五）如何建立消费者的信任？

我常出门在外买水喝的时候，出于卫生的考量会选冰露矿泉水（2元/瓶）。有人会问，不是应该喝5块以上的水才更安全吗？例如昆仑山、恒大等。我不这么想，首先我买冰露的原因是他是可口可乐公司出品的水，百年的国际顶尖饮料品牌，卫生安全上由它背书我觉得一定可靠。加上它的易压缩的“薄pet瓶”的环保概念，体现了企业对环保的责任。所以，给我带来信任感的不是产品，而是产品背后的其他可靠因素。信任是持续消费的保证。

实际操作中，信任有两个方面，首先是交易信任：先支付后服务，对我们来说是成本最低、风险最小的交易方式，但对客户而言反之。我觉得如果没有任何背书，又要争取客户体验，最好是采用“货到付款”的方式（当然，也要视行业性质而定）。其次是服务信任：例如保洁和生鲜行业，对洁净完成程度和产品新鲜程度是没有统一标准的，难免会有客户不满意的地方。如何通过第一次购买，建立能触发二次购买的信任感。除了制定尽可能完善的服务和产品标准外，还要做好售后服务，甚至不计成本维护口碑。

(实例分享)我们从项目启动之初，就把重物配送和中国电信的便民服务绑定在一起，有这样的国企背书，我们倒没有遇上客户难以信任的问题。而且由于是自建配送队伍，货到付款顺理成章，也没有交易信任的问题。我们的真空包装大米卖得最多，有时会在配送过程中难免外包装磨损漏气，影响客户体验。但如果逐一退换，会大幅增加配送成本。每次我们的配送人员会向客户解释，解释后大部分客户都愿意接受。但难免有发生客户坚持一定要退换货的。我们要求终端员工“配送即客服人员”，做到三点：1. 解释原因，2. 诚恳道歉，3. 无条件进行二次配换货。这样做以后，居然很少有客户坚持要换货，且哪怕换货了，客户还会为换货带来的不便表示抱歉。让我们很惊喜。

信任是用钱买不来的资本，是企业长久生存的根本。

(六)如何控制发展规模和速度。

亿欧网的黄渊普：“垂直电商已经大批死去。而O2O明显有别于电商，因为O2O有地域属性，线下服务才是根本。”

O2O存在以小博大的可能，就是因为它的区域化特征。手边的市场能做好就是胜利。常看到几个月的O2O项目，就覆盖北、上、广、深等十余个重点城市，个人觉得那都是为资本运作服务的。太过迅速的复制，必定需要更长时间的调整和纠正。打好基础才是盖高楼的保证。

(实例分享)创立之初，我们就上了这么一课。当时“重物宅配”厦门的第一个社区示范点，我们计划在住宅较为集中的莲花社区。当时计划先测试运作这个社区点，完善所有流程后再复制发展。可是后来我们和中国电信的合作谈得非常顺利，他们也急于推动便民宅配项目，计划做全城推广。这样的机会很难得，我们也无法预见宣传效果，于是抱着可以一试的心态同意了。全城宣传之后，瞬间爆单，天南地北各个小区的订单都有，我们事先预招配送员和兼职都送不过来，动员了所有的力量都没办法及时完成任务。虽然10天后我们及时喊停了宣传，但配送却花了二十几天。下单、付款、追踪、客服，几乎所有的环节都出了问题。退单投诉的电话几乎没有停过。幸亏我们“配送即客服”的模式为我们挽回不少损失，甚至在失误后还意外收获了客户的信任。但“心急吃热豆腐”的窘境还是历历在目，不敢回想。

步步为营才能站得稳，站得稳才能保证不摔跤，学会不摔跤才是飞奔的前提。

(七)重模式未必是重资产?

实战出身的王冠雄认为在O2O领域“线下服务平台的开放能力更胜于线上，因而商业生态体系可能更健康。”

O2O轻模式和重模式的讨论一直都很热烈。滴滴打车、易代驾、外卖平台都是轻模式的成功典范。一个合理的好平台模式＋专业团队和强大资金的助推，很容易成功。但在互相模仿抄袭、资金过度活跃的环境里，一不小心，孙悟空也免不了被六耳猕猴取代。如何避免恶性竞争，我觉得就是要做有门槛的项目。

ONLINE TO OFFLINE，我觉得OFFLINE端才是门槛所在。现在这个时代，资金和技术都不能算是高门槛。深耕线下、发挥本地优势才是抵御强敌的门槛。本地化的洗衣、本地洗车、同城宅配、本地保洁，都是可以利用线下资源称霸一方的项目。大公司大框架反而做不来。所以小企业越是要发展越是要深耕线下。

（实例分享）从最初开始，为了降低“重物宅配”的配送成本和缩短配送时间，我们在厦门本地陆续建了7个配货仓储点。配货到点，再由每个点向管辖内的小区配送产品，这样很大程度地缩短了配送时间和半径，降低了配送成本。我们计划在厦门最终要完成48个点位的建设，才能达到最理想的配送半径和配送成本。这样布点所花的时间、精力和所完成的规模才是抵御外敌高高的门槛。有人会认为这样的重模式就意味着重资产。其实未必，如果疯狂烧钱建站，将承担很大的成本和费用。负担得起线下成本的关键就是业务。但不要过好地预估业务情况。要以业务发展为前提倒推网点建设。花小钱也能筑大楼。另一重点就是成本控制。根据实际用途选择网点，定出预算标准，把平均成本降到最低，不能让网点成为负担，各网点业务的盈利要能完全覆盖点位成本。养的都必须是能生蛋的鸡。

“会生蛋的鸡才是生产力”，业务是发展的前提！

（八）什么才是优势？

马云说过“大多数人晚上睡前千条路，早上起来走原路。”这说明好的模式和好的想法每天都在迸发。创业者中不缺聪明人，也不缺好想法。既然想法都不错，我们就要开始思考执行的问题，差异性在哪里，优势在哪里？

我有个做澳洲牛肉进口的朋友，去年才刚开始做天猫京东的生鲜电商，就很顺利地拿到了一笔不错的投资。有人问他“论电商经验吧，他不如前人；论业绩吧，也才刚起步，为什么有投资会进来？”因为他的优势！比起线上做生鲜电商的对手来说，他确实经验和业绩都不如别人。可是论进口牛肉，那就是他的优势，积累了十几年的进口商的资源，和十几年批发经销的客户资源。将来生鲜电商竞争越来越多，市场会越来越乱，最后能在进口牛肉细分市场胜出，就必须有“产品可靠”、“价格稳定”的供应商资源。而电商销售的不确定因素多，稳定的线下客户资源，能分流库存和资金压力，这就是他的优势。

很多创业者满腔热血地杀进O2O市场，如果自己分析起来确实没有什么特别的优势怎么办？我觉得如果没有优势就要制造优势。京东坚定地投入自己的物流力量，这曾被外人笑话和怀疑。但是，细细分析下来，这就是京东在未来竞争中制造自身优势的布局。

（实例分享）虽然有很多人觉得我们的项目是一个还不错的概念，也有很好的起步基础。但说到有什么特别的优势，还真得思考和研究。我们适时地做了策略性的调整，尝试去制造自己的优势。首先，我们去产品化，不销售任何产品，只做社区配送和售后服务。原来的米、油、奶供应商或厂家，我们签配送协议，无论利润多少，我们只收取应收的配送费用，多出部分归供应商所有。这样我们有了比较明朗的定位——“社区配送服务商”，服务谁？服务O2O企业！其次，那我们的优势是什么？我们的重模式！我们在每个社区建立的重物配送体系，最大程度地降低配送成本，还有我们特殊的人力资源体系，也给我们打造了“配送即客服”的能力。要“低的社区宅配成本”和“靠谱的售后客服”，竞争优势很明显了。后来又有供应商找我们配送水果礼盒，这种优势就得到非常大的体现。我们的配送报价，整整比竞争对手少了30%。

没有优势就制造优势，但优势也不可能永远存在，也需要及时调整应变。

（九）天下武功，唯快不破？

前面说到步步为营，现在又说到唯快不破了。有一位长辈从小就反复提醒我这么一句话：“除了死不要快，什么都要快！”话糙理不糙。当然，“快”的前提是“稳”，我们总结的“稳”必须具备三点稳定因素：1. 实操流程完善；2. 运行平台入轨；3. 运营团队高效。足够的

“稳”才有快速运行的前提，如果要快速复制实操成功的模式，我们认为“快”要落实在三个方面：1. 加强吸收人才，模式化修炼上岗；2. 拓展O2O业务合作，赢得足够订单；3. 吸纳助力资金，持续稳定发展。

（实例分享）正如前面所看到的，一路过来的问题和思考：1. 我们放弃了折扣推广，找回自己的核心竞争力；2. 打造让团队持续健康发展的基因；3. 理出一套让客户舒服为目标的服务模式；4. 学会利用数据开发业务和调整改进；5. 从建立信任开始巩固客户基础；6. 总结问题稳扎稳打步步为营；7. 用重模式制造高门槛避免未来的恶性竞争；8. 用“布点社区配送”和“配送即客服”制造自身优势；9. 在一切都成熟稳定的条件下，快速复制。

稳是快的前提，快是成功的必要因素。犹如百米跨栏，栏如果是“障碍和困难”，你努力了，一个一个跨越过去看似很成功。但只有像刘翔一样，不但全数跨过了更要第一个到达终点，才能算是完美的成功。

熊猫资本的李论有句话说得很接地气：“未来的机会一定是给那些不忽悠，花心思踏实做好产品，能提供好的服务的创业者。”O2O的创业人才很多，想法也很好，但我觉得，更重要的是可靠的执行。所以文章里“深耕”这个词我用得最多。共勉！

以上是实践中的几点思考，纯属个人见解，跟O2O创业路上的兄弟姐妹分享交流，如有不足之处，多多包涵。

本文作者吴承东，翼家通宅配创始人，亿欧网专栏作者；转载请注明作者姓名和“来源：亿欧网”；文章内容系作者个人观点，不代表亿欧网对观点赞同或支持。

（资料来源，亿欧网 http://www.iyiou.com/p/17059）

讨论题

请从商业模式角度，分析中国O2O迅速发展的原因。

本章小结

1. 所谓电子商务应用，从概念上说，就是采用电子商务方式开展商务活动。电子商务应用包括很多类型的活动，涉及商业和技术的多个方面，而不仅仅是IT的运用。

2. 埃弗雷姆·特班等认为，所有电子商务应用都离不开人、公共政策、市场营销和广告、支持服务、业务伙伴以及各种基础设施的支撑，而所有这些活动和设施都需要管理来协调。本书作者认为，所有电子商务应用都是基于电子商务平台开展的商务活动。这些活动需要在线服务的支持，大多数情况还需要离线服务的支持，而在线服务和离线服务又都需要各种基础设施的支撑，电子商务应用和各种服务都需要进行规划、组织、协调和控制等微观层面的管理，同时需要受到政策、法律等宏观层面的监管。

3. 长尾理论(The Long Tail)是网络时代的一种新理论。长尾理论认为，由于成本和效率的因素，当商品储存流通展示的场地和渠道足够宽广，商品生产成本急剧下降以至于个人都可以进行生产，并且商品的销售成本急剧降低时，几乎任何以前看似需求极低的产品，只要有卖，都会有人买。这些需求和销量不高的产品所占据的共同市场份额，可以和主流产品的市场份额相比，甚至更大。网络时代是关注“长尾”、发挥“长尾”效益的时代。简单地说，所谓长尾理论是指，商业和文化的未来不在于传统需求曲线上那个代表“畅销商品”的头部，而是那条代表“冷门商品”经常为人遗忘的长尾。

4. 电子商务商业模式是通过基于网络信息技术的商业关系创新实现客户价值创造和参与主体利益分享的系统化模式。电子商务商业模式是一个系统，在其各个部分、连接环节和动力机制方面充分运用网络技术的特点来创新商业关系和提供新的价值创造和利益分享模式。按照系统观点，电子商务商业模式又可以细分为电子商务价值模式、电子商务收入模式、电子商务定价模式以及电子商务运营模式等子模式系统。

5. 在互联网时代，电子商务商业模式的创新设计将改变市场竞争规则，企业从过时的商业模式向能够为客户带来更大、更全面价值的电子商务商业模式转移。电子商务商业模式创新设计已成为决定企业赢利能力和未来持久发展的战略问题。世界知名企业都非常重视电子商务商业模式创新设计，并从长远的角度来制订企业的电子商务战略。美国的 eBay 和 Amazon 等所取得的成功实质上都是电子商务商业模式的成功。

6. 成功的电子商务商业模式可以使企业获得两种竞争优势：(1) 电子商务商业模式改进原业务重要流程或特性，从而提高运作效率，并降低成本，如在对客户的管理中引入互联网服务的策略；(2) 电子商务商业模式对原业务进行创新性的突破，创造了新的价值，如开拓新市场、改革行业的标准或规则。

关键术语

电子商务应用　长尾理论　商业模式　电子商务模式　模式选择

思考与练习

1. 何谓电子商务应用？为什么电子商务应用不仅仅是 IT 的运用？
2. 本书提出的电商应用框架与埃弗雷姆·特班提出的电商应用框架有何不同？
3. 何谓长尾理论？长尾理论对电子商务应用有何指导意义？
4. 列举电子商务商业模式几种常用分类方法，并分析其优缺点。
5. 有人说，电子商务模式并不重要，关键在执行。这种观点是否正确？为什么？
6. 结合一个电子商务企业，分析其电子商务模式的构成及运营模式。

考察与实践

1. 比较阿里巴巴与中国制造网的商业模式以及各自的业务优势和劣势。
2. 比较淘宝网与易趣网的商业模式以及各自的业务优势和劣势。
3. 比较亚马逊与当当网的商业模式以及各自的业务优势和劣势。

第4章

电子商务设计与平台创新

内容概要

在这一章，首先讨论企业电子商务技术的概念、作用与分类，讨论电子商务技术与创新管理的必要性，接着讨论电子商务设计的主要内容，并讨论电子商务设计的技术基础；然后讨论电子商务平台的内涵和分类；最后讨论电子商务平台创新设计的基本理念。

学习目标

1. 了解电子商务技术的概念与内涵；
2. 了解电子商务创新的概念与内涵；
3. 了解电子商务应用中创新管理的必要性；
4. 掌握电子商务设计的概念与内涵；
5. 熟悉电子商务设计的主要内容；
6. 了解电子商务设计的技术基础；
7. 了解电子商务平台的内涵和分类；
8. 理解电子商务平台创新设计的基本理念。

开篇案例

亚马逊中国网站换新装　用户体验全面升级

【赛迪网讯】11 月 7 日消息，近日，亚马逊中国宣布将对其沿用多年的网站界面风格进行一次深入的升级和调整，此次调整将不仅仅局限于外观的改变，还包括操作性和系统性的整体布局升级。改版后的网站界面将在主页上强化商品推广活动的可视性，新版网站的高清图片浏览模式将大大改善视觉体验，并且整个网站的风格将与亚马逊全球的网站设计风格相统一。除此之外，改版后的亚马逊中国页面还将产品布局、操作效率、后台运作、支付便捷等方面进行调整，给用户带来更加舒适的购物体验。

视觉效果更加美观，产品布局精简

亚马逊中国网站新版界面借鉴传统建筑中的对称性和平衡性的理念，使推广商品均匀地分布其中，视觉效果更加美观。同时，在页面细节方面，频道按钮、产品链接、精选图片等都进行了调整，以适合各种分辨率的终端显示设备。在色彩方面，除了延续亚马逊全球一贯简洁清晰的界面设计外，还将消费者的情感因素融入色彩搭配应用中来，根据不同的商品品类采用不同的色彩搭配，使消费者在整个购物过程中能够保持愉悦的心情。

商品布局一直是亚马逊中国非常关注的设计内容，这也是能够直接影响消费者购物体验的重要因素。此次新版界面将再次梳理售卖商品的分类，消费者能够通过最简单的查阅方式快速寻找到相关产品。同时，在商品推荐和商品浏览记录方面，网站改版后将增加商品的智能连接，通过关键词的搜索和点击记录来提示消费者购买的关联产品和已经浏览的产品。这种智能产品布局不仅能够为消费者提供更加人性化的服务，也能够有效增加商品的销售机会。

数字技术依托，服务商务并重

亚马逊中国界面的改版处处体现出"顾客至上"的理念和原则。不仅在外观设计有显著优化，也在数字技术和后台服务方面做足了功课。作为以技术为依托的电商品牌，亚马逊中国在网站建设技术上已处于领先地位。改版后的界面将再次提升兼容性，为终端提供更完善的支持，页面运行速度和流畅性也大幅提升，购物体验更佳。

为了更好地优化消费者和商家的交易平台，改版后的亚马逊中国界面还提升了第三方后台管理的服务。商户可以通过亚马逊中国提供的操作平台，更好地推广自己的商品，增进与顾客的互动和联系。消费者在通过亚马逊主页面搜索栏寻找商品时，也能够更加精准地选择商品渠道。

亚马逊中国始终坚持"客户服务为核心"的品牌经营理念，通过不断提升服务质量，为顾客提供更加人性化、专业化和一站式的购物体验。

上述是 2012 年 11 月 7 日国内媒体对亚马逊中国网站界面风格升级和调整的报道，可以帮助大家认识电子商务设计和平台创新的重要性。

（资料来源：赛迪网，http://news.ccidnet.com/art/1032/20121107/4438707_1.html）

4.1 电子商务设计的概念与主要内容

电子商务设计是企业电子商务应用的基础。电子商务应用，从无到有，离不开设计的创造性工作。下面，首先讨论电子商务设计的概念和内涵，然后讨论电子商务设计所包含的主要内容。

4.1.1 电子商务设计的概念和内涵

电子商务设计，从概念上讲，有广义和狭义两种。广义的电子商务设计，就是对电子商务应用方案的设计。狭义的电子商务设计，一般是指对电子商务系统的设计。在现实中，甚至有人认为，电子商务设计，就是指对电子商务网站系统的设计。如人事部和信息产业部组织的"计算机技术与软件专业技术资格（水平）考试"系列中的"电子商务设计师"资格考试偏重电子商务网站策划设计等内容。

企业对电子商务的应用，都必须要有系统的方案设计。这种设计工作，可能由企业自己完成，也可能委托专门设计机构完成。毫无疑问，这种设计工作，是由电子商务应用专业人员来完成的，而不是由纯粹的计算机专业人员来完成。在企业中，电子商务的应用，就是采用电子商务方式开展商务活动。这些活动可以是采购、协作、营销、广告、服务、销售、配送等。电子商务应用方案可以是企业针对某个具体业务的完整电子商务应用方案，也可以是电子商务应用中某个方面的具体方案。而企业电子商务应用方案，通常又包括不同层面的应用方案：战略层方案、运营层方案、技术层应用方案。

对电子商务系统有广义与狭义的理解。广义地说，电子商务系统是商务活动各参与方和支持企业商务活动的电子技术手段的集合。狭义地说，电子商务系统一般就是电子商务网站系统。广义的电子商务系统，既包括网络化业务系统，也包括非网络化业务系统。

什么是电子商务设计，至今并未有一个明确的定义。这里，我们给出如下定义：电子商务设计是面向电子商务应用对商业和技术方案整体或局部的创造性构思、规划和安排。电子商务设计，可以是整体的电子商务应用方案设计，也可以是局部的电子商务系统设计；可以是电子商务网络平台设计，也可以是电子商务业务流程设计。商业理念和技术手段的结合是电子商务设计的重要特点。电子商务设计不是纯粹的技术设计，也不是纯粹的商业设计。电子商务设计人员必须具备商业和技术领域知识以及电子商务应用创新理念。

电子商务设计，在本质上，是运用电子商务方式解决现实商务问题的创造性活动，是对电子商务创新理念的创造性运用。电子商务设计是一种基于互联网技术应用的商业方案设计。纯粹的计算机网络工程设计不是电子商务设计。电子商务设计类似于建筑设计，而计算机网络工程设计类似于土木工程设计。

4.1.2 电子商务设计的主要内容

如前所述，电子商务设计是企业电子商务应用的基础。电子商务设计在本质上是运用电子商务方式解决现实商务问题的创造性活动。电子商务设计的目的是确定企业电子商务应用方案。电子商务应用通常涉及战略、战术以及作业三个不同层面。所以，电子商务设计一般也可分为战略、战术以及作业三个不同层面。

战略层面的电子商务设计，一般是指企业电子商务应用战略设计以及电子商务商业模式设计。电子商务应用从根本上是为企业具体的业务创新服务的。电子商务应用战略应该是企业具体业务战略的一部分或一个方面。电子商务商业模式是企业基于电子商务应用进行业务创新的系统构思。战略层面的电子商务设计，一般由企业的高层业务主管和首席电子商务主管共同负责。

战术层面的电子商务设计，一般是指电子商务平台方案设计、电子商务运营方案设计和电子商务营销方案设计。电子商务平台，就是基于网络技术的商务平台，是电子商务应用系统平台，一般包括前端的服务平台系统和后端的信息管理系统。电子商务运营，一般包括网站系统运营、平台服务运营和具体业务运营，而电子商务业务运营，既包括在线的运营，也包括离线的运营。电子商务营销，一般包括基于网络媒体的营销以及基于非网络媒体的营销。战术层面的电子商务设计，一般由企业的电子商务专业人员负责，有时会采取外包形式委托电子商务专门机构来完成。

作业层面的电子商务设计，一般是指电子商务应用实施策略和方案设计。企业电子商务应用实施可能有很多方面，如电子商务平台开发实施方案和网站页面方案设计、电子商务营销广告策略和实施方案设计、电子商务物流服务策略和方案设计等。作业层面的电子商务设计，一般由企业电子商务应用的相关专业人员负责。

电子商务应用涉及战略、战术以及作业三个不同层面的电子商务设计。目前，对电子商务设计比较狭义的理解，仅是指作业层面的电子商务网站开发方案和网页设计，并且认为电子商务设计所需的主要是电子商务技术，这对电子商务专业教育的人才培养，是一个很大的误区。

电子商务设计不是简单的技术设计，也是商业设计，甚至包含艺术设计。电子商务设计要充分体现电子商务应用的核心理念：网络、服务和创新。电子商务设计需要最全面的电子商务专业素养。所以，对电子商务专业来说，电子商务设计是最为核心的专业基础。但是，有些学校在电子商务专业人才培养中，对电子商务设计类课程并没有很重视。

4.2　电子商务设计的技术基础

电子商务应用总是建立在计算机网络和信息技术基础之上的，电子商务设计离不开一定的技术基础，电子商务设计人员必须对电子商务相关技术及其最新发展非常了解。下面首先介绍与电子商务设计密切相关的计算机网络技术、EDI 技术、Web 技术、信息安全技术、移动通信技术、云计算与物联网技术等。

4.2.1　计算机网络技术

狭义的电子商务，通常就是指基于计算机网络的电子商务。所以，计算机网络技术是电子商务最重要的技术基础。

1. 计算机网络概述

计算机网络是指将若干地理位置不同且相互独立的多个计算机及其终端，通过通信设备和传输线路连接起来，能够实现相互通信和信息共享的计算机系统。建立计算机网络的主要目的是实现数据通信和信息共享。

计算机网络按照网络覆盖范围的不同可以分为局域网(Local Area Network，LAN)、城域网(Metropolitan Area Network，MAN)和广域网(Wide Area Network，WAN)。

(1)局域网

局域网覆盖的范围通常限于几千米以内，主要用来构建一个单位的内部网络，如校园网、企业内部网等，具有数据传输速率快的优点，是目前计算机网络中发展最为活跃的一种网络。

(2)城域网

城域网一般是在一个城市或一个地区范围内建立的网络，覆盖范围通常介于几千米到几十千米，主要用于大型企业、市政部门等机构的多个局域网互联的需求。

(3)广域网

广域网的覆盖范围很大，从几十千米到几千、几万千米，几个城市、一个国家、几个国家甚至全球都属于广域网的范畴。Internet 可以视为世界上最大的广域网。

2. TCP/IP 协议

TCP/IP 协议主要由传输控制协议(Transmission Control Protocol，TCP)和网际协议(Internet Protocol，IP)组成。它是 Internet 使用的最基本最广泛的协议，是实际上的工业标准。它具有高可靠性、互操作性、安全性和灵活性等优点。

TCP/IP 协议采用了应用层、传输层、互联网络层和网络接口层的四层层级结构(也有学者将互联网络层分拆为网络接口层和物理层)，每一层都呼叫它的下一层所提供的网络来完成自己的需求。

(1) 应用层

应用层是指应用程序间沟通的层，如简单电子邮件传输(SMTP)、文件传输协议(FTP)、网络远程访问协议(Telnet)等。

(2) 传输层

在此层中，它提供了节点间的数据传送、应用程序之间的通信服务，主要功能是数据格式化、数据确认和丢失重传等。如传输控制协议(TCP)、用户数据报协议(UDP)等，TCP 和 UDP 给数据包加入传输数据并把它传输到下一层中，这一层负责传送数据，并且确定数据已被送达并接收。

(3) 互联网络层

互联网络层负责提供基本的数据封包传送功能，让每块数据包都能够到达目的主机(但不检查是否被正确接收)，如网际协议(IP)。

(4) 网络接口层(主机-网络层)

网络接口层接收 IP 数据报并进行传输，从网络上接收物理帧，抽取 IP 数据报转交给下一层，对实际网络媒体的管理，定义如何使用实际网络来传送数据。

3. IP 地址及其分类

为了实现各主机间的通信，每台主机都必须有一个唯一的网络地址。Internet 的网络地址是指连入 Internet 网络的计算机的地址编号。所以，在 Internet 网络中，网络地址唯一地标识一台计算机。

Internet 是由几千万台计算机互相连接而成的。而我们要确认网络上的每台计算机，靠的就是能唯一标识该计算机的网络地址，这个地址就叫做 IP(Internet Protocol)地址，即用 Internet 协议语言表示的地址。

目前，在 Internet 里，IP 地址是一个 32 位的二进制地址，为了便于记忆，将它们分为 4 组，每组 8 位，由小数点分开，用四个字节来表示，而且，用点分开的每个字节的数值范围是 0 ~ 255，如 202.116.0.1，这种书写方法叫做点数表示法。

IP 地址可确认网络中的任何一个网络和计算机，而要识别其他网络或其中的计算机，则是根据这些 IP 地址的分类来确定的。一般将 IP 地址按节点计算机所在网络规模的大小分为 A、B、C 三类，默认的网络屏蔽是根据 IP 地址中的第一个字段确定的。

4. Internet、Intranet 和 Extranet

Internet，又名互联网，国际互联网，它是由那些使用公用语言互相通信的计算机连接而成的全球网络。Internet 可以看做网络之间的网，是全球计算机网络的互联系统。

Internet 的基本功能，主要有以下几点。

(1) 电子邮件(E-mail)

电子邮件又称电子信箱、电子邮政，它是一种用电子手段提供信息交换的通信方式。是 Internet 应用最广的服务。通过网络的电子邮件系统，用户可以用非常低廉的价格，以非常快速的方式，与世界上任何一个角落的网络用户联系，这些电子邮件可以是文字、图像、声音等各种方式。同时，用户可以得到大量免费的新闻、专题邮件，并实现轻松的信息搜索。

(2)文件传输(FTP)

FTP是File Transfer Protocol(文件传输协议)的英文简称，用于Internet上的控制文件的双向传输。同时，它也是一个应用程序(Application)。用户可以通过它把自己的PC与世界各地所有运行FTP协议的服务器相连，访问服务器上的大量程序和信息。FTP的主要作用，就是让用户连接上一个远程计算机察看远程计算机有哪些文件，然后把文件从远程计算机上复制到本地计算机，或把本地计算机的文件送到远程计算机去。

(3)远程登录(Telnet)

Telnet协议是TCP/IP协议族中的一员，是Internet远程登录服务的标准协议和主要方式。它为用户提供了在本地计算机上完成远程主机工作的能力。在终端使用者的计算机上使用telnet程序，用它连接到服务器。终端使用者可以在telnet程序中输入命令，这些命令会在服务器上运行，就像直接在服务器的控制台上输入一样。可以在本地就能控制服务器。要开始一个telnet会话，必须输入用户名和密码来登录服务器。Telnet是常用的远程控制Web服务器的方法。

(4)电子公告板(BBS)

BBS的英文全称是Bulletin Board System，翻译为中文就是“电子公告板”。它实际上是一个信息发布与广播系统。

(5)新闻组(News Group)

新闻组(News Group)，简单地说就是一个基于网络的计算机组合，这些计算机被称为新闻服务器，不同的用户通过一些软件可连接到新闻服务器上，阅读其他人的消息并可以参与讨论。新闻组是一个完全交互式的超级电子论坛，是任何一个网络用户都能进行相互交流的工具。

(6)WWW信息服务

WWW是环球信息网(World Wide Web)的缩写，也可以简称为Web，中文名为“万维网”。它是一个基于超文本传输协议(HyperText Transfer Protocol，HTTP)的信息查询工具，实际上是一个由文件、图片、声音和动画等多媒体信息构成的信息库。用户可以通过使用浏览器来访问信息库中的资源。

Intranet又称企业内部网，是Internet技术在企业内部的应用。它实际上是采用Internet技术建立的企业内部网络，它的核心技术是基于Web的计算。Intranet的基本思想是：在内部网络上采用TCP/IP作为通信协议，利用Internet的Web模型作为标准信息平台，同时建立防火墙把内部网和Internet分开。当然Intranet并非一定要和Internet连接在一起，它完全可以自成一体作为一个独立的网络。

Intranet与Internet相比，Internet是面向全球的网络，而Intranet则是Internet技术在企业机构内部的实现，它能够以极少的成本和时间将一个企业内部的大量信息资源高效合理地传递到每个人。Intranet为企业提供了一种能充分利用通信线路、经济而有效地建立企业内联网的方案，应用Intranet，企业可以有效地进行财务管理、供应链管理、进销存管理、客户关系管理等。

Extranet是一个使用Internet/Intranet技术使企业与其客户和其他企业相连来完成其共同目标的合作网络。Extranet可以作为公用的Internet和专用的Intranet之间的桥梁，也可以被看做一个能被企业成员访问或与其他企业合作的企业 Intranet 的一部分。Extranet 通常与 Intranet 一样位于防火墙之后，但不像 Internet 为大众提供公共的通信服务和 Intranet 只为企业内部服务和不对公众公开，而是对一些有选择的合作者开放或向公众提供有选择的服务。Extranet 访问是半私有的，用户是由关系紧密的企业结成的小组，信息在信任的圈内共享。Extranet 非常适合于具有时效性的信息共享和企业间完成共有利益目的的活动。

4.2.2 EDI 技术

EDI（Electronic Data Interchange）即“电子数据互换”，它是一种在公司之间传输订单、发票等作业文件的电子化手段。它通过计算机通信网络将贸易、运输、保险、银行和海关等行业信息，用一种国际公认的标准格式，实现各有关部门或公司与企业之间的数据交换与处理，并完成以贸易为中心的全部过程，它是 20 世纪 80 年代发展起来的一种新颖的电子化贸易工具，是计算机、通信和现代管理技术相结合的产物。

国际标准化组织（ISO）将 EDI 描述成“将贸易（商业）或行政事务处理按照一个公认的标准变成结构化的事务处理或信息数据格式，从计算机到计算机的电子传输”。而 ITU-T（原 CCITT）将 EDI 定义为“从计算机到计算机之间的结构化的事务数据互换”。又由于使用 EDI 可以减少甚至消除贸易过程中的纸面文件，因此 EDI 又被人们通俗地称为“无纸贸易”。EDI 是一种利用计算机进行商务处理的方式。在基于互联网的电子商务普及应用之前，曾是一种主要的电子商务模式。

4.2.3 Web 技术

Web 是环球信息网（World Wide Web，WWW）的缩写，它是一个基于超文本传输协议（HyperText Transfer Protocol，HTTP）的信息查询工具，实际上是一个由文件、图片、声音和动画等多媒体信息构成的信息库。用户可以通过使用浏览器来访问信息库中的资源。

Internet 采用超文本和超媒体的信息组织方式，将信息的链接扩展到整个 Internet 上。Web 就是一种超文本信息系统，Web 的一个主要的概念就是超文本链接，它使得文本不再像一本书一样是固定的线性的，而是可以从一个位置跳到另外的位置，可以从中获取更多的信息，可以转到别的主题上。想要了解某一个主题的内容只要在这个主题上点一下，就可以跳转到包含这一主题的文档上。正是这种多连接性，所以称它为 Web。

最初的 Web 页面只能完成简单的信息发布功能，一般都是静态的页面，没有动画等复杂多媒体信息，无法进行交互。随着编程语言的发展，如 JavaScript、Java Applet，以及 CSS（Cascading Style Sheets，层叠样式表）的产生和应用，就出现了动态页面，交互性得到很大提高。下面介绍一些常用的 Web 编程语言。

（1）HTML 和 XHTML

HTML（HyperText Mark-up Language）即超文本标记语言或超文本链接标示语言，是目前网络上应用最为广泛的语言，也是构成网页文档的主要语言。HTML 文本是由 HTML 命令组成的描述性文本，HTML 命令可以说明文字、图形、动画、声音、表格、链接等。HTML 的结构包括头部（Head）、主体（Body）两大部分，其中头部描述浏览器所需的信息，而主体则包含所要说明的具体内容。

可扩展超文本置标语言（eXtensible HyperText Markup Language，XHTML），是一种置标语

言，表现方式与超文本置标语言(HTML)类似，不过语法上更加严格。从继承关系上讲，HTML是一种基于标准通用置标语言(SGML)的应用，是一种非常灵活的置标语言，而 XHTML 则基于可扩展置标语言(XML)，XML 是 SGML 的一个子集。

(2)XML

XML(eXtensible Markup Language)即可扩展标记语言，它与 HTML 一样，都是 SGML(Standard Generalized Markup Language,标准通用标记语言)。XML 是 Internet 环境中跨平台的、依赖于内容的技术，是当前处理结构化文档信息的有力工具。扩展标记语言 XML 是一种简单的数据存储语言，使用一系列简单的标记描述数据，而这些标记可以用方便的方式建立，虽然 XML 占用的空间比二进制数据占用更多的空间，但 XML 极其简单且易于掌握和使用。

(3)ASP 和 ASP. NET

ASP 是 Active Server Page 的缩写，意为"动态服务器页面"。ASP 是微软公司开发的代替 CGI 脚本程序的一种应用,它可以与数据库和其他程序进行交互，是一种简单、方便的编程工具。ASP 的网页文件的格式是. asp，现在常用于各种动态网站中。

ASP. NET 是把基于通用语言的程序在服务器上运行。不像以前的 ASP 即时解释程序，而是当程序在服务器端初次运行时就进行编译，这样的执行效果，当然比一条一条的解释强很多。

因为 ASP. NET 是基于通用语言的编译运行的程序，所以它的强大性和适应性，可以使它运行在 Web 应用软件开发者的几乎全部的平台上。通用语言的基本库、消息机制、数据接口的处理都能无缝地整合到 ASP. NET 的 Web 应用中。ASP. NET 同时也是语言独立化的，所以，你可以选择一种最适合你的语言来编写你的程序，或者把你的程序用很多种语言来写，现在已经支持的有 C#(C ++ 和 Java 的结合体)、VB、Jscript。将来，这样的多种程序语言协同工作的能力保护您现在的基于 COM + 开发的程序，能够完整地移植到 ASP. NET。

(4)Java 和 JSP

Java 是由 Sun Microsystems 公司于 1995 年 5 月推出的 Java 程序设计语言和 Java 平台的总称。用 Java 实现的 Hot Java 浏览器(支持 Java applet)显示了 Java 的魅力：跨平台、动态的 Web、Internet 计算。从此，Java 被广泛接受并推动了 Web 的迅速发展，常用的浏览器现在均支持 Java applet。

Java 分为三个体系 J2SE(Java 2 Platform Standard Edition，java 平台标准版)、J2EE(Java 2 Platform Enterprise Edition，java 平台企业版)、J2ME(Java 2 Platform Micro Edition，java 平台微型版)。

JSP(Java Server Pages)是由 Sun Microsystems 公司倡导、许多公司参与一起建立的一种动态网页技术标准。JSP 技术有点类似 ASP 技术，它是在传统的网页 HTML 文件(*.htm，*.html)中插入 Java 程序段(Scriptlet)和 JSP 标记(tag)，从而形成 JSP 文件(*.jsp)。用 JSP 开发的 Web 应用是跨平台的，既能在 Unix、Linux 下运行，也能在 Windows 操作系统以及其他操作系统上运行。

(5)PHP

PHP，原为"Personal Home Page"的缩写，现在已经正式更名为"Hypertext Preprocessor"，

译为“超文本预处理器”。PHP 是一种 HTML 内嵌式的语言，是一种在服务器端执行的嵌入 HTML 文档的脚本语言，语言风格类似于 C 语言，被广泛地运用。

PHP 独特的语法混合了 C、Java、Perl 以及 PHP 自创新的语法。它可以比 CGI 或者 Perl 更快速地执行动态网页。用 PHP 做出的动态页面与其他的编程语言相比，PHP 是将程序嵌入到 HTML 文档中去执行，执行效率比完全生成 HTML 标记的 CGI 要高许多；PHP 还可以执行编译后代码，编译可以达到加密和优化代码运行，使代码运行更快。PHP 具有非常强大的功能，所有 CGI 的功能 PHP 都能实现，而且支持几乎所有流行数据库以及操作系统。

（6）Java Script

Java Script 是一种由 Netscape 的 LiveScript 发展而来的原型化继承的面向对象的动态类型的区分大小写的客户端脚本语言，主要目的是为了解决服务器端语言（比如 Perl）遗留的速度问题，为客户提供更流畅的浏览效果。当时服务端需要对数据进行验证，由于网络速度相当缓慢，只有 28.8 Kbps，验证步骤浪费的时间太多。于是 Netscape 的浏览器 Navigator 加入了 Java Script，提供了数据验证的基本功能。

（7）Active X 技术

Active X 是一个开放的集成平台，为开发人员、用户和 Web 生产商提供了一个快速而简便地在 Internet 和 Intranet 创建程序集成和内容的方法。使用 Active X，可轻松方便地在 Web 页中插入多媒体效果、交互式对象以及复杂程序，创建高质量多媒体应用。

Active X 控件结合了 Java 程序和 Netscape 插件优点，还可以用许多编程语言，包括所有 Microsoft 编程和在数据库语言编写程序中使用 Active X 控件。

在互联网上，Active X 插件软件的特点是：一般软件需要用户单独下载然后执行安装，而 Active X 插件是当用户浏览到特定的网页时，IE 浏览器即可自动下载并提示用户安装。Active X 插件安装的一个前提是必须经过用户的同意及确认。

（8）Web 2.0 相关技术

Web 2.0 是相对 Web 1.0 的新的一类互联网应用的统称。Web 1.0 的主要特点在于用户通过浏览器获取信息。Web 2.0 则更注重用户的交互作用，用户既是网站内容的浏览者，也是网站内容的制造者。所谓网站内容的制造者是说互联网上的每个用户不再仅仅是互联网的读者，同时也成为互联网的作者；不再仅仅是在互联网上冲浪，同时也成为波浪制造者；在模式上由单纯的“读”向“写”以及“共同建设”发展；由被动地接收互联网信息向主动创造互联网信息发展，从而更加人性化。

Web 2.0 应用有一些典型技术，如博客（BLOG）、RSS、Wiki、网摘、社会网络（SNS）、P2P、即时信息（IM）、微博等。但技术是为了达到某种目的所采取的手段。Web 2.0 技术本身不是 Web 2.0 网站的核心，重要的在于典型的 Web 2.0 技术体现了具有 Web 2.0 特征的应用模式，甚至有人认为 Web 2.0 是一种理念而不是技术。因此，与其说 Web 2.0 是互联网技术的创新，不如说是互联网应用理念的革命。

4.2.4 信息安全技术

尽管电子商务无论是在国内还是国外都取得了很大的发展，但电子商务安全问题仍是阻碍电子商务发展的一大绊脚石。保证网上交易数据和交易过程的安全性是电子商务安全体系的核心和关键，它要求电子商务系统在以下 4 个方面得到加强。

- 信息的机密性（Confidentiality），预防非法的信息存取和信息在传输过程中被非法窃取。一般通过密码技术来对传输的信息进行加密处理来实现。
- 信息的完整性（Integrity），预防对信息的随意生成、修改和删除，同时要防止数据传送过程中信息的丢失和重复并保证信息传送次序的统一。完整性一般可通过提取信息消息摘要的加密技术来获得。
- 不可抵赖性（Non-repudiation），对人或实体的身份进行鉴别，为身份的真实性提供保证，即交易双方能够在相互不见面的情况下确认对方的身份。一般都通过数字签名、证书机构 CA 和证书来实现。
- 信息的真实性（Authenticity），在交易信息的传输过程中为参与交易的个人、企业或国家提供可靠的标识，在商务活动中，保证交易的文件不被伪造，也是电子商务安全需求中的一个重要方面。一般通过数字签名和证书来实现。

以上 4 个方面，既是电子商务的发展需求，也是今后电子商务安全技术的发展方向。

（1）防火墙技术

所谓防火墙指的是一个由软件和硬件设备组合而成、在内部网和外部网之间、专用网与公共网之间的界面上构造的保护屏障，是一种获取安全性方法的形象说法，它是一种计算机硬件和软件的结合，使 Internet 与 Intranet 之间建立起一个安全网关（Security Gateway），从而保护内部网免受非法用户的侵入，防火墙主要由服务访问规则、验证工具、包过滤和应用网关 4 个部分组成。

（2）加密技术

加密技术是电子商务采取的主要安全保密措施，是最常用的安全保密手段，利用技术手段把重要的数据变为乱码（加密）传送，到达目的地后再用相同或不同的手段还原（解密）。加密技术包括两个元素：算法和密钥。算法是将普通的文本（或者可以理解的信息）与一串数字（密钥）的结合，产生不可理解的密文的步骤，密钥是用来对数据进行编码和解码的一种算法。加密技术分为两类，即对称加密和非对称加密。

在对称加密方法中，采用相同的加密算法并只交换共享的专用密钥（加密和解密都使用相同的密钥）。如果进行通信的贸易方能够确保专用密钥在密钥交换阶段未曾泄露，那么机密性和报文完整性就可以通过这种加密方法加密机密信息和通过随报文一起发送报文摘要或报文散列值来实现。因此，对称加密技术存在着在通信的贸易方之间确保密钥安全交换的问题。此外，对称加密方式无法鉴别贸易发起方或贸易最终方。数据加密标准（DES）由美国国家标准局提出，是目前广泛采用的对称加密算法，主要应用于银行中的电子资金转账（EFT）领域。DES 的密钥长度为 56 位。

在非对称加密体系中，密钥被分解为一对，即公开密钥或专用密钥。公开密钥（加密密钥）通过非保密方式向他人公开，而专用密钥（解密密钥）加以保存。公开密钥用于对机密性的加密，专用密钥则用于对加密信息的解密。专用密钥只能由生成密钥对的贸易方掌握，公开密钥可广泛发布，但它只对应于生成该密钥的贸易方。贸易甲方生成一对密钥，公布公开密钥；贸易乙方得到该公开密钥，使用该密钥对机密信息进行加密，然后发送给贸易甲方；贸易甲方再用自己保存的专用密钥对加密后的信息进行解密。贸易方只能用其专用密钥解密由其公开密钥加密后的任何信息。RSA 算法是非对称加密领域内最为著名的算法。

(3)数字认证技术

在电子商务系统中数字证书的发放需要由一个具有权威性和公正性的第三方认证机构来承担。认证中心 CA 就是这样的一个第三方机构。CA 向交易双方发放电子密钥形式"电子证书"、承担网上安全电子交易认证服务、确保用户身份的服务机构，类似于现实生活中公证机关或证件办理机关的角色，具有权威性。安全认证技术主要有数字摘要、数字信封、数字签名、数字时间戳、数字证书等。

(4)虚拟专用网

虚拟专用网(VPN)技术是利用不可靠的公用互联网络作为信息传输媒介，通过附加的安全隧道、用户认证和访问控制等技术实现与专用网络相类似的安全性能，从而实现对重要信息的安全传输。

虚拟专用网络技术支持企业通过 Internet 等公共互联网络与分支机构或其他公司建立连接，进行安全通信。这种跨越 Internet 建立的 VPN 连接在逻辑上等同于两地之间使用专用广域网建立的连接。VPN 利用公共网络基础设施为企业各部门提供安全的网络互联服务，它能够使运行在 VPN 之上的商业应用享有几乎和专用网络同样的安全性、可靠性、优先级别和管理性。

4.2.5 移动通信技术

随着移动通信，特别是蜂窝小区的迅速发展，使用户彻底摆脱终端设备的束缚、实现完整的个人移动性、可靠的传输手段和接续方式，世界电信发生了巨大的变化。进入 21 世纪，移动通信将逐渐演变成社会发展和进步的必不可少的工具。

20 世纪 80 年代初提出第一代移动通信系统(1 G)，它完成于 20 世纪 90 年代初，如 NMT 和 AMPS，NMT 于 1981 年投入运营。第一代移动通信系统是基于模拟传输的，其特点是业务量小、质量差、交全性差、没有加密和速度低。1 G 主要基于蜂窝结构组网，直接使用模拟语音调制技术，传输速率约 2.4 Kbps。不同国家采用不同的工作系统。

20 世纪 90 年代初期第二代移动通信系统(2 G)。欧洲电信标准协会在 1996 年提出了 GSM Phase 2 +，目的在于扩展和改进 GSM Phase 1 及 Phase 2 中的原定业务和性能。在 GSM Phase 2 + 阶段中，采用更密集的频率复用、多复用、多重复用结构技术，引入智能天线技术、双频段等技术，有效地克服了随着业务量剧增所引发的 GSM 系统容量不足的缺陷；自适应语音编码技术的应用，极大提高了系统通话质量；GPRS/EDGE 技术的引入，使 GSM 与计算机通信/Internet 有机结合，数据传送速率可达 115/384 Kbps，从而使 GSM 功能得到不断增强，初步具备了支持多媒体业务的能力。尽管 2G 技术在发展中不断得到完善，但随着用户规模和网络规模的不断扩大，频率资源已接近枯竭，语音质量不能达到用户满意的标准，数据通信速率太低，无法在真正意义上满足移动多媒体业务的需求。

第三代移动通信系统(3G)，也称 IMT 2000，是正在广泛应用的系统，其最基本的特征是智能信号处理技术，智能信号处理单元将成为基本功能模块，支持话音和多媒体数据通信，它可以提供前两代产品不能提供的各种宽带信息业务，例如高速数据、慢速图像与电视图像等。如 WCDMA 的传输速率在用户静止时最大为 2 Mbps，在用户高速移动时最大支持为 144 Kbps，占频带宽度 5 MHz 左右。

第三代移动通信系统的通信标准共有 WCDMA，CDMA2000 和 TD-SCDMA 三大分支，共同组成一个 IMT 2 000 家庭，成员间存在相互兼容的问题，因此已有的移动通信系统不是真正意义上的个人通信和全球通信；再者，3G 的频谱利用率还比较低，不能充分地利用宝贵的频谱资源；第三，3G 支持的速率还不够高，等等。这些不足使其远远不能适应未来移动通信发展的需要，因此，有必要寻求一种既能解决现有问题又能适应未来移动通信需求的新一代移动通信技术。

第四代移动电话通信标准，指的是第四代移动通信技术，外语缩写：4 G。该技术包括 TD-LTE 和 FDD-LTE 两种制式(从严格意义上讲，LTE 只是 3.9 G，尽管被宣传为 4 G 无线标准，但它其实并未被 3GPP 认可为国际电信联盟所描述的下一代无线通信标准 IMT-Advanced，因此在严格意义上其还未达到 4 G 的标准。只有升级版的 LTE Advanced 才满足国际电信联盟对 4 G 的要求)。4 G 是集 3 G 与 WLAN 于一体，并能够快速传输数据、高质量、音频、视频和图像等。4 G 能够以 100 Mbps 以上的速度下载，比目前的家用宽带 ADSL(4M)快 25 倍，并能够满足几乎所有用户对于无线服务的要求。此外，4 G 可以在 DSL 和有线电视调制解调器没有覆盖的地方部署，然后再扩展到整个地区。很明显，4 G 有着不可比拟的优越性。

第五代移动电话通信标准，也称第五代移动通信技术，外语缩写：5 G。是 4 G 之后的延伸，正在研究中。贝尔实验室无线研究部副总裁西奥多·赛泽表示，5 G 并不会完全替代 4 G、WiFi，而是将 4 G、WiFi 等网络融入其中，为用户带来更为丰富的体验。

移动电子商务就是利用手机、PDA 及掌上计算机等无线终端进行的 B2B、B2C 或 C2C 的电子商务。它将互联网、移动通信技术、短距离通信技术及其他信息处理技术完美结合，使人们可以在任何时间、任何地点进行各种商贸活动，实现随时随地、线上线下的购物与交易、在线电子支付以及各种交易活动、商务活动、金融活动和相关的综合服务活动等。随着移动通信技术和计算机的发展，移动电子商务的发展已经经历了三代。

第一代移动商务系统是以短信为基础的访问技术，这种技术存在着许多严重的缺陷，其中最严重的问题是实时性较差，查询请求不会立即得到回答。此外，由于短信信息长度的限制也使得一些查询无法得到一个完整的答案。这些令用户无法忍受的严重问题也导致了一些早期使用基于短信的移动商务系统的部门纷纷要求升级和改造现有的系统。

第二代移动商务系统采用基于 WAP 技术的方式，手机主要通过浏览器的方式来访问 WAP 网页，以实现信息的查询，部分地解决了第一代移动访问技术的问题。第二代的移动访问技术的缺陷主要表现在 WAP 网页访问的交互能力极差，因此极大地限制了移动电子商务系统的灵活性和方便性。此外，由于 WAP 使用的加密认证的 WTLS 协议建立的安全通道必须在 WAP 网关上终止，形成安全隐患，所以 WAP 网页访问的安全问题对于安全性要求极为严格的政务系统来说也是一个严重的问题。这些问题也使得第二代技术难以满足用户的要求。

新一代的移动商务系统采用了基于 SOA 架构的 Web service、智能移动终端和移动 VPN 技术相结合的第三代移动访问和处理技术，使得系统的安全性和交互能力有了极大的提高。第三代移动商务系统同时融合了 3G 移动技术、智能移动终端、VPN、数据库同步、身份认证及 Web service 等多种移动通信、信息处理和计算机网络的最新的前沿技术，以专网和无线通信技术为依托，为电子商务人员提供了一种安全、快速的现代化移动商务办公机制。

移动通信所具有的灵活、便捷的特点，决定了移动电子商务更适合大众化的个人消费领域，比如自动支付系统，包括自动售货机、停车场计时器等；半自动支付系统，包括商店的收银柜机、出租车计费器等；日常费用收缴系统，包括水、电、煤气等费用的收缴等；移动互联网接入支付系统，包括登录商家的 WAP 站点购物等。

移动电子商务领域因涉及 IT、无线通信、无线接入、软件等技术，并且商务方式更具多元化、复杂化，因而，在此领域内很容易产生新的技术。随着中国 3G 网络的兴起与应用，这些新兴技术将转化成更好的产品或服务。所以，移动电子商务领域将是下一个技术创新的高产地。

4.2.6 云计算技术

云计算(Cloud Computing)是为适应 IT 应用新需求出现的一种计算服务新模式。随着 Internet 迅速发展，不断产生许多重要技术和概念，如分布式计算、网络计算、虚拟化等，也推动 Internet 技术以及 IT 应用和相关计算模式不断发展。计算机应用经历从大型计算机向个人计算机转变后，又一次面临着转变，从独立计算机向互联网或者价值网(从商业模式角度)上转移。在这样的背景下，云计算成为人们耳熟能详尤其是众多企业信息化进程越来越关注的一个焦点，它的出现宣告了低成本提供超级计算时代的到来。

云计算概念最早由 Google 提出。作为一个新产物，云计算还没有一个被普遍接受的统一定义。从概念上说，云有狭义和广义之分。狭义“云”概念出现在云计算产生初期，一般把能够提供大量资源的网络称为“云”。“云”中资源在使用者看来是可以无限扩展的，并且可以随时获取、按需使用、随时扩展、按使用付费。这种特性被称为像水电一样使用 IT 基础设施。而广义“云”概念更多地是指一种资源池，是一些可以自我维护和管理的虚拟计算资源，通常为一些大型服务器集群，包括计算服务器、存储服务器、宽带资源等。云计算将所有计算资源集中起来，并由软件实现自动管理，无须人为参与。这使得应用提供者无须为烦琐细节而烦恼，能够更加专注于自己的业务，有利于创新和降低成本。

云计算是并行计算(Parallel Computing)、分布式计算(Distributed Computing)和网格计算(Grid Computing)的发展，或者说是这些计算机科学概念的商业实现。云计算是虚拟化(Virtualization)、公用计算(Utility Computing)、IaaS(基础设施即服务)、PaaS(平台即服务)、SaaS(软件即服务)等概念混合演进并跃升的结果。云计算实现，就最终用户而言，意味着不需要硬件购置成本、不需要管理软件许可证或升级、不需要雇佣新员工或咨询人员、不需要租赁设施、没有任何种类基建投资，而且还没有隐性成本，只是一种用仪表测量出来的、根据使用情况支付的订购费或固定订购费，也就是按需提供服务，按量收取费用。

云计算中的云可具体分为 3 类：公共云、私有云和混合云。公共云，由第三方运行，而且可以把来自许多不同客户的作业在云内的服务器、存储系统和其他基础设施上混合在一起；最终用户不知道运行其作业的同一台服务器、网络或磁盘上还有哪些用户。私有云，由单个客户所拥有的按需提供基础设施，该客户控制哪些应用程序在哪里运行；它们拥有服务器、网络和磁盘，并且可决定允许哪些用户使用基础设施。混合云，把公共云与私有云结合在一起；用户部分拥有，部分与他人共享，不过是通过一种可控的方式。混合云提供根据需要且在外部预配置的扩展规模的承诺，但增加了确定如何在这些不同环境之间分配应用程序的复杂性。

云计算技术的发展面临一系列的挑战，例如使用云计算来完成任务能够获得哪些优势；

可以实施哪些策略、做法或立法来支持或限制云计算的采用；如何提供有效的计算和提高存储资源的利用率；对云计算和传输中的数据以及静止状态的数据，将有哪些独特的限制；安全需求有哪些；提供可信环境都需要些什么。此外，云计算虽然给企业和个人用户提供了创造更好的应用和服务的机会，但同时也给了黑客机会。云计算宣告了低成本提供超级计算服务的可能，使黑客投入极少的成本，就能获得极大的网络计算能力，一旦这些“云”被用来破译各类密码、进行各种攻击，将会对用户的数据安全带来极大的危险。所以，在这些安全问题和危险因素被有效控制之前，云计算很难得到彻底的应用和接受。

4.2.7　物联网技术

物联网是新一代信息技术的重要组成部分。物联网的英文名称为“the Internet of Things”。顾名思义，物联网就是“物物相连的互联网”。这有两层意思：第一，物联网的核心和基础仍然是互联网，是在互联网基础上的延伸和扩展的网络；第二，其用户端延伸和扩展到了任何物体与物体之间，进行信息交换和通信。因此，物联网的定义是：通过射频识别（RFID）、红外感应器、全球定位系统、激光扫描器等信息传感设备，按约定的协议，把任何物体与互联网相连接，进行信息交换和通信，以实现对物体的智能化识别、定位、跟踪、监控和管理的一种网络。

物联网指的是将无处不在（Ubiquitous）的末端设备（Devices）和设施（Facilities），包括具备“内在智能”的传感器、移动终端、工业系统、楼控系统、家庭智能设施、视频监控系统等和“外在使能”（Enabled）的，如贴上 RFID 的各种资产（Assets）、携带无线终端的个人与车辆等“智能化物件或动物”或“智能尘埃”（Mote），通过各种无线和/或有线的长距离和/或短距离通信网络实现互联互通（M2M）、应用大集成（Grand Integration）以及基于云计算的 SaaS 营运等模式，在内网（Intranet）、专网（Extranet）和/或互联网（Internet）环境下，采用适当的信息安全保障机制，提供安全可控乃至个性化的实时在线监测、定位追溯、报警联动、调度指挥、预案管理、远程控制、安全防范、远程维保、在线升级、统计报表、决策支持、领导桌面（集中展示的 Cockpit Dashboard）等管理和服务功能，实现对“万物”的“高效、节能、安全、环保”的“管、控、营”一体化。

虽然目前对物联网也还没有一个统一的标准定义，但从物联网本质上看，物联网是现代信息技术发展到一定阶段后出现的一种聚合性应用与技术提升，将各种感知技术、现代网络技术和人工智能与自动化技术聚合与集成应用，使人与物智慧对话，创造一个智慧的世界。物联网技术被称为是信息产业第三次革命性创新。物联网的本质概括起来主要体现在 3 个方面：一是互联网特征，即对需要联网的物一定要能够实现互联互通的互联网络；二是识别与通信特征，即纳入物联网的“物”一定要具备自动识别与物物通信（M2M）的功能；三是智能化特征，即网络系统应具有自动化、自我反馈与智能控制的特点。

物联网是一个动态的全球网络基础设施，它具有基于标准和互操作通信协议的自组织能力，其中物理的和虚拟的“物”具有身份标识、物理属性、虚拟的特性和智能的接口，并与信息网络无缝整合。物联网将与媒体互联网、服务互联网和企业互联网一道，构成未来互联网。

4.2.8　大数据技术

最早提出“大数据”时代到来的是全球知名咨询公司麦肯锡，麦肯锡称：“数据，已经渗透到当今每一个行业和业务职能领域，成为重要的生产因素。人们对于海量数据的挖掘和运用，预示着新一波生产率增长和消费者盈余浪潮的到来。”

“大数据”在物理学、生物学、环境生态学等领域以及军事、金融、通信等行业的存在已有时日，因为近年来互联网和信息行业的发展而引起人们关注。大数据作为云计算、物联网之后IT行业又一大颠覆性的技术革命。云计算主要为数据资产提供了保管、访问的场所和渠道，而数据才是真正有价值的资产。企业内部的经营交易信息、互联网世界中的商品物流信息，互联网世界中的人与人交互信息、位置信息等，其数量将远远超越现有企业IT架构和基础设施的承载能力，实时性要求也将大大超越现有的计算能力。如何盘活这些数据资产，使其为国家治理、企业决策乃至个人生活服务，是大数据的核心议题，也是云计算内在的灵魂和必然的升级方向。

进入2012年，大数据(big data)一词越来越多地被提及，人们用它来描述和定义信息爆炸时代产生的海量数据，并命名与之相关的技术发展与之相关的技术发展与创新。“大数据”可能带来的巨大价值正渐渐被人们认可，它通过技术的创新与发展，以及数据的全面感知、收集、分析、共享，为人们提供了一种全新看待世界的方法。更多地基于事实与数据做出决策，这样的思维方式，可以预见，将推动一些习惯于靠“差不多”运行的社会发生巨大变革。

“互联网+”是创新2.0下的互联网与传统行业融合发展的新形态、新业态，是知识社会创新2.0推动下的互联网形态演进及其催生的经济社会发展新形态。“互联网+”代表一种新的经济形态，即充分发挥互联网在生产要素配置中的优化和集成作用，将互联网的创新成果深度融合于经济社会各领域之中，提升实体经济的创新力和生产力，形成更广泛的以互联网为基础设施和实现工具的经济发展新形态。“互联网+”行动计划将重点促进以云计算、物联网、大数据为代表的新一代信息技术与现代制造业、生产性服务业等的融合创新，发展壮大新兴业态，打造新的产业增长点，为大众创业、万众创新提供环境，为产业智能化提供支撑，增强新的经济发展动力，促进国民经济体质增效升级。

4.3 电子商务平台的概念与分类

电子商务平台是电子商务应用的重要基础，电子商务活动一定离不开电子商务平台的运用。所以，电子商务平台是电子商务系统的重要组成部分。下面，重点讨论电子商务平台的概念和分类。

4.3.1 电子商务平台的概念

电子商务，是基于电子网络化技术的商务活动方式。所以，电子商务也必须有一个用于交易、服务、交流和协作的活动平台。所谓电子商务平台，从概念上说，就是用于交易、服务、交流和协作的电子商务活动平台。

对电子商务平台，也有着狭义和广义的不同理解。狭义的电子商务平台，通常就是基于互联网的电子商务平台；更狭义的电子商务平台，甚至即是一个为企业或个人提供网上交易洽谈的平台。广义的电子商务平台，是指所有基于电子化技术的电子商务平台，比如，银行的自动取款机，广义地说，应该也是一个电子商务平台。

电子商务活动，除交易活动外，还包括服务、交流和协作等。所以，电子商务平台，类似于传统商店，不仅是交易平台，还可能是服务平台、交流平台和协作平台等。企业可充分利用电子商务平台提供的网络基础设施、支付平台、安全平台、管理平台等共享资源有效地、低成本地开展自己的商业活动。电子商务平台就相当于现实中的商场、批发市场、集市等角色，它为人们提供了商品买卖和交易的场所，同时为人们提供了技术支持，如信息查询、交易洽谈、网上支付等。

电子商务平台是基于电子网络化技术的交易、服务、交流和协作的商务活动平台，与传统商务平台不同，可以为用户提供更快速、更便利、更安全、更高效的交易、服务、交流和协作支持平台。尤其是，基于互联网的电子商务平台，如电子银行、网上商店，可以为用户提供 7 天 24 小时不间断的服务，具有传统商务平台所不具备的优势。

4.3.2　电子商务平台的分类

为了更好地理解电子商务平台的概念和内涵以及电子商务平台创新理念，我们不妨讨论一下从几个不同角度对电子商务平台的分类。

(1)按照电子商务应用模式分类

按照电子商务应用模式分类，电子商务平台可以分成：B2B 电子商务平台、C2C 电子商务平台、B2C 电子商务平台等。常见的 B2B 电子商务平台有阿里巴巴、慧聪网、中国制造网、环球贸易网等；常见的 C2C 电子商务平台有淘宝、百度有啊、拍拍、易趣等；常见的 B2C 电子商务平台有京东商城、当当网、亚马逊、红孩子等。

(2)按照电子商务技术分类

按照电子商务技术分类，电子商务平台可以分成：EDI 电子商务平台、Internet 电子商务平台、移动电子商务平台、智能电子商务平台等。

(3)按照电子商务应用目的分类

按照电子商务应用目的分类，电子商务平台可以分成：电子支付平台、网络广告平台、协作商务平台等。

(4)按照电子商务应用对象分类

按照电子商务应用对象分类，电子商务平台可以分成：物流电子商务平台、农产品电子商务平台、钢铁电子商务平台、邮政电子商务平台等。

(5)按照电子商务用户界面可视性分类

按照电子商务用户界面可视性分类，电子商务平台可以分成：可视电子商务平台、非可视电子商务平台。大多数电子商务平台的用户界面是可视的，也有一些电子商务平台的用户界面是非可视的，如基于 RFID 的自动收费服务平台、基于无线技术的参观自动讲解服务等。

(6)按照电子商务应用媒介分类

按照电子商务应用媒介分类，电子商务平台可以分成：网络电子商务平台、手机电子商务平台、汽车电子商务平台等。

应该说，对电子商务平台，还可以从其他角度进行分类。需要进一步说明的是，上述不同角度的分类之间可能是交叉的，如移动电子商务平台，可能是可视化的，也可能是非可视化的。另外，电子商务网站，只是最常见的一类电子商务平台，还有其他非网站类型的电子商务平台。

4.4 电子商务平台创新设计基本理念

如前所述，网络、服务、创新是电子商务的核心理念。电子商务只不过是解决用户需求的一种方式，它不会仅仅有 B2B、B2C、C2C 这样几种形式，它会不断地发展。事实上，现实的电子商务网站仍然千差万别，而且不断有新型的电子商务网站出现。电子商务平台是电子商务应用的重要基础。电子商务平台是对传统商务平台的创新；同时，电子商务平台本身也在不断创新。创新则意味着改变或革新。对于已有的电子商务平台，随着时间的推移，慢慢会显示出其缺点和不足。为了满足客户新的需求，电子商务平台就要对原有的功能模块进行升级改造，或者增加新的功能或服务模块，甚至是开发新的电子商务平台。

电子商务平台创新设计，从概念上说，就是基于电子商务应用创新理念对电子商务平台的设计。广义地说，所有的电子商务平台设计都是电子商务平台创新设计。因为电子商务平台都是对传统商务平台的创新。狭义地说，电子商务平台创新设计是对原有电子商务平台的创新设计。可以说，任何电子商务平台，一般都需要不断改进和修改，以满足业务创新的平台需求。所以，电子商务平台创新设计始终伴随电子商务应用全过程。电子商务平台创新设计，可以是整体的创新设计，也可以是局部的创新设计。

这里，我们不讨论电子商务平台创新设计的一些具体问题，主要讨论电子商务平台创新设计中需要遵循的 5 个基本设计理念。

4.4.1 业务驱动的创新设计理念

电子商务是为具体业务创新服务的。毫无疑问，电子商务平台创新设计也是为具体业务创新服务的。正如传统的一个店面，经营的业务不同，店面以及店内的设计需求也就会不一样。电子商务平台创新设计必须考虑业务创新需求。如前所述，电子商务应用可以有 3 种不同的战略：业务强化战略、业务再生战略和业务新创战略。具体业务不同电子商务应用的商业模式也会不一样。所以，电子商务平台创新设计，首先必须建立业务驱动的平台创新设计理念。

业务驱动的创新设计理念，对电子商务应用的成功非常重要。电子商务平台总是为具体业务的电子商务应用服务的。电子商务平台创新设计，应该首先分析具体业务基于网络化技术的创新需求。不是业务适应某一网络技术，而是运用网络技术支持业务创新。不是简单地运用网络运营业务，而要思考如何创造性运用网络（新）技术（或工具）让业务运营更有效更高效更可靠。业务网络化创新，是创造性运用网络（新）技术（或工具）对业务战略、模式和流程等进行再设计。在业务网络化创新需求基础上，再进一步思考具体业务创新对网络化商务平台创新设计的需求。

网络化平台创新设计，可以是对传统商务平台的创新设计，也可能是对原有电子商务平台的创新设计。随着计算机网络和信息技术的发展，不断有新的网络技术（或工具）出现，所以，对电子商务专业人员来说，要不断思考如何创造性运用网络（新）技术（或工具）让业务运营更有效、更高效、更可靠。业务驱动的电子商务平台创新设计，是一个长期性的工作。如

图 4-1 所示，当当网在图书销售平台上增加信息分享功能，可有效利用新浪微博、腾讯微博、开心网、人人网进行图书促销。

图 4-1 当当网图书销售平台

4.4.2 用户导向的创新设计理念

电子商务平台是用来支持业务运营的，所以，很多与业务运营相关的主体，都是电子商务平台的用户。毫无疑问，电子商务平台创新设计也是为电子商务平台用户服务的。电子商务平台的用户，可能是消费者、供应商、合作伙伴、员工、管理者等。不同用户对电子商务平台的设计需求不一样。所以，电子商务平台创新设计，必须建立用户导向的平台创新设计理念。

用户导向的创新设计理念，对成功的电子商务应用也非常重要。电子商务平台总是有很多具体的用户。电子商务平台创新设计，应该首先分析不同用户基于网络化业务创新的具体业务流程。不是用户完全适应某一网络技术，而是运用网络技术支持用户的业务活动。不是简单地让用户运用网络工具，而要思考如何创造性运用网络(新)技术(或工具)更好地满足用户需要。然后，再分析不同用户对电子商务平台界面和功能的创新设计要求。

电子商务平台用户新的需求总是不断出现，电子商务平台创新的关键就在于挖掘和满足用户需求。用户导向的电子商务平台创新设计，不是一次性工作，而是一个长期性工作。对电子商务专业人员来说，要不断思考和分析用户需求的变化，及时通过平台创新设计，满足用户在电子商务应用中的最新需求。例如，当 QQ 等即时通信工具普遍使用时，很多电子商务平台也把 QQ 等即时通信工具用来支持业务洽谈以及与客户沟通。再例如，人们在购买图书时，通常希望先翻看一下图书的内容，于是，亚马逊图书销售平台便增加了在线试读的功能，如图 4-2 所示。

4.4.3 服务导向的创新设计理念

服务导向，已经成为一个重要的商业理念。如前所述，电子商务是为业务创新服务的。电子商务平台是用来支持业务运营的。网络、服务、创新是电子商务应用的核心理念，而服务创新是电子商务的灵魂。所以，电子商务平台创新设计，必须建立服务导向的平台创新设计理念。

图 4-2　亚马逊图书销售平台的在线试读界面

服务导向的创新设计理念体现在两个方面。第一，电子商务平台创新设计始终强调服务于业务创新和用户需求创新。电子商务平台设计不是为设计而设计，根本出发点是服务创新。对电子商务专业人员来说，要不断思考如何通过电子商务平台的设计支持电子商务创新应用。上述的业务驱动和用户导向实际上也是服务导向创新设计理念的具体体现。第二，电子商务平台系统结构设计，应该采用服务导向架构（Service Oriented Architecture，SOA）。SOA是指软件设计的一种方法，目的是在各个不同的软件供应商之间建立一个松耦合，实现信息的共享。服务是由服务供应商为了达到消费者希望的最终结果而设计的工作套件。它将应用程序的不同服务，通过事先定义好的接口和契约联系起来。接口是采用中立的方式进行的，它与实现服务的硬件平台、操作系统和编程语言无关。这样保证了构建在各种这样的系统中的服务可以以统一和通用的方式进行交互。

4.4.4　体验至上的创新设计理念

任何电子商务平台都是给很多用户使用的。从用户角度评价电子商务平台，主要看用户可用性以及能否带来满意的用户体验。用户体验（User Experience，UE）是用户访问一个网站或者使用一个产品时的全部感受，给用户留下的印象。用户体验这个词最早被广泛认知是在上世纪 90 年代中期，由用户体验设计师唐纳德·诺曼（Donald Norman）提出和推广。尽管用户体验起源于 IT 产品，实际上任何个人、任何产品、任何行业的竞争背后都是用户体验的竞争。苹果、Google、百度、新浪、亚马逊等，从本质上讲，它们的成功都是用户体验的成功。如图 4-3 所示是 2011 年 4 月中国 B2C 电子商务网站性能用户体验排行榜。所以，电子商务平台创新设计，必须建立体验至上的平台创新设计理念。

用户体验主要来自用户和人机界面的交互过程。在早期的软件设计过程中，人机界面被看做仅仅是一层包裹于功能核心之外的“包装”而没有得到足够的重视。其结果就是对人机界面的开发独立于功能核心的开发，而且往往是在整个开发过程的尾声部分才开始的。这种方式极大地限制了对人机交互的设计，其结果带有很大的风险性。因为在最后阶段再修改功能核心的设计代价巨大，牺牲人机交互界面便是唯一的出路。这种带有猜测性和赌博性的开发几乎是难以获得令人满意的用户体验。客户服务，从广义上说也是用户体验的一部分，因为它是同产品自身的设计分不开的。客户服务更多的是对人员素质的要求，而已经难以改变已经完成并投入市场的产品了。但是一个好的设计可以减少用户对客户服务的需要，从而减少公司在客户服务方面的投入，也降低由于客户服务质量引发用户流失的概率。

在网站设计的过程中有一点很重要，那就是，要结合不同利益相关者的利益——市场营销、品牌、视觉设计和可用性等各个方面。市场营销和品牌推广人员必须融入“互动的世界”，在这一世界里，实用性是最重要的。这就需要人们在设计网站的时候必须同时考虑到市场营销、品牌推广和审美需求 3 个方面的因素。用户体验就是提供了这样一个平台，以期覆盖所有利益相关者的利益——使网站容易使用、有价值，并且能够使浏览者乐在其中。

gomez 中国电子商务网站性能用户体验排行榜 - B2C

排名	网站	响应时间（秒）	可靠性（%）	稳定性（秒）
1	麦包包	1.7634	99.68%	2.7682
2	乐淘网	1.3418	94.16%	2.3901
3	卓越亚马逊	2.3297	100.00%	2.942
4	唯品会	2.2181	99.71%	3.5064
5	走秀网	3.5284	97.62%	3.3675
6	麦网	4.5821	99.82%	4.8788
7	凡客诚品	5.5583	99.64%	4.4683
8	耀点100	6.9964	99.93%	4.7895
	排行榜平均	**6.6616**	**98.94%**	**6.2671**
9	腾讯	7.6094	99.93%	5.5651
10	淘宝商城	6.8515	99.85%	6.8793
11	银泰网	5.3365	100.00%	9.4511
12	当当网	7.998	99.91%	5.5317
13	一号店	5.1597	99.78%	10.2451
14	苏宁易购	6.1263	92.51%	7.0774
15	京东商城	9.5902	99.68%	6.9423
16	梦芭莎	10.6034	98.26%	5.4772
17	新蛋	10.5457	99.93%	6.955
18	迅购网	8.7248	99.85%	9.9573
19	成格	10.4625	99.93%	9.5531
20	易迅商城	15.9054	98.68%	12.5974

图 4-3　中国 B2C 行业网站性能用户体验排行榜

AJAX 之父 Jesse James Garrett 在《用户体验的要素：以用户为中心的 Web 设计》中，将用户体验分为 5 个层次：战略层、范围层、结构层、框架层、表现层。

(1)战略层——网站目标和用户需求

成功的用户体验，其基础是一个被明确表达的“战略”。知道企业与用户双方对网站的期许和目标，有助于确立用户体验各方面战略的制定。然而回答这些看似简单的问题却不如说起来那么容易。

(2)范围层——功能规格和内容说明

带着“我们想要什么”、“我们的用户想要什么的”的明确认识，就能弄清楚如何去满足所有这些战略的目标。当你把用户需求和网站目标转变成网站应该提供给用户什么样的内容和功能时，战略就变成了范围。

(3)结构层——交互设计与信息架构

在收集完用户需求并将其排列好优先级别之后，我们对于最终展品将会包括什么特性已经有了清晰的图像。然而，这些需求并没有说明如何将这些分散的片段组成一个整体。这就是范围层的上面一层：为网站创建一个概念结构。

(4)框架层——界面设计、导航设计和信息设计

在充满概念的结构层中开始形成了大量的需求，这些需求都是来自我们的战略目标的需求。在框架层，要更进一步地提炼这些结构，确定很详细的界面外观、导航和信息设计。

(5)表现层——视觉设计

在这个5层模型的顶端，我们把注意力转移到网站用户会先注意到的那些方面：视觉设计，在这里，内容、功能和美学汇集到一起产生一个最终设计，这将满足其他4个层面的所有目标。

在用户体验方面，信息构建师 Peter Morville 长期从事信息构建和用户体验设计的工作，对此深有体会，他认为，良好的用户体验不仅仅是指可用性，而是在可用性方面还有其他一些很重要的东西，列举如下。

① 有用性(useful)：它表示设计的网站产品应当是有用的，而不应当局限于上级的条条框框去设计一些对用户来说根本毫无用处的东西。

② 可找到性(findable)：网站应当提供良好的导航和定位元素，使用户能很快地找到所需信息，并且知道自身所在的位置，不至于迷航。

③ 可获得性(accessible)：它要求网站信息应当能为所有用户获得，如果用户不能找到商品，他们就不会购买它。

④ 期望性(desirable)：是指网站元素应当满足用户的各种情感体验，这个是来源于情感设计的。

⑤ 可靠性(credible)：是指网站的元素是能够让用户信赖的，要尽量设计和提供使用户充分信赖的组件。

⑥ 价值性(valuable)：它是指网站要能盈利，而对于非营利性网站，也要能促使实现预期目标。

4.4.5 简单至上的创新设计理念

如前所述，电子商务平台创新设计的目的是支持业务创新和用户需求创新。电子商务平台总是以一定技术为基础的，但对技术的运用以及电子商务平台界面和系统功能设计应该越简单越好，而不是越复杂越好。所以，电子商务平台创新设计，必须建立简单至上的平台创新设计理念。

简单至上的创新设计理念体现在两个方面。第一，电子商务平台界面应该尽可能地简单明了。花哨凌乱的网站，其用户可用性和用户体验一般都比较差。事实上，简单明了一直是网站设计风格的演化方向。第二，电子商务平台的功能设计应该尽可能地方便用户操作。Steve Krug 在《点石成金：访客至上的网页设计秘笈》中，建议“让用户无须思

考”地进行在线操作。很显然，为了不让用户思考，对电子商务专业人员来说，就需要思考得更多。

简单至上的创新设计理念，不仅适用电子商务平台创新设计，也适用电子商务设计的其他方面。例如，客户在线操作要简单，互动要求要简单，广告与促销方案设计要简单明了；客户要易于识别产品品牌，产品性能和服务内容表达要尽可能简单，客户能易于理解、识别，客户能易于感知产品和服务价值；企业如何向客户提供服务和/或产品？客户获取服务和/或产品的渠道也应尽可能简单，等等。在很多情况下，简单就是最美的，就是最好的。

延伸阅读

雷柏创新电子商务平台

新年伊始，全球最大的专业无线外设专家雷柏率先下了第一步棋，于 1 月 10 日隆重推出了自己的电子商务旗舰平台(shop. rapoo. com)，并为此特别设计了 6 款网销专属新品。这一举措不仅仅意味着雷柏电子商务渠道布局的完成，也预示了雷柏走出国门、迈向世界的雄心壮志。

定制营销凸显品牌价值

2010 年，电子商务异军突起，成为市场最为耀眼的一颗新星。据工信部预计，2010 年我国电子商务市场交易额突破 4 万亿元。来自商务部的数据也显示，2010 年我国网络购物的规模预计可达 4 500 亿元，这一数字几乎是 2009 年的一倍。可以说，电子商务市场风光无限。

无论是麦考林、当当网的美国上市，还是淘宝、京东的运营转型，都将电子商务推向了一波又一波的高潮。这表明电子商务渠道的价值正在被企业所认同，不约而同地加大了新渠道发展规划的力度。

但是，纵观国内的电子商务平台，基本都停留在简单的页面展示，并没有太大的差异，也缺乏创意，品牌价值得不到最大化的体现。基于此，仍无法改变网上消费者以价格论英雄的购物习惯。

此时，雷柏果断进军电子商务市场，正是看到了这一破绽。对市场趋势的敏锐把握使得雷柏在短短两年时间推动了无线技术的普及，打破了国外企业的垄断。这一回，雷柏野心勃勃。

是否可以成为行业发展的风向标？

据了解，该平台是雷柏通过对京东商城、淘宝等网络销售渠道的摸索与研究，并在此基础上融进自己的创新技术搭建而成，对原有的电子商务平台进行了系统的整合和全面的提升。

打开雷柏的电子商务旗舰平台，可以发现，这绝对不是对淘宝们的简单复制，而是充分展示了雷柏“无限舒适生活”的品牌理念。每一步都在考虑用户的细节需求，是整个网站的基调。其中，产品精确选购、产品信息详尽披露、与雷柏伯乐俱乐部积分互动共享和用户账号定制管理是该平台的 4 个最具创新性的亮点。其实，该平台的直销功能只是其中的一个小功能模块，它仅是搭载在一个雷柏电子商务团队自主设计的电子商务平台信息系统之上，此电子商务信息系统是雷柏将来处理电子商务业务的综合信息平台，将更高效、更科学，将真正凸显电子商务技术应用带来的优势。

在这一平台中具备产品筛选和分类导航功能，直观简便，体现了雷柏设计的极简主义色彩，这样用户可以进行精确选购，买到自己心目中的产品。而产品信息方面，也非常详尽，用户了解产品没有任何难度。平台也巧妙地与雷柏官网衔接，运用官网伯乐俱乐部13万的注册用户群，彼此的积分，也就是柏乐币，可以互通共享，增强了吸引力。用户账号定制管理能够使用顾客数据库实现一对一的营销，能够随时对每一位顾客的需求做出反应。团购客户可以享受优惠价，用户推荐产品也可以享受优惠价，积极利用口碑传播，起到品牌宣传的作用。

在吹起冲锋号后，雷柏的电子商务部经理罗海涛这样描绘未来目标："做国内电子行业最具特色的网络营销平台，突出个性化、互动性及便捷性。针对顾客需要对现有产品组装或定制，通过交流互动使得客户真正参与到整个营销过程中，客户参与的主动性和选择的主动性得到加强。"

这不禁让人想起雷柏总裁曾浩的一句话："让我们的用户自由搭配，让我们的用户参与销售。"的确，电子商务最显著的特点就是网络互动营销，最重要的就是把顾客整合到营销过程中来，将顾客满意作为营销目标的价值，这样才能实现企业利润的最大化和满足客户需求最大化。

整合渠道实现腾飞

熟知雷柏的人都知道，这是一个敢为天下先的企业。2008年，雷柏率先拉起无线键鼠普及大旗，以实惠的价格，推动无线键鼠在中国市场的全面普及，2010年，再一次在无线音频领域，以技术创新推动无线耳麦产品全面普及，刮起99元亲民风暴。雷柏，正以自身在无线外设领域的技术优势、国际化的工业设计、贴近中国消费者的需求和价位，把雷柏打造成中国无线外设制造第一品牌。近年来，市场份额均占据半壁以上江山。

这一切，都需要一个统一强大的营销推广平台作为支撑，互联网自然是未来的重点。事实上，雷柏一直在基于互联网上做出努力，如外设行业第一个敢于自己操盘持续运营俱乐部论坛，业界第一个应用全国报修信息系统，业界第一个开通产品注册功能，业界第一个拥有13万注册用户群，业界第一个推出自有电子商务平台系统，等等。

这次的电子商务平台也充分显示了雷柏的成熟，运用了渠道差异化和产品差异化战略，很好地实现了线上和线下的结合。shop. rapoo. com主要销售新品，特别是网款专属产品，合作的B2C平台，例如京东、新蛋，主要是适量新品结合库存产品销售。这样一来，与线下渠道就有了差异化，切实考虑了现有渠道商们的利益。另外，给予网上消费者一定的折扣，缓解线上和线下冲突的同时，也释放了线下零售渠道覆盖不了的地区消费者巨大的消费潜力。

可以预计，在未来雷柏将以自己的平台作为旗舰，以京东、新蛋等热门电子商务平台作为网络分销平台，把电子商务渠道打造成继IT、KA渠道后的第三大销售渠道。至于电子商务系统之间无缝整合的技术要求，则不用过多忧虑。因为极具竞争力的核心技术就是雷柏最大的信心源头，曾浩曾说过："雷柏一直都将技术作为竞争的核心，选择一个领域，便会在技术层面将研发做到极致，如果技术不成熟，我们决不会将产品贸然推向市场。"

电子商务渠道对于雷柏而言，不仅仅是一个单纯的商业概念，而是一个以互联网支撑的企业全球驱动契机。通过加大资源整合力度、构筑统一的营销推广平台，同时借助自身多年来在国际市场以及无线技术上的积累，将雷柏打造成世界级品牌，这也是雷柏发展战略的重要组成部分。

由此，可以培养大量的忠实消费群体，提升消费者的品牌认知度和忠诚度，有了硬件设施的建设和软件技能的配合，雷柏的创新战略和品牌战略就会合二为一，实现雷柏新的腾飞，抢占全球无线外设制高点。

（资料来源：新浪网 http://vic.sina.com.cn/news/27/2011/0113/27471.html）

讨论题

雷柏是如何进行电子商务平台创新的？

本章小结

1. 电子商务设计，从概念上讲，有广义和狭义两种。广义的电子商务设计，就是对电子商务应用方案的设计。狭义的电子商务设计，一般是指对电子商务系统的设计。在现实中，甚至有人认为，电子商务设计，就是指对电子商务网站系统的设计。

2. 电子商务设计是面向电子商务应用对商业和技术方案整体或局部的创造性构思、规划和安排。商业理念和技术手段的结合是电子商务设计的重要特点。电子商务设计不是纯粹的技术设计，也不是纯粹的商业设计。电子商务设计人员必须具备商业和技术领域知识以及电子商务应用创新理念。

3. 电子商务设计，在本质上，是运用电子商务方式解决现实商务问题的创造性活动，是对电子商务创新理念的创造性运用。电子商务设计是一种基于互联网技术应用的商业方案设计。电子商务设计类似于建筑设计，而计算机网络工程设计类似于土木工程设计。

4. 电子商务设计的目的是确定企业电子商务应用方案。电子商务应用通常涉及战略、战术以及作业3个不同层面。所以，电子商务设计一般也可分为战略、战术以及作业3个不同层面。

5. 电子商务设计要充分体现电子商务应用的核心理念：网络、服务和创新。电子商务设计需要最全面的电子商务专业素养。所以，对电子商务专业来说，电子商务设计是最为核心的专业基础。

6. 尽管电子商务设计不是简单的技术设计，但电子商务应用总是建立在计算机网络和信息技术基础之上的，电子商务设计离不开一定的技术基础。所以，电子商务设计人员必须对电子商务的相关技术及其最新发展非常了解。

7. 所谓电子商务平台，从概念上说，就是用于交易、服务、交流和协作的电子商务活动平台。狭义的电子商务平台，通常就是基于互联网的电子商务平台，更狭义的电子商务平台，甚至即是一个为企业或个人提供网上交易洽谈的平台。广义的电子商务平台，是指所有基于电子化技术的电子商务平台。

8. 电子商务平台创新设计，从概念上说，就是基于电子商务应用创新理念对电子商务平台的设计。广义地说，所有的电子商务平台设计都是电子商务平台创新设计。因为电子商务平台都是对传统商务平台的创新。狭义地说，电子商务平台创新设计是对原有电子商务平台的创新设计。

9. 电子商务平台创新设计中，通常需要遵循的5个基本设计理念包括：①业务驱动；②用户导向；③服务导向；④体验至上；⑤简单至上。

关键术语

电子商务设计　电子商务平台　平台创新设计

思考与练习

1. 何谓电子商务设计？广义和狭义的电子商务设计有何区别？
2. 电子商务设计与计算机网络工程设计有何本质区别？
3. 如何理解战略、战术以及作业3个不同层面的电子商务设计？
4. 为什么说，对电子商务专业来说，电子商务设计是最为核心的专业基础？
5. 电子商务设计人员必须对哪些相关技术及其最新发展非常了解？
6. 何谓电子商务平台？广义和狭义的电子商务平台有何区别？
7. 何谓电子商务平台创新设计？广义和狭义的电子商务平台创新设计有何区别？
8. 电子商务平台创新设计中，需要遵循的基本设计理念主要有那些？

考察与实践

1. 考察和比较网上书店与网上服装店所用的电子商务技术。
2. 列举最近3年出现的对电子商务有重要影响的网络技术和网络工具。
3. 考察3个不同行业的B2C电子商务网站在设计上的不同点和共同点。

第5章

电子商务交易与电子市场

内容概要

在这一章，首先介绍电子商务交易及其主要方式，讨论电子商务交易中的支付和配送问题以及安全和风险问题。然后，讨论电子市场的相关概念和分类以及网上商业生态系统的重要性，讨论私有电子市场中的销售和采购问题。最后，讨论公共 B2B 电子市场的概念和内涵以及公共 B2B 电子市场的支持服务。

学习目标

1. 掌握电子商务交易的概念和主要方式；
2. 了解电子商务交易中的支付和配送问题；
3. 了解电子商务交易中的安全和风险问题；
4. 掌握电子市场分类和商业生态系统的重要性；
5. 了解私有电子市场中的销售和采购问题；
6. 了解公共 B2B 电子市场的内涵和支持服务。

开篇案例

义乌购

“义乌购”(www. yiwugou. com)隶属于浙江中国小商品城集团股份有限公司，致力于线上线下融合发展，打造实体市场未来。“义乌购”战略本质是 B2R(Business to Retailer)，商家对零售商的缩写，即商家或厂家直接与终端零售商之间的一种贸易，即减少商品从生产商到零售商的中间环节。依托义乌市场丰富的货源，让采购商快速找到可信赖商品。“义乌购”把全球最大的实体市场——义乌小商品批发市场搬上网，独有商铺360°全景展示，让人身临其境逛市场。由于有实体市场依托，“义乌购”上的交易可管可控可溯源。诚信是“义乌购”的最大特色，“义乌购”建立线上线下联动、以网上营业执照为核心的诚信交易保障体系，通过商铺信用等级、投诉处理、担保交易、受欺诈买家赔偿计划四大举措，让每笔交易都有诚信保障。

2014 年，“义乌购”启动“合计划”，依托义乌市场品牌优势和现代化信息手段，实施“走出去”战略，将“义乌购”线上线下融合发展模式向全国乃至全球推广，推进各专业市场间“抱团”合作，构建一个产业支撑有力、线上线下融合、覆盖全国乃至全球的“蛛网式”市场大平台。

2015 年，“义乌购”推出“义品牌”战略，打造中国制造的“品牌孵化器”，精选及推广义乌市场有产业优势的优质商品品牌，对接“合计划”专业市场。入围“义品牌”

战略的商家，可以享受“义乌购”丰富的宣传推广资源，扩大品牌知名度。

在“互联网＋”转型的战略大方向下，公司拟打造线上与线下、电商与实体、市场与市场融合的电商生态圈，并基于线上线下市场的商品信息和交易等大数据的积累，发挥实体市场可管可控可追溯的优势，为形成以“义乌购”为核心，融支付结算、投资融资、资产管理、资信评级、大数据金融为一体的互联网金融生态圈创造积极条件。

“义乌购”是义乌小商品批发市场对电子商务的成功应用，可帮助大家更好地理解电子商务交易和电子市场的相关问题。

（资料来源：“义乌购”官方网站 http://www.yiwugou.com）

5.1 电子商务交易及其主要方式

按照前面对电子商务的理解，电子商务活动包括：交易、服务、沟通和协作。很显然，交易是电子商务活动的重要方面。下面，首先分析电子商务交易活动及其特点，然后讨论电子商务交易的主要方式。

5.1.1 电子商务交易概述

通常，人们对电子商务是从狭义和广义两个方面来理解的。从狭义上讲，电子商务是指通过互联网上的“商店”所从事的在线产品和劳务的买卖活动。交易内容可以是有形的产品和劳务，也可以是一些无形产品。从广义上讲，电子商务泛指一切与数字化处理方式有关的商务活动。它不仅仅是硬件和软件的结合，更是把企业与企业之间、企业与消费者之间、企业内部之间、企业、消费者与政府管理部门之间的信息交流通过内联网（Intranet）、外联网（Extranet）和互联网（Internet）实现数字化的处理过程。

自从有了电子商务，交易就有了线上交易和线下交易之分。但是，电子商务也不是一切都在互联网上实现，实物配送还是必须在线下完成。电子商务不一定完成甚至发生交易过程，如早期的B2B。电子商务服务于交易活动，是对交易过程的支持。所以，从概念上说，电子商务交易是用电子商务方式完成全部或部分交易活动。

与传统商务交易相比，电子商务在交易中通过运用互联网技术，不仅提升了买卖双方交易的效率，降低了交易成本，还为消费者提供了更多的选择，满足了消费者多样化、个性化的需求。电子商务将传统的商务流程电子化、数字化，一方面以电子流代替了实物流，可以大量减少人力、物力，降低了成本；另一方面突破了时间和空间的限制，使得交易活动可以在任何时间、任何地点进行，从而大大提高了效率。电子商务改变了传统的“面对面”式的交易模式，摆脱了展示柜与谈判桌，使交易变成了一种“点到点”、“站到站”式的商业数据互动，增加了交易机会，极大地带动了经济结构的变革。

5.1.2 电子商务交易的主要方式

电子商务交易方式有很多种，设计不同的交易机制，就有不同的交易方式。这里介绍其中主要的几种典型电子商务交易方式。

（1）在线直销

电子商务交易方式中最典型的就是网上销售产品或服务。或者由制造商将商品或服务直接销售给顾客，从而消除中间商或实体店的存在；或者由零售商销售给消费者，从而提高了商品的配送效率(如沃尔玛)。直销模式的应用对数字产品和服务的销售是非常有效的。这一方式主要应用于 B2C(或电子零售)和部分 B2B 类型的电子商务交易中。

(2)网上拍卖

几乎所有人都知道 eBay，它是世界上最大的在线拍卖网站。另外，还有上百个公司，如亚马逊和雅虎等，也都从事网上拍卖业务。其中最流行的一种拍卖方式就是网上购物者对各种产品和服务连续开价，最高开价者将会得到所拍卖的商品，如图 5-1 所示。

图 5-1　雅虎香港拍卖频道(https://hk. auctions. yahoo. com/)

(3)电子招/投标系统

无论是私营企业还是公共的大企业，常常采取招/投标系统(亦称逆向拍卖)来进行大批量或大价值的采购。这类招/投标活动可以在网上实现，节省了时间和资金。通用电气公司是最先采用这类系统的，并得到了普及。

(4)群体采购

在传统商务中，通常只有大量采购才能享受到折扣。然而，电子商务创造的“需求集成”的概念也同样使企业享受折扣。根据这一概念，由一个第三方寻找个人或中小企业的订单，并将这些订单集中起来形成一个数目较大的订单，最后第三方与供应商进行协商以实现最好的交易。由此，那些小企业或个人通过群体采购也能够享受折扣。最著名的采购集成商就是 Letsbuyit. com 公司。

(5)定制产品和服务

定制产品和服务是指按照购买者所要求的规格来生产产品和服务。定制并不是一个新模式，新的只是以不高出非定制化产品太多的成本快速在网站上为顾客定制出产品和服务的能力。为顾客定制 PC 的戴尔公司就是这方面的典范。

(6)开价

开价模式允许购买者为某一特定的产品或服务指定他所愿意支付的价格。Priceline 公司最先引入这一 C2B 交易模式，如图 5-2 所示。

图 5-2　Priceline 公司的 Name Your Own Price

(7) 电子市场和电子交易

电子市场是指在 Internet 通信技术和其他电子化通信技术的基础上，通过一组动态的 Web 应用程序和其他应用程序把交易的买卖双方集成在一起的虚拟交易环境。电子市场中的众多交易主体则可以通过电子市场中提供的电子化交易信息和交易工具或自己的电话、电子邮件、管理信息系统等程度不同的电子化工具建立点到点和一对多的交易通道。电子交易指通过电子系统进行的交易，不同于在交易所交易大厅面对面进行的交易。在电子商务中没有哪一部分比电子交易更引人注目了。所谓电子交易就是指在网上进行买卖交易。

(8) 实物交换

不同主体之间以实物交换的方式来交换其不需要的过剩物品。如跳蚤网可以提供实物交换交易，如图 5-3 所示。

图 5-3　跳蚤网(http://www.trad-goods.com)

5.2　电子商务交易中的支付与配送

电子商务交易与传统商务交易一样，通常需要解决支付问题和配送问题。这些问题有效解决，才能保证电子商务交易的可行性，也就是说，如果支付问题和配送问题解决不了，电子商务交易就难以实现。

5.2.1　电子商务交易中的支付问题

电子商务交易中的支付问题是制约电子商务发展的主要问题。目前电子商务交易中的支付方式主要有网上支付(包括网上银行卡转账支付和第三方支付平台结算支付)、电子货币支付、电子支票支付和移动支付。网上支付等电子支付业务的产生和发展，推动了支付业务流程的再造，优化了经营过程，降低了交易成本。

截至2014年12月，我国使用网上支付的用户规模达到3.04亿人，较2013年年底增加4 411万人，增长率为17.0%。与2013年12月底相比，我国网民使用网上支付的比例从42.1%提升至46.9%。与此同时，手机支付用户规模达到2.17亿人，增长率为73.2%，网民手机支付的使用比例由25.1%提升至39.0%，如图5-4所示。

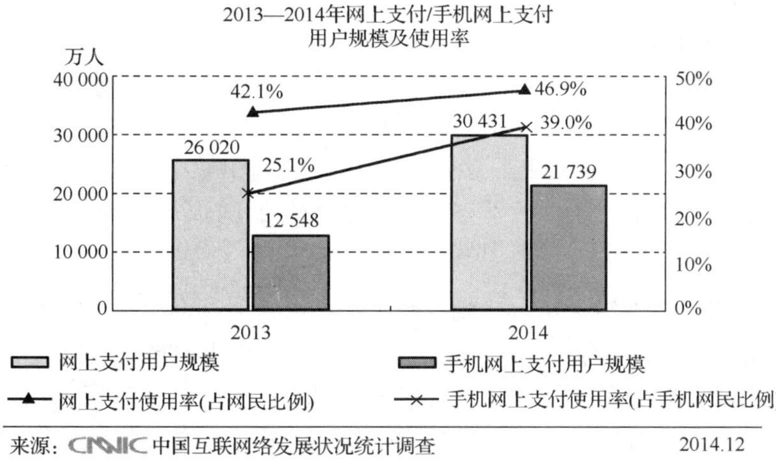

图5-4　2013—2014年网上支付/手机网上支付用户规模及使用率

目前电子商务交易中主要存在以下几方面的支付问题。

1. 安全问题

安全问题是电子支付中最关键、最重要的问题，电子支付业务的支撑系统仍存在安全隐患。一是信息泄漏。电子支付业务是主要应用互联网进行交易、清算和信息发布的系统。网络存在安全漏洞，无法保证网络中信息的隐秘性。二是假冒通信。互联网提供了灵活的数据交换机制，但同时也给假冒通信以可乘之机。三是假冒信息。攻击者窃取了网络中传输的信息后，采用一些并不复杂的技术，尤其是在内部人员的配合下，就能进行信息的假冒。四是网络犯罪。目前第三方支付交易平台不仅已经成为不法分子窃取资金的新工具，同时也逐渐成为不法分子从事地下交易和销赃的新渠道。

从我国目前电子支付的发展情况来看，迫切需要解决下面几个问题：①积极向电子支付国际通用标准靠拢；②建立CA认证中心；③大力发展电子支付的安全技术。

2. 支付方式的统一问题

电子支付中存在着若干种支付方式，每一种方式都有其自身的特点，且有时两种支付方式之间不能做到互相兼容，这样，当电子交易中当事人采用不同的支付方式且这些支付方式又互不兼容时，双方就不可能通过电子支付的手段来进行支付，从而也就不能实现电子商务在线交易。因此，从推动电子商务发展的角度出发，有必要努力将各种不同的支付方式统一起来，将各种不同的支付方式融会贯通、取长补短，整合形成一种较为完善的支付方式。

3. 信用风险的恶性循环问题

开展电子支付业务的整个过程几乎全部在网上完成，这种支付方式的“虚拟性”，一方面推动银行业跨越时间和地域的限制；另一方面也使交易对象变得难以明确，交易过程更加不透明。电子支付指令未被广泛接受使得电子银行比传统银行具有更大的信用风险。强大的负面公众舆论将导致银行资金或客户的严重流失。由于银行本身信息技术水平的限制，它们往往会依靠第三方的服务供应商（提供高科技的专业技术服务公司）来承担银行的外包业务。这一领域仅由少数几个技术服务供应商来控制，一旦他们中的任何一个出现了问题，就会有很多银行连带受损。

4. 跨国交易中的货币兑换问题

我们知道不同货币之间的汇率是在不断变化着的。这样，在跨国电子商务交易中就存在一个问题，即一个国家的网络消费者如何了解另一国家的销售者的产品报价折合成本国货币是多少。这个问题至关重要，因为它直接影响着人们潜在的购买欲望。最好的解决方案就是将货币自动兑换软件集成于电子服务器中，实现全球性电子商务处理服务。这样，任何人都可不受限制地通过 Internet 在全球任何地方购物消费。

5. 技术规范和实施标准缺乏统一规划问题

对于身份认证的权威性和独立性、数据加密强度、商用密码产品、通信安全控制措施等电子支付业务的核心技术参数，都没有制定相应的国家标准。目前各家银行各行其是，互不兼容。更有甚者，商业银行系统内部不统一，省级分行自行开发运行电子支付业务，自己建立 CA 身份认证中心。这种状况弊端很多。首先，各行网上银行业务标准不一、技术各异，对以后的互相合作、互相联合非常不利；其次，重复投资，造成资源的巨大浪费。同时，商业银行自建 CA 认证中心，自己为客户颁发数字证书，自己验证客户身份的做法，缺乏独立性和客观性，一旦发生法律纠纷，商业银行将处于被动局面。

6. 法律问题

迄今为止，我国银行开展电子支付业务已经有 10 多年了，但国内法律法规还不能给电子支付业务发展提供充分的保障，涉及计算机和网络领域的立法工作还相对滞后，缺乏保障网上银行和电子商务交易有效开展的法律框架体系。我国目前在有关电子支付的法律的制定方面也刚刚起步，大量的法律新问题还需要深入研究和解决。

5.2.2 电子商务交易中的配送问题

随着网络技术的不断发展，电子商务显得越来越重要，也日趋成熟。而电子商务环境下的物流业的作用和地位也日益重要，电子商务对配送的要求也越来越高。然而，在电子商务与物流的融合中，物流业发展显得相对落后，在一定程度上制约着电子商务的发展。

电子商务交易中的配送，要求物流企业采用网络化技术和现代化的硬件设备、软件系统及先进的管理手段，针对客户的需求，进行一系列分类、整理、送货等活动及过程。这种新型的配送模式带来了流通领域的巨大变革，越来越多的企业开始采用电子商务配送模式。但是由于电子商务配送还处于初级阶段，仍存在许多问题，需要不断完善和发展。

1. 配送物流基础和设施相对落后

虽然电子商务的物流配送受到了越来越多的关注，但由于观念、制度和技术水平的制约，我国电子商务配送物流的发展相对比较缓慢，与电子商务的需求还有一定的差距。配送物流的技术和配送工具等都无法满足电子商务配送物流的要求。基础设施落后、公共信息交流平台的缺乏，都制约着电子商务配送物流的发展。

2. 配送物流信息化、资源配置和管理水平普遍较低

配送物流包括商品的接收、运输、送货等步骤，而电子商务交易中的配送物流对信息管理、信息系统和信息技术等都有比较高的要求。目前，配送物流的信息化程度还很低，信息管理尚未实现自动化，管理信息系统不健全。电子数据交换系统的应用范围有限，企业之间的物流共享机制尚未形成，信息资源未能很好地实现共享。利用系统集成软件技术优化物流配置的企业非常少，大大影响了物流服务的准确性和及时性。

3. 配送物流市场化有待提高，相关制度有待完善

目前我国大多数物流配送企业物流配送市场化程度低，物流配送企业数量、经营规模小而散，未能在订货管理、存货管理等系统中提供良好的、专业的物流服务。同时，由于缺乏一体化的物流系统，使得与电子商务物流配送相适应的市场竞争机制、市场准入与退出制度等还不够完善，制度和法规的缺陷阻碍了电子商务物流配送的发展。

4. 专业配送物流管理和技术人才的短缺

由于电子商务配送物流发展的时间较短，相关的知识和操作经验积累不足，使得有关电子商务方面的技术和管理人才比较匮乏，制约了电子商务配送物流模式的推广，不仅影响了电子商务配送物流的发展，也严重阻碍了电子商务的发展。

5. 解决电子商务配送物流“最后一公里”成本高

“最后一公里”配送物流问题一直是电子商务的痛，痛点就是成本和用户体验。配送员属于劳动密集型产业，随着人口红利消失，人力成本越来越高，而客单价较低，最终导致配送费用吞噬毛利。同时，由于无法准确预知到货时间点，用户体验很难做好。而且，由于产生订单合并、线路规划不当等问题，很可能订单量越大体验越差。

5.3　电子商务交易中的安全与风险

电子商务交易中的安全与风险问题是电子商务应用需要解决的重点问题。上述电子商务交易的支付和配送问题中也存在安全和风险问题。

5.3.1　电子商务交易中的安全问题

简单地说，电子商务就是利用 Internet 进行的交易活动，所以，电子商务交易中的安全也就相应地分为两方面的安全：一方面是“电子”方面的安全，即计算机网络的安全；另一方面是“商务”交易方面的安全。这两个方面的安全威胁也就给电子商务交易带来了许多安全问题。

1. 计算机网络安全威胁

由于电子商务是以信息技术和计算机网络为基础的，与传统商务相比，它不可避免地面临着一系列的网络安全问题。

(1) 黑客攻击

黑客攻击是指黑客非法进入网络，非法使用网络资源。随着互联网的发展，黑客攻击经常发生，防不胜防，黑客利用攻击工具修改网页、非法进入主机、窃取信息、破坏目标系统的数据会对计算机网络安全带来严重的危害。目前黑客攻击已成为了计算机网络的重要安全威胁。

(2) 计算机病毒的攻击

病毒是能够破坏计算机系统正常运行，具有传染性的一段程序。随着计算机网络技术的发展，计算机病毒技术也在快速地发展变化之中，而且在一定程度上走在了计算机网络安全技术的前面。计算机一旦感染了病毒，轻则使系统工作效率下降，重则造成系统死机或毁坏，部分文件或全部数据丢失，甚至造成计算机主板等部件的损坏，导致硬件系统完全瘫痪。计算机病毒的攻击已经成为了计算机网络的又一重要安全威胁。

(3) 网络犯罪

在如今互联网时代，网络犯罪较为容易操作，不受时间、地点、条件限制的网络诈骗简单易施、隐蔽性强。能以较低的成本获得较高的效益。再加上网络空间的虚拟性、异地性等特征，在一定程度上刺激了犯罪的增长。网络犯罪的滋生，不仅带来了巨大的经济损失，还给社会造成了严峻的负面影响。

2. 商务交易安全威胁

Internet 的产生源于计算机资源共享的需求，具有很好的开放性，但正是由于它的开放性，导致在线商务交易存在以下安全隐患。

(1) 开放性

开放性和资源共享是 Internet 最大的特点，也正是这种开放性给电子商务交易带来了许多安全威胁。

(2) 缺乏安全机制的传输协议

TCP/IP 协议是建立在可信的环境之下，缺乏相应的安全机制，这种基于地址的协议本身就会泄露口令，根本没有考虑安全问题；TCP/IP 协议是完全公开的，其远程访问的功能使许多攻击者无须到现场就能够得手，连接的主机基于互相信任的原则等这些性质使网络更加不安全。

(3) 软件系统的漏洞

随着软件系统规模的不断扩大，系统中的安全漏洞或“后门”也不可避免地存在。如 cookie 程序、JAVA 应用程序、IE 浏览器等软件或程序都有可能给我们开展电子商务带来安全威胁。

(4) 信息电子化

电子化信息的固有缺点就是缺乏可信度，电子信息是否正确完整是很难由信息本身鉴别的，而且在Internet传递电子信息，存在着难以确认信息的发出者以及信息是否被正确无误地传递给接收方的问题。

3. 电子商务交易中的安全问题

计算机网络安全威胁与商务交易安全威胁会给电子商务交易带来以下安全问题。

（1）信息泄露

在电子商务中表现为商业机密的泄露，以上计算机网络安全威胁与Internet的安全隐患可能导致电子商务交易中的信息泄漏，主要包括两个方面：交易双方进行交易的内容被第三方窃取；交易一方提供给另一方使用的文件被第三方非法使用。攻击者主要通过截获和窃取的方式造成信息泄漏。

（2）信息被篡改

电子商务的交易信息数据在网络上传输的过程中，可能被他人非法修改、删除或被多次使用，这样就导致信息失去了原有的真实性和完整性。

（3）身份伪造

由于掌握了数据格式，并可以篡改通过的信息，如果不进行身份识别，攻击者就有可能假冒交易一方的身份，破坏交易、毁坏被假冒一方的信誉甚至盗取被假冒一方的交易成果等。

（4）信息破坏

由于计算机技术发展迅速，原有病毒防范技术、加密技术、防火墙技术等始终存在被新技术攻击的可能性，计算机网络本身容易遭到一些恶意程序的破坏，如计算机病毒、特洛伊木马程序、逻辑炸弹等，这些安全威胁都会导致电子商务交易中的信息在传递过程遭到破坏。

（5）信息丢失

在电子商务交易中还会出现信息丢失的安全问题，信息丢失多是由于线路问题、安全措施不当或是在不同的操作平台上转换操作不当导致的。

（6）泄露个人隐私

参与到电子商务中的个人必须提供个人信息，而现存的网络安全威胁与商务交易安全隐患有可能导致电子商务交易者的个人信息遭到泄露，个人隐私遭受侵犯。

（7）交易欺诈行为

在电子商务中的交易欺诈行为一般包括：销售假冒伪劣产品、交易价格欺诈、利用虚假网站或发布虚假信息进行诈骗、冒充电子商务交易方诈骗他人财物、利用交易平台的缺陷进行诈骗，或者虚假信息欺诈行为、“网上钓鱼”欺诈行为、网络创业欺诈行为、网络传销欺诈行为、高额中奖欺诈行为、免费网站欺诈行为、信用卡套现行为，等等。交易欺诈行为是违法行为，严重影响电子商务应用的发展，应该依法打击各类交易欺诈行为。

5.3.2 电子商务交易中的风险问题

1. 电子商务交易中的信用风险

电子商务的成功与否取决于消费者对网上交易的信任程度，如果有消费者在网络交易中出现事故，那么这将是电子商务在树立信用形象中的一大损失。电子商务的信任风险实质是由网络交易的虚拟化造成的，进行交易的个体可以说是素昧平生，主要的交易信息不能真正被交易对象掌控，所以极易引发信用风险。首先是买方信用风险，在网络中个人可以任意伪造信息，可以伪造假信用卡骗取卖方商品，造成卖方损失。然后是卖方信用风险，由于信息不对称等原因，消费者不可能完全掌握商家商品信息，卖方商品信息不完全、不准确或商家过分诱导消费者，从而误导消费者购买行为，这些都会对消费者的利益产生影响。另外，卖家单方面毁约，不履行交易，也会对买方造成损失。

2. 电子商务运行环境的风险

(1) 网络环境风险

网络是电子商务的运行基础，软件、应用操作系统是电子商务的运行平台。计算机、网络设备硬件的质量缺陷，相关的软件应用系统程序有漏洞，网络服务提供商中断服务，防火墙、杀防软件的漏洞引起的病毒、黑客入侵，这些都会造成用户的损失。

(2) 信息安全风险

信息在网络上传递时，要经过多个环节和渠道。计算机病毒的侵袭、“黑客”的非法入侵、线路窃听等很容易使重要数据在传递过程中泄漏，从而威胁电子商务交易安全。另外，各种外界的物理性干扰，如通信线路质量较差、地理位置复杂、自然灾害等，都可能影响数据的真实性和完整性。信息安全风险主要有以下几个方面。

① 冒名偷窃。“黑客”为了获取重要的商业机密、资源和信息，常常采用源 IP 地址欺骗攻击。入侵者伪装成源自一台内部主机的一个外部地点传送信息包，在 E-mail 服务器使用报文传输代理中冒名他人，窃取信息。

② 篡改数据。攻击者未经授权进入电子商务系统，使用非法手段删除、修改、重发某些重要信息，破坏数据的完整性，损害他人的经济利益，或干扰对方的正确决策，造成电子交易中的信息风险。

③ 交易信息丢失。可能有 3 种情况：一是因为线路问题造成信息丢失；二是因为安全措施不当丢失信息；三是在不同情况的操作平台上转换操作不当从而丢失信息。

(3) 电子商务法律风险

由于电子商务的发展历史不是很久，而且电子商务是在全球化的环境下开展的，这样立法的不健全和立法的国别差异严重地制约电子商务的发展，使得电子商务的开展存在着严重的法律风险。

① 电子商务交易的法律风险。电子商务是在一个虚拟环境下进行的，电子商务交易可以看做无纸贸易，电子合同、CA 认证、电子商务认证机构、电子货币、电子数据、电子签名、网上银行、网上支付这些都是无纸的体现，这些也是电子商务进行的基本要素，可如今对这些虚拟机构法律监管并不完善，进行电子商务交易仍存在着一定的法律风险。

② 电子商务中知识产权侵权的风险。电子商务蓬勃发展，在网络高速发展的同时，一个新的问题摆在电子商务的面前。网络是个开放的平台，资源在网络中的传播是畅通的，在网络中资源的共享性使得有知识产权的资源受保护的力度较为低下。

所以，在电子商务交易中，要重视电子商务交易的安全控制问题和风险管理问题，在电子商务交易前、交易中和交易后都必须有必要的安全控制手段和风险管理措施。首先，在政府层面，要通过立法规范电子商务交易行为，加强对网上欺诈行为的打击力度；其次，鼓励研究和开发各类电子商务交易安全技术，如电子签名、电子合同等。

江苏 CA 买卖网是国内领先的电子合同和电子商务解决方案提供商，运用当今领先的可信电子签名安全技术，打造了国内首创的新一代 B2B 电子商务网站及电子缔约安全保障平台，填补了目前国内 B2B 电子商务平台普遍缺乏的安全保障和全流程电子商务服务的空白。企业可以在线申请 CA 买卖盾证书，进而获得全国多家 CA 机构颁发的唯一电子网上执照进行在线电子交易、在线电子合同缔约、享受商业银行的第三方电子担保支付、在线开具税务部门的电子税票、获得国家仲裁机构提供的在线调解仲裁等一条龙服务。由买卖网电子商务公司负责管理运营的中国云签（www. yunsign. com）是中国独立的第三方电子合同公共服务平台，如图 5-5 所示。

图 5-5　中国云签（www. yunsign. com）

5.4　电子市场与网上商业生态系统

电子市场及其网上商业生态系统是电子商务环境下的产物。下面，首先讨论电子市场的概念和分类，然后讨论网上商业生态系统的重要性。

5.4.1　电子市场的概念和分类

进行电子商务交易及其他电子商务活动的主要场所被称为电子市场（E-Marketplace），它是一种虚拟市场，是指在 Internet 通信技术和其他电子化通信技术的基础上，通过一组动态的 Web 应用程序和其他应用程序把交易的买卖双方集成在一起的虚拟交易环境。

电子市场的出现，特别是基于互联网的电子市场的出现，使传统市场的供应链和交易过程发生了显著变化，同时也使得与交易有关的信息、货物、服务的交换与付款变得更加便利。与传统市场相比，具有交易更加丰富、更低的信息搜索成本、消除了信息不对称、位于不同地点的买方和卖方业务沟通能力大大提高等优势。

电子市场有很多种类型，主要有 B2C 电子市场、B2B 电子市场和 C2C 电子市场 3 种。

B2C 电子市场包括电子店铺和电子商城。电子店铺或网络店铺是指单个公司用来销售产品或服务的网站，即电子化的商店。店铺可能属于一家生产商，也可能属于零售商，或在家销售的个人以及其他业务类型；电子商城与现实世界中的商城类似，它是一个聚集众多店铺的在线购物场所，店铺彼此独立且价格一般固定。电子商城有些是大型网上和传统业务共存的零售商，有些则是纯粹的虚拟零售商。

B2B 电子市场包括私有电子市场和公共电子市场。私有电子市场是指那些仅为一家公司所拥有和运营的市场，包括买方电子市场和卖方电子市场两种。在买方电子市场中，一家公司可以从多家供应商那里进行采购，这种模式称为多对一；在卖方电子市场中，一家公司可以向多家公司销售产品，这种模式称为一对多。不论是多对一的买方市场还是一对多的卖方市场，私有市场常常只对经过筛选的客户开放，并且不符合公共规范；公共电子市场通常为一组买方或卖方的公司(联盟)或者第三方团体所拥有，而且服务于众多的买主和卖主。这些市场还被看成交易所，通常用来描述多对多电子市场。它们面向公众，并且由政府或交易所的所有者制定规范。

近几年来，随着以淘宝、拍拍、易趣为代表的 C2C 电子商务的迅速发展，C2C 电子市场也在不断扩大，市场份额竞争日益加剧。在 C2C 电子市场中，交易双方都是消费者，买卖双方通过 C2C 在线交易平台完成交易。卖方可以在平台上发布待出售的物品信息，而买方通过平台进行筛选购买所需的商品，在这个过程中，网站经营者充当着市场促进者的角色，他们通过提供交易所需的一系列配套服务，如协调市场信息的汇集、建立信用评级制度、多种付款方式等确保网站的运行。

需要说明的是，在淘宝平台上，未必都是 C2C 电子商务模式。在 C2C 中，只有不以盈利为目的的交易才是 C2C，否则应该属于 B2C，事实上，淘宝平台一开始的定位就不是完全是 C2C 的。以盈利为目的的个体店不是 C 而是 B，所以，淘宝平台上的很多个体网店，实际上应该算作 B2C。

5.4.2 网上商业生态系统的重要性

詹姆斯·穆尔率先将生物生态系统用于分析商业领域。他在 1996 年出版的《竞争的衰亡》中，指出了商业生态系统日益增强的重要性带来的一个重大变化：我们熟知的竞争正在死亡。不是没有竞争了，竞争比以往任何时候都更加激烈，但我们需要重新认识竞争。传统上，我们从产品和市场这两点出发看待竞争，你的产品或服务优于你的对手，你就胜利了，虽然这仍然是重要的，但如此视角却忽略了企业的生存环境：企业需要在这个环境中与其他企业共同发展，既有竞争，又有合作。

“蝴蝶效应”在当代社会背景之下正变得越发明显，将电子商务视为一种有机的生态系统，而不仅仅是传统的供应链伙伴的联合体。电子商务交易中的企业扮演了生态系统的网络核心角色。网上商业生态系统的稳定状况对于整个产业链上的企业发展会产生深远、重大的影响。网上商业生态系统的形成及动态平衡有助于网络中所有的企业形成一个强有力的系统，既可以携手共进，又能抵御外部冲击。

网上商业生态系统的特征是：具有大量的松散联结的参与者，每个参与者都依靠其他的参与者，以取得各自的生存能力和效果。生态系统中的各参与者彼此命运攸关。如果生态系统健康，那么所有参与者都能够繁衍生息；如果它不健康，所有参与者都会深受其害。同时，未来电子商务行业的竞争不再是互联网企业间的竞争，而是网上商业生态系统之间的竞争。企业所处的环境是变化的，没有人能够完全预知未来，一切取决于企业的智慧和应对策略。但是有一点是明确的，哪个企业胜出取决于哪一方的系统更有竞争力、更有价值。因此能否成功构建开放、协同、繁荣的网上商业生态系统不仅关乎个别企业的生死存亡，还将关乎整个互联网行业的生存与发展。

网上商业生态系统理论给我们带来的启示就是：任何商业的产生与发展都具有一定规律，电子商务应用企业只有遵循网上商业生态系统的发展规律，创造新的观念，有效利用商业机会，善于发现新生商业生态系统并尽早加入其中，建立嵌入关系，积极参与共同体价值链，才能为企业找到正确的生存空间与发展轨道。更重要的是构建网上商业生态系统，有助于形成生态化组织共同体或活动，最终还将推动人类社会系统的可持续发展。

5.5　私有 B2B 电子市场中的销售和采购

所谓私有 B2B 电子市场是完全由交易中某一方控制的电子市场。私有 B2B 电子市场可有两种情况：一种是卖方电子交易市场，即一对多的电子市场；另一种是买方电子交易市场，即多对一的电子市场。下面分别讨论卖方电子交易市场中的销售问题和买方电子交易市场中的采购问题。

5.5.1　私有 B2B 电子市场中的销售

这里的私有 B2B 电子市场指的是卖方电子交易市场，即一对多的电子市场。卖方电子交易市场的主要销售途径如下。

1. 通过电子目录直接销售

企业可以在互联网上通过在线目录直接销售产品。一个企业可以向所有用户提供一份目录，也可以向每个大客户提供定制的目录(通常两者都有)。

B2B 直销模式使有效的客户定制成为可能。B2B 直销模式有许多成功的案例，如戴尔、英特尔、IBM 和思科网络等。如果销售商在市场上有很好的信誉和大批忠实的客户，那么它就能成功地使用这种模式。

B2B 直销模式也有其自身的局限性。直销最重要的一个问题就是如何找到客户。很多公司都熟悉如何利用传统的渠道做广告，但如何在网上联络购买者还处在摸索阶段。并且，B2B 销售商可能会经历与现有分销系统的渠道冲突。另一个局限就是如果采用传统的 EDT(商业文档在计算机之间直接交换)，消费者的购买成本就会增加，导致他们不愿意在网上购物。最后，在线商业伙伴的数量必须足够多，从而使系统的分支组织、运营和维护的费用变得合理。

2. 通过中介商或者分销商进行销售

生产商经常通过中介商或者分销商向广大消费者销售商品。例如，分销商从许多卖家那里购买商品，然后组合成自己的销售目录，在网上进行商品的销售。

这种模式的优点是可以减轻生产企业的压力，有利于生产商集中精力进行商品的生产而无须直接面对消费者，同时也大大降低了库存风险。劣势是在销售渠道中，过多的中介商和分销商的介入，会导致所销售的商品价格过高，极不利于商品的销售。

3. 通过拍卖进行销售

拍卖已经成为一种普遍的 B2B 销售方式。卖方拍卖，即正向拍卖能够给 B2B 卖家带来许多好处。正向拍卖支持并扩展到在线销售甚至所有的销售，这将给企业带来巨大的收益。

除了产生新的收益，在线拍卖还减少了出售拍卖品的费用，这样就节约了成本。同时，正向拍卖增加了网页点击率，给网站带来“黏性”，还有助于吸引和保持会员。

正向拍卖有两种途径。公司可以在自己的网站上拍卖也可以借助中介进行拍卖。

(1)像通用汽车这样经常进行拍卖的大型知名公司，建立了一套在本公司网站上拍卖的机制。公司在自己的网站上进行拍卖，需要首先支付设置机构和建立维护网站的费用。但如果公司已经有了一个通过电子产品目录进行销售的网上市场，那么增加拍卖功能的追加成本就不会太高。

(2)借助第三方拍卖有很多好处。首先是不需要其他诸如硬件、宽带、技术人员、IT人员等资源，也不需要支付薪水、运营成本以及公司资源再调整带来的附加费用。借助中介商拍卖的另一个好处与谁拥有并控制拍卖信息有关。还有一个借助中介商的好处就是中介商可以帮助公司发布和收集信息。

5.5.2 私有 B2B 电子市场中的采购

这里的私有 B2B 电子市场指的是买方电子交易市场，即多对一的电子市场。买方电子市场中的采购指的是为公司采购商品和服务，采购通常是由采购助理完成的。

公司会选用不同的方法来采购商品和服务，这取决于什么时候买、在哪儿买、需要多少和要花多少钱等。主要的采购方法包括以下几种。

① 在一个卖家彼此竞争的体系中进行交易(逆向拍卖)。这种方法通常用于采购大宗货物。

② 直接从生产商、批发商或者零售商处根据产品目录购买，并可能进行谈判。通常，签订合同方式意味着采用此种采购形式。

③ 根据中介商(网络分销商)的产品目录购买，这种产品目录整合了卖家的产品目录。

④ 根据内部网上的买方产品目录购买，这是公司选定的卖方产品目录，其中也包含了商品的议定价格。

⑤ 公司作为众多买者之一，参与到私有的或公共的拍卖中，进行采购。

⑥ 参加团购，团购将整合成员的需求，促成一个大的交易量，从而可以协商价格或发起投标。

⑦ 在交易市场或行业市场采购。

⑧ 与供应商合作，共享销售和库存信息，减少库存积压和缺货情况，确保及时送货。

在企业传统的采购过程中，采购人员需要花费大量的时间和精力采购大额商品。难免会导致低效率采购现象发生，例如购买者在没有提前计划的情况下购买计划外急需的商品，这通常导致在没有提前协商的前提下以较高的价格购买商品，这种单独购买就是低效率采购的一种情况。为了改善传统采购流程的低效率，许多公司重组采购体系，推行新的采购模式，特别是引入了电子采购。

电子采购，即公司通过电子化方式购买商品或服务。通过使采购工作简洁并自动化，采购人员可以把注意力集中在战略采购上，达到以下目标和收益：提高采购人员的生产率；通过商品标准化、逆向拍卖、数量折扣和合并采购来压低购买价格；促进信息流通和管理；减少单独采购。对卖方而言，可以加快支付，节约资金；提高效率，与供应商建立合作关系；确保及时送货等。

实现电子采购的主要实施项目有：使电子采购与公司的电子商务规划相适应；检查和转变采购流程；促进电子采购和企业内部信息系统的交互力度；买卖双方信息系统的合作；确定常规供应商数目，与他们的信息系统甚至是商业流程进行整合。

买方电子市场交易中采购的主要手段之一是逆向拍卖。在 B2B 中使用逆向拍卖，买家会在自己的服务器上建立一个电子市场，邀请潜在的供应商对买家需要购买的商品进行投标。这种逆向拍卖的“邀请”是一种称为报价申请（RFQ）的表格或文件。逆向拍卖被认为是招标模式。传统的招标通常使用暗标，而逆向拍卖对所有的投标人是公开的。

政府和大型企业经常举办逆向拍卖，可以节约可观的资金。与网络出现以前的逆向拍卖相比，以网络为基础的逆向拍卖流程速度会更快，管理成本会更低，还能找到更便宜的产品和服务。如图 5-6 所示，是大全集团的电子采购系统。

图 5-6　大全集团的电子采购系统（http://www.daqobid.com/custom/）

除了逆向拍卖之外，私有电子市场中的企业也可以使用其他电子采购模式，包括内部采购市场（整合供应商的产品目录）、桌面采购、团购、通过网络分销商采购、购买直接物料、电子实物交易、在交易市场和产业市场里采购这几种采购方式。

5.6　公共 B2B 电子市场和支持服务

下面讨论公共 B2B 电子市场问题，首先讨论公共 B2B 电子市场的概念和内涵，然后讨论公共 B2B 电子市场的支持服务。

5.6.1　公共 B2B 电子市场的概念与内涵

公共 B2B 电子市场也称公共电子交易所，是对所有感兴趣的参加者（采购商和销售商）开放的交易场所，通常用来描述多对多电子市场，它们使用公共的技术平台，通常由行业联合会或者第三方团体进行管理，它们面向公众，并且由政府或交易所的所有者制定规范。

除了多样性、动态交易，所有的公共 B2B 电子市场都有一个重要的特点：公共电子交易所是为许多采购商和销售商，还可能是为其他业务伙伴提供的电子化的贸易——团体集会场所。每个交易所的核心都是做市商——第三方团体，该团体操纵交易所并在多数情况下也拥有交易所。

按照 Kaplan 和 Sawhney 提出的分类方法，可以将 B2B 电子交易所分为 4 种类型，分别为纵向电子分销商、横向电子分销商、纵向电子交易所和横向电子交易所。在纵向电子分销商和横向电子分销商这两种电子交易所中，交易的价格是固定的或协议的。而纵向和横向电子交易所的做市商都将交易所内的供应和需求进行匹配，利用这种匹配确定价格。在实时采购中，价格根据供需的变化而变化，通常是动态的。

B2B 电子交易所有 3 个主要功能：①匹配采购商和销售商；②为交易提供便利；③维护交易所的政策条款和基础设施。

互联网电子交易所的所有权模式有 3 种类型：行业巨型企业创办、中立方创办和社团创办。在行业巨型企业创办模式下，一个制造商、分销商或代理商创建并管理电子交易所；在中立方创办模式下，由第三方中介建立电子交易所，并承诺对交易所进行有效的无差别管理；在社团创办模式下，由行业内的成员共同建立交易所，从而所有成员可以从中获利。

建立公共 B2B 电子市场是一个复杂的过程。它通常需要由专门从事 B2B 软件开发的公司来执行，如 Ariba、甲骨文或 IBM。在建立大型电子交易所的过程中，技术公司举足轻重。建成之后，管理咨询公司通常也会参与其中。

5.6.2 公共 B2B 电子市场的支持服务

公共 B2B 电子市场中大多数电子商务应用的实施都需要支持服务，最明显的支持服务有支付、安全、物流以及基础设施和技术。公共 B2B 电子市场的支持服务可以分为多种类型。依据德尔菲集团分类方法，B2B 支持服务可以分为电子基础设施、电子流程、电子市场、电子内容、电子社区和合作伙伴关系管理，上述每一类服务可继续细分。

多数企业并不靠自己提供这些服务，而是将服务外包。在电子商务刚出现时，多数公司要将开发过程中的许多支持服务外包，其主要原因有：希望集中于核心业务；有些服务必须立即提供；缺乏许多支持服务所需的经验和资源；外包能实现规模经济，而自己提供服务常导致成本居高不下；自己提供服务无法跟上迅速变化的需求；一家企业无法应付太多的支持服务。

1. 电子基础设施服务

电子基础设施包括多方面的内容，具体可分为以下 4 类，分别是咨询服务、应用开发、协议和标准、托管服务。

咨询服务被应用于 B2B 的许多领域，主要包括电子战略的制定、电子商务技术选型。在应用开发中需要确定应用优先级并选择合适的开发模式。各类 B2B 企业要方便和高效地相互连接，就必须能够连接它们的服务器、应用和数据库，为实现这一目标，需要采用标准的协议和数据表示方案，如 TCP/IP 及 HTTP 协议。许多 B2B 企业不是自己建立和运行服务器，而是选择使用 Web 主机托管，主机托管服务商在服务器上为客户提供空间，还经常提供全套服务以解除客户的技术负担，使它们能集中在自己的核心业务上。

2. 电子流程服务

电子流程主要包含 5 方面的内容，它们是支付服务、税收计算服务、其他金融服务、订单履行、物流和供应链服务。

B2B 电子市场需要多种与金融相关的支持服务，其中最明显的是支付服务。在支付过程中采购卡、电子信用证等工具的使用可以使支付更加安全和快速；由于各地区的税收政策不同，税率有时差异巨大，导致电子零售商正为大量的国内和国际税收规则而感到困惑，为了简化 B2B 中的税收计算问题，税收计算服务应运而生。其他金融服务有很多，例如信用报告公司长期独立提供公正的金融数据、保险公司担保质量、向企业提供多种服务，包括客户数据鉴别、自动信用分析和自动收款管理等。公共 B2B 电子市场中多数企业自己完成订单履行的工作，而将物流工作外包给一般的运输公司，然后由物流集团提供完整的供应链解决方案。

3. 电子市场服务

电子市场服务又可细分为营销和广告、会员计划、信息中介和数据挖掘。

B2B 企业营销手段：面对面交流或直邮；报纸、电视及电台广告；综合性商业及行业贸易杂志广告；发行广告期刊、印刷目录；向订阅者寄送印刷广告邮件；促进公共关系；网络营销(投入比重逐步加大)。

B2B 的营销和广告区别于 B2C：B2C 主要通过传统媒体进行广告宣传，而 B2B 客户群体相对明确，主要是行业内客户。

会员计划包括以下几部分内容：会员被要求将横幅广告放到自己的网站；浏览者单击横幅链接到该公司电子商务网站；交易成功后向会员支付佣金；会员可通过直接渠道与客户接触；负责将产品、服务和品牌展示给其他会员；负责组织营销活动推广会员品牌；会员分等级管理。

信息中介是指那些收集关于消费者行为的数据，分析并重新包装，然后将结果出售给需要进行营销和客户归档的企业。信息中介的功能可概括为：信息收集、信息加工、信息发布。

数据挖掘是获取客户资料的重要手段，其具体实施涉及以下要点：收集分析消费者行为数据；提取新的信息；信息有价出售给 B2B 客户和交易所；改进销售计划、优化营销策略。

4. 内容创建和目录管理

向电子商务网站提供内容是一项复杂的工作，因为需要大量的各类信息来源，而且内容必须不断更新(要求动态内容)。B2B 内容(尤其是产品目录)必须包含图片、表格，甚至声音，其内容主要分为如下几类：关于公司、产品、服务、客户、投资者关系、出版物等的信息；提供给 B2B 社区的信息，如行业新闻等；在电子目录中提供的详细的产品信息；客户定制的网页；其他内容。

对于每一种内容，企业都可能需要使用不同的创建和传送方法。内容传送服务有时候由主机托管公司提供，用以帮助其客户管理内容。使用内容传送网络，公司可以更新内容，改进网站质量，提高内容一致性，控制内容，并减少创建和维护网站所需的时间。

在 B2B 电子市场中，电子目录中的信息是非常重要的，公司可以自己建立和维护内容，也可以外包给第三方。对于目录管理，企业可以选取不同的方案进行操作，具体选择方案有如下 5 种。

(1) 自己做。这种适合于只有少数供应商的企业。

(2) 让供应商做。当涉及很多供应商时，这种方案不可行。

(3) 向集中商购买内容。对于可以自己运行和管理内容的小公司来说，这是一种可行的选择。

(4)向垂直交易所定购。垂直交易所适合于偶尔的即期购买和少量购买，问题是一名购买者可能需要访问多个垂直交易所才能得到自己需要的每件产品。

(5)外包给提供全面服务的交易所。提供全面服务的交易所连接众多的购买者和供应商，并提供全面的目录服务。但这种方案昂贵，且很难找到能满足每名客户的所有需求的交易所。

5. 电子社区和合作伙伴关系管理

B2B 应用包括许多参与者：采购商和销售商、服务提供商、行业联盟等。因此，在很多情况下，实施 B2B 就创建了一个社区。在这种情况下，B2B 做市商需要提供聊天室、布告栏和个性化网页等社区服务。

根据德尔菲集团的观点，电子社区连接了员工、合作伙伴、客户以及三者的任意组合。电子社区为电子商务提供了强有力的资源来支持联机讨论和交互，从而可以使创新和响应的效果最大化。

B2B 电子社区基本上是交易社区，其成员的主要兴趣在于交易。大多数社区与纵向电子交易所相结合，因此它们的需求可能是非常明确的。然而，在电子社区中也可以找到一般的服务，如分类广告、工作机会、声明、行业新闻等。

成功的电子商务企业必须全天 24 小时管理好整个价值链上的伙伴、机会和客户接触点。因此，企业应充分利用电子服务和技术，为客户和伙伴建立一个集合化的在线环境。这些活动可分为两类：客户关系管理(CRM)和伙伴关系管理(PRM)。

CRM 对 B2C 的客户服务特征同样适用于 B2B。CRM 的理念是：顾客是业务的核心，公司的成功取决于有效地管理其与顾客的关系。CRM 的目标是建立长期而稳定的客户关系，为顾客和公司增加价值。

PRM 管理整个价值链上的伙伴、机会和客户接触点。包括：帮助客户访问存货状态报告，以便了解哪些产品可以及时送货；向客户开放其采购历史记录；向客户提供私有的展厅和交易室等。

PRM 与 CRM 的区别在于：PRM 包括客户、供应商、服务提供商等，PRM 侧重于信任、承诺、服务质量和连续性；CRM 一般只包括客户，CRM 侧重于客户关系的维护。

6. 其他支持服务

许多 B2B 服务提供商以不同的方式支持电子商务，每家服务提供商都带来了一种独特的增值服务，其中具有代表性的有下列几种。

(1)信任服务

在 B2B 电子市场中信任很重要，因为人们无法接触出售的产品，且买卖双方互不相识，此时应采用信任评级服务以规避风险。

(2)商标和域名服务

有许多企业向公共 B2B 交易所提供域名服务。

(3)全球商业社区

支持企业买家的独特要求，包括交叉目录搜寻、询价单创建和发布，以及决策支持等，同时还使供应商能规定其产品目录的内容和展示方式。

(4)客户匹配

将客户与提供各类信息技术服务的公司相匹配，先由客户指定自己需要的东西，然后根据一些通用参数和标准进行搜索和刷选，帮助其选取合适的公司，这不仅降低了做出糟糕决策的风险，也节约了时间。

(5)电子商务评级网站

帮助企业研究潜在伙伴和供应商的等级。

(6)加密网站

为B2B交易所提供很有价值的加密工具。

(7)Web技术研究服务

帮助B2B企业了解更多技术、趋势和潜在合作伙伴与供应商。

延伸阅读

顺融资本王亚雄：O2O过热，B2B才是未来热点

作为顺融资本的合伙人，王亚雄曾在元禾控股履职8年，一路从投手成长为合伙人，战绩辉煌。同程网、沪江网、齐家网、蜗牛数字等当前炙手可热的几大互联网公司最早的投资者都是元禾控股，而王亚雄正是当年的主力投手。2014年组建顺融资本后，王亚雄带着他的团队一年多时间一口气投了30多个互联网公司，成为江苏互联网创投圈里的一支生力军。

8年的创投生涯，王亚雄见证了国内互联网创业浪潮的高低起伏和创投业的变革与洗牌，亲历过一个创业企业从萌芽长成参天大树的全过程，也遭遇过所投企业分崩离析、惨淡收场。在王亚雄看来，创业成功始终是个小概率事件，只有“牛逼的团队、配上牛逼的资本”，创业才有可能成功。庆幸的是，如今中国的互联网行业已经开始逐渐走向成熟。近日，王亚雄作客创客公社，分享了他对当下江苏互联网创业和投资的一些思考。

江苏互联网创业氛围不嗨？因为缺乏精英创业者

王亚雄主导投资过很多项目，所投的项目遍及各地，但主力投资还是放在江苏。在很多人眼里，江苏是个奇怪的省份，政府开明、经济发达、高校云集，按理说天时地利人和，但活跃在此的投资人和创业者却普遍感觉，江苏的互联网创业氛围不够嗨，且不说比不过北京和深圳，也比不过“只有一家阿里巴巴”的杭州。

在日常工作中，王亚雄也有类似的感受。这到底是为什么？江苏到底缺了什么？在长期的本地工作，观察、接触和投资了大量项目后，王亚雄得出了自己的结论：江苏缺乏互联网基因，核心问题在于缺少互联网精英创业者。

王亚雄认为，江苏总体的创业环境很好，这点是毋庸置疑的，但问题在于早几年的江苏更侧重于支持海归创业，而非互联网和草根。举例来说，07年元禾控股率先投资了沪江网和齐家网，当时这两个项目都想落户苏州，但当时的苏州互联网产业发展扶持政策还不够完善，最后这两个公司都去了上海，王亚雄一直为此惋惜：“如果这两个公司总部落在了苏州，加上同程网，苏州就有三个10亿美金级别的互联网公司了。”

如果说沪江网和齐家网的案例，体现的是当时政府对于互联网创业扶持的迷惘，那么同程网的遭遇则表明了当时资本市场对于新兴互联网创业的谨慎。王亚雄透露，08年元禾决定投资同程网时，这家公司已经在资本市场上转悠了一阵子，并接触过一些大的资本，但对方始终犹豫不定。

早几年间，政府和资本在对互联网创业领域的犹豫，苏州只是江苏的一个缩影。随之而来的影响，是如今的江苏拿得出手的大型互联网公司寥寥可数，落后北京、深圳、杭州一大截。近几年，江苏开始鼓励互联网和草根创业，但市场已然发生了变化：互联网行业已经逐步发展成熟，并从草根创业时代开始向精英创业时代进化。

所谓精英创业，是指大量具有专业背景和资源的精英人才开始加入互联网创业领域，同时大量从互联网大公司涌出的人才也纷纷开始创业。相较于草根，他们的资源和经验更丰富，资本也更愿意青睐，因此创业成功率也远大于草根群体。

在这样的形势下，由于缺乏足够数量的大互联网公司，也就很少有这样的人才溢出创业，因此江苏的互联网创业者中还是草根居多，没有了群雄聚集、高手过招的氛围，优秀的互联网人才也很难被吸引到江苏来，这正是江苏互联网创业氛围虽浓，却不够嗨的关键原因所在。和江苏处境类似的，还有临近的上海，但他们所缺乏的互联网基因，并非一朝一夕能够弥补。

创投洗牌格局初定，“泡沫会随着发展消失”

2014年9月，经纬创投张颖在《给经纬系CEO的一封信》中称，经过近年来的投资热潮，中国的互联网投资领域将会迎来寒冬。张颖此话一出，立刻引起了投资人和创业者的激烈辩论，赞成者有之，否定者有之，但正反双方大多一致认同一件事：中国的创投圈需要洗牌。早在2012年，笔者在采访时就曾听闻多个创投大佬感慨行业“乱象丛生，亟须洗牌”，据说创投之间为抢项目，竞争激烈到了“头破血流”的地步。作为置身其中的一员，王亚雄承认，创投圈存在诸多问题，这些问题复杂，却并非不能解决。

王亚雄认为，国内特殊的新股发行制度，导致上市公司成为稀缺资源，且PE投资pre-ipo企业的获益倍数要远超过天使和VC，这种情形导致了PE争抢pre-ipo企业。而为了获得投资机会，创投们争相“公关”，忙于投机而非投资，这正是前几年国内创投圈乱象及出现泡沫的主要原因。

而随着这些pre-ipo企业数量的减少和近几年上市通道的不顺畅，创投被倒逼改革和洗牌。原先专注于pre-ipo企业的创投面临两个选择：一是向并购发展，二是向早期转移，前者需要很强的募资和资源整合能力，后者需要对行业的深刻理解。这些创投机构中，资源强大、能够向并购发展的创投毕竟是少数，而转向早期的创投，因为缺乏足够的专业能力而失去竞争力，被逐渐淘汰。经过几年的洗牌，创投圈已经日趋理性和成熟。

“天使投资的一定是未来的热点，而不是当下的热点”王亚雄表示，从行业机会来看，热点的O2O项目大多已经今年过了天使轮，很多好项目甚至已经到了B轮的阶段，对于天使投资人来说，O2O的机会已经过去了，但B2B的机会才刚刚开始。

王亚雄认为，从互联网行业的发展历程来看，由于2C模式面向的是个人消费者，交易具有轻决策的特点，因此互联网对其改造相对容易，被放在第一轮进行改造，且如今已经基本改造完成；而2B模式面向的是组织，属于综合性交易、重决策，因此相对改造较难，被放在第二轮进行改造，眼下这轮改造才刚刚启动。

"同程网早期即专注于B2B平台，发展一直难见起色，后来靠着B2C平台迅速做大，正是因为其B2B模式做早了。"王亚雄说，而这两年刚刚崛起的另一家在线旅游平台"八爪鱼"，虽然也是走的B2B模式，却获得了成功，原因便是赶上了这一轮机遇。

除去行业发展历程因素，王亚雄看好B2B的另一个原因，是出于对本地资源的考量。在王亚雄看来，苏州乃至江苏的制造业十分发达，这些企业正面临互联网化转型，对互联网的需求巨大，正是做B2B的绝佳土壤。

"互联网+"和"双创"，撩拨的只是创业者的兴奋点

今年的两会，李克强总理提出的"互联网+"和"大众创业、万众创新"，将原本就高涨的互联网创业浪潮再次推上巅峰，互联网圈一片欢腾，热点、爆点频出，新公司不断涌现。但身为专注互联网领域的天使投资人，王亚雄却很冷静，在他看来，"互联网+"和"双创"撩拨的只是创业者的兴奋点，投资人并不兴奋，甚至还隐隐有些担忧。

担忧的原因在于，在这种兴奋情绪的推动下，一些原先并不适合创业的人群也许会被鼓动参与创业，虽然看似可选项目变多，一片繁华景象，但对投资人而言，"只关心好的选择，而非多的选择"。

此外，虚假繁荣引发投资冲动，一些热钱也会涌入创业市场。缺乏经验的投资人，容易过早、过高地抬高企业估值，致使后期融资难以持续等问题，非但难以帮助创业企业，反而会扰乱创业环境。

（资料来源：搜狐网 http://mt.sohu.com/20150416/n411343615.shtml）

讨论题

O2O与B2B，哪个会成为电子商务未来的热点？

本章小结

1. 与传统商务交易相比，电子商务在交易中通过运用互联网技术，不仅提升了买卖双方交易的效率，降低了交易成本，还为消费者提供了更多的选择，满足了消费者多样化、个性化的需求。

2. 电子商务将传统的商务流程电子化、数字化，一方面以电子流代替了实物流，可以大量减少人力、物力，降低了成本；另一方面突破了时间和空间的限制，使得交易活动可以在任何时间、任何地点进行，从而大大提高了效率。

3. 电子商务改变了传统的"面对面"式的交易模式，摆脱了展示柜与谈判桌，使交易变成了一种"点到点"、"站到站"式的商业数据互动，增加了交易机会，极大地带动了经济结构的变革。

4. 主要的几种电子商务交易方式：(1)在线直销；(2)网上拍卖；(3)电子招/投标系统；(4)群体采购；(5)定制产品和服务；(6)开价；(7)电子市场和电子交易；(8)实物交换。

5. 电子商务交易与传统商务交易一样，通常需要解决支付问题和配送问题。这些问题有效解决，才能保证电子商务交易的可行性，也就是说，如果支付问题和配送问题解决不了，电子商务交易就难以实现。

6. 电子商务交易中的支付问题：(1)安全问题；(2)支付方式的统一问题；(3)信用风险的恶性循环问题；(4)跨国交易中的货币兑换问题；(5)技术规范和实施标准缺乏统一规划问题；(6)法律问题。

7. 电子商务交易中的配送问题：(1)配送物流基础和设施相对落后；(2)配送物流信息化、资源配置和管理水平普遍较低；(3)配送物流市场化有待提高，相关制度有待完善；(4)专业配送物流管理和技术人才的短缺；(5)解决电子商务配送物流“最后一公里”成本高。

8. 电子商务交易中的安全问题：一方面是“电子”方面的安全，即计算机网络的安全；另一方面是“商务”交易方面的安全。这两个方面的安全威胁也就给电子商务交易带来了许多安全问题。

9. 电子商务交易中的风险问题：(1)电子商务交易中的信用风险；(2)电子商务运行环境的风险；(3)电子商务的法律风险。

10. 进行电子商务交易及其他电子商务活动的主要场所被称为电子市场(E-Marketplace)，它是一种虚拟市场，是指在Internet通信技术和其他电子化通信技术的基础上，通过一组动态的Web应用程序和其他应用程序把交易的买卖双方集成在一起的虚拟交易环境。

11. 电子市场有很多种，主要有B2C电子市场、B2B电子市场和C2C电子市场3种。B2C电子市场包括电子店铺和电子商城。B2B电子市场包括私有电子市场和公共电子市场。在C2C电子市场中，交易双方都是消费者，买卖双方通过C2C在线交易平台完成交易。

12. 网上商业生态系统理论给我们带来的启示就是：任何商业的产生与发展都具有一定规律，电子商务应用企业只有遵循网上商业生态系统发展规律，创造新的观念，有效利用商业机会，善于发现新生商业生态系统并尽早加入其中，建立嵌入关系，积极参与共同体价值链，才能为企业找到正确的生存空间与发展轨道。更重要的是构建网上商业生态系统，有助于形成生态化组织共同体或活动，最终还将推动人类社会系统的可持续发展。

13. 所谓私有B2B电子市场是完全由交易中某一方控制的电子市场。私有电子市场可有两种情况：一种是卖方电子交易市场，即一对多的电子市场；另一种是买方电子交易市场，即多对一的电子市场。卖方电子交易市场的销售途径主要有：①通过电子目录直接销售；②通过中介商或者分销商进行销售；③通过拍卖进行销售。买方电子市场中的采购指的是为公司采购商品和服务，采购通常是由采购助理完成的。

14. 公共B2B电子市场也称公共电子交易所，是对所有感兴趣的参加者(采购商和销售商)开放的交易场所，通常用来描述多对多电子市场，它们使用公共的技术平台，通常由行业联合会或者第三方团体进行管理，它们面向公众，并且由政府或交易所的所有者制定规范。可以将B2B电子交易所分为4种类型，分别为纵向电子分销商、横向电子分销商、纵向电子交易所和横向电子交易所。

15. B2B电子交易所有3个功能：(1)匹配采购商和销售商；(2)为交易提供便利；(3)维护交易所的政策条款和基础设施。互联网电子交易所的所有权模式有3种类型：行业巨型企业创办、中立方创办和社团创办。

16. 公共B2B电子市场中大多数电子商务应用的实施都需要支持服务，最明显的支持服务有支付、安全、物流以及基础设施和技术。公共B2B电子市场的支持服务可以分为多种类型。依据德尔菲集团分类方法，B2B支持服务可以分为电子基础设施、电子流程、电子市场、电子内容、电子社区和合作伙伴关系管理，上述每类服务均可继续细分。

关键术语

电子商务交易　电子市场　网上商业生态系统　私有电子市场　公共电子市场

思考与练习

1. 如何理解电子商务交易？电子商务交易的主要方式有哪些？
2. 电子商务交易中的支付和配送一般会面临哪些问题？
3. 在电子商务交易中，一般会存在哪些安全问题和风险问题？
4. 何谓电子市场？常见的电子市场有哪几种？各有什么特点？
5. 在电子市场中，为什么网上商业生态系统很重要？
6. 何谓私有 B2B 电子市场？私有 B2B 电子市场有哪几种类型？
7. 何谓公共 B2B 电子市场？公共 B2B 电子市场的主要支持服务有哪些？

考察与实践

1. 考察两个典型 B2B 平台，分析比较商业模式和交易行为的特点。
2. 考察两个典型 C2C 平台，分析比较商业模式和交易行为的特点。
3. 分析研究阿里巴巴电子商务平台的商业生态，撰写一份分析报告。
4. 分组讨论：如何解决各类电子商务交易中存在的诚信问题？
5. 分组讨论：从政策层面，应该如何规范各类电子市场的发展？

第6章

电子商务营销与客户智能

内容概要

在这一章，首先介绍电子商务营销的概念和内涵，讨论电子商务对营销活动的主要影响，并分析电子商务营销具有的一些特点；其次讨论网络营销的概念、特点和理论基础以及常用的网络营销方法，并讨论电子商务中的传统营销以及网络营销与传统营销的整合。再者，重点讨论网络购物消费者行为分析方法；最后，进一步讨论电子商务客户智能的支撑技术以及功能和价值评价。

学习目标

1. 理解电子商务营销的概念和内涵；
2. 了解电子商务对营销活动的影响；
3. 了解电子商务营销所具有的特点；
4. 掌握网络营销概念、特点和理论基础；
5. 掌握电子商务常用的网络营销方法；
6. 理解网络营销与传统营销整合的必要性；
7. 掌握网络购物消费者行为的分析方法；
8. 掌握面向电子商务的客户智能应用。

开篇案例

可口可乐的O2O营销：给全世界带来圣诞老人

O2O是Online to Offline的简称，艾瑞咨询的统计数据显示：2012年前11个月，在O2O市场的投资金额近70亿元人民币，2012年中国O2O市场规模为986.8亿元，预计2013年将达到千亿元。

目前，O2O不仅在移动互联网、垂直电商、团购等多个细分领域得到广泛运用，连社交媒体也开始尝试O2O模式。然而，O2O在社交媒体上的应用方式一直以来比较单一，现在国内比较典型的社交O2O模式有3类：一是商家通过微博或微信等社交媒体传递非针对性打折信息，此类打折非社交媒体用户也可使用；二是商家通过微博或微信传递针对性打折信息，要求消费者持商家原发微博或微信信息进行线下消费，可以得到折扣或额外奖励，部分商家有转发要求；三是商家在线下实体店设立二维码或相应提示，对已在店内的消费者进行宣传，以额外折扣或得到额外奖励的方式鼓励消费者通过社交媒体关注商家账号并发帖@商家。

可口可乐 社交 O2O 新模式

可口可乐互动营销总监陈慧菱表示，可口可乐在针对现有的 3 种主要社交媒体 O2O 方式进行研究后，发现这种基于商业的模式应用在社交媒体上，过于直接与商业化，社交媒体的本质还是情感维系的交流互动，而现有的方式对于促进商家和消费者的情感交流作用甚微，无论是 Online to Offline，还是 Offline to Online，缺少双向的互动。

基于上述理解，可口可乐在 2012 年圣诞节前后，在社交媒体平台尝试了一种全新的情感 O2O 模式，落实品牌与粉丝谈恋爱的实践。这种模式基于情感营销原理，利用社交媒体特性，不走以单纯盈利或促进消费为目的的 O2O 的传统模式，而是追求同粉丝消费者建立情感关系，并通过线上线下的双向多重互动达到社交媒体的最大音量，实现 Online to Offline、Offline to Online 的互通。

要实现双向的 O2O，就必须结合消费者切身的情感需求和可以引发线下线上互动的手段。通过对网民的聆听，了解受众在享受网络时代便捷的同时，内心深处都渴望着一些过往传统所带来的情感回忆。他们希望在每日被账单、广告、垃圾邮件掩埋的电子信箱外，能奇迹般地从门口的邮箱出现一张来自邮差递送的远方的明信片或一份来自朋友或家人手写的祝福。在看惯了电子屏幕上整齐划一、面目可憎的符号后，人们都希望能够看到一些带着回忆和性格的文字，握在手里反复翻阅仿佛还能感受到寄件人的美好与思念。

调查还发现，大部分的社交媒体用户如今在享受美好的食物、寄送或收到礼物等开心时刻，都会选择发微博并@相关的朋友，而这正是社交媒体线上与线下结合的绝佳触点。基于此，在圣诞节来临前夕，可口可乐选择了这个在电子时代几近被忽略的情感传递方式——明信片，并通过线上@收件人，线下为用户本人和家人、朋友寄送的方式，创造并实践了一种社交媒体 O2O 的新模式。

可口可乐圣诞老人

有一个秘密你一定不知道，圣诞老人的形象是由可口可乐带到这个世界的，这或许是世界上最伟大的品牌影响力，虽然老人身上没有任何可口可乐的品牌商标。

早在 1931 年，可口可乐公司为了突出自己在大众心目中“开心快乐”的形象，聘请广告插画师海顿·珊布来创造增强公司形象的圣诞广告画。海顿画出了一个红白两色为主调、挺着圆鼓鼓的肚子、白胡子白头发的和蔼可亲的老人，这也就是 60 亿地球人今日心目中的圣诞老人形象。红白两色的设计与可口可乐红白相间的品牌形象一脉相承，进而让圣诞老人成为可口可乐永不过时、永远充满欢乐的品牌代言人。

正是基于可口可乐在圣诞期间独一无二的优势，陈慧菱决定大胆地启用一个全新的账号@可口可乐圣诞老人来强化这一轮的营销推广活动。可口可乐通过 Seeding 方式，向社交媒体用户传播圣诞老人与可口可乐品牌悠久历史渊源的这一信息，使整体官博群互动，推广战役信息矩阵水到渠成，向受众传播在寒冷的岁末一个最欢乐的元素——如今风靡世界的圣诞老人与可口可乐的概念。

陈慧菱向《广告主》记者透露，启用可口可乐圣诞老人这一新账号，其中深层次的考量还是粉丝的情感因素。如果由可口可乐原本的品牌官博账号去传递圣诞欢乐的概念，或主动搜索关键词进行互动，也许无法引起粉丝的关注，然而充满可口可乐元素红白相间的圣诞老人，反而会引发粉丝的好奇和好感。

为了让圣诞老人更加形象和立体，在该账号的启用前几日，可口可乐社会化营销小组还密集开会讨论，为账号设定基调和社交语感。“可口可乐圣诞老人账号的社交性格必须保持他赋予人们的一致风格——慈祥、温馨、关怀、体贴。在圣诞老人面前，所有的人都是可爱、需要惊喜的小朋友们！”可口可乐社会化媒体小组成员董浩宇如此补充说明。

在设计O2O互动应用时，可口可乐又基于社交媒体用户的特性，以简化用户流程、覆盖更多用户群为原则，选择采用HTML5技术，在新浪微博平台上搭建APP，提升手机用户的体验。

在线上发送虚拟祝福时，可口可乐还运用自动图件生成功能。该功能支持在用户发出一条微博时，自动抓取发信人和收件人头像形成GIF动画版圣诞贺卡，并作为一条新帖子发出。

可口可乐基于O2O新模式的营销活动之温暖速递（寄送明信片）在上线后被粉丝积极广泛使用，无论是线上发送虚拟明信片，还是线下收到朋友的明信片，粉丝都喜欢主动发微博感谢并@可口可乐圣诞老人和发送的朋友。

活动最初按当时5万粉丝人数，预估有20%活跃度较高的粉丝来设定参与度，印制了1万张实体卡片。出人意料的是，1万张卡片在活动上线5天就被发放完毕，当活动进行到第10天时，首批收到明信片的网友开始晒照片，引发几何级数的参与人数，粉丝以每日千位数速度增长。活动期间，明信片被加印3次，可口可乐粉丝增长近40%，而通过微博搜索发现，可口可乐明信片的提交信息甚至超过了实际发送量。

与全家超市合作

在O2O新模式的圣诞活动中，为了增强线下的营销宣传效果，可口可乐社会化营销小组针对“可口可乐装瓶投资集团及全家超市华东三城市的线下合作”进行社交平台推广，官方账号通过@可口可乐圣诞老人账号进行O2O微博发布，称圣诞老人空运了大批圣诞北极熊到全家超市，号召消费者快去领取，领取暗号为:3瓶可口可乐系列饮料。

陈慧菱表示，在微博发出后，该微博当日的转载量达到800余条，因为内容新鲜有趣，很多大号还用原发的方式全文采用了我们的内容，后台数据统计表明，该微博和其他同文的原发微博实际覆盖人群超过两百万，而该微博发布后第二天就开始有粉丝逐家超市搜购北极熊，并在微博发起攀比获得北极熊数量的讨论话题。购买到小熊的网友后续又再微博上晒帖，达到了二次传播，并将可口可乐北极熊元素扩散到全国范围，引起外地粉丝讨论，实现了Offline to Online的传播。

在O2O新模式的圣诞活动中，可口可乐也首次尝试了手机广告的定向推送功能（Location Based Ads Pushing），通过手机广告选取北京、上海、广州的用户定向发布温暖坐标，实现在Online参与活动，直接在Offline领取礼物再传播到Online上。

可口可乐在12月21日圣诞节前夕，让北京、上海、广州三地联动，同时举办了完全以社交媒体为主题的圣诞派对。网友可以通过线上报名，参与微博互动得到门票。在派对进行中，网友可以随时发微博与未到场朋友分享现场状况，并通过微博拍摄二维码直接在派对中换取饮料、食品、礼物和参与抽奖。活动中的微博直播墙互动，让在三地同时参与活动的网友与未参与活动的网友进行全面互动。

活动结束后，活动设定的标签#可口可乐圣诞派对#一共被提及达2万余次，超过实际Party参与人数60多倍，可口可乐官方账号在派对期间共发帖10个，最高单帖覆盖人群达到80万，当日可口可乐原发所有帖子覆盖人群共计318万，不仅创造了一种社交O2O的新模式，也完成了一次双向社交媒体营销的创举。

（资料来源：创业帮 http://www.cyzone.cn/a/20131227/248129.html）

可口可乐的O2O营销，会让大家对电子商务营销与客户智能这部分内容更有兴趣。

6.1 电子商务营销的概念与特点

电子商务是基于电子网络技术的交易活动。电子商务和传统商务一样，为了将产品或服务销售给客户，离不开相应的市场营销活动。下面，首先讨论电子商务营销的概念，然后分析电子商务营销的一些特点。

6.1.1 电子商务营销的概念

营销是为了与客户建立关系，并促使其购买自己的产品和服务所采取的策略和行动。良好的营销是任何组织成功的关键。何谓电子商务营销？顾名思义，电子商务营销就是企业跟电子商务相关的营销活动，或者是企业在电子商务市场环境下的市场营销活动。

但是，电子商务营销并不等同于电子营销或网络营销。电子营销或网络营销在概念上，是基于电子化技术手段或基于互联网技术手段的营销活动。电子营销或网络营销是区别于传统营销的营销方式。电子商务营销可以是电子营销或网络营销，也可以不是电子营销或网络营销。所以，电子商务营销有时也包括通常说的传统营销方式，尤其是在电子商务应用的初级阶段，更是如此。

电子商务营销的目的，是在电子商务环境下将产品或服务销售给客户。电子营销或网络营销只是企业可采取的一种营销方式。电子商务营销采取何种营销方式，应该根据企业产品客户和市场的实际情况而定。电子商务就是商务，同样电子商务营销就是营销。这是所有企业在电子商务应用和市场营销中需要牢记的至理名言。

当然，在电子商务营销中，我们一定要考虑电子商务对营销活动的影响。这应该是电子商务营销人才的优势。电子商务营销人员应该是懂电子商务的营销人员。从总体上说，电子商务对营销活动的主要影响包括以下几个方面。

(1) 电子商务逐渐改变人们的习惯

随着电子商务的发展，消费者的行为、偏好也有新的变化，因此他们求新、求变的愿望也就越发强烈。随着新技术的不断产生，产品的升级换代也不断加快，用户和产品对消费者的要求也就日新月异。再加上今后生活节奏的加快、工作压力的增大，用户或消费者对购物的方便以及乐趣的要求也将不断提高。

据统计，上网者中60%具有大专以上学历，全球用户年龄平均在33岁左右，这些人的消费行为比较独立，对商品和服务的个性化要求也越来越高，他们不再满足于被动地接受企业生产、销售的产品，对商品的质量、规格、式样、造型以至包装等会不断提出自己新的要求。

(2) 电子商务改变企业传统销售方式

传统营销依赖层层严密的渠道，辅助以大量人力和宣传投入来争夺市场，不仅费时费力而且成本高。在网络时代，由于国际互联网的广泛普及，商家可以利用这个世界性的网络将商务活动的范围扩大到全球。电子商务使买卖双方在网络上形成简单易行的良好局面，使供需双方远在千里之外，通过网络像面对面一样地迅速完成交易，使网上交易以电子票据进行支付、清算和决算。企业的原材料采购、生产的组织协调和产品的广告宣传、销售，都会发生一系列变化。

(3)电子商务改变企业市场竞争形态

通过开展电子商务以及网络上信息的公开性使得市场竞争更为公平，产业界限也将变得更为模糊，大企业不仅面临同行中小企业的竞争，同行企业也面临着其他行业企业的竞争。因此，如何顺应潮流，采取相应策略来再创竞争优势，已是企业经营面临的一大挑战。电子商务为企业提供了巨大的市场潜力和全新的销售方式，企业的生产首先是为信息网络生产，然后再由网络完成商品和客户的互动。在网络的冲击下，如果企业没有创新意识，不及时更新产品和服务，就难以在网络时代生存。

(4)电子商务改变传统市场营销环境

随着电子商务的广泛应用，用户和消费者购买行为日趋个性化，生产者对市场机会的反应更加敏捷，生产者与用户或消费者直接交易的可能性在增加，中介商的作用将被削弱。同时，消费者在网络环境下越来越容易获取产品品牌、质量与价格方面的信息，用户或消费者在交易中的主导权会更加突出。生产者的市场营销战略将会强调如何方便、及时地满足消费者的特定购买欲望。

(5)电子商务改变企业传统营销理念

在电子商务环境下，电子营销有着传统营销所没有的优势。在电子营销模式下，通过客户和企业的对话，企业在清楚地了解每个客户个性化的需求后，制定相应利润最大化的策略。这样，企业与客户的关系是一对一的营销关系，是密不可分、牢不可破的，网络的即时交互、超越时空等特点即将成为这种模式的强大技术依托。一对一营销、互动营销、关系营销、体验营销等越来越受到人们的重视。

6.1.2 电子商务营销的特点

由于电子商务应用的影响，电子商务环境下的市场营销具有如下几方面的特点。

(1)电子商务环境下营销方式多样化。在电子商务环境下，除了传统的营销方式外，各种电子营销方式层出不穷，如电子邮件营销、网络广告营销、虚拟社区营销、博客营销、短信营销、搜索营销等

(2)电子商务环境下营销理念客户化。在电子商务环境下，企业以客户为中心的营销理念深入人心。如关系营销、互动营销、一对一营销、体验营销、价值营销、大规模定制营销等，都充分体现了客户化的营销理念。

(3)电子商务环境下营销范围扩大化。在电子商务环境下，企业产品或服务化。在电子商务环境下，每个用户或消费者获得信息的速度和内容都比以往要快得多、多得多，客户呈全球化趋势，营销对象范围扩大化。电子商务环境下的营销活动更倾向于突破地理区域的限制。电子商务环境下的客户群通常要比传统商务环境下的客户群大得多。

电子商务营销，在内容上，除了传统产品和服务的营销，还有电子商务网站的营销以及

基于网络平台的服务营销。不同企业销售的具体产品和服务可能不一样，但电子商务网站的营销以及基于网络平台的服务营销都是不可缺少的。企业希望客户网上购买产品和服务，不仅要让客户了解企业及其销售的产品和服务，还要让客户了解电子商务网站，了解基于网络平台的购买服务。电子商务本质上是价值驱动的服务创新。所以，一个电子商务企业无论销售什么产品或服务，都需要考虑基于网络平台的服务营销。服务营销是电子商务营销的重要内容。

但是，电子商务营销不完全等价于电子营销，尽管电子商务营销会尽可能采用电子营销方式。电子商务网站营销的目的不是销售网站本身而是吸引人们访问网站并购买网络平台提供的服务，电子商务网站营销本质上也是服务营销。

6.2 面向电子商务的网络营销

菲利普·科特勒认为，未来的营销是技术支持的营销。对于某些产品，网络已成为营销战略一个不可缺少的部分。事实上，网络营销已经是市场营销中非常重要的营销武器。网络营销是电子商务专业人员应该掌握的重要知识和技能。随着互联网以及电子商务应用不断发展，企业对网络营销人才的需求不断加大。这一节，我们重点讨论网络营销的概念、特点、分类和理论基础以及常用的网络营销方法。

6.2.1 网络营销的概念

网络营销产生于20世纪90年代，发展于20世纪末至今。网络营销的产生，是科学技术的发展、消费者价值观的变革和商业竞争等综合因素所促成的。网络营销是人类经济、科技、文化发展的必然产物，网络营销不受时间和空间限制，在很大程度上改变了传统营销形态和业态。

何谓网络营销？简单地说，网络营销就是以互联网为主要手段进行的，为达到一定营销目的的营销活动。从概念上说，网络营销是以互联网络为媒体，以新的方式、方法和理念，通过一系列魅力网络营销策划，制定和实施营销活动，更有效地促成个人和组织交易活动实现的新型营销模式。网络营销是企业整体营销的一个组成部分，是为实现企业总体或者部分经营目标所进行的，以互联网为基本手段营造网上经营环境的各种活动。

电子商务与网络营销是密切联系的，网络营销是电子商务的组成部分，实现电子商务一定是以开展网络营销为前提的。当然，一个企业在没有完全开展电子商务之前，同样可以开展不同层次的网络营销活动。

对于传统营销与网络营销而言，两者的差异可以说是革命性的、翻天覆地的。只有深刻理解了这种差异，我们才能更好地认识网络营销，更好地开展网络营销。具体而言，网络营销与传统营销的革命性差异主要表现在如下两个方面。

(1)传统营销一般具有同质化、大规模的特点，而网络营销可以采用个性化、一对一的方式。在传统营销的视角下，人们总是试图从大众市场中，细分出一部分目标市场，找到特定目标市场的同质化特点，然后再提供产品或服务。而网络营销，是要将个体的需求寻找出来，不是积极主动地去寻找目标市场，而是去关注是否有特定的个体具有特定的需求，如果发现了个体的一种需求，还没有满足的，就可以通过网络营销的方式，来提供产品或服务。

网络营销是一种以消费者为导向，强调个性化的营销方式；网络营销正在使生产者和消费者的关系发生着变革。在传统的运行方式下，企业欲了解消费者的需求、欲望及发现潜在消费者方面有一些不可逾越的鸿沟，而在网络营销下，在互动沟通过程中可以实现信息对称（不受任何外界因素干扰），从而使得产销之间实现一对一的深层次双向沟通。网络营销的特点，使得具有相似需求特点的个体，在网络营销者并不主动地背景下，会聚到提供个性化服务或产品的网络平台上来。

（2）传统营销一般是异动单向的，而网络营销可以是同步互动的。营销，强调商品和服务的生产者、提供者与消费者之间的沟通，沟通的深度越深入，沟通频率越高，则往往使双方更容易解决需求与供给之间的差异。传统营销环境下，供给者显得更加主动，需求者是相对被动的；而在网络营销环境下，需求者取得了更大的主动的权利，需求者和供给者可以及时高效地互动沟通，这也是传统营销下不可能实现的。网络营销具有企业和消费者的极强的互动性，从根本上提高消费者的满意度。网络营销的互动性，则利用互联网络互动性强的特点，将营销由营销者单方面的努力转变为营销者和消费者的互动。

6.2.2 网络营销的特点

网络营销不是传统市场营销的简单延续，由于互联网的特性，它具有传统营销所不具备的许多特点。一般来说，网络营销具有如下几方面的主要特点。

（1）全球性

网络的连通性，决定了网络营销的跨国性；网络的开放性，决定了网络营销市场的全球性。在此以前，任何一种营销理念和营销方式，都是在一定的范围内去寻找目标客户，而网络营销，是在一种无国界的、开放的、全球的范围内去寻找目标客户。网络营销带来了更大范围成交的可能性以及更广域的价格和质量的可比性。而这种可比性，使市场竞争越发激烈。

（2）交互性

互联网可以展示商品目录、提供有关商品信息的查询；可以和顾客互动、双向沟通；还可以进行产品测试与消费者满意调查等活动。更重要的是，消费者是营销活动的主体之一，可以主动地向企业提出个性化的需求。

（3）人性化

网络营销可以是一对一的、消费者主导的、非强迫性的、循序渐进式的，而且是一种低成本与人性化的促销，避免推销员强势推销的干扰，并通过信息提供与交互式交谈，与消费者建立长期良好的关系。

（4）整合性

整合性可体现在资源整合和过程整合两个方面。一方面，在网络营销过程中，可对多种资源、多种营销手段和营销方法、有形资产和无形资产的交叉运作和交叉延伸进行整合。另一方面，互联网同时兼具渠道、促销、电子交易、互动顾客服务以及市场信息分析与提供等多种功能，借助互联网，可将营销活动的整个过程融为一个整体，提高经营效率。

（5）经济性

通过互联网络进行信息交换，代替以前的实物交换，一方面可以减少印刷与邮递成本，可以无店面销售，免交租金，节约水电与人工成本；另一方面可以减少由于迂回多次交换带来的损耗。

(6)超前性

互联网是一种功能最强大的营销工具，它同时兼具渠道、促销、电子交易、互动顾客服务以及市场信息分析与提供的多种功能。它所具备的一对一营销能力，正是符合定制营销与直复营销的未来趋势。

(7)富媒体

互联网被设计成可以传输多种媒体信息，如文字、声音、图像等信息，使得为达成交易进行的信息交换能以多种形式存在和交换，可以充分发挥营销人员的创造性和能动性。

(8)技术性

网络营销是建立在高技术作为支撑的互联网络的基础上的，企业实施网络营销必须有一定的技术投入和技术支持，改变传统的组织形态，提升信息管理部门的功能，引进懂营销与计算机技术的复合型人才，才能使企业具备市场的竞争优势。

6.2.3 网络营销的理论基础

消费者消费观念、客观市场环境以及科学技术是现有市场营销理论赖以形成和发展的基础。互联网强大的通信能力及其交互性和电子商务系统便利的商品交易环境，改变了原有市场营销理论的根基，使得传统营销理论不能完全胜任对网络营销的指导。但是，网络营销仍然属于市场营销的范畴，它在强化了传统市场营销理论的同时，也出现了一些不同于传统市场营销的新理论。

1. 网络整合营销理论

在传统市场营销策略中，由于技术手段和物质基础的限制，产品的价格、宣传和销售的渠道、商家或厂家所处的地理位置以及企业促销策略等就成了企业经营、市场分析和营销策略的关键性内容。美国密歇根州立大学的迈卡锡将这些内容归纳为市场营销策略中的 4P 组合，即产品(Product)、价格(Price)、地点(Place)和促销(Promotion)。

以 4P 理论为典型代表的传统营销理论的经济学基础是厂商理论即利润最大化，所以 4P 理论的基本出发点是企业的利润，而没有把消费者的需求放到与企业的利润同等重要的位置上，它指导的营销决策是一条单向的链。而网络互动的特性使得消费者能够真正参与到整个营销过程中来，消费者不仅参与的主动性增强，而且选择的主动性也得到加强，在满足个性化消费需求的驱动之下，企业必须严格地执行以消费者需求为出发点、以满足消费者需求为归宿点的现代市场营销思想，否则消费者就会选择其他企业的产品。所以，网络营销首先要求把消费者整合到整个营销过程中来，从他们的需求出发开始整个营销过程。这样，要求企业同时考虑消费者需求和企业利润。

据此，以舒尔兹教授为首的一批营销学者从消费者需求的角度出发研究市场营销理论，提出了 4C 组合。其要点如下。

(1)先不急于制定产品(product)策略，而以研究消费者的需求和欲望(consumer wants and needs)为中心，卖消费者想购买的产品

如美国 Dell 公司，顾客可以通过互联网在公司设计的主页上进行选择和组合计算机，公

司的生产部门则根据用户需要再组织生产，因此公司可以实现零库存生产，特别是在计算机部件价格急剧下降的年代，零库存不但可以降低库存成本，还可以避免因高价进货带来的损失。Dell 公司在 1995 年还是亏损的，但在 1996 年，它们通过互联网络来销售计算机，业绩得到大幅增长。

(2) 暂时把价格(price)策略放到一边，而研究消费者为满足其需求所愿付出的成本(cost)，并依据该成本来组织生产和销售

例如美国的通用汽车公司允许顾客在互联网上通过公司的有关导引系统自己设计和组装满足自己需要的汽车，用户首先确定接受的价格标准，然后系统根据价格的限定从中显示满足要求式样的汽车，用户还可以进行适当的修改，公司最终生产的产品恰好能满足顾客对价格和性能的要求。

(3) 忘掉渠道(place)策略，着重考虑怎样给消费者方便(convenience)以购买到商品

例如法国钢铁制造商犹齐诺-洛林公司采用了电子邮件和世界范围的订货系统，从而把加工时间从 15 天缩短到 24 小时。该公司通过内部网与汽车制造商建立联系，从而能在对方提出需求后及时把钢材送到对方的生产线上。

(4) 抛开促销(promotion)策略，着重于加强与消费者沟通和交流(communication)

例如美国雅虎(Yahoo!)公司，该公司开发了能在互联网上对信息分类检索的工具，且具有很强的交互性，用户可以将自己认为重要的分类信息提供给雅虎公司，雅虎公司马上将该分类信息加入产品中供其他用户使用。

4P 反映的是销售者关于能影响消费者的营销工具的观点，而站在消费者的立场看，每一种营销工具都是为了传递消费者利益(所谓的 4C)，即企业关于 4P 的每个决策都应该给消费者带来价值，否则这个决策即使能达到利润最大化的目的也没有任何用处，因为消费者在有很多商品选择余地的情况下，他不会选择对自己没有价值或价值很小的商品。

但是，如果从 4P 对应的 4C 出发(而不是从利润最大化出发)，在此前提下寻找能实现企业效益最大化的营销决策，则可能同时达到利润最大和满足消费者需求两个目标，因此，网络营销的理论模式应该是：营销过程的起点是消费者的需求；营销决策(4P)是在满足 4C 要求的前提下的企业效益最大化；最终目标是消费者需求的满足和企业效益最大化。

由于个性化需求的良好满足，消费者对公司的产品、服务产生偏好，并逐步建立起对公司产品的忠诚意识，同时，由于这种满足是针对差异性很强的个性化需求，就使得其他企业的进入壁垒变得很高，也就是说其他生产者即使也生产类似产品，也不能同样程度地满足该消费者的个性消费需求。这样，企业和顾客之间的关系就变得非常紧密，甚至牢不可破，这就形成“一对一”的营销关系。

上述这个理论框架被称为网络整合营销理论，它始终体现了以消费者为出发点及企业和消费者不断交互的特点，它的决策过程是一个双向的链。

2. 网络软营销理论

软营销是网络营销中有关消费者心理学的另一个理论基础，它是针对工业经济时代的以大规模生产为主要特征的“强式营销”提出的新理论，它强调企业进行市场营销活动的同时必须尊重消费者的感受和体验，让消费者能舒服地主动接收企业的营销活动。这个理论基础产生的根本原因，仍然是网络本身的特点和消费者个性化需求的回归。

传统营销中最能体现强势营销特征的是两种促销手段:传统广告和人员推销。这两种营销模式企图以一种信息灌输的方式在消费者心中留下深刻印象，而不管你是否需要和喜欢(或憎恶)它的产品和服务。在互联网上，由于信息交流是自由、平等、开放和交互的，强调的是相互尊重和沟通，网上使用者比较注重个人体验和隐私保护。在网络上这种企业主动的强势营销，无论是有直接商业利润目的的推销行为，还是没有直接商业目标的主动服务，是遭到唾弃并可能遭到报复的。如美国著名AOL公司曾经对其用户强行发送E-mail广告，结果招致用户一致反对，许多用户约定同时给AOL公司服务器发送E-mail进行报复，结果使得AOL的E-mail邮件服务器处于瘫痪状态，最后不得不道歉平息众怒。因此，网络营销必须遵循一定的规则，这就是“网络礼仪(netiquette)”，它是网上一切行为都必须遵守的规则。

网络软营销的特征主要体现在它从消费者的体验和需求出发，遵守网络礼仪的同时通过对网络礼仪的巧妙运用，采取拉式策略吸引消费者关注企业，从而获得一种微妙的营销效果。个性化消费需求的回归使消费者在心理上要求自己成为主动方，而网络的互动特性又使他成为主动方真正有了可能。他们不欢迎不请自到的广告，但他们会在某种个性化需求的驱动下自己到网上寻找相关的信息、广告，此时的情况是企业在那儿静静地等待消费者的寻觅，一旦消费者找到你了，这时你就应该活跃起来，使出浑身解数把他留住。因此，软营销和强势营销的一个根本区别就在于：软营销的主动方是消费者而强势营销的主动方是企业。

3. 网络直复营销理论

根据美国直复营销协会为直复营销下的定义：直复营销(direct marketing)是一种为了在任何地方产生可度量的反应和(或)达成交易而使用一种或多种广告媒体的相互作用的市场营销体系。在直复营销中，企业不通过中间分销渠道而直接通过媒体连接企业和消费者；同时通过企业与消费者之间的交互，消费者对这种营销努力有一个明确的回复(买还是不买)。

网络营销的最大特点就是企业和消费者的交互，网络作为一种交互式的可以双向沟通的渠道和媒体，可以很方便地为企业与消费者之间架起桥梁，消费者可以直接通过网络订货和付款,企业可以通过网络接收订单、安排生产，直接将产品送给消费者，同时还可获得顾客的其他数据甚至建议。所以，仅从网上销售来看，网络营销是典型的直复营销。

目前，网络直复营销的常见做法有两种:一种做法是企业在互联网上建立自己独立的站点，申请域名，制作主页和销售网页，由网络管理员专门处理有关产品的销售事务；另一种做法是企业委托信息服务商在其网站上发布信息，企业利用有关信息与客户联系，直接销售产品，虽然在这一过程中有信息服务商参加，但主要的销售活动仍然是在买卖双方之间完成的。网络直复营销，更加吻合直复营销的理念。这表现在以下4个方面。

(1) 直复营销，作为一种相互作用的体系，特别强调营销者与目标顾客之间的“双向信息交流”

互联网作为开放、自由的双向信息沟通网络，企业与顾客之间可以实现直接的、一对一的沟通和信息交流，企业可以根据目标顾客的需求进行生产和营销决策，在最大限度满足顾客需求的同时，提高营销决策的效率和效用。

(2) 直复营销活动的关键是为每个目标顾客提供直接向营销人员反馈信息的渠道，企业可以凭借顾客反馈找出不足

互联网的方便、快捷性使得顾客可以方便地通过互联网直接向企业提出建议和购买需

求，也可以直接通过互联网获取售后服务。企业也可以从顾客的建议、需求和要求的服务中，找出企业的不足，按照顾客的需求进行经营管理，减少营销费用。

(3) 直复营销强调在任何时间、任何地点都可以实现企业与顾客的“信息双向交流”

互联网的全球性和持续性的特性，使得顾客可以在任何时间、任何地点直接向企业提出要求和反映问题，企业也可利用互联网跨越空间和时间限制，低成本地与顾客实现双向交流。

(4) 直复营销活动最重要的特性是直复营销活动的效果是可测定的

利用互联网提供的企业与顾客沟通与交易平台，企业可以直接地获悉并处理每个顾客的订单和需求。因此，通过互联网可以实现以最低成本最大限度地满足顾客需求同时了解顾客需求，细分目标市场。网络营销的这个理论基础的关键作用是要说明网络营销是可测试、可度量、可评价和可控制的。有了及时的营销效果评价，就可以及时改进以往的营销努力，从而获得更满意的结果，所以，在网络营销中，营销测试是应着重强调的一个核心内容。

4. 网络关系营销理论

关系营销是1990年以来受到重视的营销理论，它主要包括两个基本点：在宏观上认识到市场营销会对范围很广的一系列领域产生影响，包括消费者市场、劳动力市场、供应市场、内部市场、相关者市场以及影响者市场(政府、金融市场)；在微观上，认识到企业与消费者的关系不断变化，市场营销的核心应从过去简单的一次性交易关系转变到注重保持长期的关系上来。

企业是社会经济大系统中的子系统，企业营销目标会受到众多外在因素的影响，企业的营销活动是一个与消费者、竞争者、供应商、分销商、政府机构和社会组织发生相互作用的过程，正确理解这些个人与组织的关系是企业营销的核心，也是企业成败的关键。

关系营销的核心是保持客户。通过加强与客户的联系，提供高度满意的产品或服务，达到与客户保持长期关系，并在此基础上开展营销活动、实现企业营销目标的目的。实施关系营销并不是以损害企业利益为代价的，而是一种双赢策略。

根据研究，争取一个新客户的营销费用是老客户费用的5倍，因此加强与客户关系并建立客户的忠诚度，可为企业带来长远的利益。互联网作为一种超越时空的、低成本的双向沟通渠道，为企业与客户建立长期关系提供有效的保障。利用互联网，企业可以随时直接接收全球各地客户满足个性化需求的订单，并利用柔性化生产技术在最短时间内最大限度地满足客户需求，为客户在消费产品和服务时创造更多的价值，与此同时，企业可通过互联网实现对生产过程、交易过程及售后服务的全程质量控制；企业也可从客户的需求中了解市场、细分市场和锁定市场，最大限度地降低营销费用，提高对市场的反应速度。

6.2.4 常用网络营销方法

网络营销职能是通过各种网络营销方法来实现的，网络营销各个职能之间并非相互独立的，同一个职能可能需要多种网络营销方法的共同作用，而同一种网络营销方法也可能适用于多个网络营销职能。常用的网络营销方法，主要有搜索引擎注册、交换链接、信息发布、病毒式营销、网络广告、邮件列表、许可 E-mail 营销、即时通信营销、论坛营销、博客营销、微博营销、个性化营销、会员制营销等。

1. 搜索引擎注册

这是最常用的网络营销方法之一，现在，虽然搜索引擎效果已经不像几年前那样有效，但调查表明，搜索引擎仍然是人们发现新网站的基本方法。因此，在主要的搜索引擎上注册并获得最理想的排名，是网站设计过程中就要考虑的问题之一，网站正式发布后尽快提交到主要的搜索引擎，是网络营销的基本任务。

搜索引擎注册包括普通型注册、推广型注册以及竞价型注册。普通型注册费用较低，但仅保证收录，不保证排名；推广型注册，保证排在搜索结果的第一页，但若推广型注册用户过多，一般搜索引擎服务商会采用“滚动排名”策略；竞价型注册是一种按照为客户网站带去的实际访问量收费的模式。

2. 交换链接

交换链接或称互惠链接，是具有一定互补优势的网站之间的简单合作形式，即分别在自己的网站上放置对方网站的徽标(logo)或网站名称并设置对方网站的超级链接，使得用户可以从合作网站中发现自己的网站，达到互相推广的目的。交换链接的作用主要表现在几个方面:获得访问量、增加用户浏览时的印象、通过合作网站的推荐增加访问者的可信度等。交换链接能够有效地提高企业在业内的认知和认可。

3. 病毒式营销

所谓“病毒式营销”，并非真的以传播病毒的方式开展营销，而是通过利用公众的积极性和人际网络，使营销信息像病毒一样被快速复制传向数以万计、数以百万计的受众。一个有效的病毒性营销战略一般有6项基本要素，即：

① 提供有价值的产品或服务；

② 提供无须努力地向他人传递信息的方式；

③ 信息传递范围很容易从小向大规模扩散；

④ 利用公众的积极性和行为；

⑤ 利用现有的通信网络；

⑥ 利用别人的资源。

病毒性营销的经典案例是Hotmail.com。现在几乎所有的免费电子邮件提供商都采取类似的推广方法。

4. 网络广告

几乎所有网络营销活动，都与品牌形象有关，在所有与品牌推广有关的网络营销手段中，网络广告作用最为直接。旗帜广告(banner)曾经是网上广告的主流(虽然不是唯一形式)，进入2001年之后，网络广告领域发起了一场轰轰烈烈的创新运动，新的广告形式不断出现，新型广告由于克服了标准条幅广告条承载信息量有限、交互性差等弱点，因此获得了相对比较高一些的点击率。有研究表明，网络广告的点击率并不能完全代表其效果，网络广告对那些浏览而没有点击广告的、占浏览者总数99%以上的访问者同样产生作用。

随着互联网媒体技术的不断发展，网络广告形式也越来越多；网络广告画面，也越来越丰富。常见的网络广告形式有如下几种。

(1)旗帜广告(banner)

banner一般翻译为网幅广告、旗帜广告、横幅广告等。它是一个表现商家广告内容的图片，放置在广告商的页面上，是互联网广告中最基本的广告形式，一般是使用 flash 文件、gif 格式的图像文件，可以使用静态图形，也可用多帧图像拼接为动画图像。位于页面的最上方，具有较强的视觉冲击力。

(2)按钮广告(button)

按钮广告其实是从 banner 广告演变过来的一种广告形式，图形尺寸比 banner 要小。由于图形尺寸小，故可以被更灵活地放置在网页的任何位置。

(3)通栏广告

通常出现在首页以及各频道页的中间显著位置，是占据整个页面宽度的图片广告，具有极强的视觉效果，能吸引浏览者的注意力。

(4)弹出窗口广告

访客在登录网页时强制插入一个广告页面或弹出广告窗口。它们类似电视广告，都是打断正常节目的播放，强迫观看。可以是图片，也可以是图文介绍。

(5)浮动标示广告

会飞的 button 广告，可以根据广告主的要求并结合网页本身特点设计“飞行”轨迹，增强广告的曝光率。表现形式可分为沿轨迹飘动与悬停两种形式。

(6)文字连接广告

以文本形式放置在网页显眼的地方，长度通常为 10～20 个中文字，内容多为一些吸引人的标题，然后链接到指定页面。这是一种对浏览者干扰最少，但却较为有效果的网络广告形式、极具成本效益的推广方式，精彩的文字创意同样会收到意想不到的效果。

(7)擎天柱广告

擎天柱广告形状为长方形，出现在首页以及各个频道的右侧。位于页面右首的垂直图片广告，符合用户的阅读习惯，给用户带来愉悦的感觉。较为醒目，能够承载比按钮广告更多的创意表现。

(8)流媒体广告

在频道首页下载后出现数秒的大尺寸图片广告，第一时间吸引用户的注意力。

(9)电子邮件广告

电子邮件广告具有针对性强(除非你肆意滥发)、费用低廉的特点，且广告内容不受限制。它可以针对具体某个人发送特定的广告，为其他网上广告方式所不及。

(10)专题报道

针对公司、企业、实体进行文字、图片综合性的网络宣传报道，或以其组织的重大事件作为切入点进行报道。以单独成套的页面形式出现，表现形式多样，信息丰富，同时可不断更新信息，能实现简单网站的功能。

(11)网络视频

在互联网视频中，广告形式多种多样。其中有些形式与电视广告差别不大，另外一些却大大加强了互动性。

(12)网络直播

在现场随着事件的发生、发展进程同步制作和发布信息，具有双向流通过程的信息网络发布方式。其形式也可分为现场直播、演播室访谈式直播、文字图片直播、视音频直播或由电视(第三方)提供信源的直播；而且具备海量存储、查寻便捷的功能。

5. 信息发布

信息发布既是网络营销的基本职能，又是一种实用的操作手段，通过互联网，不仅可以浏览到大量商业信息，同时还可以自己发布信息。最重要的是将有价值的信息及时发布在自己的网站上，以充分发挥网站的功能，比如新产品信息、优惠促销信息等。

6. 许可 E-mail 营销与邮件列表

基于用户许可的 E-mail 营销比传统的推广方式或未经许可的 E-mail 营销具有明显的优势，比如可以减少广告对用户的滋扰、增加潜在客户定位的准确度、增强与客户的关系、提高品牌忠诚度等。开展 E-mail 营销的前提是拥有潜在用户的 E-mail 地址，这些地址可以是企业从用户、潜在用户资料中自行收集整理，也可以利用第三方的潜在用户资源。

邮件列表实际上也是一种 E-mail 营销形式，邮件列表也是基于用户许可的原则，用户自愿加入、自由退出，稍微不同的是，E-mail 营销直接向用户发送促销信息，而邮件列表是通过为用户提供有价值的信息，在邮件内容中加入适量促销信息，从而实现营销的目的。邮件列表的主要价值表现在 4 个方面：作为公司产品或服务的促销工具、方便和用户交流、获得赞助或者出售广告空间、收费信息服务。邮件列表的表现形式很多，常见的有新闻邮件、各种电子刊物、新产品通知、优惠促销信息、重要事件提醒服务，等等。

7. 即时通信营销

即时通信营销，顾名思义，即利用互联网即时聊天工具进行推广宣传的营销方式。企业通过品牌建设、非即时方式营销也许获得了不小的流量，可用户不但没有认可你的品牌名称，甚至已经将你的品牌名称拉进了黑名单。所以，有效的营销策略要求我们考虑如何运用即时通信工具为用户提供对其个体有价值的产品或促销信息。

8. 论坛营销

论坛营销就是利用论坛这种网络交流的平台，通过文字、图片、视频等方式发布企业的产品和服务的信息，从而让目标客户更加深刻地了解企业的产品和服务。最终达到企业宣传企业的品牌、加深市场认知度的网络营销活动。

论坛营销可以成为支持整个网站推广的主要渠道，尤其是在网站刚开始的时候，是个很好的推广方法。利用论坛的超高人气，可以有效为企业提供营销传播服务。而由于论坛话题的开放性，几乎企业所有的营销诉求都可以通过论坛传播得到有效的实现。论坛营销是以论坛为媒介，参与论坛讨论，建立自己的知名度和权威度，并顺带推广一下自己的产品或服务。运用好的话，论坛营销可以是非常有效果的网络营销手段。

9. 博客营销

博客营销，是通过博客网站或博客论坛，接触博客作者和浏览者，利用博客作者个人的知识、兴趣和生活体验等传播商品信息的营销活动。简单来说，博客营销就是利用博客这种网络应用形式开展营销活动。

博客营销相对于广告是一种间接的营销，通过博客与消费者沟通、发布企业新闻、收集反馈和意见、实现企业公关等，这些虽然没有直接宣传产品，但是让用户接近、倾听、交流的过程本身就是最好的营销手段。

10. 微博营销

微博营销，是刚刚推出的一种网络营销方式。随着微博的火热，便催生了有关的营销方式，就是微博营销。在微博服务平台上，每个人都可以注册一个微博账号，每天更新内容就可以和大家进行交流，或者发表大家感兴趣的话题，这样就可以达到营销的目的。

微博营销可以借助先进多媒体技术手段，以文字、图片、视频等展现形式对产品进行描述，从而使潜在消费者更形象、直接地接受信息。微博最显著特征之一就是其传播迅速。微博营销优于传统广告行业，发布信息的主体无须经过繁复的审批，从而节约了大量时间和成本。通过粉丝关注形式进行病毒式传播，影响面非常广泛。

11. 个性化营销

所谓个性化营销（personalized marketing），就是企业面向消费者，直接服务于顾客，并按照顾客的特殊要求提供个性化产品或服务的新型营销方式。个性化营销，可以通过用户定制自己感兴趣的信息内容、选择自己喜欢的网页形式、根据自己需要设置信息的接收方式和接受时间等提供个性化信息服务。个性化服务在改善客户关系、培养客户忠诚以及增加网上销售方面具有明显的效果。开展个性化营销的前提是个人信息可以得到保护。

12. 联属网络营销

联属网络营销（affiliate marketing）又称会员制营销，已经被证实为电子商务网站的有效营销手段，国外许多网上零售型网站都实施了联属计划，几乎已经覆盖了所有行业。联属网络营销，就是一个网站的所有人在自己的网站（称为联属网站）上推广另一个商务网站（称为主力网站）的服务和商品，并依据实现的销售额取得一定比例佣金的网络营销方式。

联属网络营销理论发端于亚马逊书店在1996年夏推出的一种联属方案，根据这一方案，任何网站都可以申请成为亚马逊书店的联属网站，在自己的网站上推介亚马逊书店经营的图书，并依据实际售出书籍的种类和已享折扣的高低获得5% ~15%的佣金。该方案一经推出，就在业界引起了轰动。当年加入联属营销计划的网站超过了4 000家，次年夏天突破了1万家，1998年夏天达到了10万家。正是这些联属网站使得亚马逊书店声名大震，成为网上零售的第一品牌。在亚马逊书店的带动下，网上零售业者竞起效尤。今天，联属网络营销的观念，已经普及到了在网络上发展的各个行业的各种规模的公司。

联属网络营销有其自身优势，主要表现在：首先，主力网站可以通过发展联属网络以较小的花费在较短的时间内树立自己的网上品牌，实现网上销售额的快速增长；其次，联属网站可以通过加入联属网络营销计划，从起点较低的内容网站迅速转变为电子商务网站，实现营业收入；最后，网上消费者也能从联属网络营销中获得实惠。

13. 网店营销

建立在第三方提供的电子商务平台上、由商家自行经营网上商店，如同在大型商场中租用场地开设商家的专卖店一样，是一种比较简单的电子商务形式。网上商店除了通过网络直接销售产品这一基本功能之外，还是一种有效的网络营销手段。

从企业整体营销策略和顾客的角度考虑，网上商店的作用主要表现在两个方面：一方面，网上商店为企业扩展网上销售渠道提供了便利的条件；另一方面，建立在知名电子商务平台上的网上商店增加了顾客的信任度。从功能上来说，对不具备电子商务功能的企业网站也是一种有效的补充，对提升企业形象并直接增加销售具有良好效果，尤其是将企业网站与网上商店相结合，效果更为明显。

具体企业电子商务网站中的网络促销技术有各种各样，比如设立“虚拟展厅”、设立“虚拟组装室”、建立自动的信息传递系统。

(1)设立“虚拟展厅”

用立体逼真的图像，辅之以方案、声音等展示自己的产品，使消费者如亲临其境一般，感受到产品的存在，对产品的各个方面有个较为全面的了解。在建立“虚拟展厅”来传递信息时，为更好地满足消费者的需求，企业应在“展厅”中设立不同产品的显示器，并建立相应的导航系统，使消费者能迅速、快捷地寻找到自己所需要的产品信息。

(2)设立“虚拟组装室”

在“虚拟展厅”中，对于一些需要消费者购买后进行组装的产品，可专门开辟一些空间，使消费者能根据自己的需求，对同一产品或不同产品进行组合，更好地满足消费者个性化需求。

(3)建立自动的信息传递系统

在该方面，一是要建立快捷、及时的信息发布系统，使企业的各种信息能及时地传递给消费者；二是要建立信息的实时沟通系统，加强与消费者在文化、情感上的沟通，并随时收集、整理、分析消费者的意见和建议，在改进产品开发生产、营销的同时，对于企业有帮助的好建议，应给予信息提供者以相应的回报。

随着电子商务的不断普及和发展，也会不断催生一些网络促销的新模式和新技术。如虚拟网店促销、网络机器人促销等。

(4)虚拟网店促销

虚拟网店，也称网上代理网店，它的商品并不属于虚拟网店，而是来自其他(可以多个)真实网店。虚拟网店主人可以向圈内朋友展示“自己的”网店，但网店商品的销售工作仍由真实网店负责。虚拟网店所起的主要作用是商品的促销。真实网店按照协议支付虚拟网络商店主人一定的酬金。

(5)网络机器人促销

网络机器人“营业员”可以为客户提供所需的信息，并与客户互动交流，推销相关产品。网络机器人在中国是方兴未艾的未来产业，将有巨大的拓展空间，其使用也将更加广泛。网络机器人不仅将随着互联网的不断延伸而迅速发展，更将会出现在 Web 平台上。

另外，随着网络 Web 2.0 时代的到来，Web 2.0 概念除了给网络服务带来创新性、个性化发展外，也让网络营销因为 Web 2.0 时代的来临而催生了更多革新性的网络营销形式和载体。全互动式网络广告载体、网络杂志、博客营销等的出现，标志着网络营销已经进入了 Web 2.0 下的互动营销时代。

Web 2.0 的来临，使网民改变了旁观者的地位。在 Web 2.0 时代，突出的不是纯技术，而是参与和互动。它与门户网站相比，面对的是相对少但却更加细分的人群。传统的门户网站依靠庞大的编辑体系组织内容吸引用户，几乎将所有的东西一网打尽，而 Web 2.0 定位非常清晰，针对特定的用户群，有着自己核心的业务。

在 Web 2.0 时代，用户体验成为重中之重，用户更愿意成为网站的主人，网络营销不再一味地以条幅、弹出广告这类影响用户浏览的方式吸引用户注意，而是以创造性地开发营销模式为基础。在高度重视用户体验的前提下，把合适的营销信息以一种适当的形式送到潜在的消费者面前。

6.3 面向电子商务的传统营销

电子商务并不意味着就是网络营销，在电子商务环境下，企业可以同时利用网络营销和传统营销，电子商务并不排斥传统营销。

6.3.1 基于传统媒体的网站推广

除了上述网络营销方法，不要忘记推广电子商务网站有时还需要借助于传统的广告形式，常见的有如下形式。

(1)公司印刷品广告

公司信笺、名片、礼品包装都要印上网址名称。让客户在记住你名字、职位的同时，也看到并记住你的网址。

(2)报纸广告

报纸是使用传统方式宣传网址的最佳途径。“天地环网”网站利用 IT 报纸的宣传，使大量读者知道了中国库存商品调剂网站。

(3)户外广告

很多人知道拨 263 可以上网，进而知道了 263 就是首都公众信息网，消息途径来自地铁广告；中关村的一些路牌中常可以看到 intel 公司介绍其产品的中文网站 www.intel.com.cn。淘宝网为了在农村推广，也打起墙体广告，如图 6-1 所示。

图 6-1　淘宝网广告

(4)电视广告

中央电视台、凤凰卫视在节目后面都在屏幕上打上了网址名称，NBA 现场转播时不时有 www.nba.com 字幕滚动。

(5)口头传播

不要低估口头传播的能力，好的网址可以通过同事、朋友和家人进行宣传。

事实上，我们经常在报刊或电视中看到电子商务企业的产品或服务广告。很多的电子商务服务商，如阿里巴巴、中国制造网等，在发展会员、开拓电子商务产品市场时的营销方式并不是完全采用网络营销方式。2008 年阿里巴巴公司专程推出“千人招聘计划”，招聘“阿里巴巴诚信通客户经理”，主要负责通过电话方式推广“诚信通”网络服务。

6.3.2　基于传统媒体的网站推广

在当今信息时代中，企业不是考虑采用网络营销还是采用传统营销，而是应该考虑怎样将网络营销和传统营销进行整合以实现企业的营销目标。

1. 企业市场调研

消费者是企业产品的直接需求者，因此了解消费者状况、找准顾客是企业市场调研的首要任务。在传统的调研方式中，通常是通过走访、电话、发放问卷等形式来了解顾客需求。与此同时，企业可以得到较为准确的顾客个人信息，如消费者分布区域、年龄分布等。这样，企业便可有针对性地进行市场推广活动。但是这种调研方式需要耗费大量的人、财、物力，而且很难进行广泛的调研。

而网上调研的参与者通常是主动的，并且参与者是隐蔽的，所以相对于传统调研方式，网上调研只需少量的人、财、物力就可以得到准确的需求信息了。这样企业便可制定出准确的产品生产计划。但是网上调研的参与者的真实个人资料很难得到，并且有可能得到错误的个人资料，从而导致企业无法制定出具体的营销方案。

因此，有效的调研方式应该将两者结合起来。首先，利用网上调研得到准确的消费者需求信息，制定出生产计划。然后，通过传统的调研方式得到准顾客的个人资料，从而使企业制定出正确的营销策略。

2. 营销组合

营销组合是指企业针对目标市场综合运用各种可以控制的营销手段，对他们实行最优化组合，以取得最佳市场营销效果。可以控制的营销手段通常可以分为 4 大类：产品、价格、渠道、促销。传统的营销组合是以现实环境为基础的，企业和消费者之间缺少一对一的沟通，这使营销组合的效果大打折扣，但是利用网络后这种状况将得到改变。

3. 销售方式

把产品销售给顾客是企业的生产目的。传统的销售形式是企业和顾客直接面对，口头或书面达成购买协议，然后成交。这样的销售方式符合人们的购物习惯。但是对于企业来说，这种方式交易费用较高，交易所花费的时间较长。网上交易让企业避免了这些，在网上消费者可以通过企业产品数据库，同时通过网站商务导购，进行商品的选择，在完成商品的配置和选择后，网站通过数据库可以直接计算出产品的价格，消费者通过网上或网下进行付款后，便可以在数日内得到你所想要的产品。这种方式一方面使得厂商减少交易费用，同时也方便了消费者。

4. 售后服务及信息反馈

售后服务是赢得顾客的关键因素，在网络环境下，企业可以随时与消费者进行沟通，同时了解他们的需要以及对产品的意见等。通过这样的接触，一方面使得顾客对企业比较信赖，另一方面企业也可以及时了解到产品和消费者的信息，以便于及时调整企业的产品策略和促销策略。

就目前来看，传统营销方式是企业商务活动的基础，而网上营销则是对传统营销的加强，也是未来企业营销活动发展的方向。将两者结合起来，形成整合营销体系，可以形成弱势互补，使企业的现有营销体系更加完善，同时也为企业的未来发展奠定基础。

6.4 网络购物消费者行为分析

企业在网上销售产品之前，需要了解自己会遇到的网上消费者是哪一类群体，消费者在网络市场环境下的行为特征是什么，消费者是如何完成购买决策的等一系列问题。这一节，我们重点讨论互联网用户特点以及网络购物消费者行为的变化。

6.4.1 网络用户特点分析

截至2014年12月，中国网民规模达6.49亿，全年共计新增网民3 117万人。互联网普及率为47.9%，较2013年年底提升了2.1个百分点。互联网用户的上网次数和在网上所花费的时间也越来越多，对网络的功能和服务也越来越满意、越来越熟悉，且希望获得更多的服务。随着人们对网络环境的熟悉，人们在网上从事的活动范围也增大。

虽然电子邮件仍然是人们使用得最多的Internet服务，但其他服务如搜索引擎的使用、产品和服务的网上调查、贺卡发送、新闻追踪、网上娱乐、科学研究、网络广播、网络金融服务等得到了广泛的重视和快速发展。

从上网人员分布来看，我国的网络使用相对发达国家而言，仍然处于较低的水平。年轻、单身、受过良好教育的人占据了绝大多数，且经济发达地区所占比例明显高于中西部地区。但上网人员的平均收入较低(大中院校的学生占了相当大的比例)，消费能力有限。我国互联网用户主要特点包括如下几个方面。

(1)娱乐业是我国网络个人消费最拥挤的地方

由于我国互联网用户中很多是年轻的在校学生，因此，网上娱乐业成为最火爆的个人消费点。如音乐、电视、网络游戏、聊天等网络服务站点，每天都聚集了大量的访问者，而爆满的网吧中玩家也大多是游戏、聊天高手。

(2)图书文献业具有稳定的市场份额

受我国互联网发展水平的限制，具有普遍上网能力的机构都集中在学校、政府机关及科研院所，因此除青年学生外，教师、科技人员、政府工作人员等上网的比例较高，他们对图书、文献等有较多的需求。

(3)二手货市场热闹非凡

年轻人受收入限制，消费能力较低，因此网上商城为他们提供了一个很好的二手货交流平台。

(4)隐私产品销量火爆

由于文化背景的约束，人们在涉及隐私产品的购买上还是希望有一个安全的环境，而网络为此提供了一个无须面对面交流、可以在一个隐私的环境下完成产品的购买。

6.4.2 网络购物消费者行为影响因素

企业在了解网络访问者的特点后，就需要关注他们的网上行为方式。消费者行为模式理论试图在分析消费者的社会因素、自身因素以及购买动机等基础上，对消费者做出的各种决策进行预测和解释。如预测消费者需要什么产品、愿意在什么地方、什么时间以何种方式购买、所能承受的价格是多少、如何完成购买决策等问题，同时还设法能够解释客户为什么要购买这些产品。

1. 社会因素

社会因素有文化因素、相关群体因素。文化通常是指人类在长期生活实践中建立起来的价值观、道德观及其他行为准则和生活习俗，是引发人们的愿望及行为的最根本因素，它对消费者行为的影响最广泛。通过对文化因素的分析可预测消费者的市场行为，如在不同的市场上消费者会购买哪些产品、如何购买等，文化因素会对整个国家产生影响。

亚文化是文化的一个子集，它主要由社会差异如地区差异、民族差异等造成，不同的亚文化人群其购买行为是不同的，如上海人比较精明、北方人比较直爽等，都会影响他们的购买决策。

社会相关群体之间的相互影响也是消费者购买决策过程的重要参照。相关群体是指对消费者的态度和购买行为具有直接或间接影响的组织、团体和人群等，如父母与孩子之间、夫妻之间、同事朋友之间。群体具有强大的影响力，所谓"近朱者赤"，其购买行为有一定的趋同性即羊群效应，因此企业要设法接近那些能够通过其个性、技能或其他因素影响他人的观念领导者，并把营销活动对准他们。

家庭是消费者最基本的相关群体，其成员之间的相互影响是最强烈的。企业要注意研究丈夫、妻子、子女在商品购买中所起的作用。一般而言，家庭成员对购买的参与程度与所购产品及购买过程的不同阶段有很大关系。

生活方式群体是一种独特的参照群体，他们可能具有某种相同或相似的爱好（如读书、运动、购物偏好等）、兴趣（如食品、时尚、娱乐等）、观点（如社会观点、政治观点、商业观点等），一旦了解了消费者的生活方式以及具有这种生活方式的典型人物的购买行为，就能够针对这类人群来设计产品和营销信息。

2. 自身因素

不同的个体、个体所处的不同人生阶段，其购买意向和购买行为也是不同的。影响个体购买的决策的因素主要有年龄、职业、地位、经济状况、受教育水平、个性等。例如，不同的年龄阶段有不同的商品需求、不同的心理预期，因此其购买行为是不同的，年轻人收入不高，但喜欢新潮，因此他们在购买商品时也许更注重外在样式；中老年人则更注重产品质量以及产品的品味。

3. 购买动机

动机是一种内在的心理状态，不容易被直接观测，但它可以根据人们的长期行为表现或自我陈述加以了解和归纳。网络消费者的购买动机大体分为 3 类，即理智动机、感情动机及惠顾动机。

理智动机是建立在人们对于在线商场推销的商品的客观认识基础上的。他们的购买动机是在反复比较之后才产生的，对所要购买的商品的特点、性能及使用方法心中有数。他们的购买行为受控于理智，很少受外界影响，其购买行为受商品的适用性、价值、美感、安全性、可靠性以及交易过程的便捷性等因素影响。

感情动机是由人的情绪、情感所引起的购买动机。由个人的喜好、满意、快乐、好奇而形成的低级形态的感情动机具有冲动性、不稳定性，而由个人的道德观、群体感引起的感情动机则比较稳定。感情动机一般由求新、求名、从众等心理因素引起。

惠顾动机是基于理智和感情之上，对特定网站的产品或服务产生特殊的信任与偏好而重复地、习惯性地前往访问并购买的一种动机。形成惠顾动机的因素往往包括搜索引擎的便利、广告醒目、站点内容的吸引、商标品牌的权威性、可靠的信誉等。消费者在惠顾动机驱使下，心中首先确立了购买目标并在各次购买活动中克服和排除其他同类产品或服务的吸引或干扰。具有惠顾动机的消费者往往是网站的核心客户。

6.4.3 网络购物消费者行为的变化

电子商务通过网络将消费者带入全新的交易环境，消费者行为也随之发生改变。在电子商务环境中，网络购物消费者行为的变化，主要体现在以下 5 个方面。

1. 获取信息方式的改变

消费者为取得满意的消费结果，在购买决策之前，往往要进行信息的搜寻。在传统销售模式下，消费者通过个人来源、商业来源和大众来源等途径，广泛搜集有关产品购买和使用情况的信息，这不仅要耗费大量的时间和精力，而且还可能徒劳无益。

在电子商务环境下，消费者采用更加便捷的方式——从网络上获取信息。消费者利用强大的搜索引擎，通过链接进入目标网站搜寻，几乎可以足不出户就找到所需要的信息，实现“人在家中坐，货从网上来”。信息的共享性给消费者带来了极大的便利，不仅缩短了获取信息的时间，而且还增大了选择的空间。

2. 信息沟通方式的改变

在传统的营销模式下，企业通常利用报纸、杂志、广播、电视等媒体向消费者传播信息，这种信息传播方式在实时性、传播范围等方面都存在一定局限性，而且单向传播导致消费者对产品质量、功能、服务等方面并不真正了解，企业也没有真正了解消费者需求。

在电子商务环境下，消费者有了新的信息传播渠道——网络。网络既不同于只进行文字传播的报纸，又不同于只进行音频传播的电台，也不同于只进行视频传播的电视，而是三者的有机统一，是一种多媒体的信息传播模式，它比任何一种方式都更快、更直观、更有效地把信息传递给消费者，其传播效果是传统的传播工具所无法比拟的。

3. 购物方式的改变

在传统营销模式下，消费者通常要进入购买场所选择商品。消费者为了找到自己所需的产品，不得不在多家商店中搜寻，既消耗了体力又浪费了时间。

而电子商务在很大程度上方便了消费者。电子商务系统巨大的信息处理能力为消费者提供了选择的手段。消费者只需坐在家里，在网上搜索、查看，便可以直接面对网络上所有商家提供的商品，进行全方位的比较和挑选，选择符合自己心意的商品，使需要得到最大限度的满足。

4. 个性化消费的回归

在传统销售模式下，尽管许多企业为消费者提供了个性化的产品和服务，但由于传统媒体的单向传播，消费者的个性化需求不能及时向企业传递，消费者不能得到符合个性化需求的定制产品。

在电子商务环境下，消费者不再被动地接受商家或厂家提供的商品，可以直接向企业表达自己的独特要求，甚至可以参与新产品的开发和研究，从而使消费者的个性化需求得以满足。

5. 购买行为趋向理性化

在现实的购物中，消费者容易受购物现场的气氛、营业场所的布置、商品的丰富程度和陈列方式、售货人员的服务态度和服务质量、他人的购买行为等因素的影响，产生冲动性购买行为。

在电子商务中，消费者面对的是系统、计算机屏幕，没有了嘈杂的环境和各种诱惑，消费者可以完全理性地购买。

6.4.4　网络购物消费者购买决策过程

人们购买一种商品的行为并不是突然发生的，在购买行为发生之前，购买者会有思维活动或行为来保证以后购买的商品自己能满意。与网络购物消费者购买行为相关的是一个完整的购买决策过程。

企业了解网络购物消费者整个购买决策过程是非常重要的，因为在消费者购买过程中，企业可以制定一些策略来帮助消费者满足自己的需要。网络购物消费者购买商品也是一种决策过程，其决策过程可粗略地分为 4 个阶段：需求确认、信息收集、评价选择、购买与购后评价。

1. 需求确认

消费者首先要认识到自己需要某种商品后，才会去选择和购买，因此需求确认是消费者购买决策过程中的第一个阶段。在这个阶段里，消费者认识到自己的当前状态与理想状态的差距，而这个差距就是消费者的需求，消费者需要满足这一需求从而达到消除差距的目的。企业需要了解消费者的需求是由哪些刺激因素激发的，进而巧妙地设计促销手段去吸引更多的消费者浏览网页，使消费者知道企业所提供的产品或服务能够满足他们的需求。

2. 信息收集

信息收集是消费者做出正确购买决策的基础。购买前的信息搜寻过程中，消费者首先在自己的记忆中搜寻可能与所需商品相关的知识经验，如果没有足够的信息用于决策，他便要在外部环境中寻找与此相关的信息。其途径主要有两条：一是通过相关群体获取所需信息，二是通过公共传媒如电视、广播、网络等。因此企业应试图通过某种途径让消费者获得能满足其需求的本企业的产品信息。

3. 评价选择

消费者在获得了相关产品或服务的信息之后，制定相应的购买方案，并根据个人的特点（前述所分析的影响消费者行为模式的相关因素），选择一种最适合自己的购买方案。在消费者实际购买行为中，通常会有一项因素是消费者评价与选择购买方案的主要因素，这项因素被称为决定性因素。决定性因素依商品的种类和消费者的感觉、生活方式、态度、需要等诸多方面的因素而变化。有时决定性因素并不止一个，可以是两个同样重要的因素。

4. 购买与购后评价

当购买方案决定后，消费者的下一个任务就是完成购买行为。当消费者完成购买行为后，消费者就会对购买过程特别是交易过程以及所获得的产品或服务进行评价，如交易过程是否方便，售前、售中、售后服务如何，产品是否真正满足了自己的需求，是否完全消除了所存在的差距。

决定消费者对购买是否满意的关键在于消费者的期望和产品实际性能之间的关系。如果产品未达到消费者期望，消费者就会失望；如果达到期望，消费者就会满意；如果超出了期望，消费者就会惊喜。消费者的期望基于他们从销售商、朋友或其他来源处获得的信息，如果销售者夸大了产品的性能，消费者的期望就不会得到满足，必然导致不满意。期望和性能之间的差距越大，消费者的不满意程度就越高。

6.5 面向电子商务的客户智能

这一节主要讨论电子商务应用中的客户智能。首先讨论电子商务客户智能的概念和内涵，然后讨论电子商务客户智能的支撑技术和系统功能，最后讨论电子商务客户智能价值评价问题。

6.5.1 电子商务客户智能概述

客户智能（Customer Intelligence，CI）是由商业智能（Business Intelligence，BI）发展而来的。商业智能是20世纪90年代末首先在国外企业界出现的一个术语，代表为提高企业运营性能而采用的一系列方法、技术和软件。商业智能把先进的信息技术应用到整个企业，不仅为其提供信息获取能力，而且通过对信息的开发，将其转变为企业的竞争优势。客户智能可视为客户管理中的商业智能。

客户智能，是在客户管理过程中，充分运用各种智能化分析技术，将一般客户信息转换为客户知识，并以此为依据产生客户决策、提升客户价值、改进客户关系的战略活动。将客户智能引入客户管理中，有助于科学合理地理解客户消费模式，预测客户行为和市场动向，实现主动的客户关系管理。客户智能将"以客户为中心"的理念植入企业组织内部，并使其具有更强的可操作性。客户智能涉及了客户知识从产生到分发、使用的整个过程，强调知识的流动性和决策结果的有效性。客户智能的目标，是将所掌握的信息转换成竞争优势，提高企业决策能力、决策效率、决策准确性。为完成这一目标，客户智能必须具有实现数据分析到知识发现的算法、模型和过程，决策的主题具有广泛的普遍性。

面向电子商务的客户智能，是指在电子商务环境下，基于客户理论基础和企业的需求，利用商业智能技术对客户管理中的数据进行收集、整理、分析，得出客户知识，并以此客户知识运用于客户管理领域，甚至指导企业的各个职能部门，帮助企业提高、优化客户关系的决策能力并最终提升客户价值的理论、方法、过程、能力以及软件的集合。客户"智能"反映了当面对特定的、与客户有关的决策问题时，企业作为一个整体抓住问题本质，并对它们做出适当反应的能力。

对面向电子商务的客户智能，我们可以从五个方面来理解。

（1）理论基础

理论基础是企业对电子商务客户管理决策的指导依据，它既包括人们分析和对待客户的理论和方法，也包括分别从客户和企业角度进行的价值分析。通过对消费行为分析、满意度分析、利润率分析、客户忠诚分析、渠道有效性分析、活动绩效分析等诸如此类的指标的测评与衡量，达到决策科学化、合理化的目的。

(2)信息系统层面

信息系统层面又称电子商务客户智能系统的物理基础，表现为具有强大决策分析功能的软件工具和面向 CRM 的信息系统平台。

(3)数据分析层面

数据分析层面是一系列算法、工具或模型。首先获取与所关心主题有关的高质量的数据或信息，然后自动或人工参与使用具有分析功能的算法、工具或模型，帮助企业分析信息、得出结论、形成假设、验证假设。

(4)知识发现层面

知识发现层面与数据分析层面一样，是一系列算法、工具或模型。将数据转变成信息，而后通过发现将信息转变成知识，或者直接将信息转变成知识。

(5)战略层面

将信息或知识应用于提高决策能力和运营能力、企业建模等。客户智能的战略层面是利用多个数据源的信息以及应用经验和假设来提高电子商务企业决策能力的一组概念、方法和过程的集合。通过对数据的获取、管理和分析，为电子商务企业的各种人员提供知识，以提高企业的战略决策和战术决策能力。

6.5.2　电子商务客户智能支撑技术

面向电子商务的客户智能是一种以知识为对象的智能分析活动过程，因此其发展和成熟离不开知识处理技术的进步。电子商务客户智能涉及的技术领域有很多，其中数据挖掘、数据仓库与 OLAP、人工智能是面向电子商务的客户智能的三大核心支撑技术，它们构成了电子商务客户智能存在的基石。

1. 数据挖掘技术

数据挖掘是当前计算机工业最热门的研究领域之一。与报表、静态查询等一般分析方法不同，数据挖掘是从数据库中智能地寻找模型，从海量数据中归纳出知识。因此数据挖掘是面向电子商务的客户智能中最重要的应用技术，是使企业获得洞察力的主要手段。

数据挖掘(Data Mining，DM)是指从大量的、不完全的、有噪声的、模糊的、随机的实际应用数据中，提取隐含在其中的、人们事先不知道的、但又是潜在有用的信息和知识的过程。数据挖掘作为一门交叉性学科，涉及机器学习、模式识别、统计学、智能数据库、知识获取、数据可视化、高性能计算、专家系统等多个领域。从数据库中发现出来的知识可以用在信息管理、过程控制、科学研究、决策支持等许多方面。数据挖掘技术可以应用到以客户为中心的企业决策分析和管理的不同领域和阶段。在客户关系管理(CRM)中，它可以应用到以下几个方面。

(1)客户群体分类分析

利用数据挖掘技术可对大量的客户分类，提供针对性的产品和服务。

(2)交叉销售

现代企业和客户之间的关系是经常变动的，需要对其进行交叉销售，为客户提供新的产品或服务。数据挖掘可以帮助企业分析出最优的销售匹配。

(3)客户的获得、流失和保持分析

企业的增长和发展壮大需要不断维持老客户和获得新客户。数据挖掘可以帮助企业识别出潜在的客户群，提高市场活动的响应率，使企业做到有的放矢。

(4)客户盈利能力分析和预测

企业若不知道客户的价值，就很难做出适时的市场策略。数据挖掘技术可以分析和预测不同市场活动情况下客户盈利能力的变化，帮助企业制定适合的市场策略。

(5)客户背景分析

了解客户背景资料，有助于企业对客户的分析，从而更好地制定客户策略。数据挖掘可以从大量的、表面无关的客户信息中发现许多对企业有用的商业模式。

(6)客户满意度分析

分析客户对企业产品和服务的满意度，可以帮助企业改进客户营销策略，从而增加客户的忠诚度。数据挖掘可以从零散的客户反馈信息中，分析出客户的满意度。

(7)客户信用分析

针对不同信用级别的客户，企业可以采取不同的赊销方案等。数据挖掘可从大量历史数据中分析出具体客户的信用等级。在数据仓库、OLAP、人工智能等技术的推动下，数据挖掘在面向电子商务的客户智能中的应用将越来越广。

2. 数据仓库和 OLAP 技术

数据仓库和联机分析处理(Online Analytical Processing，OLAP)技术是支撑面向电子商务的客户智能的另一项重要技术。

数据仓库(Data Warehouse)是一个面向主题的、集成的、稳定的、反映历史数据的数据集合，用于支持经营管理中的决策制定过程。这个定义概括了数据仓库最主要的 4 个特征：①数据仓库是面向主题的；②数据仓库是集成的；③数据仓库是稳定的；④数据仓库反映历史数据。

数据仓库中的数据通常都具有多重粒度。具体来说，可将数据分为 4 个层级：早期细节级、当前细节级、轻度综合级和高度综合级。原始数据经过集成首先进入当前细节级，并根据具体需要进一步地综合，从而进入轻度综合级乃至高度综合级，老化的数据将进入早期细节级。粒度的划分既影响到数据仓库中数据量的多少，又影响到数据仓库回答分析和询问的能力。

数据仓库的建立并不是要取代数据库，建立数据仓库的目的是为了将企业多年来已经收集到的数据按一个统一、一致的企业级视图组织、存贮，以便对这些数据进行分析，从中得出有关企业经营好坏、客户需求、对手情况、以后发展趋势等有用信息，帮助企业及时、准确地把握机会，以求在激烈的竞争中获得更大的利益。在面向电子商务的客户智能中，数据仓库是最佳的客户数据组织和存储机制，是分析客户资料、挖掘客户潜力的基石。

与数据仓库紧密联系在一起的是 OLAP 技术。OLAP 的概念最早是由关系数据库之父 E. F. Codd 于 1993 年提出的。当时，Codd 认为联机事务处理(Online Transaction Processing,

OLTP）和SQL已不能满足终端用户对数据库查询分析的需要。用户的决策分析需要对数据库进行大量复杂计算才能得到结果，而简单查询的结果并不能满足决策者的需求，因此Codd提出了OLAP的概念。随着数据仓库的发展，OLAP也得到了迅猛的发展。OLAP的一个重要特点是多维数据分析，这与数据仓库的多维数据组织正好形成相互结合、相互补充的关系。现在的OLAP已经成为数据仓库系统中一项关键的信息分析处理技术，为数据仓库用户提供数据查询接口。根据OLAP委员会的定义，OLAP是使分析人员、管理人员或执行人员能够从多种角度对从原始数据中转化而来的、能够真正为用户所理解的并真实反映数据特性的信息进行快速、一致地存取，从而获得对数据更深入了解的一类软件技术。

3. 人工智能技术

人工智能是计算科学的一个分支，是研究使计算机完成表现出人类智能的任务的学科。主要包括计算机实现智能的原理、制造类似于人脑的智能计算机，以及使计算机更巧妙地实现高层次的应用。它涉及计算机科学、心理学、哲学和语言学等学科。总的目标是增强计算机的智能。也可以说，人工智能研究怎样使计算机模仿人脑所从事的推理、学习、思考、规划等思维活动，解决需人类专家才能处理的复杂问题。从使用观点看，人工智能是一门知识工程学：以知识为对象，研究知识的获取、知识表示法和知识的应用。

同传统的计算机程序比较，人工智能首先研究的是以符号表示的知识而不是数值数据为研究对象；其次，采用的是启发式推理方法而不是常规方法；另外，控制结构与领域知识是分离的，而且允许出现不正确的答案。

人工智能大量的成果被应用于数据挖掘，并发挥了重要的作用，成为了计算机处理和利用知识的基础。以下是一些被广泛应用的人工智能技术。

（1）专家系统

专家系统是人工智能的一个分支。专家系统是一个智能的计算机程序，它运用知识和推理步骤来解决只有专家才能解决的复杂问题。任何解题能力达到了同领域专家水平的计算机程序都可以称作专家系统。

（2）自然语言处理

自然语言处理是人工智能的一个重要分支，主要研究怎样使用计算机来理解和生成自然语言的理论和技术。

（3）机器学习

机器学习是人工智能中的一个核心问题，是研究怎样使用计算机模拟或实现人类学习活动的一门科学。

（4）自动定理证明

自动定理证明研究怎样使用计算机证明非数值性的结果，即确定结果的真假。很多非数值领域的任务，比如信息检索、规划等都可以转换为一个定理证明的问题。

（5）分布式人工智能

分布式人工智能是人工智能研究的一个重要分支。分布式人工智能系统由多个智能体组成，每个智能体都是半自治系统。智能体之间以及智能体和环境之间进行并发活动，并通过交互来完成问题求解。

（6）模式识别

模式识别是人工智能最早研究的领域之一，主要研究怎样使用计算机识别出给定的事物和哪个标本相同或者相似。

（7）计算机视觉

计算机视觉是人工智能的一个重要领域，是研究计算机在复杂场景中或在运动环境中识别物体需要哪些视觉信息，已经如何从图像中获取这些信息的科学领域。

（8）人工神经网络

人工神经网络是以计算机网络系统模拟生物神经网络的智能计算系统。网络上的每个结点都相当于一个神经元，可以记忆（存储）、处理一定的信息，并与其他结点并行工作。

除了上述数据挖掘、数据仓库与OLAP、人工智能3大核心支撑技术，还有其他电子商务客户智能相关支持技术，如Agent与网络机器人等。另外，随着云计算的不断发展，基于云计算的电子商务客户智能系统也会不断得到重视。

6.5.3 电子商务客户智能系统功能

面向电子商务的客户智能系统包括如下5个基本功能。

（1）系统用户管理

由于客户智能系统在企业的很多领域都要使用，涉及的用户很多，由于各领域的职能不同，因此不可能对所有的用户都设置一样的权限，而应该设置和自己业务相关的权限。由系统管理员授予不同的操作员所能执行的模块的权限。如果不执行这一动作，倘若系统出现安全方面的问题，将不利于管理。

（2）客户数据管理

客户智能系统一般都具备从多个客户数据源ETL（Extract、Transform、Loading，抽取、转换、加载）数据、清洗数据、集成数据的能力；具备对大量客户数据高效存储与维护的能力。客户数据管理的意义在于，一方面为企业提供统一的客户视图（Unified Customer View）；另一方面为客户数据分析和客户知识发现提供高质量的数据环境。

（3）客户数据分析

客户智能系统具备DW、OLAP等多种数据分析的功能；具备终端信息查询和报表生成的功能；具备数据可视化的能力。数据分析支持较低层次的分析需求。

（4）客户知识发现

客户智能系统具备从客户数据库中提取人们感兴趣的客户知识的能力。这些知识是隐含的、事先未知的、潜在有用的，可以有效支持企业面向客户的决策。

（5）辅助决策分析

客户智能不仅包括了客户知识的生成，而且更强调了客户知识在企业中的分发、使用。客户智能的根本目的，是运用获取的客户数据和客户知识，为电子商务企业提供辅助决策，优化客户关系，提高业务竞争能力。

6.5.4 电子商务客户智能价值评价

对客户智能系统价值的评价，包括成本、直接效益和间接效益。对客户智能无形价值的认识，不同的人要求不同，因而对系统价值的认识也就不同，因此，对系统价值的衡量可以从客户智能的利益相关者的视角来分析。客户智能的利益相关者包括企业的决策者和管理层、客户智能系统的用户、企业的客户和企业的供应商等。

对企业的决策者和管理层来说，客户智能的价值体现在直接的经济效益上，可以用一系列财务指标来体现。如通过客户智能使成本降低，包括市场推广成本的降低、老客户保留成本的降低(可以识别最值得保留的老客户，只给他们提供优惠；可以在降低营销市场的覆盖率时，仍保持或改进回复率)、新客户吸收成本的降低，以及管理成本的降低等。客户智能带来的直接效益是收入的增加(当然，哪些收入的增加可以算到客户智能上，是评价的难点)。同时管理层也关心通过客户智能分析带来的决策速度和决策质量的改进，如推出哪种新产品或新功能更可能得到市场的青睐。

对客户智能系统的用户而言，他们更关心的是能否及时得到准确的、相关的、有效的信息，同时能否减轻工作的强度和难度。因此，他们会更关心系统能提供哪些功能，系统的性能如何，例如，数据量和存储能力、分析能力、计算速度、稳定性、安全性等。

在企业的客户方面，通过客户智能系统的帮助，企业可以更有针对性地对不同的客户提供差异化的产品或服务，从而提高他们的满意度。还可能提供更恰当的业务捆绑。同时，还可以针对客户的信息，评价客户的信用。因此，客户智能系统的应用可能给企业客户带来更优质的产品或服务。

延伸阅读

徐智明：电商企业如何利用微博做营销

5 月 20 日，“首届团购电子商务微博营销研讨会”在北京举行，快书包创办人徐智明在会上做主题演讲，下面为文字实录。

徐智明：大家下午好，我没有那么多观点，只是给大家提供一些案例，跟大家汇报一下快书包是怎么用微博的，快书包是去年六月上线的网络书店，大家觉得已经有当当卓越了，其他人的机会是不是不多？因为我也没有想做很大，所以我选了一个新的点，我们提出一小时配送，我们可以一小时内送书上门，现在会场的朋友们可以试一下，看一小时是不是能把书送到，你们可以订书试试。

主持人：是不是我们现在下订单，一个小时就可以见到我们的书是吗？有没有在场的愿意试一下，如果成功预定的，我送一个奖给你。

徐智明：我们现在开通了六个城市的一小时送货，这个月底会开杭州，我为什么用微博呢，主要是想找一个不花钱的推广方法，我们有官方微博，我自己的微博也很重要，尤其是结交一些供应商，包括各行各业的朋友，用个人微博是比较容易结交的，官号不容易结交一些尤其是粉丝比较多的朋友。

我们现在的官方微博是由三个人在维护，但是这三个人同时都在兼其他的工作，所以我从三个月开始准备，改成一个专人维护。目前粉丝也不多，只有两万，我个人粉丝一万。

我们现在用微博做什么呢？一个是信息传达；第二回答很多朋友的问题，包括为什么快，怎么快；第三是客服，包括订单的查询、投诉、质疑等；第四是可以通过私信给我们下订单，把你的地址电话和要的书，发一条私信给我们，我们目前的私信订单占到我们每天订单的将近5%。同时也接受很多建议，包括采购的建议，各方面的建议。

我们还使用一些功能，用得比较多的是话题功能，主要用来做类似于媒体监测，我们要求每天有专人在五分钟之内要对话题上的微博做出反应，尤其是质疑投诉等方面的微博。第二个是分享功能，我们在自己的官网比较早地嵌入了新浪微博分享，最近又达成了一个合作，就是现在的分享按钮分享出去之后出现的是来自于快书包。第三我们做了一个自定义的模板。第四在我们所有城市的邮件签名里边也嵌入了微博，我们的网站首页也嵌入了微博。同时我们做了新浪微博登录，用新浪微博的账号可以登录我们的官方网站，目前的流量有三分之一来自新浪微博，三分之一来自百度，另外三分之一来自于谷歌、豆瓣还有开心这些网站。

我们最近还在试用一些新的功能，比如像微博预定。这是我们做的模板，就是在模板里边嵌入我们的网址，还有一些我们的服务的说明。

我们已经跟微博预定达成了合作，要开一个店，目前类似于在淘宝开店的模式，可以直接在微博里面下订单，会出现购物车，不用再到我的网站下订单了。也在跟一家微拍的拍卖网站谈合作。

我个人对微博蛮喜欢的，我开了16年的书店，我用微博找回了我自己在书店里面直接接待客人的感觉，因为当了老总以后，尤其公司大了以后，不能直接接触到客户了，不知道客户的所思所想，用微博可以做到这一点，让我感觉非常好，我的很多决策也是通过这个来改变的。

第二个就是我原来觉得跟网友会面是年轻小孩的事，像我这个年龄不大可能和网友见面，用了微博以后已经和几十个网友见面吃过饭，今天见到好几个以前在微博里面聊过天但是没见过面的。

包括我结交媒体，我的几十个专访都是从微博约定，结交了很多的供应商，以前的供应商我都不认识。

另外就是我们公司的一些营销活动也通过我的转发得到了更好的传播，因为官号有时候信息会比较有局限，我的一些朋友可能会帮我在做转发的时候让信息走得更远。这是我们公司一月份微博转发的路径。

我们自己做了很多尝试，我们提倡环保概念，配送的时候不用塑料袋和纸箱，我们用蓝印花布，也形成了很好的话题，在微博里面讨论我们的一个是讨论一小时，第二个就是蓝印花布，下周我估计还会有一个话题会在微博里面讨论。

欢迎大家通过新浪微博跟我们合作，谢谢大家！

（资料来源：新浪网 http：//ec. sina. com. cn/ec/2011-05-20/12504. html）

讨论题

电子商务企业运用微博开展营销活动时，应该考虑哪些问题？

本章小结

1. 何谓电子商务营销？顾名思义，电子商务营销就是企业跟电子商务相关的营销活动，或者是企业在电子商务市场环境下的市场营销活动。但是，电子商务营销并不等同于电子营销或网络营销。电子营销或网络营销在概念上，是基于电子化技术手段或基于互联网技术手段的营销活动。电子营销或网络营销是区别于传统营销的营销方式。电子商务营销可以是电子营销或网络营销，也可以不是电子营销或网络营销。

2. 在电子商务营销中，我们一定要考虑电子商务对营销活动的影响。这应该是电子商务营销人才的优势。电子商务营销人员应该是懂电子商务的营销人员。

3. 电子商务对营销活动的主要影响包括以下几个方面：①电子商务逐渐改变人们的习惯；②电子商务改变企业的传统销售方式；③电子商务改变企业市场竞争形态；④电子商务改变传统市场营销环境；⑤电子商务改变企业传统营销理念。

4. 电子商务营销，在内容上，除了传统产品和服务的营销，还有电子商务网站的营销以及基于网络平台的服务营销。不同企业销售的具体产品和服务可能不一样，但电子商务网站的营销以及基于网络平台的服务营销都是不可缺少的。

5. 何谓网络营销？简单地说，网络营销就是以互联网为主要手段进行的，为达到一定营销目的的营销活动。从概念上说，网络营销，是以互联网络为媒体，以新的方式、方法和理念，通过一系列魅力网络营销策划，制定和实施营销活动，更有效地促成个人和组织交易活动实现的新型营销模式。网络营销是企业整体营销的一个组成部分，是为实现企业总体或者部分经营目标所进行的，以互联网为基本手段营造网上经营环境的各种活动。

6. 网络营销仍然属于市场营销的范畴，在强化了传统市场营销理论的同时，也出现了一些不同于传统市场营销的新理论，主要包括：网络整合营销理论、网络软营销理论、网络直复营销理论、网络关系营销理论。

7. 常用的网络营销方法，主要有搜索引擎注册、交换链接、信息发布、病毒式营销、网络广告、邮件列表、许可 E-mail 营销、即时通信营销、论坛营销、博客营销、微博营销、个性化营销、会员制营销等。

8. 具体企业电子商务网站中的网络促销技术有各种各样，比如设立“虚拟展厅”、设立“虚拟组装室”、建立自动的信息传递系统。随着电子商务的不断普及和发展，也会不断催生一些网络促销的新模式和新技术。如虚拟网店促销、网络机器人促销等。

9. 消费者行为模式理论试图在分析消费者的社会因素、自身因素以及购买动机等基础上，对消费者做出的各种决策进行预测和解释。如预测消费者需要什么产品、愿意在什么地方、什么时间以何种方式购买、所能承受的价格是多少、如何完成购买决策等问题，同时还设法能够解释客户为什么要购买这些产品。

10. 网络购物消费者行为的变化，主要体现在 5 个方面：①获取信息方式的改变；②信息沟通方式的改变；③购物方式的改变；④个性化消费的回归；⑤购买行为趋向理性化。

11. 企业了解网络购物消费者整个购买决策过程是非常重要的，因为在消费者购买过程中，企业可以制定一些策略来帮助消费者满足自己的需要。网络购物消费者购买商品也是一种决策过程，其决策过程可粗略地分为 4 个阶段：需求确认、收集信息、评价选择、购买与购后评价。

12. 面向电子商务的客户智能，是指在电子商务环境下，基于客户理论基础和企业的需求，利用商业智能技术对客户管理中的数据进行收集、整理、分析，得出客户知识，并以此客户知识运用于客户管理领域，甚至指导企业的各个职能部门，帮助企业提高、优化客户关系的决策能力并最终提升客户价值的理论、方法、过程、能力以及软件的集合。

13. 面向电子商务的客户智能是一种以知识为对象的智能分析活动过程，因此其发展和成熟离不开知识处理技术的进步。面向电子商务的客户智能涉及的技术领域有很多，其中数据挖掘、数据仓库与OLAP、人工智能是面向电子商务的客户智能的三大支撑技术，它们构成了面向电子商务的客户智能存在的基石。

14. 面向电子商务的客户智能的基本功能包括如下4个方面：①客户数据管理；②客户数据分析；③客户知识发现；④辅助决策分析。

15. 面向电子商务的客户智能的优势，主要体现在通过创新、运用客户知识增强企业的核心竞争力。

关键术语

电子商务营销　网络营销　传统营销　客户分析　客户智能

思考与练习

1. 简述电子商务营销与电子营销在概念上有何不同?
2. 何谓网络营销？网络营销的理论基础主要有哪些?
3. 电子商务应用中常用的网络营销方法主要有哪些?
4. 为什么在电子商务中要考虑网络营销与传统营销的整合?
5. 网络购物消费者行为的变化主要体现在哪几个方面?
6. 网络购物中消费者的购买决策一般包括哪4个阶段?
7. 什么是面向电子商务的客户智能？其支撑技术主要有哪些?
8. 面向电子商务的客户智能的基本功能包括哪几个方面?

考察与实践

1. 考察和比较两个社会化媒体工具及其在营销中的运用。
2. 了解、熟悉和使用网站分析工具Web Analytics 2.0。
3. 分组讨论：微博和微信都可用于网络营销，两者有何不同?
4. 分组讨论：如何衡量社会化媒体营销效果——靠人还是靠工具?

第7章

电子商务协作与虚拟社区

内容概要

在这一章，首先讨论电子商务协作的基本概念以及常用的电子商务协作使能工具，然后讨论大规模协作的概念和内涵，并讨论大规模协作在电子商务中的应用，最后讨论虚拟社区的概念和内涵以及虚拟社区在电子商务中的应用。

学习目标

1. 掌握电子商务协作的基本概念；
2. 了解常用电子商务协作使能工具；
3. 掌握大规模协作的概念和内涵；
4. 了解大规模协作在电子商务中的应用；
5. 掌握虚拟社区的概念和内涵；
6. 了解虚拟社区在电子商务中的应用。

开篇案例

维基百科

维基百科是一个基于维基技术的全球性多语言百科全书协作计划，同时也是一部用不同语言写成的网络百科全书，其目标及宗旨是为全人类提供自由的百科全书——用他们所选择的语言来书写而成，是一个动态的、可自由访问(绝大多数国家，但使用安全链接则也行)和编辑的全球知识体，并且在许多国家相当普及。其口号为“维基百科，自由的百科全书。”中文则附加“海纳百川，有容乃大。”

Wiki 一词来源于夏威夷语的“wee kee wee kee”，原本是“快点快点”的意思。在这里“WikiWiki”指一种超文本系统。这种超文本系统支持面向社群的协作式写作，同时也包括一组支持这种写作的辅助工具。wikipedia 就是 wiki + cyclopedia 合并而来的。有人认为中文里，“维”指网络，“基”指基础，合起来就是网络的基础。与此同时，在数学世界中，维数和基数是描述线性空间(可与时间空间相较)的基础，更加贴切地形容了维基百科包罗万象，所以说“维基”既是音译，也是意译。

维基百科自 2001 年 1 月 15 日正式成立，由维基媒体基金会负责维持，其大部分页面都可以由任何人使用浏览器进行阅览和修改。因为维基用户的广泛参与共建、共享，维基百科也被称为创新 2.0 时代的百科全书、人民的百科全书。这本全球各国人民参与编写，自由、开放的在线百科全书也是知识社会条件下用户参与、大众创新、开放创新、协同创新的生动诠释。英语维基百科的普及也促成了其他计划，例如维基新闻、维基教科书等计划的产生，虽然也造成对所有人都可以编辑的内容准确性的争议，但如果所列出的来源可以被审察及确认，则其内容也会受到一定的肯定。维基百科中的所有文本以及大多数图像和其他内容都是在GNU自由文档许可证下发布的，以确保内容的自由度及开放度。所有人在这里所写的文章都将遵循copyleft协议，所有内容都可以自由的分发和复制，真正实现了全民共享信息资源。

截至2014年7月2日，维基百科条目数第一的英文维基百科已有454万个条目。全球所有282种语言的独立运作版本共突破2 100万个条目，总登记用户也超越3 200万人，而总编辑次数更是超越12亿次。中文的大部分页面都可以由任何人使用浏览器进行阅览和修改，英文维基百科的普及也促成了其他计划。

维基百科是由全球无数志愿学者、玩家、学生等有知识的人共同建设的，该英语维基百科仲裁委员会的介绍页面、英语维基百科仲裁委员会的介绍页面计划的参与者叫做维基百科人。直至如今，参与者的人数仍在不断增加，特别是受到良好教育的人士。事实上，维基百科不能说是一种技术，而是一种创造性运用技术的方式，但对一种先进技术来说，能把它用好其实是最重要的事情。

维基模式已经成为生产和技术创新的一般知识，被广泛用来降低知识经济中知识劳动者的协调成本，促进过去分立于不同领域的专家更快速、更灵活地合作于更临时的任务。维基不再仅仅是维基百科和维基技术，任何提供方便的分享和协作工作的平台都是维基模式，都会成为知识生产的一般工具。

（资料来源：百度百科）

维基百科案例可以帮助大家更好地理解大规模协作以及虚拟社区对电子商务的支持。

7.1 电子商务协作及其使能技术

按照前面对电子商务的理解，电子商务活动，除了交易外，还包括服务、协作和沟通。下面首先讨论电子商务协作的基本概念，然后讨论常见的电子商务协作使能技术。

7.1.1 电子商务协作的概念

每个企业的生产能力和资源一般都是有限的，不可能完成所有的工作。通过互联网提供的各种服务与其合作者协作，来发展自己的核心竞争力，可以达到双赢的目的。所以，不论是企业内部各部门之间，还是企业与企业之间(供货商、合作伙伴、配销商、服务提供者、客户等)，都存在广泛的协作关系，如产品协同设计、生产计划合作、供应链规划、订单履行等，都可以被视为商务协作行为。在协同制造环境中，产品的设计可能来自于专业的设计机构，而制造任务将会由若干制造商来承担，相关原材料、零部件可能要由几十家乃至上百家供应商来提供，这里的关键问题是如何去协调设计、制造和采购活动，让各个参与方能够协同工作。现代企业的竞争已经不是单一企业之间的竞争，而是企业供应链之间的竞争。企业不但要依靠自己的企业资源，还必须把经营过程中的有关各方，如供应商、制造商、分销商、客户等纳入一个紧密协作的供应链中，才能获得市场竞争优势。在产品销售方面，开展商务协作可以帮助制造商对不同的业务进行协调，做出更好预测。同时，通过销售状况的预测，再与供应商进行沟通与协调，减少库存又保证整个生产线有足够原材料正常运转。可见，我们讨论电子商务协作问题具有十分重要的意义。

从概念上来说，电子商务协作就是电子商务环境下的协作。电子商务协作是指企业内部人员、企业与业务伙伴、企业与客户之间的电子化业务交互过程。电子商务协作能确保企业决策的准确性和企业整体运作的高效进行。但对电子商务协作，可能会有两个不同的理解：一是认为电子商务协作是电子商务应用中的协作问题；二是认为电子商务协作是基于电子商务的协作问题。应该说，这两者是很难严格区分的，是不同角度的问题，但概念上有点差异。这里讲的电子商务协作主要指后者，即基于电子商务的协作问题，也就是面向协作的电子商务应用，是电子商务应用对协作的支持，也称为协同商务。协同商务概念的引入给企业在进行电子商务的策略和规划时提供一个前瞻性的思维。企业合作伙伴之间的电子商务已经演进成为以合作为前提的协同商务是一个必然趋势。协同商务支持企业实现协同计划、协同设计与开发、协同管理以及协同进行产品研究、服务和创新的电子商务应用。协同商务意味着可以通过特殊设计的电子商务协同工具，以电子方式进行通信、共享信息和协同计划。

协同商务概念的基本思想最早是由 Gartner Group Inc. 提出的，是指一种激励具有共同商业利益的价值链上的合作伙伴的商业战略，它主要是通过对于电子商业周期所有阶段的信息共享来实现的。就电子商务协作概念而言，企业信息化建设目的不仅是管理企业内部的资源，还需要建立一个统一的平台，将客户、供应商、代理分销商和其他合作伙伴也纳入企业信息化管理系统中，实行信息的高效共享和业务的一系列链接。电子商务协作是一种商业战略，谋求共同的商业利益是协同商务的目的，也是企业能够建立稳定的协作关系的基础。而信息共享是协同的主要途径，也是协同商务的核心。协同商务的关键在于促进企业的数据、信息、知识和理念在不同业务单元和部门之间以及企业之间的快速传递和流通，形成真正的协同商务。因此，协同商务应该包含两个层次的目标。第一层次是实现企业内部价值链各个环节信息化、互动化，包括 ERP、CRM、SCM、BI、KM、BPR、DSS 等系统的建立与有效集成，提高企业内部各种业务活动效率；第二层次是利用信息技术，打破企业间影响知识创新与传播的障碍，激活产业链中上下游企业群之间的有效分工与协作效率，创造企业群的协同效应，这也是协同商务最重要的目的和本质。

协同商务是企业业务走向“虚拟化”的手段。在协同商务中，企业可以把自己的部分业务外包，以建立业务协作关系，这种协作可以是长期性、固定性的，也可以是短期性、临时性的。协作双方既可以是以明确的书面契约形式确立关系，也可以仅仅是通过电子邮件甚至口头协议建立关系。协作者可能彼此互相熟识，也可能是从未谋面、甚至通过第三方中介渠道走在一起的，他们唯一共享的信息只有完成工作所必需的产品信息与需求信息。电子商务协作是完全意义上的电子商务，即先是企业内部的电子化，然后是企业间的相互连接，最后是互联网上的自动协同。它是从技术层面上将公司业务进行集成，以提供一套能够帮助企业赢利和运作的系统。

IBM 在其 2001 年 8 月的技术红皮书中指出：真正的 B2B 电子商务协作，不仅仅是基于财务和商品交换，而是贯穿整个价值链，从产品设计、开发、制造到销售、市场乃至售后都可以借助电子信息实现协作。所以，电子商务协作能力可以概括为：企业借助互联网技术与供应商、销售商、顾客等链上成员实现分享信息、处理交易、协调活动以及促进合作的能力。

与一般意义上的电子商务相比，电子商务协作可以为企业带来以下几点明显的优势。

(1)降低企业产品成本，提高企业利润水平

协同商务的应用打破了企业与企业之间的时空界限，使企业能资源共享、相互参与，实现了伙伴企业之间的顺畅沟通，通过资源共享和共同参与产生协同效应，从而达到多赢。

(2)提高抵御风险能力，打造竞争优势

在协同商务的平台上，企业可以联合该行业中其他上下游企业，建立一条业务关系紧密、经济利益相连的供应链，实现优势互补，共同增强市场竞争实力。

(3)改善客户关系，提升企业形象

利用客户关系管理应用系统，企业可以优化客户群组合，并通过呼叫中心、网络会议、电子邮件、BBS等进行实时互动交流，维护和改善客户关系，并积极开拓新的市场，以及时、高效的优质服务取信于顾客，树立企业商业信誉。

(4)变革企业组织管理模式，增强企业活力

基于Web的协同商务为企业构建了全新的组织框架和实效的管理模式，将企业的相关业务进行集成整合，形成一体化企业管理信息系统，并将企业战略联盟从传统的“金字塔”式供应链改造为扁平式供应链，集成企业信息化系统，使企业管理人员能够对企业的资源计划、进销存、供应链、客户关系等进行全方位、全天候、实时动态管理。另外，协同商务不仅便于相关人员的协同作业，而且利于员工参与企业管理，从而大大调动员工的积极性，使企业充满活力，共同应对市场变化所带来的机遇与挑战。

企业在制定其完整的电子商务战略时需要同时考虑到电子商务协作。没有完善的电子商务协作环境的支撑，电子商务便只能停留在表面。与电子商务交易相比，电子商务协作涉及的范围更广泛，对企业的影响也更深远，它是企业能够达到电子交易所要求的高效率运作和服务质量水平的基础。我们很难想象，传统的计划、决策、管理和信息交流方式如何能与高效率的电子交易相适应。一个企业如果没有高效率的电子商务协作环境，投资巨大的电子交易系统不但无法创造利润，反而会导致一系列新的问题。基于对电子商务协作意义的深入了解，企业与企业之间的电子商务协作已成为一种崭新的商务形式，其价值和重要性丝毫不亚于单纯的买卖交易。

7.1.2 电子商务协作使能工具

人与人之间的协作能力是人类进化产生的最大财富，但是，这种协作的有效性通常会受到沟通交易成本的限制，很难实现大人群的网络效应，协同模式通常是被动协同；而体现人群网络创造力的主动协同在互联网帮助下才会实现。所谓电子商务协作的使能工具就是提供或支持电子商务协作能力的工具。电子商务协作使能工具主要用于帮助企业实现企业内部部门之间以及企业之间的信息共享，使企业能够合理利用资源，改善资源利用率，构建一个真正意义上的电子商务协作环境。

电子商务不仅在企业合作者之间应用，也可在组织内部应用，经常是在内部供应链的过程中运用，称为企业内部电子商务(intra-business EC)，或者就称为内部商务。内部商务一般有3种形式：①在企业与员工之间，也称为B2E(business to employee)电子商务；②在企业内部各单元之间；③在同一企业的员工之间。

当人们利用Web技术以电子方式对供应链进行管理时，就有了电子供应链(e-supply

chain）的概念。电子供应链是指通过集中协调不同企业的关键数据，如订货、预测、库存状态、缺货状况、生产计划、运输安排、在途物资、销售分析、资金结算等数据；便于管理人员迅速、准确地获得各种信息，并充分利用技术手段，实现供需链上的信息集成，达到共享采购订单的电子接收与发送、多位置库存自动化处理和控制、批量和系列号跟踪、周期盘点等重要信息。电子供应链的改进是电子商务应用的主要目标，电子供应链使交易方式发生了革命，它大大降低了交易成本，节约了交易时间，更重要的是，电子供应链使小公司和远大于它几十倍的公司站在了一条起跑线上，同时，大公司也可以利用电子供应链即时对市场做出灵活反应，机敏地进入新市场。

电子供应链管理系统（e-supply chain management，e-SCM），是指通过技术的协同运用来改进 B2B 过程并提高速度、敏捷性、实时控制和客户满意度，它包括运用信息技术来改进供应链活动运作（如采购）和供应链管理（如计划、协调和控制）。E-SCM 对大型企业的影响最为显著。许多大企业早已投入巨资部署了专用供应链的解决方案，这类供应链的解决方案涵盖了产品研发、供应链管理、产品营销、销售及结算支付在内的各个方面。一些行业领先的企业均将部署基于 Internet 的电子供应链管理系统作为对供应商的基本要求之一，部分企业甚至公然宣称“供应商与我们的所有交易必须通过 Internet 进行，不具备这种能力的供应商将不在我们的考虑之列。”

电子供应链的活动及其管理一般需要采用多种技术基础和使能工具。下面讨论一下支持电子供应链的一些重要使能技术。

1. 电子数据交换

电子数据交换（Electronic Data Interchange，EDI）是大型企业用来促进供应链关系的主要工具。许多企业已经从内部 EDI 转向基于互联网的 EDI。EDI 不是用户之间简单的数据交换，EDI 用户一般需要按照国际通用的消息格式发送信息，接收方也需要按国际统一规定的语法规则，对消息进行处理，并引起其他相关系统的 EDI 综合处理。整个过程都是自动完成，无须人工干预，减少了差错，提高了效率。EDI 系统由通信模块、格式转换模块、联系模块、消息生成和处理模块 4 个基本功能模块组成。

使用 EDI 的主要优点有：①降低了纸张文件的消费；②减少了许多重复劳动，提高了工作效率；③使得贸易双方能够以更迅速、有效的方式进行贸易，大大简化了订货过程或存货过程，使双方能及时地充分利用各自的人力和物力资源；④可以改善贸易双方的关系，厂商可以准确地估计日后商品的需求量，货运代理商可以简化大量的出口文书工作，商业用户可以提高存货的效率，提高他们的竞争能力。由于 EDI 的使用可以完全代替传统的纸张文件的交换，因此，有人称它为“无纸贸易”或“电子贸易”。

2. 内联网

内联网（Intranet）是企业用于内部通信和协同的网络。内联网是企业网的一种，是采用互联网技术组建的企业网。在内联网中除了提供 FTP、E-mail 等功能外，还提供 Web 服务。在内联网中采用 Web 技术后，可以使企业定时和按需发布信息，使员工得到最新、最亟须的信息，从而提高工作效率。

3. 外联网

外联网（Extranet）是支持组织之间通信和协同的网络。外联网是一种网络互连的技术，是企业网通过公用网进行互连的技术，或者视为一个由多个企业合作共建的、能被合作企业的成员访问的更大型的虚拟企业网。与内联网类似，外联网也采用了 TCP/IP 协议作为通信协议。外联网访问是半私有的，用户是由关系紧密、相互信任的企业结成的小组，信息在信任的圈内共享。由于外联网主要用于互连合作企业的网络，并且交换仅限于这些企业共享的信息，因此，安全和可靠是外联网建设考虑的主要因素，可采用的技术包括隧道技术、访问控制技术、身份认证技术等。

4. 企业门户

企业（公司）门户〔enterprise（corporate）portal〕是企业 Web 站点的入口，通过该站点，可以支持外部和内部协作、通信以及信息搜索。企业门户与商业门户不同，公司门户提供一个专门的站点用来访问特定组织在互联网、内联网和外联网上的可用信息和应用程序。企业可能对外来者和内部人员有不同的门户。

许多大型组织都有企业门户，如宝洁、杜邦、海尔、苏宁等。如图 7-1 和图 7-2 所示是海尔两个不同的门户站点。企业门户为员工、业务伙伴和客户提供了一个有组织的集中站点来和企业进行交流。通过门户，这些人员可以有组织地在大型的、多种和分散的企业信息系统中访问信息，就像在互联网上一样。

图 7-1　海尔的. net 门户站点（http：//www. haier. net/cn/）

图 7-2　海尔的. com 门户站点（http：//www. haier. com/cn/）

门户在企业和公共部门都很流行。企业门户既可以是通用的也可以是具有特定功能的。通用门户由其支持者定义(如供应商、员工),功能门户由所提供的功能定义。现在的很多门户可以通过移动设备访问,也成为移动门户。

(1)通用门户

常见的通用门户有如下几种:供应商和其他合作伙伴的门户、客户门户、员工门户、经理与主管门户。通过供应商门户,供应商可以在线管理自己的库存;通过合作伙伴门户,可以帮助企业与合作伙伴建立个性化合作关系(如个性化促销和参与特价活动等);通过客户门户,消费者可以查看产品和服务并发出订单、跟踪订单,并可协商保修和支付问题。通过员工门户,可以传播企业新闻和信息,提供培训课程和研讨工作组,也可为员工提供一些自助服务;通过经理与主管门户,经理与主管可以控制整个职能活动管理过程——从预算到日程安排,并可与同伴分享最佳实践并了解其他职能计划,提供决策支持工具。

(2)功能门户

门户的功能可以比较简单,提供数据查询;也可以比较复杂,用于支持协作。常见的功能门户有如下几种:①商业智能门户,主要用于支持中层和高层经理以及分析员进行业务分析和决策活动,如生成特定报告或进行风险分析;②内联网门户,主要用于员工管理额外福利和自我训练;③知识门户,用于从员工那里收集知识并传播收集到的知识。

按照重要性排序,应用最多的企业门户通常是:知识库与学习工具;业务过程支持;面向客户的(第一线)的销售、营销和服务;协作和项目支持;从异构公司系统存取数据;不同用户的个性化网页;有效的搜索和索引工具;安全应用;最佳实践与经验的学习;姓名地址录和公告板;专家的识别;新闻和访问互联网。

5. 工作流系统及其工具

工作流管理是一个被业界广泛应用并迅速发展的技术,它的主要特点是使处理过程自动化,使人以及各种应用工具相互之间协调工作,以完成某项工作。其目的是为了合适的人或软件在恰当的时间执行正确的工作。工作流(workflow)是指信息在流过构成组织工作过程的步骤序列时的活动。工作流系统(workflow system)是业务过程自动化的工具,利用这种工具,用户部门可以掌握系统控制。工作流系统利用一系列软件程序来自动化几乎所有信息处理服务。工作流程管理系统(Workflow Management System, WfMS)的主要功能是通过计算机技术的支持去定义、执行和管理工作流程,协调工作流执行过程中工作之间以及群体成员之间的信息交互。工作流管理系统将业务流程中工作如何组织协调在一起的规则抽象出来,从而分离了具体工作的逻辑和流程组织的逻辑。工作流管理涉及业务过程中从开始到结束的所有这些步骤,包括所有的例外条件。工作流管理的关键是跟踪过程相关的信息和业务过程中每个活动的状态。需要管理的主要活动是:规定工作路线及其监测、文档镜像、文档管理、供应链优化和工作控制。工作流应用有3种主要类型:协作工作流、生产工作流和管理工作流。

(1)协作工作流

协作工作流涉及的软件产品集中于面向项目和协作类型的过程,它们被集中管理,但能被不同部门甚至不同地理位置的员工访问和使用。协作工作流工具的目的是向知识工人授权。协作工作流的企业解决方案的重点在于允许员工在统一的环境中通信、磋商和协作。提供协作工作流应用程序的主要供应商有莲花公司(Lotus)、捷方公司(JetForm)、凡纳公司(FileNet)等。

(2)生产工作流

生产工作流工具专注于关键任务的、面向交易的、大批量的过程。它们经常在一个单一的部门或部门内一些特定用户中运用。这些应用程序通常包括文档镜像、存储和检索能力，也可能包括智能表单、数据库存取和一些特别的能力，目的是改善业务过程的生产率和质量。提供生产工作流应用程序的主要供应商有凡纳公司(FileNet)、IBM(MQ3)和伊士曼公司(Eastman WorkFlow)等。

(3)管理工作流

管理工作流可以被认为是前两种工作流的交叉。这种工作流是预先定义好的(如批准开支报告所需的步骤)，但如果需要，可以对工作流进行修改。(行政)管理工作流应用的目的是在复杂交易数量少的系统中减少办公费用。提供管理工作流应用程序的主要软件供应商有Staffware、Tempo、麦德隆公司(Metro)等。

电子商务工作流应用的一个主要领域是买方和卖方的集成。但涉及大型供应商和采购商时，工作流系统对于协作和供应链以及生产的改进都是必要的。由于工作流管理系统为多人提供支持，也有人将其视为群件的一个子集。

6. 群件和其他协同工具

群件(groupware)，顾名思义，就是帮助群组协同工作的软件，是指支持工作组人员的软件产品，这些人员具有共同的任务或目标并需要协作完成。群体工作(Work Group)中，各工作者因为时间及所处地点的不一致，造成交流及协调的不便。群件就是针对群体工作而发展出来的技术产品，目的在于促进群体的交流合作及资源分享，充分提高群体的工作效率和质量。我们这样定义群件：以计算机网络技术为基础，以交流(communaction)、协调(coordination)、合作(collaboration)及信息共享(information sharing)为目标，支持群体工作需要的应用软件。它允许个人和小组成员间进行有效的协同工作而不管他们的地理位置如何。群件的上述特征，我们称为3CIS。群件意味着使用网络来连接员工，即使他们在同一工作室。许多群件产品可以通过互联网或内联网使用，可以增进各地人员之间的协作。广义上，电子邮件(E-mail)、电子布告栏(computerized bulletin board)、电视会议(video conferencing)、工作流管理(workflow management)之类的软件都可以视为群件。群件产品既可以是支持一种任务的独立产品(如电子邮件)，也可以是集成几种工具的软件包(如电子邮件与屏幕共享)，群件技术产品通常很容易集成到现有的信息系统中。互联网、内联网、外联网和私有通信线路提供了群件所需的技术基础设施，现在很多的群件产品是基于Web的，在互联网上支持工作组有许多不同的方法和技术。

(1)同步化的和非同步化的产品

通常，支持协作和会议的群件产品有很多，这些产品可能是同步的，表示通信和协作是实时进行的，或者是非同步的，表示由参与者进行的通信和协作在不同的时间发生(如在公告板上留下消息，以后被阅读和应答)。Web会议和即时消息以及Voice-over-IP(VOIP)和同步模式相联系。和非同步模式相联系的有数据库、浏览器和联机工作空间，其中参与者可以就联合设计和项目进行协作而在不同的时间工作。

(2)电子会议系统

电子会议是虚拟协作的一个重要领域。电子会议系统是指使用电子辅助手段的会议系统，它有各种各样的定义，例如电话会议、电信会议和电视会议等。电子会议系统大体上可分为两类，一类是局部会议系统，一类是远程会议系统。局部会议系统的对象是在一个会议室里召开的会议，它用电子化手段检索、显示会议资料，做会议记录等。使用局部会议系统可以少用纸，无须做备忘录，如果需要，还可将各种媒体（如计算机、缩微胶片、录像带、书画照片）上的信息检索出来，进行显示。与局部会议系统不同的是，远程会议系统是用通信线路连接两个以上的会议室，让它们同时进行会议的系统，一般俗称电话会议或电信会议。远程会议系统的形式和种类比较多，近年来发展也相当迅速。远程会议系统中的电话会议系统可以让几个人利用各自的电话机进行简单的会议，几个场所可以同时会话。而图形电话会议系统是一种在电话上附加书写盘，可以进行笔谈的系统。还有一种声音会议系统，也称广播会议，这种系统将远程的会议室用专用线路连接起来，使用话筒和扬声器来召开会议，实现这种会议系统比较容易，因此成本比较低。

视频会议，是指位于两个或多个地点的人们，通过通信设备和网络，进行面对面交谈的会议。根据参会地点数目不同，视频会议可分为点对点会议和多点会议。日常生活中的个人，对谈话内容安全性、会议质量、会议规模没有要求，可以采用如腾讯 QQ 这样的视频软件来进行视频聊天。而政府机关、企业事业单位的商务视频会议，要求有稳定安全的网络、可靠的会议质量、正式的会议环境等条件，则需要使用专业的视频会议设备，组建专门的视频会议系统。由于这样的视频会议系统都要用到电视来显示，也被称为电视会议、视讯会议。采用视频会议，可以实现与多人同时进行通信，人们还可以面对面讲话。在全球各地的办公室和教育机构，视频会议还能够用于学习、培训和与联系人会面，不需要进行旅行。视频会议不仅能够节省电话费，而且通过取消旅行还有助于改善环境和减少业务开支中安排员工外出开会的差旅费。

Web 视频会议系统，是指打开 Web 网页就可以使用、可以进行多方多媒体交互沟通的视频会议系统。Web 视频会议系统让视频会议的应用门槛降低至基本为零，用户只需要能够上网，便可以进行视频会议，因此，Web 视频会议系统在互联网会议、大规模培训、网络教育、大规模会议等应用场景中，被广泛的认可和接受。视频会议的 Web 化是几年来软件视频会议在技术上、应用上不断发展之后的一个必然选择，与传统的 C/S 模式的软件视频会议相比，无论是在灵巧性、易用性方面，还是在易嵌入、易整合、易扩展等方面，Web 视频会议都表现出其强大、高柔韧度的特征。Web 会议变得越来越流行，几乎所有的 Web 会议产品都提供白板和轮流检测特征，用户可以提供展示和演示以及共享应用程序。如图 7-3 所示是思科公司（Cisco）提供的 Web 会议产品 Cisco WebEx Meeting Center。通过 Cisco WebEx Meeting Center，可以与您的组织中任何部门或地球另一边的同事协作，在线会谈和分享文件、信息及专业知识。

（3）群决策支持系统

GDSS 是一种基于计算机的交互式系统，它通过辅助一群决策者的群决策过程，来解决特定领域的半结构化或非结构化问题。典型的 GDSS 由硬件资源、软件资源和决策者 3 部分组成。其中，硬件资源是指各决策者独立使用的工作站（或终端）、共享使用的外部数据库、模型库及 I/O 设备等硬件资源，还包括整个 GDSS 基于的通信网络；软件资源包括在各决策者的工作站（或终端）上运行的决策支持软件、支撑 GDSS 的底层软件（如 DBMS、MBMS）及网络软件；决策者不仅包括参与决策的人员，还包括决策过程的协调人员。

从决策过程的角度，可以将 GDSS 分为合作型 GDSS 和非合型 GDSS：在合作决策的过程中，决策者试图通过友好和信任的方法做出一个共同的决策，并对决策结果共同承担责任。相应地，合作型 GDSS 所采取的主要策略有：寻求一致、相互妥协、折中、协商及投票等。具体采用哪一种（或几种）机制，应根据所在问题的特点不同做出不同的选择。在非合作决策过程中，决策者之间的利益往往是相互冲突的。每个决策者为了满足自己的利益，都试图贬低或损害他人的利益。这类 GDSS 所采取的主要策略是诱发冲突和鼓励竞争。无论采取哪种策略，最终，GDSS 都要以某种方式评价各决策者的决策，得出最佳的方案（当冲突异常尖锐时，也可能使群决策过程失败）。

图 7-3　思科公司 Web 会议产品（http：//www. webex. com. cn/）

从通信的角度，可以将 GDSS 分为以下四种类型。①决策室（Decision Room）型。这种类型的 GDSS 的主要特征是在群决策过程中，各决策者同处一室，没有（或基本没有）使用网络通信机制，通信是通过口头形式或简单的报文形式完成的，是最初级的群决策形式。它不能有效地屏蔽各决策者之间的相互影响。②局部决策网络（Local Decision Network）型。这种类型的 GDSS 建立在局域网（LAN）的基础上，每个决策者作为网上的一个结点，拥有自己的工作站和私有资源。在决策过程中，各决策者在自己（办公室中）的工作站上参与群决策，通过网络相互通信，以了解其他决策结点的状态及全局状态。这种类型的 GDSS 强调各决策结点的独立性。③电话会议（Teleconferencing）型。这是由多个决策室型 GDSS 组成的一种复合型 GDSS。整个系统建立在一个中程或远程网络上，每个网络结点都是一个决策室型 GDSS。网络将各地的决策室联系起来，形成全系统范围内更广泛的群决策。网络上传递的往往是各结点的声、像、图、文信息，需要多媒体技术的支持。④远程决策（Remote Decision Making）型。这种类型的 GDSS 与局部决策网络型 GDSS 有较多相似的特点，两者的主要差别在于这种类型的 GDSS 是建立在远程网上的，且系统更加强调网络通信的实时性和各结点的独立性。

（4）实时协作工具

实时协作（Real-Time Collaboration，RTC）由一些通信模式组成，例如即时消息传递（IM）、Web 会议、Voice over Internet Protocol（VoIP）和在线状态功能，这些功能使得人们可以通过计算机实现即时通信。即时消息传递指的是通过“Internet 协议”网络（例如 Internet 或企业网络）实时传输文本信息，在线状态支持则使得员工能够检查位于一个或多个设备上的其他用户是否在线。这些功能提高整个组织的效率，提供对于信息和人员、集成通信以及协作工作空间的即时访问。RTC 工具帮助企业在项目决策和协作中架起了时间与空间的桥梁。RTC 工具支持地理信息和文本信息的同步通信。这些工具被用于远程培训、产品展示、客户支持、电子商务和销售应用中。RTC 工具可以作为独立软件购买或定制。

目前已经有很多开发商提供 RTC 工具软件，如巴别塔(BABEL)实时协作平台，是由点宽公司(www. dotwide. com)推出的实时协作平台软件，它拥有即时通信、平台应用、实时企业、门户集成、天气预报、邮件收发、文件传递、实时投票、发布通告、发布广播、网络白板、工作安排、任务公示、个人事宜安排、网络 U 盘、群组讨论、消息签阅、远程桌面、协同工作、智能机器人、智能客服、手机短信、员工信息查询、简易 OA、OA 整合、MAIL 服务整合、ERP 整合等功能。Together JS 是一款免费开源的 JavaScript 库，开发者可以利用它给网站添加实时协作功能，并且内置许多功能，如视频、语音聊天、内容实时同步、获取用户实时焦点等。谷歌于 2013 年推出了在线办公软件的多人协作功能。根据这一功能，两个或多个用户，可以同时对某一个文档进行编辑修改，这一功能特别适合项目团队和企业内部的联合工作。在 2016 版的 Office 中，微软也将在计算机版和在线版的字处理、电子表格、演示稿 3 个工具中，均推出多人协作编辑文档功能。Tow Truck 是 Mozilla Labs 出品的实时协作工具，可以让使用者在任意网站页面内实时地聊天、语音通话，双方都可以看到各自鼠标所在的位置，鼠标点击会产生动画。典型的应用是协作的双方可以一起阅读讨论一份文档，修改一段编程代码，或者是填写一份申请表单。Process On 是一款专业作图人员的社交网络，这里汇聚很多业界专家、学者，同时他们分享的作品又形成一个庞大的知识图库，你在学习专业知识的同时还可以结交一些志同道合的新朋友。Process On 还可自动保存和实时协作，通过 HTML5 独特的技术做到毫无延迟，允许多个用户同时对同一文件进行协作编辑和多人聊天。如图 7-4 所示。

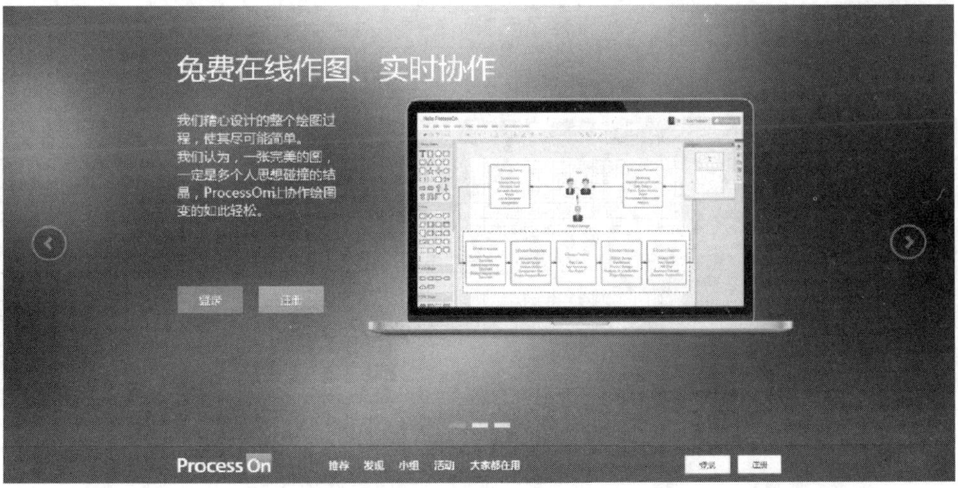

图 7-4 在线流程图制作和团队实时协作工具(https://www. processon. com/)

(5)IP 网络电话

IP 网络电话(Voice over Internet Protocol，VoIP)，又名宽带电话或网络电话，是一种通过互联网或其他使用 IP 技术的网络，来实现新型的电话通信。VoIP 最大的优势是能广泛地采用 Internet 和全球 IP 互连的环境，提供比传统业务更多、更好的服务。VoIP 可以在 IP 网络上便宜地传送语音、传真、视频和数据等业务，如统一消息、虚拟电话、虚拟语音/传真邮箱、查号业务、Internet 呼叫中心、Internet 呼叫管理、电视会议、电子商务、传真存储转发和各种信息的存储转发等。

(6) 交互式白板

交互式电子白板可以与计算机进行信息通信，将电子白板连接到计算机，并利用投影机将计算机上的内容投影到电子白板屏幕上，在专门的应用程序的支持下，可以构造一个大屏幕、交互式的协作会议或教学环境。利用特定的定位笔代替鼠标在白板上进行操作，可以运行任何应用程序，可以对文件进行编辑、注释、保存等在计算机上利用键盘及鼠标可以实现的任何操作。电子白板产品于 1991 年由加拿大 SMART 公司率先进行研发，并把电子白板进行产品化，在欧美市场进行了推广、使用。

(7) 屏幕共享

在协作工作中，不同的成员经常会出现在不同的地区。利用屏幕共享(screen sharing)软件，工作组成员可以就同一个文档进行工作：文档可以同时在不同参与者计算机或手机屏幕上显示。例如，两个人可以一起写作，就同一个稿子共同修改，一个人修改某处，另一个人可以查看确认修改的地方。协作者可以就同一电子表格或需要合作完成的制图一起工作，可利用键盘或触摸屏幕进行修改。很显然，屏幕共享可以用来加快产品设计、报告或投标的展示以及一些冲突问题的解决。现在一些手机也有屏幕共享功能，如 Samsung Galaxy Note 3。并且有不少屏幕共享工具软件是免费的，如 Inletex EMC、Desk Top Share 等。Screen Leap 是一个在线屏幕共享服务网站。用户无须安装任何客户端，需开启 Jave 支持，无须设置，只需在网页点击“Share your screen now”按钮开启共享，即可获取一个 URL 地址和一组代码。将 URL 发送给朋友，并让对方输入那组代码就可以开始共享屏幕了！如图 7-5 所示，简单又方便。

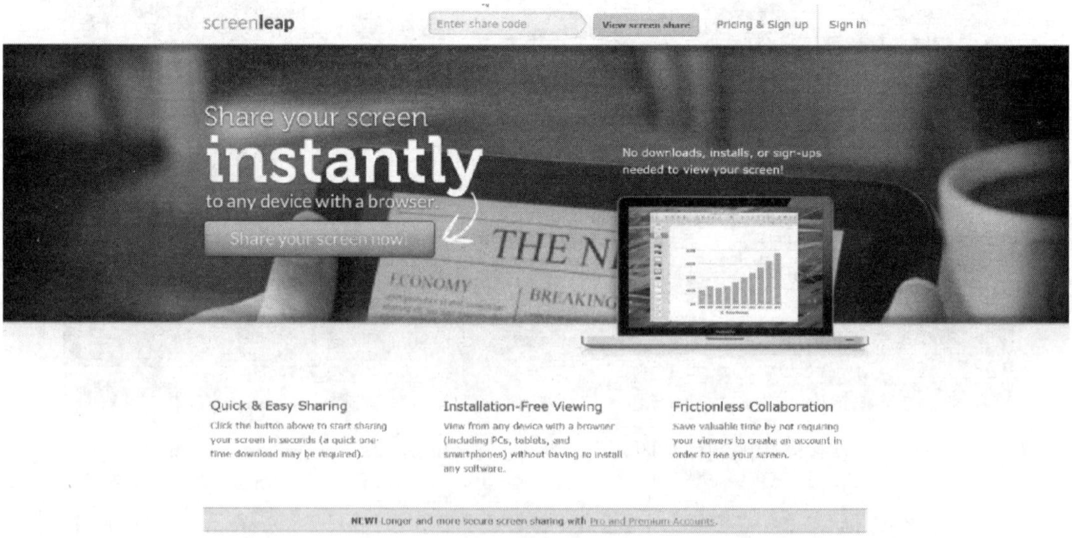

图 7-5　Screen Leap 在线屏幕共享服务(http：//www. screenleap. com/)

(8) 即时视频

即时消息和互联网电话的发展促使人们把视频和语音结合起来，就产生了即时视频。使用即时视频，可以实时聊天并可看到参与交流的人。实现这种功能的简单方法是在参与者的计算机上添加视频摄像装置，更先进和高质量的方式是利用即时消息软件集成现有的联机视频会议服务。人们使用即时视频功能，可以远程查看监控范围的现场视频，从而可以实现远程监管、监护、监测和调度，还可以根据需要由用户自主管理视频的查看权限。

(9)集成与群件套装

群件技术是基于计算机的，用于支持团队工作，所以，将不同群件以及其他基于计算机的技术集成在一起非常有意义。软件套装就是将几个软件产品集成到一个系统中，这样可以节省用户的时间和金钱。例如，全视通公司(Picture Tel)和软件开发商莲花公司结成联盟，利用 Lotus Notes 开发一种集成的桌面视频电信会议产品。目前已有不少流行的群件套装，如 Lotus Notes/Domino，可提供联机协作能力、工作组电子邮件、分布式数据库、公告白板、文本编辑、文档管理、工作流、投票、排序和多种应用程序开发工具。Microsoft Net Meeting 是微软提供的实时协作软件包，可以支持白板、共享应用程序、远程桌面共享、文件传输、文本聊天、数据会议、桌面音频和视频会议。Novell Group Wise 提供了范围广泛的通信和协作能力，并集成了文档管理的能力，包括电子邮件、日历、工作组计划、镜像、工作流、电子讨论等。

(10)其他协作工具

除了上述的技术和工具外，还有其他一些可用于支持协作的技术，如虚拟现实(Virtual Reality，VR)是近年来出现的高新技术，也称灵境技术或人工环境，是利用计算机模拟产生一个三度空间的虚拟世界，提供用户关于视觉、听觉、触觉等感官的模拟，让用户如同身临其境一般，可以及时、没有限制地观察三度空间内的事物。人们可利用虚拟现实技术支持产品设计中的虚拟协作。另外，在云计算日益获得长足发展的趋势下，基于云架构的企业协作将是统一通信的未来，企业正在从传统的“主机 + PC”时代向云协作时代迈进。企业可以利用云协作的能力，将协作应用(如语音、视频、Web 会议、即时通信、OA 等)云化，从而可以进一步降低企业成本，提升效率。另一方面，云服务给企业更多的选择，可以基于自身实际情况，灵活选择公有云、私有云以及混合云的部署模式。基于云模型，提供集中、易用的统一管理和维护功能，降低企业 IT 部门的工作负荷。协作技术本身涵盖多种多样的设备，从即时通信、电子邮件到手机和视频会议设备。云计算平台可以使员工个人在任何地方使用这些工具，进一步提升企业的生产力。

7.2　面向电子商务的大规模协作

在第2章中，已经提到过大规模协作，这一节，首先比较深入地讨论大规模协作的概念和内涵，然后讨论大规模协作在电子商务中的应用。

7.2.1　大规模协作的概念和内涵

随着 Web 2.0 应用的迅速发展，互联网越来越表现得开放、平等、聚合、创新。Web 2.0 既体现了个性化的最大张扬，又提供了与其他人和组织建立深度联系的平台，使得人与人、内容与内容之间的汇聚成为可能。Web 2.0 不仅是一种新媒体、新技术，它还创造了一个全球范围内无所不在、汇集大众智慧的信息交流与共享的协作平台。在社会性软件的支持下，人们能够基于网络开展大范围协作和群体性协作，实现知识的共享、协作、聚合。这样一个平台所营造的是一种泛在知识环境，技术从作为支持个体的工具更多地转变为一种支持泛在学习、自由探究、知识建构、交流协作的无缝学习空间。这种支持使得集体智慧的生成和发展成为可能。

维基百科是一个基于维基技术的全球性多语言百科全书协作计划，同时也是一部用不同语言写成的网络百科全书，其目标及宗旨是为全人类提供自由的百科全书——用他们所选择的语言来书写而成，是一个动态的、可自由访问（绝大多数国家，使用安全链接也行）和编辑的全球知识体，并且在许多国家相当普及。维基百科是一个成千上万的爱好者集体创造编写的任何人都不拥有的百科全书。作为一个完全开放、共建共享的平台，Wikipedia 吸引了来自世界各地的志愿者共同协作，至今已经形成了 285 个不同语言版本，共计 2 000 多万词条，因此成为世界范围内最大、最有影响力的互联网参考工具，这是成千上万的志愿者协作创造出巨大成果的典范。维基百科只有 5 个全职员工，但内容比大英百科全书多十倍而准确度相差无几。它使用的就是 Wiki 软件，允许用户编辑网页内容。尽管在开放的百科全书中由于任何人都可以增加观点而存在内容风险，但是维基百科也在范围、质量和速度方面持续改善。维基百科的英文版本有一百多万访客，此外还有 92 种不同语言的其他版本。

一些学者将大规模协作描述为一种“大范围、大数量和相互协作的网站用户的群体性参与模式”，这种协作往往是分布式的、常常没有联系协作参与者的合作结构出现，是人类目前可用的最发达的和扩展的进行激发工作和协作交汇的集体创作过程。大规模的协作方式大都借助于互联网，大规模的参与者利用交互工具和其他计算机支持的协作工具，同时独立致力于一个项目的集体行为，创造出无限可能的新的价值。从以上对大规模协作的定义看来，尽管这种协作形式正在应用于不同领域，但总体来说，大范围、大数量的群体协同参与某一项集体活动并创造出集体的成果是其定义的核心内涵。大规模协作是 21 世纪新的经济趋势。素有“数字经济之父”美誉的新经济学家唐·泰普斯科特在其著作《维基经济学：大规模协作如何改变一切》中指出，未来的几年，新的大规模协作生产模式将替代传统的公司层级制成为经济中财富创造的主要引擎。互联网的革命比任何其他事物都更能推动这个时代的发展。

早在 2006 年，托马斯·弗里德曼就在《世界是平的》一书中看到大规模协作的意义。大规模协作正在改变公司和社会利用知识和能力进行创新和价值创造的方式。这影响了社会的每个部门以及管理的方方面面。新的商业模式正在出现，这种商业模式向世界开启大门，同每个人（尤其是消费者）共同创新，共享以前高度保护的资源，利用大规模协作的力量，不像多国公司而像真正的全球公司一样进行活动。这些公司推动了行业的重要变革，重写了许许多多的竞争规则。

我们可以把这种新的商业模式与传统的商业思维进行比较。传统的智慧认为，公司通过做一些恰当的事——比如拥有优秀的人力资本，强烈地保护知识产权，以消费者为中心，思维全球化、行动当地化以及良好的执行（比如进行较好的管理与控制）来进行创新、差异化和竞争。但是新的商业世界使得这些规则不充分，有时候甚至完全不正确。

7.2.2 大规模协作在电子商务中的应用

关于大规模协作的实例，在互联网上大量存在。例如 Linux 操作系统的开放源代码，1991 年，一位来自赫尔辛基的年轻编程员李纳·斯托瓦尔兹创造了一个简单的 Unix 操作系统版本。他称之为 Linux 并且通过 BBS 与其他编程员分享。在和他联系的前十个编程员中，五位做出了大量的修改。托瓦尔兹最终决定在通用许可证(简称 GPL)下对该操作系统进行授权许可，因此人人可以免费使用该软件，只要他们对此程序做出的改动也必须让其他人免费获得。随着时间的推移，出现了一种非正式的组织，可以管理不断发展的软件，并继续利用成千上万的志愿编程员的成果。通过全世界数以万计的程序员和爱好者在互联网的支持下进行的协作和对 Linux 持续的改造，Linux 已成为可以和微软操作系统相抗衡的重要力量。

加拿大的商人麦克欧文受 Linux 公开源代码的成功故事的启示，发起了“黄金公司挑战赛”计划，向全世界的人征集寻找金矿的方法，结果把一个价值一亿美元的低绩效公司改造成了价值九十亿美元的大公司。这让人看到以全球范围大规模协作的力量进行创新和改革的思想产生的巨大价值。到如今，大到波音飞机的制造、小到食品行业的喷墨技术，企业利用大规模协作的力量来促进发展已经成为必然的趋势，许多知名公司在互联网上开放企业知识，激发群体协作。

如今的电子商务技术高度发展，卖家之间、买家之间和卖家与买家之间可以很方便地进行沟通和交流。当具有特别爱好的买方和卖方聚集到一起共享信息并进行交易时，社会网络便形成了。买家常常为了他们自己的目标利用最简单的工具创造便捷的协作团体。苹果公司、eBay 或亚马逊的团体可扩展成“联盟(Associate)”商店：利用亚马逊的界面和支付程序卖他们自己的库存，或者在他们自己的网站上卖亚马逊的书和苹果的音乐下载。如此一来，和大公司结合的卖家变成了重要的利益相关者。正如 eBay 的首席执行官 Meg Whitman 所说：“我们的这项事业有一个合作伙伴，而这个伙伴就是用户团体。”

面对变化激烈的未来，企业和个人必须更有远见，掌握维基技术，拥抱维基理念，是 21 世纪最重要的商业素质。我们所熟知的企业如 Google、亚马逊、宝洁、IBM、乐高、英特尔、宝马、波音、百思买、Youtube、MySpace 等，都已经从维基经济中获得巨大的成功。新的大规模协作的形式正在全球范围内改变着发明、生产、销售和分配商品和服务的方式。这种变革对每个参与其中的公司和个人来说都是个难得的机会。过去大多是小规模的协作。协作往往只发生在亲戚、朋友、社区成员和工作同事之间。但是，以前个人从来没有能力或机会在松散的同行网络之间互相联系，并用十分明显和可持续方式生产商品和提供服务。现在形式已经发生了逆转，信息技术越来越容易获得，使得每个人对合作、创造价值和竞争所需要的工具了如指掌。人们可以自由地参与革新和财富的创造。几百万人已经参与到自发组织合作中来生产新产品、服务和知识，这些产品和服务可以和世界上最大的、资金最雄厚的企业的产品和服务相抗衡。

大规模协作使得信息的传递速度更快、范围更广，成千上万的人使用个人网络空间来表达自己的思想，与世界各地的人交流，同时创造出各种新的文化和现象。大规模在线开放课程 MOOC(Massive Open Online Course)，以共同的学习目标和内容为基础，成功地将大规模的教师和学习者聚集起来，形成了一门大规模群体参与的新型在线开放课程，推动了开放教育课程的新发展。种种事实都在表明大规模协作已经在深深地影响着我们的生活、工作。

借助于开放、平等的互联网环境，大规模协作促使不同领域、不同层面、不同地点、不同时间的学习者参与知识分享与共建，这一思想已经在企业、经济、管理等领域产生了重要影响，创造出巨大的作用和价值。大规模协作在我国已经有一定的应用，如中国中小企业综合金融服务平台就是在建立大规模协作理论基础上，通过模式创新和技术服务，为中小企业、银行和第三方中介机构提供全新的金融服务大规模协作平台，实现了降低融资成本、解决信息不对称问题、整合资源、提高服务效率等功能，最重要的是为缓解中小企业融资难问题提供了不同的解决途径。大规模协作在全球的应用可能成为我国产业发展的重要机会，还有可能成为我国一些社会难题的有效解决方法，需要学界和产业界加强研究，并探索其在我国发展的适用性。

7.3 面向电子商务的虚拟社区

接下来，重点讨论虚拟社区及其对电子商务的支持。首先讨论虚拟社区的概念和内涵，然后讨论虚拟社区在电子商务中的具体应用。

7.3.1 虚拟社区的概念和内涵

社区是指进行一定的社会活动，具有某种互动关系和共同文化维系力的人类群体及其活动区域。虚拟社区（virtual community）就是在计算机网络（主要是互联网）上进行沟通和交流的社区。最早的虚拟社区（virtual community）定义出自瑞格尔德（Howard Rheingold）于 1993 年出版的“虚拟社区”一书，他将其定义为“一群主要藉由计算机网络彼此沟通的人们，他们彼此有某种程度的认识、分享某种程度的知识和信息、在很大程度上如同对待朋友般彼此关怀，从而形成的团体。”瑞格尔德认为虚拟社区是一群人在网络上从事公众讨论，经过一段时间，彼此拥有足够的情感之后，所形成的人际关系的网络。瑞格尔德（2000）认为虚拟社区是一种新型的社会组织，并有以下 4 种特质：①表达的自由；②缺乏集中的控制；③多对多的传播；④成员出于自愿的行为。

虚拟社区又称在线社区（online community）或电子社区（electronic community），大多数虚拟社区都是以互联网为基础的，因此也称为互联网社区。作为社区在虚拟世界的对应物，虚拟社区为有着相同爱好、经历或专业相近以及业务相关的网络用户提供一个聚会场所，方便他们相互交流和分享经验。根据沟通的实时性，虚拟社区可以分为同步和异步两类：同步虚拟社区，如网络联机游戏；异步社区，如 BBS 等。

从网络技术的角度来看，虚拟社区，通常是 BBS（Bulletin Board System 的缩写）、论坛、在线聊天室、虚拟世界、社交网络等。1978 年在芝加哥地区的计算机交流会上，克里森（Krison）和罗斯（Russ Lane）一见如故，因此两人经常在各方面进行合作。但两个人并不住在一起，电话只能进行语言的交流，有些问题语言是很难表达清楚的。芝加哥冬季的暴风雨又使他们不能每天都见面，因此，他们就借助于当时刚上市的调制解调器（modem）将他们家里的两台苹果Ⅱ通过电话线连接在一起，实现了世界上的第一个 BBS。这就是原始的 BBS 的雏形。近年来在互联网技术的飞速发展下，BBS 在功能上得到不断扩展，并迅速成为全世界计算机用户交流信息的园地——虚拟社区。利用社交网络服务所建构出来的虚拟社区可能是最蓬勃的社区形式，通过 Facebook，Twitter 或其他的社交网络平台，人们可以与现实或虚拟的朋友沟通、聊天、分享甚至举办活动。

从社会学的角度看，虚拟社区是指由网民在电子网络空间进行频繁的社会互动形成的具有文化认同的共同体及其活动场所。虚拟社区与现实社区一样，也包含了一定的场所、一定的人群、相应的组织、社区成员参与和一些相同的兴趣、文化等特质。而最重要的一点是，虚拟社区与现实社区一样，提供各种交流信息的手段，如讨论、通信、聊天等，使社区居民得以互动。不过，它具有自己独特的属性。同互联网相比，虚拟社区有着更为悠久的历史，最早的虚拟社区是随着BBS的出现形成的。在为客户创造和传递价值的活动中，社区(Community)是其中一个重要的内容，它和协调(Coordination)、商务(Commerce)、内容(Content)和沟通(Communication)并称为5C。

虚拟社区和现实社区并不是完全独立的。他们之间的关系就如同物质和意识之间的关系一样。网络社区来源于现实社区，虚拟社区是现实空间在虚拟空间的“投影”。首先，虚拟社区提供的服务版块也是根据人们现实的需要而设定的；现实社区中的生活方式和观念、规范会影响虚拟社区的构建。其次，虚拟社区提供的服务是现实社区服务的延伸和提高。传统的以纸为媒介的信件传递，发展为E-mail传递。虽然两者介质和速度不同，但是E-mail内容格式仍和传统的信函格式相同。脱离现实，虚拟社区是不可能存在的。同时，网络社区对现实社区也其有影响和反作用。网上的公开透明、重视个体等一系列特征将深刻影响社会。我们应当看到民主是一种生活方式、生活态度，而网络社区的许多思想、方法可以用来修正现实社会管理和制度中的某些缺陷。民众易于发表自己的意见，同时政府也可以方便地实现低廉高效的管理。网络之所以风行，在于它提供了自由天堂，在社区中不同意见相互尊重与互不排斥。通过讨论和争鸣解决问题，消除歧见。网络社区赋予每个人充分的话语权。人们通过互联网技术，在网上聚众，发表文章、网上日志、照片、录像分享，互相影响着现实生活中人们的思想、意识、文化及性取向等。网上的虚拟社区也是一个社会组织网络，相互链接形成全球化、地球村，以及各部落、自治区等。

总之，网络社区与现实社区是互补互动的关系，从根本上是一致的。两者应该各取所长，互相弥补。网络社区使现实社区中不可能的成为可能性。网络社区空间开拓了人的思维。从网络社员的观点来看，所谓现实性，无非是从以前的一种可能性发展而来的。两者是互补而非取代的关系。网络社区是一种对现有生活方式的冲击，同时，它也是对现实的社会空间的发展。虚拟社区区别于以往社区的最大特点就是它的虚拟性，它是虚拟性和社会性的结合。同一虚拟社区的人们可能从未谋面，通过网络彼此交流、沟通、分享信息与知识，形成了个人社区关系网络，最终形成了共同的社区意识和社区文化。

虚拟社区可以有各种类型，如协会型、爱好者型、种族社区型、性别社区型、年轻人社区型、专业社区型、邻里社区型、社交网络、虚拟世界等。也有人把虚拟社区分成公共社区和非公共社区，人人都能参与的社区称为公共社区，大多数社交网络(如Facebook)属于公共社区。非公共社区可能属于某一家或几家企业，也可能属于某个协会，加入社区有一定限制。非公共社区可以是内部的(面向员工)，也可以是外部的(面向顾客)。也有人按照成员区分虚拟社区，如交易参与者、玩家、交友者、娱乐者、互助者等。有的把虚拟社区分成六类：交易、兴趣、关系或职业、时尚、社交、虚拟世界。

7.3.2　虚拟社区在电子商务中的应用

目前在互联网上有着成千上万的各种各样的虚拟社区。虚拟社区方便人们用各种方法互动、协作和交易。虚拟社区已广泛应用于电子商务领域，且对其发展产生越来越大的作用，实施电子商务的企业能否占领并赢得市场，取决于其利用社区的能力和创新能力。随着电子商务的发展，商家渐渐意识到虚拟社区对社区成员信息互动沟通的重要性。大多数的虚拟社区都是企业对消费者开展电子商务的一个策略，比如eBay这样的拍卖网站，之所以能在C2C的拍卖市场上独树一帜，就在于它有讨论区功能，这为它培植忠诚客户提供了必备条件。淘宝网也有淘宝论坛，是面向淘宝卖家的虚拟社区，如图 7-6 所示。海尔集团也有面向消费者的海尔社区，如图 7-7 所示。

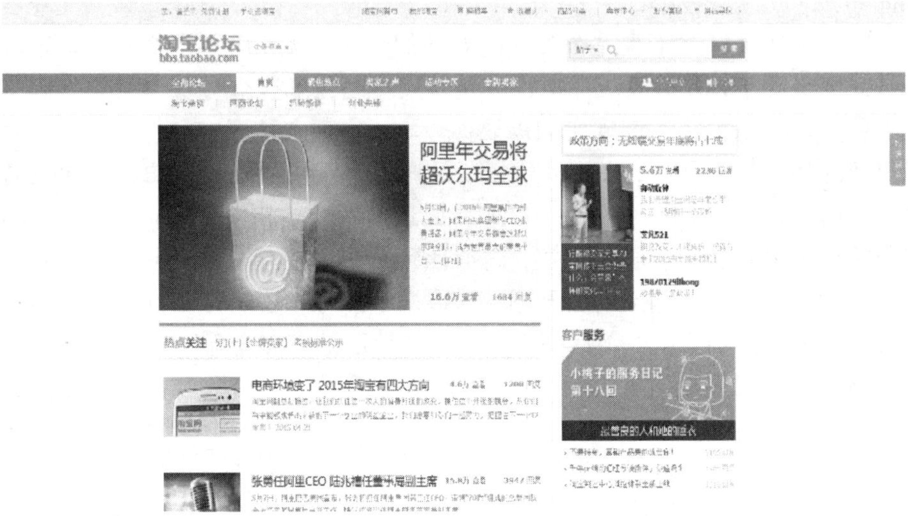

图 7-6　淘宝论坛（http：//bbs. taobao. com/）

图 7-7　海尔社区（http：//bbs. haier. com/）

另外，也有不少成功的企业间的虚拟社区，汇集众多的大大小小的交易伙伴，在虚拟社区上和公司进行交流。例如，阿里巴巴商友圈，汇聚全国各地各行业商友、商圈、商盟，可以帮商家找到专业的商友圈子，参与精彩的商圈活动，聚集商业人脉，如图 7-8 所示。另外，阿里巴巴外贸圈旨在为广大的供应商提供从事网上生意的帮助、技巧分享。阿里巴巴外贸圈外贸论坛是聚百万商人学习交流、人脉拓展、抱团协作的著名的外贸论坛，如图 7-9 所示。

对于电子商务，人们想到更多的是如何在企业之间或企业与消费者之间实现实在的商品交换，但事实上大部分企业在使用电子商务时并非要求进行直接的商品交换，而更多的希望利用电子商务进行信息交换，这个过程要比通常想象的复杂且低效。在贸易的每个阶段，从预售信息发布到产品选择以及售后服务及支持，买卖双方在信息转让中完成交易。简单地说，需要有 3 种信息才能促成交易的成功。一是商品信息，即买方需要买什么；二是相关信息，即买方应向谁购买；三是交易信息，即交易的条件是什么。客户一般不会仅依赖直接的信息（如商品目录或产品介绍等）就做出购买决定的，因为这些信息几乎不能反映同类商品的共同问题或比较同类产品及厂商的优势。为了获得更多信息，购买者通常都咨询其他购买者或客观的第三方。对于商品信息，最直接的获取途径就是供应商发布的商品目录，另外我们可以间接的从各类论坛获得；对于相关信息可以直接从需方所列的条件和通知获取，另外可以从网上招投标等获取；对于交易信息则可直接从分类及目录获得，还可以通过会员评论获得。

图 7-8　阿里巴巴商友圈（http：//club. 1688. com/）

图 7-9　阿里巴巴外贸圈外贸论坛（http：//waimaoquan. alibaba. com/bbs/）

另外，许多虚拟社区，尤其是社交网络，都在考虑与电子商务的结合，不仅作为电子商务的支持平台，也逐渐演化为社交电子商务平台。例如，美丽说是国内最大的女性时尚社区，致力于为女性用户提供最美丽的时尚购物体验，用最好的互联网技术为她们解决“怎么穿、怎样搭、哪里买”的问题；蘑菇街是国内知名的女性买家购物分享社区，专注于提供、发现美与时尚、分享购物乐趣、结交志趣相投的好友、自由交流的平台。目前美丽说和蘑菇街都已演化成典型的社交化电子商务平台，分别如图 7-10 和图 7-11 所示。

图 7-10　美丽说（http：//www. meilishuo. com/）

图 7-11　蘑菇街（http：//www. mogujie. com/）

延伸阅读

美丽说和蘑菇街：一个向左一个向右

有这样一类网站，它们并不向用户售卖物品，却能从交易中赚取收入；它们不必自建物流，也不用操心供应链，却能以极其轻盈的身姿在笨重的电商模式下游刃有余；它们既不是 B2C，也不是 C2C，它们叫做“社区化的电子商务”。

在“社区化的电子商务”的范畴内有两家公司经常被相提并论，它们是美丽说和蘑菇街。

前10 000个用户如何获得?

位于北京的美丽说诞生在清华大学东门的华清家园。"我们在那里租了一个两居室，大概一个月5 500元的房租。"美丽说创始人徐易容回忆道，"那是2009年11月，最早我们是6个人，大概到2010年1月份产品的原形出来了，3月份拿到线上做内测。"

"最开始从周围的朋友拽上来玩儿，发现来的人都走掉了，因为他觉得这儿没东西，空空的。"徐易容回忆说，"当时确实受到一些打击。一直到5月份左右，开始用了一个比较土的办法，在豆瓣(微博)、天涯的版面发文章，一直到6、7月份的时候，开始有一伙人来了留下了，他们没有走。"

相比之下，诞生于杭州的蘑菇街创业初期则顺利得多。蘑菇街的4位合伙人中3位是前淘宝员工。创始人陈琪曾经是淘宝用户体验团队(UED)的开创者，之后开始负责淘宝物流等新业务的拓展。2010年，他离开淘宝开始创业，最初创办的网站叫做卷豆网。

卷豆网的定位是"社区电子商务服务平台"，核心功能是当社区安装卷豆网的淘金链后，如果有点击网站上的淘宝链接，会被瞬间自动转换为淘宝客链接，在用户成功交易后，社区会得到相应的淘宝客佣金。(注：淘宝客是淘宝商家营销体系的一部分，只要获取淘宝商品的推广链接，让买家通过用户的推广链接进入淘宝店铺购买商品并确认付款，就能赚取由卖家支付的佣金。)

"我们发现很多社区的转化率很低，一天还成交不了几单，所以我们决定反过来自己做一个社区。"陈琪说，蘑菇街是在2011年情人节上线的，最初的一批用户是从他妻子创办的一个女性论坛中导过来的，之后的用户大多来自于新浪微博和QQ空间。

从第1万个用户发展到第100万个用户，两家公司不约而同地选择了微博

为了推广蘑菇街的微博账号，陈琪鼓励公司的技术团队做了很多接入微博平台的第三方星座、运势小测试，每个测试完成后用户都会被推荐关注蘑菇街微博，渐渐的，蘑菇街开始在年轻女孩中流行开来。

美丽说同样是微博营销的高手。通过高质量的微博内容运营和丰富的活动，美丽说官方账号的粉丝迅速突破百万，微博成了美丽说最大的用户来源。在美丽说的首页，使用新浪微博登录被置于最显著的位置。

问题很快来了，与很多创业公司一样，创业中期的美丽说与蘑菇街几乎同时遇到了社区定位、盈利模式以及大公司的挑战。

社区定位差异

由于在地理上接近淘宝，加之创始团队多数是从淘宝离职创业的，蘑菇街开始将自己与淘宝的用户群做了交集，瞄准的用户是"二三线城市90后小姑娘"。

同时，蘑菇街开始将自己定位为一家导购网站。陈琪给自己员工设定的KPI考核中，最重要的考核指标就是转化率，一是每100个人中有多少人找到了对应的商品，二是每100个人中有多少人达成了交易。

在网站的很多细节上，蘑菇街促进商品交易的思维也得到体现。例如同样是商品展示页面，蘑菇街上最显眼的是"购买"和"求团购"，而美丽说则是"收集"和"喜欢"。

在徐易容看来，地处北京的美丽说未来将成为一个垂直微博，而这个垂直社区的内容就是"时尚"。由于前期大量用户是从新浪微博、豆瓣等相对高端的社区导入，大量的早起用户逐渐地奠定了美丽说"面向一线城市年轻女白领"的定位。

随后，美丽说请来了台湾资深时尚媒体人马念慈担任时尚运营总监，不断地将自己植入到各类时尚活动中，增强自己的时尚感。

对于美丽说员工而言，对时尚达人的挖掘、运营、维护是最重要的KPI。

向左还是向右

在盈利模式上，虽然两家目前的主要收入来源还都是商品的淘宝客佣金，但是两家网站对未来盈利方式的选择颇为不同。陈琪认为，来自每笔交易的佣金收入将是蘑菇街的主要盈利来源，而美丽说的选择则是品牌广告。

陈琪表示，品牌广告目前跟蘑菇街的大定位不契合，虽然蘑菇街具备一定的媒体的作用，也会做一部分品牌广告，但是战略大方向上将是促成交易、收取佣金。

徐易容更看重社区形态、用户以及他们所带来的品牌力量。

他认为整个社区的用户应该分为三层，最顶层是有观点的意见领袖，大约占5%，主要靠社区的激励体系吸引他们；第二层是乐于分享的活跃用户，大约占20%，主要靠产品、功能的层面吸引他们；剩下多数底层用户是围观群众，主要通过网站给它们带来的价值吸引他们。

“对于美丽说而言，这5%的核心意见领袖是非常重要的，是他们创造的大量优质、有美感的原创内容才能吸引用户。”徐易容解释说，在美丽说非常强调网站上的优质内容，而导购性的网站则会比较强调流量。

徐易容认为，大量优质用户会使社区的点击增值，一个优质用户对商品的推荐本身就是对品牌的强烈背书，因此未来的商业模式也一定会建立在这一点上。

徐易容打的一个比方也许更能形容美丽说与蘑菇街的区别，他将新浪微博和淘宝当做形态的两个极端，美丽说是偏向于新浪微博一边，而蘑菇街则更偏重淘宝一边。

对于淘宝等大公司下场做社区化电商网站，两位创始人的观点比较一致，他们都认为淘宝对自己并不构成太大威胁。

陈琪表示，淘宝已经做了很多的类似产品，但是对蘑菇街没有任何影响。对淘宝来说，一方面对他们没有投入优势资源；另一方面，他们最擅长的是交易，面对的多数是商家，而做社区不是想发力就发力的，不擅长的事情拼命发力是没有用的。

（资料来源：新浪网 http://tech.sina.com.cn/i/2012-04-18/10216976005.shtml）

讨论题

美丽说和蘑菇街都属于社交电商平台，两者有所不同，请比较一下不同之处有哪些？

本章小结

1. 从概念而言，电子商务协作就是电子商务环境下的协作。电子商务协作是指企业内部人员、企业与业务伙伴、企业与客户之间的电子化业务交互过程。电子商务协作能确保企业决策的准确性和企业整体运作的高效进行。但对电子商务协作，可能会有两个不同的理解：一是认为电子商务协作是电子商务应用中的协作问题；二是认为电子商务协作是基于电子商务的协作问题。

2. 协同商务就是面向协作的电子商务应用，是电子商务应用对协作的支持。协同商务支持企业实现协同计划、协同设计与开发、协同管理以及协同进行产品研究、服务和创新的电子商务应用。协同商务意味着可以通过特殊设计的电子商务协同工具，以电子方式进行通信、共享信息和协同计划。

3. 真正的电子商务协作，不仅仅是基于财务和商品交换，而是贯穿整个价值链，从产品设计、开发、制造到销售、市场乃至售后都可以借助电子信息实现协作。所以，电子商务协作能力可以概括为：企业借助互联网技术与供应商、销售商、顾客等链上成员实现分享信息、处理交易、协调活动以及促进合作的能力。

4. 企业在制定其完整的电子商务战略时需要同时考虑电子商务协作。没有完善的电子商务协作环境的支撑，电子商务便只能停留在表面。与电子商务交易相比，电子商务协作涉及的范围更广泛，对企业的影响也更深远，它是企业能够达到电子交易所要求的高效率运作和服务质量水平的基础。一个企业如果没有高效率的电子商务协作环境，投资巨大的电子交易系统不但无法创造利润，反而会导致一系列新的问题。

5. 所谓电子商务协作的使能工具就是提供或支持电子商务协作能力的工具。电子商务协作使能工具主要用于帮助企业实现企业内部部门之间以及企业之间的信息共享，使企业能够合理利用资源，改善资源利用率，构建一个真正意义上的电子商务协作环境。

6. 电子商务不仅在企业合作者之间应用，也可在组织内部应用，经常是在内部供应链的过程中运用，称为企业内部电子商务(intra-business EC)，或者就称为内部商务。内部商务一般有3种形式：①在企业与员工之间，也称为B2E(Business to Employee)电子商务；②在企业内部各单元之间；③在同一企业的员工之间。

7. 电子供应链管理系统(E-Supply Chain Management，E-SCM)，是指通过技术的协同运用来改进B2B过程并提高速度、敏捷性、实时控制和客户满意度，它包括运用信息技术来改进供应链活动运作(如采购)和供应链管理(如计划、协调和控制)。电子供应链的活动及其管理一般需要采用多种技术基础和使能工具。

8. 一些学者将大规模协作描述为一种“大范围、大数量和相互协作的网站用户的群体性参与模式”，这种协作往往是分布式的、常常没有联系的协作参与者的合作结构出现，是人类目前可用的最发达的和扩展的进行激发工作和协作交汇的集体创作过程。大规模的协作方式大都借助于互联网，大规模的参与者利用交互工具和其他计算机支持的协作工具，同时、独立致力于一个项目的集体行为，创造出无限可能的新的价值。

9. 到如今，大到波音飞机的制造、小到食品行业的喷墨技术，企业利用大规模协作的力量来促进发展已经成为必然的趋势，许多知名公司在互联网上开放企业知识，激发群体协作。借助于开放、平等的互联网环境，大规模协作促使不同领域、不同层面、不同地点、不同时间的学习者参与知识分享与共建，这一思想已经在企业、经济、管理等领域产生了重要影响，并创造出巨大的作用和价值。

10. 大规模协作使得信息的传递速度更快、范围更广，成千上万的人使用个人网络空间来表达自己的思想，与世界各地的人交流，同时创造出各种新的文化和现象。大规模在线开放课程MOOC(Massive Open Online Course)，以共同的学习目标和内容为基础，成功地将大规模的教师和学习者聚集起来，形成了一门大规模群体参与的新型在线开放课程，推动了开放教育课程的新发展。种种事实都在表明大规模协作已经在深深地影响着我们的生活、工作。

11. 最早的虚拟社区(virtual community)定义出自瑞格尔德(Howard Rheingold)于1993年出版的“虚拟社区”一书，他将其定义为“一群主要藉由计算机网络彼此沟通的人们，他们彼此有某种程度的认识、分享某种程度的知识和信息、在很大程度上如同对待朋友般彼此关怀，从而形成的团体。”

12. 从网络技术的角度来看，虚拟社区，又称BBS(Bulletin Board System的缩写)、论坛、在线聊天室、虚拟世界、社交网络等。从社会学的角度看，是指由网民在电子网络空间进行频繁的社会互动形成的具有文化认同的共同体及其活动场所。

13. 虚拟社区区别于以往社区的最大特点就是它的虚拟性，它是虚拟性和社会性的结合。同一虚拟社区的人们可能从未谋面，通过网络彼此交流、沟通、分享信息与知识，形成了个人社区关系网络，最终形成了共同的社区意识和社区文化。

14. 在互联网上有着各种各样的虚拟社区。目前虚拟社区已广泛应用于电子商务领域，且对其发展产生越来越大的作用，实施电子商务的企业能否占领并赢得市场，取决于其利用社区的能力和创新能力。随着电子商务的发展，商家渐渐意识到虚拟社区对社区成员信息互动沟通的重要性。

15. 许多虚拟社区，尤其是社交网络，都在考虑与电子商务的结合，不仅作为电子商务的支持平台，也逐渐演化为社交电子商务平台。美丽说和蘑菇街都已演化成为典型的社交化电子商务平台。

关键术语

电子商务协作　协同商务　电子供应链　大规模协作　虚拟社区

思考与练习

1. 简述电子商务协作和协同商务的内涵。
2. 电子商务协作能力一般包括哪几个方面？
3. 如何理解重视电子商务协作的重要意义？
4. 在电子商务协作中，通常有哪些使能工具？
5. 企业内部电子商务一般有哪几种形式？
6. 何谓大规模协作？对电子商务有何意义？
7. 何谓虚拟社区？对电子商务有何意义？

考察与实践

1. 考察和比较两个典型社交电子商务平台。
2. 下载安装一个免费的实时协作工具软件。
3. 分组讨论：移动环境下支持协作的工具有哪些？
4. 分组讨论：微博好友圈和微信朋友圈有何不同？

第8章

电子商务运营与支持服务

内容概要

在这一章，首先介绍电子商务运营及其支持服务的概念和内涵；然后，深入讨论电子商务运营中的支付服务、物流服务以及电子商务运营中的其他几种主要支持服务；最后，讨论电子商务运营中支持服务外包的主要形式和基本策略。

学习目标

1. 理解电子商务运营概念与内涵；
2. 理解电子商务运营支持服务概念与内涵；
3. 掌握电子商务运营中支付方式选择的基本原则；
4. 掌握电子商务运营中网上支付服务的主要形式；
5. 理解电子商务与物流的关系以及电子商务物流的特点；
6. 掌握电子商务物流管理的概念、本质内涵和主要内容；
7. 理解服务外包概念以及电子商务服务外包的重要意义；
8. 掌握电子商务运营中服务外包的主要形式和基本策略。

开篇案例

京东的业务发展

根据第三方市场研究公司艾瑞咨询的数据，京东(JD. com)是中国最大的自营式电商企业，2014年在中国自营式电商市场的占有率为49%。目前，京东集团旗下设有京东商城、京东金融、拍拍网、京东智能及海外事业部。2014年5月，京东在美国纳斯达克证券交易所正式挂牌上市，是中国第一个成功赴美上市的大型综合型电商平台，与腾讯、百度等中国互联网巨头共同跻身全球前十大互联网公司排行榜。2014年，京东市场交易额达到2 602亿元，净收入达到1 150亿元。

京东致力于为消费者提供愉悦的在线购物体验。通过内容丰富、人性化的网站(www. jd. com)和移动客户端，京东以富有竞争力的价格提供具有丰富品类及卓越品质的商品和服务，以快速可靠的方式送达消费者，并且提供灵活多样的支付方式。另外，京东还为第三方卖家提供在线销售平台和物流等一系列增值服务。

京东提供丰富优质的商品，品类包括：计算机、手机及其他数码产品、家电、汽车配件、服装与鞋类、奢侈品(如手提包、手表与珠宝)、家居与家庭用品、化妆品与其他个人护理用品、食品与营养品、书籍、电子图书、音乐、电影与其他媒体产品、母婴用品与玩具、体育与健身器材以及虚拟商品(如国内机票、酒店预订等)。

京东拥有中国电商行业最大的仓储设施。截至2014年12月31日，京东在全国拥有7大物流中心，在全国40座城市运营123个大型仓库，拥有3 210个配送站和自提点，覆盖全国1 862个区县。京东专业的配送队伍能够为消费者提供一系列专业服务，例如，211限时达、次日达、夜间配和三小时极速达，GIS包裹实时追踪、售后100分、快速退换货以及家电上门安装等服务，保障用户享受到卓越、全面的物流配送和完整的“端对端”购物体验。

京东是一家技术驱动的公司，从成立伊始就投入巨资开发完善可靠、能够不断升级、以电商应用服务为核心的自有技术平台。京东将继续增强公司的技术平台实力，以便更好地提升内部运营效率，同时为合作伙伴提供卓越服务。

1998年6月18日，刘强东先生在中关村创业，成立京东公司。

2001年6月，京东成为光磁产品领域最具影响力的代理商，销售量及影响力在行业内首屈一指。

2004年1月，京东开辟电子商务领域创业实验田，京东多媒体网正式开通，启用新域名。

2005年11月，京东多媒体网日订单处理量稳定突破500个。

2006年1月，京东宣布进军上海，成立上海全资子公司。

2006年6月，京东开创业内先河，全国第一家以产品为主体对象的专业博客系统——京东产品博客系统正式开放。京东在由第三方电子支付公司网银在线与中国计算机报联合主办的“网银杯”2006超级网商评选活动中，荣获“最受欢迎的IT产品网商”称号。

2007年5月，京东广州全资子公司成立，全力开拓华南市场。6月，京东商城日订单处理量突破3 000个。

2007年6月，成功改版后，京东多媒体网正式更名为京东商城，以全新的面貌屹立于国内B2C市场。京东正式启动全新域名，并成功改版。7月，京东建成北京、上海、广州三大物流体系，总物流面积超过5万平方米。8月，京东赢得国际著名风险投资基金——今日资本的青睐，首批融资千万美金。10月，京东在北京、上海、广州三地启用移动POS上门刷卡服务，开创了中国电子商务的先河。

2008年6月，京东商城在2008年年初涉足平板电视的销售行列，并于6月将空调、冰箱、电视等大家电产品线逐一扩充完毕。标志着京东公司在建立十周年之际完成了3C产品的全线搭建，成为名副其实的3C网购平台。

2009年1月，京东获得来自今日资本、雄牛资本以及亚洲著名投资银行家梁伯韬先生的私人公司共计2 100万美元的联合注资。也是2008年金融危机爆发以来，中国电子商务企业获得的第一笔融资。2月，京东尝试出售特色上门服务，此举成为探索B2C增值服务领域的重要突破，也是商品多元化的又一体现。3月，京东商城单月销售额突破2亿元。6月，京东商城单月销售额突破3亿元，与2007年全年销售额持平。同时，日订单处理能力突破20 000单。

2010年3月，京东商城收购韩国SK集团旗下电子商务网站千寻网（qianxun），2011年5月重启千寻网，上线运营。

2010年6月，京东商城开通全国上门取件服务，彻底解决网购的售后之忧。8

月，京东商城在北京市正式推出家电以旧换新业务，京东商城成为首批入围家电以旧换新销售和回收双中标的电子商务企业。11 月，图书产品上架销售，实现从 3C 网络零售商向综合型网络零售商转型。12 月 23 日，京东商城团购频道正式上线，京东商城注册用户均可直接参与团购。

2011 年 2 月，京东商城 iPhone、Android 客户端相继上线，启动移动互联网战略。2 月，京东商城上线包裹跟踪(GIS)系统，方便用户实时地了解、追踪自己的网购物品配送进度。3 月，京东商城获得 ACER 宏碁计算机产品售后服务授权，同期发布“心服务体系”，开创了电子商务行业全新的整体服务标准。4 月 1 日，刘强东宣布完成 C2 轮融资，投资方俄罗斯的 DST、老虎基金等 6 家基金和一些社会知名人士融资金额总计 15 亿美元，其中 11 亿美元已经到账。7 月，京东商城与九州通联合宣布，京东商城注资九州通医药集团股份有限公司旗下的北京好药师大药房连锁有限公司，正式进军 B2C 在线医药市场，为消费者提供医药保健品网购服务。11 月，京东商城集团旗下奢侈品购物网站 360Top 正式推出，高调进入奢侈品领域。

2012 年 2 月，京东商城酒店预订业务上线。京东商城集团正式启动电子书刊业务，销售平台与智能手机/PC 阅读客户端软件同步上线。5 月，京东商城开放服务 JOS 上线(jos. 360buy)，标志着京东商城系统的全面开放。5 月 29 日，京东商城集团旗下日韩品牌综合类网上购物商城——迷你挑正式上线。10 月，京东商城开通英文网站开拓西方市场。京东完成第六轮融资，融资金额为 3 亿美元，并非外界传说的 4 亿美元。该笔融资由安大略教师退休基金领投，京东的第三轮投资方老虎基金跟投，两者分别投资 2.5 亿美元和 5 000 万美元。

2013 年 2 月，京东完成新一轮 7 亿美元融资，投资方包括加拿大安大略教师退休基金和沙特亿万富翁阿尔瓦利德王子控股的王国控股集团以及公司一些主要股东跟投。9 月，京东云联合思路网启动首届京东云电商软件服务商大赛，2013 年 11 月大赛结束并公布参赛获奖名单，京东为扶持电商服务商特别设立了 5 000 万的奖金。

2013 年 3 月 30 日，京东去商城化，全面改名为京东，随后更换 LOGO。

2013 年 3 月 30 日，启用 JD. COM 域名，并将 360buy 的域名切换至 JD。此外，“京东商城”这一官方名称被缩减为“京东”。新域名是为了用户方便记忆和直接登录。京东方面认为，作为“京东”两字的拼音首字母拼写 JD 更易于和京东品牌产生联想，有利于京东品牌形象的传播和提升；淡化其电商色彩，为其未来在物流、金融业务上的拓展做铺垫。

2013 年 4 月 23 日，京东宣布注册用户正式突破 1 亿。

在 2013 年 7 月 29 日，京东 POP 开放平台大会上，京东集团财务副总裁范微表示，未来针对 POP 平台上的卖家，京东将提供小额信用贷款、流水贷款、联保贷款、票据兑现、应收账款融资、境内外保理业务等金融服务。

2013 年 7 月 30 日，京东 CEO 刘强东表示，京东已经成立了金融集团，除了针对自营平台的供应商，未来还会扩大到 POP 开放平台。

2013 年 12 月 26 日，工业和信息化部公布批准通过 2013 年移动通信牌照审核企业名单，京东集团正式获得虚拟运营商牌照，成为国内获得批文的企业。京东集团作为国内的综合网络零售商，将结合自身特点，为用户提供个性化的移动通信业务。

2014 年 1 月 9 日，京东携手数十家潮流品牌召开“尚 · 京东”为主题的 2014 春夏时尚新品发布会，玖姿、朗姿、MO&Co.、歌莉娅、周大福、Nautica、Jeep、Hazzys、REPLAY、GXG、爱慕等数十家品牌、数百款春夏时尚新品通过时装走秀在全网首次亮相。同时，京东宣布与玖熙（nine west）、新秀丽（Samsonite）、费雷、ENZO、EVISU、JEFEN、Clarks、UGG、阿迪达斯、迪斯尼、六福珠宝共 11 家国际高端品牌达成深度战略合作，十一大品牌年初将全部入驻京东开放平台。

2014 年 1 月 30 日，京东向美国证券交易委员会（SEC）承报了拟上市的 F-1 登记表格，美银美林和瑞银证券为主要承销商。2 月 19 日，腾讯在港交所发布公告，称入股大众点评，占股 20%，但没有公布具体入股金额。在腾讯入股后，大众点评的商户信息、消费点评、消费优惠、团购、餐厅在线预订、餐饮外卖等将与 QQ 和微信等产品深度结合。3 月 10 日，腾讯港交所公告，同意以约 2.15 亿美元收购京东 3.5 亿多股普通股股份，占上市前在外流通京东普通股的 15%。同时京东腾讯还签署了电商总体战略合作协议，腾讯将旗下拍拍 C2C、QQ 网购等附属关联公司注册资本、资产、业务转移予京东。

2014 年 4 月 2 日，京东集团正式进行分拆，其中包括两个子集团、一个子公司和一个事业部，涉及金融、拍拍及海外业务。具体的分拆方式是：京东集团下设京东商城集团、金融集团、子公司拍拍网和海外事业部，京东创始人刘强东担任京东集团 CEO。

2014 年 5 月 22 日上午 9 点，京东集团在美国纳斯达克挂牌上市（股票代码：JD）。美国也迎来了中国最大的赴美 IPO。京东开盘价 21.75，较发行价上涨 14.5%，并且开盘之后一路上涨，截止 2014 年 5 月，京东市值超过 300 亿美元，且在中概股中排名第二。京东董事局主席刘强东敲响上市钟，发行价 19 美元，按此计算，京东市值为 260 亿美元，成为仅次于腾讯、百度的中国第三大互联网上市公司。京东商城登录纳斯达克首日，开盘价 21.75 美元，较 19 美元的发行价上涨 14.5%，报收于 20.90 美元，较发行价上涨 10%。

2014 年 11 月，京东集团宣布大家电“京东帮服务店”在河北省赵县正式开业。京东称，未来 3 年，“京东帮服务店”将在全国区县铺开，达到千余家。京东表示，此举主要是帮京东渠道下沉，藉此，京东大家电可在四～六线城市进行物流提速。

2015 年 1 月 9 日晚间，京东（Nasdaq：JD）、易车网（NYSE：BITA）和腾讯（SEHK：00700）联合宣布，三方已达成最终协议，京东和腾讯以现金和独家资源的形式对易车网投资约 13 亿美元。同时，易车旗下专注于汽车金融互联网平台的子公司易鑫资本将获得京东和腾讯总计 2.5 亿美元的现金投资。

京东是中国最大的自营式电商企业，上述对其业务发展的介绍，可以帮助大家更好地理解电子商务运营和支持服务的重要性。

（资料来源：百度百科）

8.1 电子商务运营及其支持服务概述

与传统企业一样，电子商务企业也存在如何运营的问题。电子商务运营及其支持服务直接影响企业电子商务业务竞争能力。这一节重点讨论电子商务运营及其支持服务的相关概念与基本内涵，为后面对电子商务运营问题的讨论奠定基础。

8.1.1 电子商务运营的概念与内涵

运营(Operation)，在概念上，有广义与狭义之分。广义的运营，就是具体流程任务的运行。运营是企业所有部门工作的基础，因为每个部门都是由很多流程组成的，任何部门都有运营活动。狭义的运营，是企业的一个职能，负责将投入的各类资源要素通过相关流程转化为客户所需要的产品和服务。运营职能可能是一个或几个部门共同完成的。在企业中，常常设立首席运营主管或运营副总职位总体领导具体运营职能部门的工作。下面主要从狭义的角度讨论电子商务运营。

什么是电子商务运营？简单地说，电子商务运营就是面向电子商务应用的运营，是为在电子商务环境下履行客户订单将投入的各类资源要素通过相关流程转化为客户实际需要的产品和服务的职能活动。电子商务运营，既面临与传统商务相同的运营问题，也面临一些电子商务应用所特有的新运营问题，并且即使是与传统商务类似的运营问题也有新的特点，因为电子商务环境与传统商务环境有所不同。

电子商务运营，在内容上，既包括企业电子商务应用业务的运营，又包括电子商务平台系统的运营和电子商务平台服务的运营。企业电子商务应用业务运营是电子商务环境下企业具体业务的运营，如商品采购、生产安排、在线订单履行、在线服务、仓储与配送、售后服务等，目的是及时履行客户订单，为客户提供满意服务；电子商务平台系统的运营是为了提供在线商务平台而做的运营性工作，如网站维护、商品图片处理和信息安全管理等，目的是提供一个良好的电子商务环境；电子商务平台服务的运营是为提供商务平台上的各种服务所做的运营性工作，如在线服务工具开发、在线客户服务等，目的是为电子商务平台上的在线商务活动提供必要的支持工具。

电子商务应用业务运营包括在线业务的运营以及离线业务的运营，因为完整的业务有时不可能都在网上完成。电子商务运营，通常是企业内多个部门的工作，甚至是跨越多个企业的工作，所以，电子商务运营还可分为企业内部的电子商务运营与企业外部的电子商务运营。电子商务运营中的一些活动和服务是传统商务中没有的，但为了确保能在电子商务环境下履行客户订单，却又是必需的。

所以，在某种程度上，电子商务运营成本也是比较高的。如何设计有效而高效的电子商务运营方案是电子商务运营管理的重要任务。

8.1.2 电子商务运营中的支持服务

如前所述，电子商务运营，是企业为在电子商务环境下履行客户订单将投入的各类资源要素通过相关流程转化为客户实际需要的产品和服务的职能活动。电子商务运营，作为将投入资源转化为产品和服务的企业活动，既包括在线运营活动，也包括离线运营活动；既包括业务本身的运营活动，也包括商务平台网站的运营以及商务平台服务的运营。

电子商务运营的目的是为客户提供所需的产品和(或)服务。为了达到运营的目的，企业投入人力与物力资源，通过一系列活动，在客户要求的时间与地点为客户提供所需的产品和(或)服务。

在电子商务运营所包括的一系列活动中，有一部分活动专门提供客户所购买服务之外的服务，这类服务不为客户购买，但却是确保为客户提供所需的产品和(或)服务的运营职能所必需的，如基础设施和技术支持服务、在线支付服务、配送服务等，我们称之为电子商务运营中的支持服务。电子商务运营不能没有这些支持服务，它们是整个电子商务运营过程所必需的，这些支持服务有相当部分是电子商务所特有的，如商务网站维护、在线支付服务等。

电子商务运营中的支持服务，有的是由电子商务企业自己提供的，有的是由外部服务商提供的。电子商务运营中的具体支持服务是企业自己提供，还是外包给专业服务商提供，应根据企业与具体业务的实际情况以及具体业务战略而定，这是电子商务运营管理所要考虑的问题。

电子商务运营中的支持服务并非都是提供给客户的。有的支持服务是提供给企业自身的，如信用评价、网站维护等；有的支持服务是提供给客户的，如电子支付、商品配送等，有的支持服务是提供给供应商的，如电子采购平台等。电子商务运营中的支持服务，总体上可分为两大类：平台支持服务与流程支持服务。

(1) 平台支持服务

所谓平台支持服务，是指电子商务运营中与网络商务平台相关的支持服务。例如商务网站建设与维护、网络安全管理、在线分析工具等。这类支持服务，需要技术基础设施投资和IT专业人员。对中小企业来说，信息化基础设施投资与IT专业人员较少，是电子商务应用的一大瓶颈。阿里巴巴与淘宝网等一些电子商务平台服务运营商为中小企业电子商务应用提供了很好的商务平台支持服务。

(2) 流程支持服务

所谓流程支持服务，是指电子商务运营中与具体业务运营流程相关的支持服务。例如仓储服务、运输服务、配送服务、支付服务、信息服务等。这类支持服务，并非电子商务特有的，在传统商务中也有。像仓储与配送这类商务支持服务，有的是企业自己提供的，有的是外部服务商提供的。

上述两类电子商务运营中的支持服务，不同电子商务应用企业有所差异。但不管怎么说，电子商务运营离不开必要的支持服务。在电子商务应用中，为确保电子商务业务运营的有效和高效，从商务平台和商业流程角度充分考虑对这些支持服务的设计，是至关重要的。

另外，一些电子商务政策和法规对于企业电子商务运营也是很重要的。广义地说，国家或地区的电子商务政策和法规制定也可视为支持电子商务运营的公共服务。

8.2 电子商务运营中的支付服务

在电子商务应用中，在线交易买卖双方如何支付货款也是经常考虑的问题。在这一节，我们首先讨论电子商务应用中支付方式选择的基本原则，然后讨论电子商务中常用支付方式与支付服务。

8.2.1 支付方式选择

在电子商务中，尽管网络支付是在线交易的买卖双方最方便的支付方式，但对客户来说未必是最理想的支付方式。主要原因也许是网络信息安全问题，但可能并不完全是网络信息安全问题。有人认为这是电子商务发展的瓶颈问题。实际的电子商务发展并没有因此受到限制，而是为客户提供多种可选择的支付方式。这些支付方式有的是在线网络支付的，有的是离线在网下支付的。

在考虑企业电子商务应用中的支付方式选择问题时，应该坚持如下两个基本原则。

(1)安全支付原则

这是首要原则。我们在设计电子商务应用中货款支付方式时必须首先考虑由技术和机制确保客户支付的安全性。只有对客户来说是安全的，这种交付方式才是可用的。例如，阿里巴巴的支付宝使用时，首先使用的是“第三方担保交易模式”，为货款提供完全担保，如图 8-1 所示。

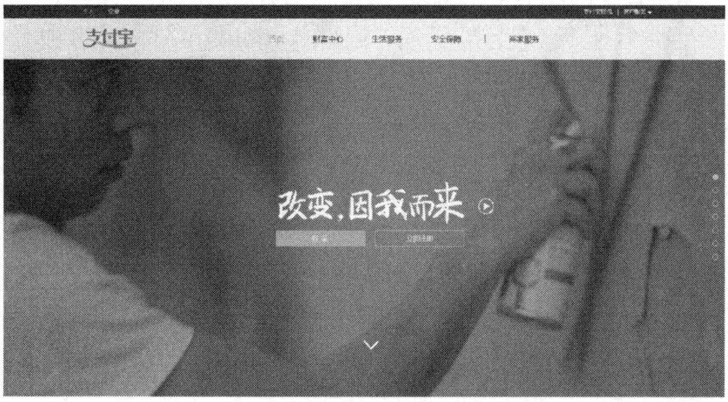

图 8-1　支付宝(https：//www. alipay. com/)

(2)客户选择原则

电子商务应用中货款支付方式应该给客户更多的选择权。因为强迫客户采用不愿选择的支付方式支付货款，也会影响客户的购物体验，甚至客户会因此而放弃购买。这也就是为什么大多数网上商店都为客户提供多种可选择的支付方式。事实上，网络和电子商务应用的特点和优势就是多选择性，电子商务应用应该带给客户多种选择的自由。例如，卓越亚马逊采用的付款方式包括货到付款、支付宝支付、银行电汇、支票付款、邮局汇款、银行卡支付、虚拟账户支付、礼品卡支付等，如图 8-2 所示。

图 8-2　亚马逊中国采用的付款方式

上述两个原则的出发点在于：任何支付方式要让客户有安全感和选择权，这样客户才会乐意参与到电子商务中来。现在许多网上购物客户很喜欢选择货到付款方式，并不完全是网上信息安全的问题，而是可以带来一种购物的安全感。

如图 8-2 所示，亚马逊中国提供的货到付款支付方式支持两种服务：现金支付和移动 POS 机刷卡。移动 POS 机刷卡付款已开通北京、上海、广州、天津、深圳、苏州、佛山、中山、珠海、长沙、海口、温州、南京、宿迁、青岛、济南、郑州、太原、呼和浩特等多个城市的部分地区。目前亚马逊刷卡服务仅支持带有“银联 UnionPay”标识的银行卡，不支持国外银行发行的银行卡。另外，“一键”信用卡支付是亚马逊中国推出的安全快捷的支付方式。使用该支付方式，只需要预先将信用卡信息保存到您的亚马逊账户中。下单成功后，包裹发货时，银行会自动从您的信用卡中扣除相应包裹的金额。“一键借记卡支付-银联借记卡”适合中国银联发行的各主要银行的借记卡，下单成功后，银行会自动从您的借记卡中扣除相应金额，无须跳转到银行页面进行支付。订单状态为“即将发货”时，亚马逊会通知银行冻结您信用卡/借记卡相应包裹金额的可用额度。订单状态为“已从库房发出”时，亚马逊会通知银行从您信用卡/借记卡中扣除相应的包裹金额。

8.2.2 网上支付服务

电子银行网上支付服务是很多商业银行重点发展的业务。商业银行通常为与其签约合作的网上商店提供网上购物在线支付服务。在网上商店购物的客户只要注册个人网上银行并开通电子商务功能，即可在网上商店中购物并进行在线支付。目前各银行对于网上支付均有一定金额的限制。由于各银行政策不同，用户在申请网上支付功能时，可向银行咨询相关事宜。

人们在利用互联网获得商机的同时，也呼唤尽快实现网上支付。网上支付是电子商务的重要组成部分，是金融服务的发展和创新。网上支付的目的在于减少银行成本、加快处理速度、方便客户、扩展业务等。进一步表现为改变支付处理的方式，使得消费者可以在任何地方、任何时间通过互联网获得银行的支付服务，而无须再到银行传统的营业柜台。

电子银行网上支付的一般流程如图 8-3 所示。

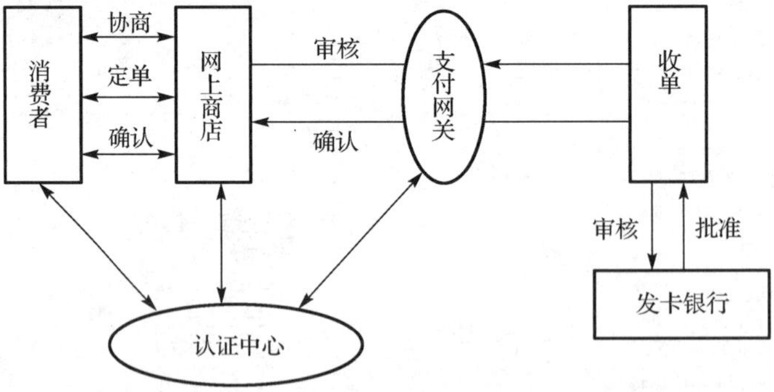

图 8-3　电子银行网上支付流程

根据图 8-3 所示的网上支付流程图，可将整个网上购物支付工作分为如下步骤。

① 消费者利用自己的计算机通过互联网登录网上商店，选定所要购买的商品，并在计算机上输入商品订单，订单上一般需要包括所购商品名称及数量、交货时间及地点、联系方式等相关信息。

② 通过电子商务服务器与有关网上商店联系，网上商店做出应答，告诉消费者所填订货单的货物单价、应付款数、交货方式等信息是否准确，是否有变化。

③ 消费者选择付款方式，确认订单，签发付款指令。此时安全电子交易(Secure Electronic Transaction，SET)协议开始介入。

④ 在 SET 协议中，消费者必须对订单和付款指令进行数字签名。同时利用双重签名技术保证商家看不到消费者的账号信息。

⑤ 网上商店接受订单后，向消费者所在银行请求支付认可。信息通过支付网关到收单银行，再到电子货币发行公司确认。批准交易后，返回确认信息给网上商店。

⑥ 网上商店发送订单确认信息给消费者。消费者端软件可记录交易日志，以备将来查询。

⑦ 网上商店发送货物或提供服务，并通知收单银行将钱从消费者的账号转移到商店账号，或通知发卡银行请求支付。

在认证操作和支付操作中间一般会有一个时间间隔，例如，在每天的下班前请求银行结这一天的账。

目前，Internet 的网上支付模式主要有如下 4 种。

(1) 面向商家 SET 模式

面向商家 SET(Merchant Oriented SET)模式不需要使用电子钱包。持卡人与商家之间通过 SSI 协议进行连接。目前，大多数商家都使用 SSL 进行信用卡支付。当持卡人确定进行购买时，商家服务器接收持卡人信用卡信息，包括信用卡号码、到期日以及总金额等，然后商家服务器向能够处理面向商家 SET 支付的服务器提交。这些购买信息作为 SET 交易发送给支付网关，网关证实后再进行下一步工作。

面向商家 SET 与 SET 的最大不同在于证书。SET 提供一个“需要卡证书”扩展功能，当这个“需要卡证书”被设为“假”时，支付网关就可以支持面向商家的 SET 模式。所有流行的 CA 都支持这个扩展功能，并且支付网关应用软件基本不受面向商家的 SET 的影响。

面向商家 SET 的优点：持卡人不必安装电子钱包软件；持卡人不必向 CA 申请持卡人证书；持卡人购物时只需输入信用卡信息，是网上购物最简单的方法；由于 SSL 安全是现存大多数商家服务器采用的技术，商家为了接受 MOSET 而进行的修改相对 SET 而言要少得多。

面向商家 SET 的缺点：商家可以看见类似信用卡号码以及到期日的金融数据。

(2) 无证书 SET 模式

在无证书 SET(Certificate Less SET)模式下，持卡人必须使用电子钱包在网上进行交易，但是并不需要持卡人向 CA 申请持卡人证书。在进行网上购物之前，必须在电子钱包软件中增加一个无证书的账号及其必要信息，包括信用卡号码以及到期日，订单和支付信息通过 Internet 使用 SET 协议传送到支付服务器。

无证书 SET 的优点：持卡人不必向 CA 申请持卡人证书；信用卡号码以及相关金融信息对商家是不可见的；采用 SET 协议在持卡人、商家和支付网关之间传送金融和订单信息，比单纯使用 SSI 协议更安全；实现 SET 后，要接受无证书 SET，商家无须进行任何改动，对支付网关的影响也很小。

无证书 SET 的缺点：持卡人必须安装电子钱包软件。

(3)完全SET模式

SET是Internet上安全可靠的支付手段。所有的SET成员都可互操作。各方(包括支付网关、商家和持卡人)必须拥有由可信的CA签署的有效证书。持卡人需要电子钱包软件来处理SET支付。商家的服务器接收到来自购买申请的订单和支付信息，并将加密的支付信息传送给支付网关以获得批准。支付信息对商家来说是不可见的。

支付网关在Internet上代表金融机构。支付网关收到来自支付服务器的SET支付信息后，将其转变为标准ISO8583(银行卡信息交换标准)报文发送给金融机构。支付网关接收到授权信息并传回商家。此后，商家将支付网关的回应送交持卡人，告之授权结果。SET是现今最安全的Internet网上支付工具。

完全SET模式的优点：信用卡号码以及相关金融信息对商家不可见，商家只可检索订单信息；由于参与各方可以在线确认其他各方的身份，因而非常可靠。

完全SET模式的缺点：实现很复杂，所有SET成分必须可以互操作；持卡人需要安装电子钱包。

(4)单纯SSL模式(收银机、POS仿真)

SSL协议主要用于浏览器和网络服务器之间的通信。SSL提供了3种重要的功能：隐私、鉴证以及报文完整性。参与SSL连接的每一方必须拥有一个安全证书，由各自的软件发送给对方。然后，每一方都用自己的和对方的证书对所发送的信息进行加密，以保证只有指定的接收者能够进行解密，并且另一方能够保证数据确实来源于它所宣称的地方，同时在传输过程中报文没有被篡改。

在单纯SSL模式(收银机、POS仿真)下，持卡人与商家之间通过SSL连接来进行通信，持卡人将订单以及信用卡支付信息发送给商家。商家将支付信息转变成ISO 8583报文，通过一个软件模拟POS的功能将其发送到支付网关进行支付处理。

SSL模式的优点：使用现有的基础设施；不必修改现有基础设施；持卡人不需电子钱包软件。

SSL模式的缺点：非常不安全；信用卡号码以及相关支付信息对商家可见；商家难以得到128位SSL，而40位SSL易被攻破。

8.2.3 电汇支付服务

电汇，就是电子汇款，是汇兑结算方式的一种。电汇支付是银行或邮局服务柜台提供的一种支付服务。这种电汇支付方式与网上支付的区别是：消费者并不是直接在网上进行支付，而是必须到一家现实的银行或邮局，填写“电汇凭证”单，当企业收到“电汇凭证”单后，可从银行或邮局领取汇款。

银行或邮局电汇支付的优点：消费者在心理上有一种安全感，所以仍然是相当一部分人的首选。

银行或邮局电汇支付的缺点：从消费者下订单到收到“电汇凭证”后再发货，整个过程时间相对较长。

尽管如此，银行或邮局电汇支付仍是目前电子商务交易中一种主要的支付方式。

8.2.4 电子支付服务

随着电子商务的不断发展，除电子银行外，涌现了一批专门从事提供电子支付平台的服务商，如支付宝(http://www.alipay.com)、PayPal 贝宝(http://www.paypal.com.cn)、中国在线支付(http://www.ipay.cn)、易付网络(http://www.epay.net.cn)、银联电子支付(http://www.chinapay.com)、北京首信易支付(www.beijing.com.cn)等。每个电子支付平台服务商在服务上各有特色，它们的出现和发展为电子商务应用企业的业务运营提供了很好的电子支付平台服务。

广义的电子支付，包括网络支付、固定电话支付、移动电话支付、销售终端交易、自动柜员交付、其他支付6种方式，网络支付只是其中一个分支。目前国内的电子支付企业已创新地融合了互联网、手机、电话等多种支付方式，并为网上购物、数字娱乐、航空旅游、电信缴费、公务员考试报名等各个行业提供量身定制的支付解决方案，大大提升了各行业的电子化程度。

第三方电子支付平台是属于第三方的服务中介机构，完成第三方担保支付的功能。它主要是面向开展电子商务业务的企业提供电子商务基础支撑与应用支撑服务，不直接从事具体的电子商务活动。支付宝、快钱等27家公司获得了央行2011年5月18日签发的首批第三方支付牌照。

作为目前电子支付的重要组成部分，第三方支付平台在整个电子支付的发展中起到了降低社会交易成本和提高商家竞争力的重要作用。由于第三方支付平台的存在，银行不需要直接面对最终用户，大大减少服务成本，提高了处理速度和效率，支付平台提供统一的应用接口，使商家不必为自成体系的多家银行连接，减少开发和维护的成本，降低交易取消、交易延迟、支付失败、信用欺诈的风险，提高商家网站交易成功率；由于商家压缩了人员规模，降低了运营成本、提高了交易效率，进而提高了竞争力；并且由于第三方支付平台的努力推动及专业分工，从而促进了电子商务产业的发展。

8.2.5 移动支付服务

随着移动通信的不断发展，手机功能已远远扩展到通信之外，移动商务将成为电子商务的重要形式。移动支付也愈来愈受到重视。

移动支付有两种方式：一是通过手机话费直接扣除，因受到金融政策管制的限制，目前只能提供小额支付解决方案；二是通过手机将信用卡与银行卡进行绑定，支付过程中直接从用户的银行账户扣款，移动运营商仅充当信息通道的作用。目前的移动支付方式较多采用第二种方式，以中国移动的“手机钱包”和中国联通的“手机银行”提供服务为主，其主要通过短信、WAP上网、语音等方式实现支付。

艾瑞咨询(iResearch)2003年7月通过对网民网络习惯及消费行为调查后发现：在用户购买收费邮箱时的支付方式上，绝大多数的用户选择了手机支付的方式，占所有支付方式的53.7%，网上银行的方式占21.8%，二者之和达到了75.5%，传统的邮政汇款仅仅占3.9%。由此看来，人们越来越青睐简单快捷的移动支付方式了。

从消费者购买行为来看，消费者在商场、超市等零售卖场进行购物时使用手机支付也应是符合市场发展规律和现代人生活方式的一种未来趋势。

从移动支付工作原理来看，手机支付系统主要涉及3个方面：消费者、商家及无线运营商。所以，网上在线移动支付系统大致可分3个部分，如图8-4所示。

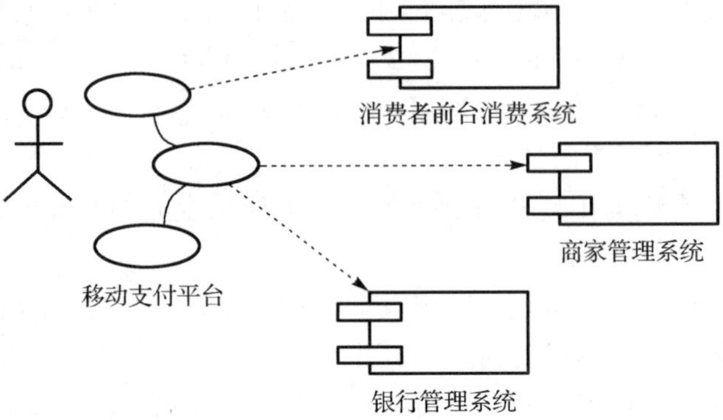

图8-4 网上在线移动支付系统

消费者前台消费系统：保证消费者顺利地购买到所需的产品和服务，并可随时观察消费明细账、余额等信息。

商家管理系统：可以随时查看销售数据以及利润分成情况。

无线运营商综合管理系统：本系统中最复杂的部分，它又包括两个重要子系统即监权系统与计费系统。它既要对消费者的权限、账户进行审核，又要对商家提供的服务和产品进行监督，看是否符合所在国家的法律规定，此外最重要的是，它为利润分成的最终实现提供了技术保证。

无线运营商综合管理系统主要包括两个子系统：监权系统与计费系统，如图8-5所示。

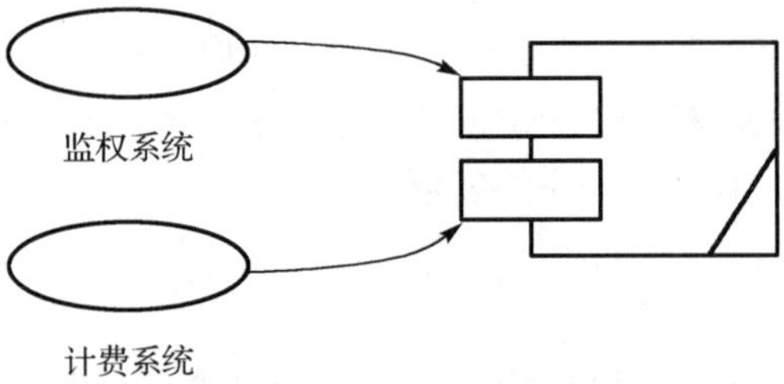

图8-5 无线运行商综合管理系统

当消费者从网上商家选择好产品或服务后，发出购买指令，执行购买操作，商家去无线运营商处取得消费者信息，进行确认，由无线运营商代收取费用并告知商家可以交付服务或产品，形成完整的移动支付过程，如图8-6所示。

移动支付的具体流程如下：

① 消费者通过Internet进入消费者前台系统选择商品；

② 将购买指令发送到商家管理系统；

③ 商家管理系统将购买指令发送到无线运营商综合管理系统；

④ 无线运营商综合系统将确认购买信息指令发送到消费者前台消费系统或消费者手机上请求确认，如果没有得到确认信息，则拒绝交易，购买过程到此终止；

⑤ 消费者通过消费者前台消费系统或手机将确认购买指令发送到商家管理系统；

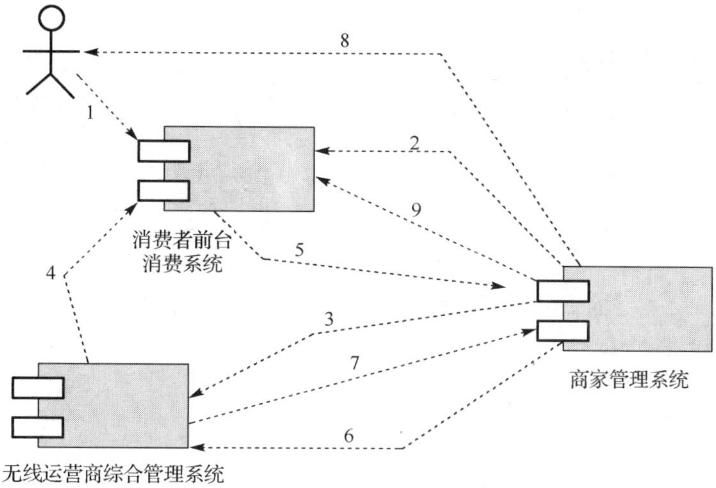

图 8-6　手机支付流程图

⑥ 商家管理系统将消费者确认购买指令转交给无线运营商综合管理系统，请求缴费操作；

⑦ 无线运营商综合系统缴费后，告知商家管理系统可以交付产品或服务，并保留交易记录；

⑧ 商家管理系统交付产品或服务，并保留交易记录；

⑨ 将交易明细写入消费者前台消费系统，以便消费者查询。

至此完成交易过程。

移动支付服务应用越来越普及。在英国的赫尔市，爱立信公司开发的手机支付服务允许汽车驾驶员使用手机支付停车费。中国邮政储蓄依托银联平台，开通了“绿卡手机支付”业务，该项业务可通过邮政储蓄卡和手机号码绑定，为手机用户提供便捷的个性化金融服务和手机话费支付服务，客户可以发短信的方式随时随地交纳移动和联通的手机话费，并可实时查询账户余额，且不收手续费；阿里巴巴的支付宝推出手机支付业务；用户可持开通上网服务的手机登录手机版淘宝网，查询信息、比价、使用支付宝的“手机支付服务”购买产品。

联动优势科技有限公司由中国移动与中国银联于 2003 年 8 月联合发起成立，致力于为企业和消费者提供创新、绿色、安全、高效的金融及电子商务产品和服务，是目前国内领先的跨综合支付服务、智能金融信息服务、移动化的本地多应用服务三大领域的移动金融及移动电子商务产业链服务提供商。公司秉持诚信、专业、激情、创新、共赢的企业精神，将客户需求贯穿产品设计、技术开发、运营服务全过程，目前公司旗下拥有 U 付、U 信、U 慧三大业务平台以及银信宝、回款通、联盈为代表的一系列高品质的产品和服务，旨在为企业用户及个人消费者提供全方位的支付、金融信息与生活应用服务。2011 年 2 月成立联动优势电子商务有限公司，专注于支付业务经营，8 月电商公司获得中国人民银行支付业务许可证(互联网支付、移动电话支付)。2014 年 5 月在天津滨海高新技术产业开发区成立联动优势商业保理联动优势商业保理有限公司，获得保理牌照。其网站如图 8-7 所示。

另外，很多第三方电子支付平台也推出基于手机平台的支付服务，例如，支付宝推出手机支付服务，如图 8-8 所示；手机支付宝 APP，如图 8-9 所示。

图 8-7　北京联动优势科技有限公司(http://www.umpay.com/)

图 8-8　支付宝手机钱包(http://mobile.alipay.com/)

图 8-9　手机支付宝

8.3　电子商务运营中的物流服务

物流服务在电子商务应用中非常重要。仓储与配送、库存管理、订单履行与信息管理等都是物流服务的内容。这一节，重点讨论面向电子商务的物流服务。首先，讨论电子商务物流的重要性；然后，讨论电子商务物流的特点和要求。

8.3.1　电子商务与物流服务

电子商务运营是在电子商务环境下履行客户订单，将投入的各类资源要素通过相关流程转化为客户实际需要的产品和服务的职能活动。物流是为满足客户要求对货物、服务和相关信息在产出地和消费地之间实现流动、储存的职能活动。物流的目标就是在正确时间将正确数量的物品送到正确地点。通常企业物流的主要活动包括：产成品的运输、仓储、物料搬运、防护包装、存货控制、工厂和仓库选址、订单处理、市场预测和客户服务等。很显然，无论是传统商务还是电子商务，具体业务的运营都不能没有物流的支持。

事实上，客户的地域分散化和需求个性化是电子商务应用的一大特点，电子商务应用企业的业务竞争优势本质上就在于其服务的个性化与经营的规模化。电子商务应用企业要求的商品存储量一般都很大，并要及时将商品配送到在线购物的客户手里。尽管客户可以在网上商店选择要购买的商品并可在线支付货款，但是，除了一些程序软件等纯数字化产品以外，网上商店并不能完全直接地在网上完成商品进货与配送，必须通过物流相关活动来完成。所以，在电子商务应用中，物流一般是起关键作用的、不可缺少的核心环节。电子商务运营系统是否有效和高效都与物流服务有关。

我们难以想象一个不重视物流的电子商务应用企业的业务能够运营成功。事实上，许多成功的电子商务应用企业都很重视物流服务能力。例如，卓越亚马逊和凡客诚品等，为了能够及时响应客户需求建立自己的仓储与配送服务中心，并因此建立自己的竞争优势。在今天的电子商务应用实践中，许多人都认识到了物流的重要性，在未来的商务产业链中，物流服务甚至比电子商务网站还要重要。

电子商务与物流之间的关系是个互相促进和共同发展的关系。电子商务发展不能没有物流的支持。许多电子商务应用企业把主要精力用于基于网络平台的业务运作，常把电子商务相关的物流服务对外分包给专业物流服务商。可以说，电子商务的出现和迅速发展为我国物流服务业提供了发展机会。另一方面，电子商务也为物流服务创新发展创造了条件。网络和信息技术在物流领域的广泛应用，尤其是电子物流与物流电子商务的出现，大大提高了物流信息管理能力和物流服务能力以及物流服务质量，从而能够更好地支持电子商务应用。如今，物流服务不仅是电子商务运营需要依靠的支持服务，而且也成了电子商务应用的一大领域。

8.3.2　电子商务物流的特点

电子商务物流的概念本来是很明确的，但国内的一些教科书用得很不明确。这里的电子商务物流是指电子商务应用中的物流，也就是说，电子商务物流是电子商务应用业务运营中的物流，是有别于传统商务物流的电子商务物流。很多人分不清电子商务物流、电子物流以及物流电子商务。电子物流是指电子化技术在物流活动中的运用；物流电子商务是指电子商务在物流服务业中的运用。

由于传统零售商与电子零售商在业务运作流程上的差异，传统零售商与电子零售商在物流服务上有很大的不同。传统零售商一般要求物流中心提供配送到门店的物流服务（对冰箱、空调等家电商品，客户购买后再送货上门），而电子零售商通常要求物流中心对任何商品都提供直接配送到最终客户的物流服务，如图 8-10 所示。

由于 B2C 电子商务客户的地域分散化和需求个性化，B2C 电子商务物流与传统商务物流会有许多不同特点。一般说来，B2C 电子商务物流有如下 6 个方面的主要特点。

（1）分散化

任何地方的客户在任何时间都可以在网上下订单。这是电子商务的优势，但客户的地域分散化，也带来了电子商务物流服务的分散性。极度分散的物流服务要求建立分散的物流配送网络，使得电子商务物流服务成本比较高。

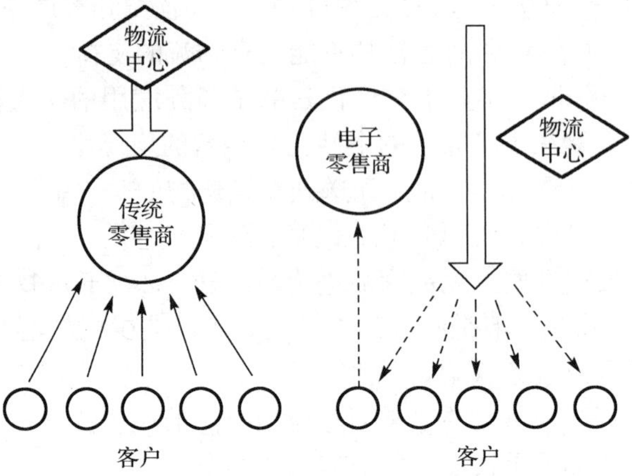

图 8-10　传统零售与电子零售的区别

(2) 多渠道化

电子商务客户分布广，有城市的、农村的、沿海地区的、内地山区的；有国内的，也可能有国外的。所以，电子商务物流不能仅采用一种配送渠道，电子商务应用企业应该借用多种配送渠道，才能满足为不同类别客户的配送需求。

(3) 个性化

客户需求个性化不仅体现在对商品的要求上，也体现在对物流服务的要求上。客户有可能要求配送到不同地址。例如，亚马逊提供多地址配送服务，如图 8-11 所示，由于不同送货方式的配送费用和货到时间不一样，不同的网上购物客户在商品配送方式的选择上有所不同。如图 8-12 所示，是亚马逊提供的配送方式。

图 8-11　亚马逊提供多地址配送服务

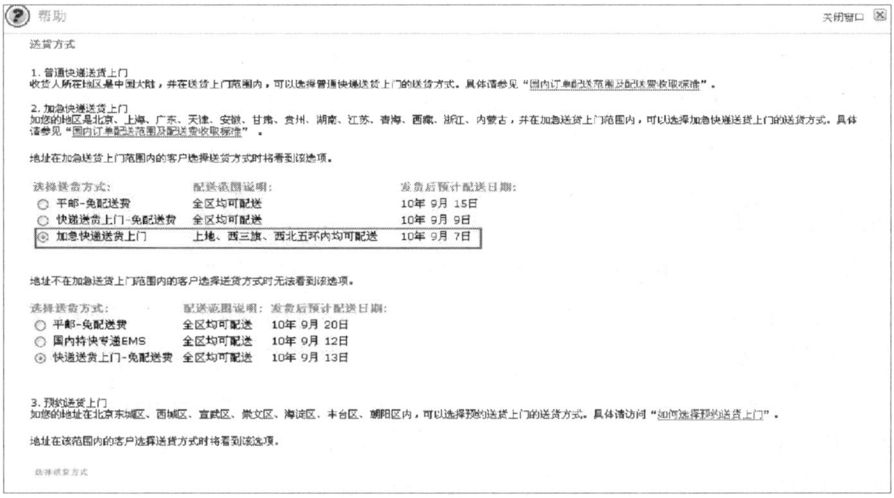

图 8-12　亚马逊提供的配送方式

(4) 小批量

网上商店的商品通常品种很多、总量大，但每种商品的进货量与销售量可能并不很大。在网上购物中，送货通常是小批量的。所以，小批量送货的成本比起大批量送货的成本无疑要高得多。

(5) 快速响应

客户在网上订货，通常也需要电子商务企业对订单能做出快速响应。订单快速响应是客户很重要的网上购物体验。为了能快速响应客户需求，电子商务物流对仓储与配送系统有很高的要求。

(6) 服务信息化

在电子商务交易中，信息管理对买卖双方越来越重要。在网上完成订货后，很多客户都需要及时的订单状态信息，对订单执行过程跟踪管理。这就自然要求电子商务物流运作过程中重视对物流服务信息化管理，及时甚至实时向客户提供物流服务动态信息，提高客户对电子商务物流服务的满意度。如图 8-13 所示，是当当网提供的订单配送信息。

图 8-13　当当网的订单配送信息

上述电子商务物流的主要特点，是针对一般 B2C 电子商务而言的。对具体的电子商务应用而言，不同的具体业务在物流方面还有不同的特点。电子商务应用企业和电子商务物流服务企业只有针对具体业务电子商务物流的具体特点，设计合理的仓储与配送系统，才能为客户提供满意的物流服务。

8.3.3 电子商务物流管理

有人认为，美国在定义电子商务概念时，没有太强调物流问题。这是因为，在美国，物流业发展已有上百年的历史，先进的管理理念与管理技术的发展使物流管理达到相当高的水平。所以，美国在定义电子商务概念之初，就有强大的物流支持，只需将电子商务与物流对接起来就可以，而并非电子商务过程不需要物流。而事实上，1999 年的最后一个月，虽是美国电子零售业历史上销售最火爆的时期，却导致大量礼品延迟交付，甚至有大量订单被取消。根本原因就是电子商务物流问题没被引起足够重视。

很显然，没有有效的电子商务物流服务，电子商务应用业务运营是难以成功的。也正因如此，人们认为物流是我国企业电子商务应用的一大瓶颈。电子商务应用业务运营的效率，在相当程度上，取决于电子商务物流的效率。而实现电子商务物流的有效和高效，离不开计划、组织与控制等管理活动和相关管理技术与管理工具的应用。电子商务物流管理是企业电子商务应用业务运营管理的重要内容。

所谓电子商务物流管理，就是为满足电子商务应用业务中的客户要求，对货物、服务和相关信息在产出地和消费地之间实现有效和高效流动和储存所进行的一系列管理活动。电子商务物流管理的本质是面向电子商务的物流能力管理。

面向电子商务的物流能力包括两个方面：一是对电子商务应用业务运营的有效支持能力；二是尽可能降低电子商务应用业务运营总成本的能力。电子商务物流管理，从层次上，可分为战略层次的物流管理、职能层次的物流管理和作业层次的物流管理。作业层次的物流管理是最基本的管理活动，是直接对运输、仓储、物料搬运等电子商务物流作业活动的管理。

如果电子商务物流完全由电子商务应用企业负责，电子商务物流管理就是电子商务应用企业的物流管理。由于许多电子商务应用企业通常是将网上销售商品的仓储与配送等物流服务全部或部分对外分包给仓储与配送服务商来做的，所以，电子商务物流管理包括两个层面的管理问题：一是电子商务应用企业物流管理；二是物流企业电子商务物流管理。这两个层面的管理问题就如同工程项目建设方与施工方所面临的项目管理问题。

1. 电子商务应用企业物流管理

电子商务应用企业物流管理的目的是确保面向电子商务的物流服务能满足网上购物客户的要求。电子商务应用企业物流管理的主要内容包括：物流战略管理、物流信息管理、物流服务管理。

物流战略管理主要考虑电子商务应用企业的具体物流战略问题，例如，为增强业务竞争能力需要什么样的物流服务能力，自建哪些物流服务，外包哪些物流服务。物流信息管理主要考虑电子商务应用企业如何运用信息技术管理企业内部与外部物流信息为物流运作和物流决策服务，以及如何为客户提供哪些物流信息服务。而物流服务管理又包括服务设计管理、服务运作管理、服务外包管理与服务质量管理等。服务设计管理考虑物流服务水平设计、物流服务方案设计、物流服务流程设计等问题；服务运作管理考虑如何对电子商务应用企业的物流运作活动进行管理；服务外包管理考虑如何选择物流服务商以及如何对外包物流运作活动进行管理。服务质量管理考虑如何建立合理的物流服务质量管理体系，研究物流服务质量控制方案和改进措施，不断提高客户对物流服务的满意度。

有一点必须明确的是：不管物流服务是自营的还是外包的，电子商务应用企业都应对电子商务物流服务质量负总责。

2. 物流企业电子商务物流管理

物流企业电子商务物流管理的目的是有能力为电子商务应用企业提供所需要的电子商务物流服务。物流企业电子商务物流管理的主要内容包括：战略管理、能力管理、运作管理、质量管理、信息管理等。

战略管理，对物流企业来说，首先要不要从事电子商务物流管理服务，也就是自身的业务战略定位问题；其次要考虑如何建立电子商务物流服务竞争优势，也就是自身的业务竞争战略问题。能力管理主要考虑物流企业为电子商务物流服务应该具有什么样的物流能力以及如何建立所需的电子商务物流能力优势。运作管理考虑如何对具体的电子商务物流运作活动进行管理。质量管理主要考虑如何建立合理的物流服务质量管理体系，研究物流服务质量控制方案和改进措施，不断提高电子商务物流服务质量。信息管理主要考虑物流企业如何运用信息技术管理企业内部与外部物流信息为物流运作和物流决策服务，以及为电子商务应用企业及其客户提供哪些物流信息服务。

尽管许多学者都认为网上商店应将物流服务外包给专业物流服务商，但有一部分网上商店坚持建立自己的仓储与配送服务，并因此建立了自己的网上业务竞争优势。例如，拥有完整的自建物流、配送网络；以全资子公司的形式经营和管理配送中心。亚马逊提供了多种送货方式和送货期限给消费者选择，对应的送货费用也不相同。为了降低物流成本，凡客诚品筹建了属于自己的物流公司，目前，凡客诚品在北京、上海、广州已有 50 多人的快递团队。因为衬衫品种少，库存简单，主要销量都集中在上述三个大城市，凡客诚品自建的快递体系既可以极大降低成本，又能保证送货服务的及时和质量。

为了更好地提供客户满意的电子商务物流服务，无论是电子商务应用企业，还是专业物流服务都应该尽可能实现物流服务的电子商务化。可以这么说，物流电子商务化是电子商务物流服务发展的必然要求。

美国 Dell 公司成绩的取得，用其总裁迈克尔·戴尔的话而言，归功于物流电子商务化的巧妙运用。Dell 就是通过国际互联网和企业内部网进行销售的。在日常的经营中，Dell 仅保持两个星期的库存（行业标准超过 60 天），其存货一年可周转 30 次以上。基于这些数字，Dell 的毛利率和资本回报率也是相当高的：分别是 21% 和 106%。这些都是 Dell 实施电子商务化物流后取得的物流效果。

专业物流服务企业为了提高自身电子商务物流服务，应该重视物流技术管理，善于利用各种网络技术、通信技术和移动技术，如电子数据交换（EDI）、条形码（Barcode）、电子自动订货系统（EOS）、自动化仓库系统（AS/RS）、全球卫星定位系统（GPS）、地理信息系统（GIS）、射频技术（RF）等。这些技术使企业能采用先进的管理方法，如快速反应（QR）、有效客户反应（ECR）、准时制（JIT）；供应商管理库存（VMI）、提前发货通知（ASN）、协同计划预测与补给（CPFR）、上架准备等特定服务；支持工厂和仓库中新增的物流活动，如直接换装（Cross-Docking）操作、运输调度及回程安排等。随着网络与信息技术以及电子商务的不断发展，专业化的电子商务物流服务将不断向信息化、自动化、网络化、智能化和柔性化方向发展。

上述对电子商务物流管理的讨论，包括电子商务应用企业物流管理与物流企业电子商务物流管理。实际上，电子商务应用企业与物流企业间需要更多的沟通和协作，所以，还有一个协同管理问题。

8.4 电子商务运营中的其他服务

上面两节重点讨论了电子商务应用中的支付服务和物流服务。这一节再简单讨论一下电子商务应用中的咨询服务、主机托管服务以及第三方服务。

8.4.1 咨询服务

电子商务是一个新型的商务形式，与传统商务有很大的不同。电子商务应用涉及多方面的专业知识和技能，有技术方面的，也有商业方面的，也可能是法律方面的。在电子商务应用中遇到一些专业领域问题，如果缺乏某方面的电子商务专门人才，电子商务应用企业最好的办法就是寻找相关的咨询服务。

通常的电子商务应用咨询服务包括：①电子商务应用战略咨询；②网站策划、优化与推广咨询；③网络营销策略咨询；④电子商务系统设计咨询；⑤电子商务安全技术咨询；⑥电子商务运营方案咨询；⑦电子商务管理咨询；⑧电子商务法律咨询。

企业寻求电子商务应用咨询可有两种方式：①咨询电子商务应用研究专家；②咨询提供电子商务相关咨询服务的咨询公司。电子商务应用研究专家对电子商务应用的理念、模式、管理和技术等问题研究比较深入，易于提供相关问题的创造性解决方案。咨询公司在特定的相关领域积累了比较丰富的咨询经验，有利于解决带有行业普遍性的技术与管理问题。总的来说，提供电子商务相关咨询服务的咨询公司有如下 3 类公司。

第一类公司，只是在电子商务领域提供专业咨询服务，而不涉及传统领域。此类公司包括 Agency. com、Sun. com、电子商务指南、龙腾网界等。另外，这类咨询公司中包括上千家更小、更专业的专门从事电子商务服务的咨询公司，侧重于一些非常专业的领域，其中一些填补了电子商务领域的某些细分市场。

第二类公司，是设有专门电子商务部的传统咨询公司，这些公司利用与企业客户之间的现有关系，提供电子商务增值服务。有代表性的企业包括我们非常熟悉的埃森哲咨询公司、波士顿咨询公司等。

第三类公司，是提供咨询服务的电子商务软硬件供应商，包括 SAP、IBM、太阳微系统、用友和金蝶等。很显然，在相关技术服务咨询方面，这些供应商就比较有优势。

无论是中小企业，还是大型企业，在电子商务应用中遇到一些专业领域问题时，应该主动寻求电子商务应用专业咨询服务的支持。但企业不是被动地接受咨询专家“说教”，应该安排专门人员参与咨询项目组的相关工作。这样，不仅有助于咨询项目的工作，也有利于为企业提出有针对性的电子商务应用解决方案。

8.4.2 托管服务

托管服务是随着网络与电子商务应用发展而出现的新型服务。网站托管与主机托管这两种服务都与网站相关，但在概念和服务内容上有所不同。下面，我们分别讨论这两种新型服务。

1. 网站托管服务

所谓网站托管是指把制作好的网站交给专门的网站托管服务商进行管理。网站托管在概念上有狭义与广义之分。狭义的网站托管，就是负责企业网站的内容资料的日常更新。广义的网站托管可以包括网站建设、网站维护、网站优化、网站推广、网站运营等一系列服务，是一个不断完善和发展的过程，伴随网站的一生。除此之外，网站托管还可包括网站建设初期的网络方面的服务，如域名、服务器、服务空间等方面的服务。总之，网站托管是为网站的成长和发展服务的。网站托管通过网络技术致力服务于网站，为网站的发展提供母亲般的照顾，从而使得网站更健康的成长，为企业树立品牌，进一步获得效益。

网站托管服务的优势体现在两个方面。一是可以降低网站运营成本。一个好的企业网站由企业内部维护则最少需要2~3名技术人员，包括信息结构设计人员、界面设计人员、多媒体艺术、文案/编辑/创意和制作工程师。企业一年工资支出就达到了4~6万元；而且在维护过程中会增加您的管理压力和管理成本。二是可以让企业更加专注自己的业务。社会分工越来越细，网站交给专业的公司去管理，企业将会更加专注自己的业务。网站托管必将成为网站运营终身绑定的服务支持后台。

网站托管根据企业的需求不同和企业内部专业人员的层次不同可分为完全托管和专项托管。对于完全托管的网站，由于网站的持续工作完全委托给托管服务商，企业只需及时跟踪客户留言及客户订单等客户反馈的信息，适时地关注客户需求，把网站的作用发挥到最大极限，充分发挥网站的作用，避免资源的浪费。对于部分托管的网站，由于只是将网站的部分需求委托给托管服务商，常见的有网站优化托管、网站维护托管及网站推广托管，而其他方面的网站更新则由公司内部人员负责。

2. 主机托管服务

所谓主机托管，就是用户将自己拥有的已安装相应软件系统的服务器放置在托管服务提供商的专业数据机房并自行维护的一种服务器部署方式。用户把自己的网络设备（服务器、交换机等）放在主机托管服务商提供专业服务的机房中，享受高品质的带宽、不断增加的增值服务和7×24小时的各方面监控服务。用户进行远程管理，远程不能进行的操作则必须进入机房操作。用户选择主机托管可以得到的好处包括两个方面：一是可以显著降低成本、减少运营负担、增强核心业务竞争力；二是可以使计算机系统更安全、稳定、高效地运行。

对于要求365×24小时提供不间断高速网络服务的Internet服务器来说，任何意外的停机都会造成无法估量的损失。为了保证服务器长期稳定地运行，服务器的安装环境非常重要，恒温、恒湿、防尘、防火、双路三路供电、带宽资源都是服务器放置环境必不可少的条件，而在普通楼宇中是不具备这些条件的。要达到这些条件除了需要相关部门的审批外，所需要的费用也不是一般公司所能承受的。而专门为放置服务器所建造的机房，就可以满足Internet服务器对机房的苛刻的要求，托管在这样的环境中，所需要的费用却是公司和个人都能够承受的。拥有一个良好的企业站点是企业发展、展示自己的重要手段。如果企业想拥有自己独立的Web服务器，同时又不想花费更多的资金进行通信线路、网络环境、机房环境的投资，更不想投入人力进行24小时的网络维护，可以尝试主机托管服务。主机托管的特点是投资有限、周期短、无线路拥塞之忧。

3. 虚拟主机服务

虚拟主机（Virtual Hosting）是使用特殊的软硬件技术，把一台运行在互联网上的服务器主机分成一台台“虚拟”的主机，每一台虚拟主机都具有独立的域名，具有完整的 Internet 服务器（WWW、FTP、E-mail 等）功能，虚拟主机之间完全独立，并可由用户自行管理，在外界看来，每一台虚拟主机和一台独立的主机完全一样。在这台机器上租用空间的用户可以通过远程控制技术，如文件传输（FTP），全权控制属于他的那部分空间，如信息的上下载、应用功能的配置等。

所谓虚拟主机服务，就是虚拟主机租用与托管服务，用户将自己的网站放置在托管服务提供商的服务器主机的虚拟主机上，并由托管服务提供商负责提供专业化服务，保证网站在虚拟主机上长期稳定地运行。

应该说，通过“虚拟主机托管”这种方式拥有一个独立站点，其性能价格比远远高于自己建设和维护一个服务器，目前这种建立站点的方式被越来越多的企业和事业单位所采用。中国万网是中国最大的虚拟主机服务提供商，为十多万家企业提供快速、稳定、安全的虚拟主机服务。权威数据表明，90%的企业网站选择虚拟主机作为网站空间，虚拟主机现已成为众多企业建网的首选方式。其中，民营企业以超过55.96%的比例，成为应用虚拟主机最广泛的类型。

主机托管和虚拟主机的区别：①主机托管是用户独享一台服务器，而虚拟主机是多个用户共享一台服务器；②主机托管用户可以自行选择操作系统，而虚拟主机用户只能选择指定范围内的操作系统；③主机托管用户可以自己设置硬盘，创造数十 G 以上的空间，而虚拟主机空间则相对狭小；④主机托管用户可以通过银行安全认证实现网上支付，而虚拟主机用户则不能。

如果不采用虚拟主机技术，每个网站都需要购买主机服务器，而且还要有一支专业的技术服务队伍，这必然需要大量的资金支持。所以，对于广大的中小型网站来说，虚拟主机是一种最为经济的建立网站的方法。

目前国内提供网站与主机托管服务的企业已有很多。如图8-14所示的中国万网，是中国领先的互联网应用服务提供商，服务包括域名服务、主机服务、企业邮箱、网站建设、网络营销以及高端的企业电子商务解决方案和顾问咨询服务等，目前已有超过500 000家企业采用中国万网的网站托管服务。

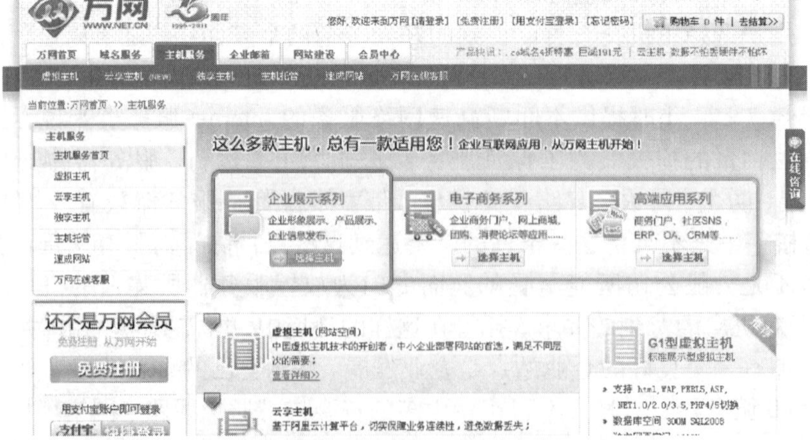

图8-14　中国万网主机服务

8.4.3 第三方服务

在电子商务应用中，经常需要第三方服务提供商的参与。前面介绍的一些电子商务支持服务也属于第三方服务。所谓第三方服务，就是指以供需双方之外的角色为客户提供系列服务的支持性服务。第三方服务商的职责和收益一般由具体合约规定。

我们常见的第三方服务有：第三方咨询服务、第三方支付服务、第三方仓储与配送服务、第三方广告服务、第三方会计财务服务、第三方认证服务，等等。第三方服务平台能够通过统一连接各种网络运营商和服务提供商，实现电子商务综合接入、综合应用和综合管理，通过简单的电子商务平台运营，简化复杂的电子商务应用。电子商务应用中的第三方服务商应该都是企业电子商务应用的战略合作伙伴。

在电子商务应用中，连接到电子商务平台的各个成员构成电子商务价值链，实现电子商务网络运营、安全认证服务、银行支付服务、仓储与配送服务、应用开发和信息服务等各环节的开放合作，形成多赢的电子商务模式。传统企业能够以最小投入连接到平台，用户使用各种终端以最方便和最习惯的方式，经过各种网络和平台，享受各种电子商务服务。

8.5 电子商务运营中的服务外包

在电子商务应用中，有很多支持性服务是从企业外部获取或对外分包给专业服务商来完成的。这一节首先讨论外包和服务外包的概念，然后讨论企业电子商务服务外包及其策略选择问题。

8.5.1 服务外包概述

1990年，Gary Hamel和C. K. Prahaoad在《哈佛商业评论》上发表了题为《企业的核心竞争力》一文，首次提出“外包(Outsourcing)”的概念。所谓外包，是指企业将其非核心的业务外包出去，利用外部最优秀的专业化团队来承接其业务，从而使其专注核心业务，达到降低成本、提高效率、增强企业核心竞争力和对环境应变能力的一种管理模式。这种管理模式的实质在于资源整合，动机在于降低成本、提高效率，充分发挥自身核心竞争力，从而增强企业竞争力以及对环境的应变能力等。由于企业通过将运作能力缺乏(或不足)的部分业务外包给其他企业，可以专注于本企业能创造价值的核心竞争力，因而通过实施外包可获得价值链优势。

按工作性质，外包可分为“蓝领外包”和“白领外包”。“蓝领外包”指产品制造过程外包。“白领外包”亦称“服务外包”，指技术开发与支持其他服务活动的外包。其中技术开发与支持的外包一般采用一次性项目合同的方式寻求第三方专业公司的服务，称为“合同外包”；其他服务活动的外包多通过签订长期合同的方式交由专业外包提供商进行，称为“职能外包”。目前，服务外包广泛应用于IT服务、人力资源管理、金融、会计、客户服务、研发、产品设计等众多领域，服务层次不断提高，服务附加值明显增大。根据美国邓百氏公司的调查，全球的企业外包领域中扩张最快速的是IT服务、人力资源管理、媒体公关管理、客户服务、市场营销。

美国GARTNER公司把通常的服务外包分为3大类：信息技术外包(Information Technology Outsourcing，ITO）、知识流程外包（Knowledge Process Outsourcing，KPO）与业务流程外包（Business Process Outsourcing，BPO）。

ITO强调技术，更多涉及成本和服务，可以包括产品支持与专业服务的组合，用于向客户提供IT基础设施或企业应用服务或同时提供这两方面的服务，从而确保客户在业务方面取得成功。从最低程度上看，外包将包括某些IT管理服务，ITO则被进一步细分成数据中心、桌面、网络与企业应用外包等。

KPO最具吸引力的地方在于知识套利，涉及外包更高技能的流程，而不是在于降低成本的潜力。KPO已经被用于处理信用评分、损失估算和欺诈分析等工作。KPO涉及的人员都是高端的专业技术人员。BPO更强调业务流程，解决的是有关业务的效果和运营的效益问题。

BPO将一些重复性的非核心或核心业务流程外包给供应商，以降低成本，同时提高服务质量。可外包的业务流程包括物流、采购、人力资源、财务会计、客户关系管理、其他管理或面向消费者的业务功能等。

外包根据供应商的地理分布状况划分为两种类型：境内外包和离岸外包。境内外包是指外包商与其外包供应商来自同一个国家，因而外包工作在国内完成。离岸外包则指外包商与其供应商来自不同国家，外包工作跨国完成。由于劳动力成本的差异，外包商通常来自劳动力成本较高的国家，如美国、西欧和日本，外包供应商则来自劳动力成本较低的国家，如印度、菲律宾和中国。

其他关于服务外包的定义和分类还有：根据服务外包动机将服务外包分为策略性外包、战略性外包和改造性外包；根据服务外包形式将服务外包分为产品或组件外包和服务项目外包；根据服务外包转包层数将服务外包分为：单级外包和多级外包；根据服务外包承包商数量将服务外包分为一对一外包和一对多外包。

8.5.2 电子商务中的外包服务

在电子商务应用中，通常需要很多的支持服务，这些电子商务服务可以是电子基础设施、电子过程、电子市场、电子社区以及电子服务等方面的支持服务，如图8-15所示。

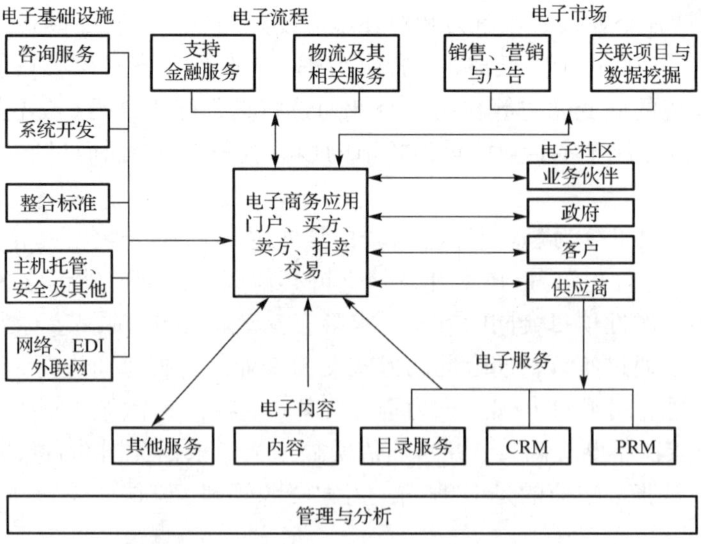

图8-15　电子商务服务

很多企业并不从事所有的相关支持服务，而是将一些支持服务外包给专业服务商完成。这样做一般有如下几方面的主要原因：

① 希望集中于核心业务；

② 有些服务必须立刻提供；

③ 缺乏许多支持服务所需的经验和资源；

④ 外包能实现规模经济，而自己提供服务常导致成本居高不下；

⑤ 自己提供服务无法跟上迅速变化的需求；

⑥ 自己无法应付太多的支持服务。

面向电子商务的服务外包是电子商务运营的重要内容。适用于电子商务应用企业的服务外包主要有如下几种：信息技术外包；物流外包；电子支付服务外包；信用管理外包；呼叫中心外包；人力资源管理外包。

(1) 信息技术外包

电子商务信息技术外包是企业将电子商务所应具备的网站开发、设计、维护、运行以及对企业信息管理人员的培训以合同的方式委托给专业服务商完成。其内容包括：技术咨询、IT 规划、硬件和软件配置、网络系统建设、设备租用、数据托管以及系统网络的维护管理和升级等。

自从柯达公司于 1989 年将其信息技术的主要业务外包以来，信息技术外包产业得到蓬勃发展。电子商务信息技术外包已成为企业电子商务的一种运行模式，且在发达国家中十分流行，是众多企业的主流选择。例如，澳洲的 Trust 银行在 1997 年与 HP 签订了一份期限为 5 年、金额 1 600 万美元的外包合同，由 HP 负责管理维护 Trust 银行的 IT 系统，并帮助银行开拓新型业务——网络银行业务、电子银行业务、个人银行业务和商务银行业务等。可以想象，如果没有 HP 这样的公司介入，单凭银行内部信息部门的力量是很难达到这一目的的。

(2) 物流外包

电子商务物流外包是企业将电子商务应用中需要的物流服务以合同的方式委托于专业的物流公司服务商完成。其内容包括：货物运输、仓储运作、流通加工、订单处理、商品配送、退货处理等。没有有效的电子商务物流服务，电子商务应用业务运营是难以成功的。新建的电子商务应用企业要完全由自己建立完善的物流配送体系一般都比较困难，通常都将电子商务物流外包给专业物流服务商。

自 20 世纪 80 年代以来，欧美国家越来越多的企业选择从外部物流专业公司中采购物流服务。例如，早在 1992 年对全球 500 家最大制造商物流主管的调查表明，有 37% 的企业采用外包物流服务。1997 年，主要的英国零售商近 47% 的配送是外包的。在美国，第三方物流的利用率已经达到 73%，还有 16% 的企业研究未来第三方物流的利用。此外，在国际物流方面也有物流服务外包的趋势。据荷兰国际配送协会的调查表明：2/3 的美国、日本、韩国等的欧洲配送中心是由外包物流公司管理的。

据中国仓储协会最近的一次调查表明：中国目前的工业企业的物流活动中，全部委托第三方代理的占被调查企业的 52%，还有 45.3% 的企业正在寻找新的物流代理商。由此可见，物流外包已经成为各个国家企业物流管理的主流模式。物流外包更是面向电子商务的一种战略选择。尤其是对中小电子商务应用企业来说，没有电子商务物流运营能力，物流外包是必然选择。

(3)电子支付服务外包

电子商务中的电子支付服务外包是企业将电子商务应用中需要的电子支付服务以合同的方式委托于专业的电子支付服务商完成。支付宝、贝宝(Paypal)、财付通(tenpay)、易宝(YeePay)、银联通(ChinaPay)、快钱(99bill)，网银在线(chinabank)、首信易等国内比较著名的电子支付服务商，可为国内外从事电子商务行业的企业和个人提供安全、便捷、稳定、统一的网上支付服务。

(4)信用管理外包

电子商务中的信用管理外包是企业将电子商务应用中需要的信用管理以合同的方式委托于专业的信用管理服务商完成。信用是电子商务的灵魂，没有信用的支持，电子商务不可能获得长足发展。没有实力成立自己信用管理部门的中小电子商务企业，通行做法是使用专门信用管理顾问的外包服务，进行信用调查。

目前在国际上，面对信用市场的高涨需求，信用管理外包服务逐渐成为管理外包的重要方式。根据一项统计，全球企业在2001年，使用信用外包服务的支出约为7亿美金并以每年25%的速度递增。更重要的是，使用信用管理外包的企业，出现收款麻烦的可能性减少了近70%。更专业化的信用外包服务还大大地提高了效率、减少了企业人员编制和管理费用。

(5)呼叫中心外包

电子商务中的呼叫中心外包即是指企业委托第三方全面管理或部分管理呼叫中心的业务。随着社会分工的日趋完善及产品与产品间的激烈竞争，呼叫中心作为CRM的一部分，日益变得同研发和销售一样，成为电子商务企业活动的重要组成部分。

在世界500强中，超过90%的企业利用外包呼叫中心从事至少一项主要的商务活动；85%的企业比以前更加注重应用外包呼叫中心从事更多的关键性的市场销售。直到今天，这个数字仍然在以可观的速度递增，因此，呼叫中心外包服务市场已经具备了成为一个具有独特优势、符合市场需求的新兴领域。

(6)人力资源管理外包

电子商务中的人力资源外包就是企业根据需要将某一项或几项人力资源管理工作或职能外包出去，交由其他企业或组织进行管理，以降低人力成本，实现效率最大化。总体而言，人力资源管理外包将渗透到企业内部的所有人事业务，包括人力资源规划、制度设计与创新、流程整合、员工满意度调查、薪资调查及方案设计、培训工作、劳动仲裁、员工关系、企业文化设计等方方面面。

人力资源外包已经越来越成为一个流行趋势。将一部分常规性人力资源工作外包出去的公司越来越多，外包的业务范围和内容也越来越广。欧美国家作为这项业务诞生和较早开展的地区，人力资源外包管理已经发展到一个相当成熟的阶段。而在亚太地区，人力资源外包管理作为公司管理中的一项新兴内容，正日益显示出高速的成长性和市场潜力。

上述讨论的电子商务服务外包只是常见的服务外包，也可能有其他方面的服务外包，如售后服务外包与安全管理外包等。对具体企业来说，电子商务服务外包可能是全部职能外包也可能是部分职能外包。

另外，并不是所有的电子商务企业都做同样的外包选择，也并不是电子商务服务外包就一定能建立电子商务企业的竞争优势。所以，电子商务服务外包中的管理决策非常重要。

8.5.3　电子商务服务外包策略

如上所述，对电子商务应用企业，并不是电子商务服务外包就一定能解决电子商务运营中的问题，就一定能建立电子商务企业的竞争优势。同样的服务外包对这个企业合适对另一个企业可能不合适。对于电子商务企业来说，关键的问题是：哪些服务需要外包以及外包服务商如何选择？在电子商务应用中，应该采用什么样的电子商务服务外包策略，这是电子商务服务外包管理必须考虑的重要决策问题。

电子商务服务外包策略至少应该包括3个方面：服务外包选择策略、外包服务商选择策略以及服务外包关系策略。

(1)服务外包选择策略

电子商务服务外包的基本原则是：将非核心优势业务外包出去，由外部最优秀的专业化团队来承接，从而使电子商务应用专注核心业务。服务外包并不一定把所有的业务都外包出去。服务外包首先应该清楚什么业务是企业的核心优势业务，可以外包出去的业务必然是非核心优势业务。将非核心优势业务外包给专业化服务商，一方面可以节约运作成本；另一方面可以在核心优势业务上投入更多的资金和精力，这是服务外包的精明之处。

但是，服务外包必须满足两个先决条件：一是企业应该有核心优势业务，这一业务在市场上具有一定的竞争优势，是企业利润的源泉，有理由为这一核心竞争力投入更多的资源以维持其持续的竞争优势；二是市场上应该存在该项业务的外包服务提供商，外包服务提供商必须能够保证服务的质量，同时以更快的速度和更低的成本提供外包服务。成功的服务外包要符合上述两个先决条件，缺一不可。

(2)外包服务商选择策略

外包服务商的选择是企业电子商务服务外包成功的关键。电子商务服务外包首先必须能够找到符合电子商务运营要求的合格外包服务提供商。

企业在选择服务外包商时一般要考虑如下两个方面。①效率与质量。除价格、服务范围外，个性化、质量与效率是双方必须面对的首要问题，外包服务商的任何差错或遗漏将会导致电子商务应用的失败。②需求与优势互补。根据电子商务业务过程分析，企业运营需求和外包服务需求始终是相辅相成的。双方的优势互补，才能在成本和技术方面寻找切入点，扬长避短，实现共赢。

(3)服务外包关系策略

外包的关键是创建适应变化的合作机制，根据双方的不同需求，合作方式可呈多样化。外包合作关键在于信任关系和共同目标的建立，包括共同赢利、共担风险、目标资源优势互补和共同发展。双方的思路需要沟通，彼此交换信息和问题。信任来自于长期合作，有健全机制和审计手段，目的在于消除猜疑和误会。合作双方应从简单的服务供求关系转变为密切的合作伙伴关系，建立有效运营机制。

最后需要强调的，服务外包常常也会面临众多风险，例如，失控的风险、质量无法保证的风险、预算超支的风险等，所以必须对外包的风险进行分析。假如这些风险大到令企业难以承受的程度或无法加以管理，则应避免进行外包。如风险不太大或能够加以管理，则应考虑外包。服务外包需要企业投入更多的管理，而不是更少。为了保证外包合约的顺利实施，需要花很大的精力来制订相关的标准和法律条文。为了确保每个人都能遵守这些制度和规定，还需要巨大的、持续的成本投入。同时，外包服务商为了能够提供低成本、高效率的服务，就会希望能从服务委托方那里得到更多、更好的业务指导。另外，外包服务商也希望能够从中获得合理的利润，好让自己的管理层满意。

延伸阅读

申通逆向进入电子商务

电子商务的潮流使得各行业的资本都在扎堆进入。日前，申通快递紧锣密鼓进军电子商务，在行业内引发了巨大的关注。物流企业本身是电子商务产业链的一个环节，跨界进入电子商务，行业内普遍并不看好。“申通自己的物流还没做好，怎么去做电子商务呢？”“如果物流企业能做好电子商务，联邦快递早就变成亚马逊了。”而申通公司却信心满满，将电子商务作为申通的战略业务，依托申通目前的物流网络，逆向进入电子商务，终极“野心”是打造覆盖每个城市的宅配体系。

“近”优势

送货慢、服务差，成为电子商务企业对于物流企业的普遍印象。快递业的发展跟不上电子商务的发展，加上快递业产品单一就成了目前电子商务的“短腿”。于是，融到钱的电子商务企业，诸如京东商城、好乐买等纷纷自建物流。

电子商务到底要什么样的物流体系？“如果有个宅配体系能做到部分地区 8 小时的送货服务保障，一天 3 频次配送，早上的订单，下午能到；下午的订单，晚上能到；晚上的订单第二天早上到。此外，如果有个宅配体系能做到先验货后付款，再重的东西都给用户搬上楼，承诺的送货时间没有送到就支付延时赔偿……”只有这样，才能满足用户及电子商务企业的需求。

“申通想要打造的就是这样一个宅配体系。”申通快递正忙于电子商务项目的营销总监夏祖彬告诉《中国经营报》记者。

这样的宅配体系，前提必须是同城快递，也就是说每个城市有一个仓库，物流不跨城市。但目前的现状是，一线 B2C 企业自己在做物流，淘宝上的卖家又不可能与申通的设想同步，也就是说不可能跟着物流企业一点点做同城业务。对于申通来说，不可能把宅配体系所需要的仓储物流搭建好了，再等客户进来，而让资金流快速运转起来的方式，就是自己做电子商务。

按夏祖彬的设想，这个 8 小时的宅配体系需要一个省一个省地铺开，不可能像传统电子商务企业那样一店卖全国，大干快上，全面铺开。以浙江为例，在杭州会建一个总仓，在嘉兴、义乌、宁波等地建分仓。

申通可借助的是申通原有的网络资源。目前，申通在每个城市都有自己的分拨中心。总仓和分仓就建在分拨中心的旁边，这样用户即使晚上 11 点下单，都可以赶上最晚的物流批次，保证第二天一大早就能送到。夏祖彬告诉记者，最初，申通电子商务的配送会依赖原有的申通物流，随着订单量的增长，专属于电子商务体系下的同城宅配物流队伍将逐步与原来的物流分开。

在原有的快递公司业务模式中，收益主要来自揽件，而非配送，而宅配体系的送货队伍则专门做投递、代收货款，这可以大大提高效率。这时，电子商务也可以成为收益的来源。电子商务尤其是主流B2C，物流仓储的投入是大头，而申通已经具备物流优势。虽然分仓的建设投入也高达几百万元，但比起从零起步做物流投入的电子商务企业，转身投入电子商务，其成本要低得多。另外，申通网络的另一个优势就是营销的优势，当别的电子商务企业还在花高价买入口和做推广的时候，申通每个物流员在送货的时候都可以将申通电子商务的DM单投递给那些网络购物的用户，既精准，成本又低。

"懒"需求

京东商城刘强东曾表示，京东不会卖矿泉水这类商品，毛利率太低。但是，申通进入电子商务却正是从饮料这类看上去毛利率非常低的商品开始的。

"这种因为懒而产生的需求将会越来越大。"夏祖彬认为，从世界范围看，网上商场、超市(简称商超)最好卖的就是那些体积大、重量重、常用的消费品。在国内，随着"宅人"越来越多，人们越来越懒，可乐、饮料很重，大米很重，油很重，卫生纸体积很大，年轻一代不愿意自己去超市把这些商品扛回家。

另外，从商超产品开始，有个很关键的好处就是：很多东西都是品牌商品、标准商品，比如可口可乐，网上商城只要确保它是正品，没有过保质期，基本不会有多少售后问题。像可口可乐的饮料或者宝洁的洗发水，线上跟线下没有差别，不需要用户考量线上照片与实物是否吻和的问题，用户尝试成本很低。

"虽然商超类型的产品毛利率不高，但这个品类是很容易做规模的品类，当用户习惯了网上购买生活用品，黏性会很强。"夏祖彬坦陈，自己是1号店的忠实用户，由于平时太忙，没有时间逛超市，但自己经常晚上11点在1号店购物。2010年，1号店做了8亿元的销售额，这也给了申通很大的信心。

1号店虽然也是一天三次配送，但是1号店如果仅配送至上海周边，一旦向二三线城市延伸，成本就会非常高。而申通在二三线城市实现同城配送却有着先天优势，同城配送一件货的成本也就两元钱。总仓向分仓批量补货，会比总仓跨城市配送成本要低得多。而申通电子商务仓与申通原有的网络和分拨中心无缝对接是别的电子商务公司不具备的优势。

不过，夏祖彬认为，申通的劣势在于运营方面。一开始，运营和供应链方面肯定会经验不足，无法与1号店这样在商超电子商务方面已经有了足够多积累的企业相比。除了1号店，申通在实际扩张中还会遇到另一个竞争对手就是小区里的便民小店，这些店通常也会随时给用户送货到家，其优势是距离，但劣势是品类上不够齐全。

"慢"策略

传统的电子商务企业或者网络卖家，热衷于看到订单暴涨。但是订单暴涨便意味着爆仓，而且爆仓不仅仅是在物流环节，很多时候是电子商务企业后台没有海量订单的处理能力，爆仓的情形发生在自己的仓库里。

以淘宝平台为例，淘宝的促销，使得许多卖家订单先是积压在自己的仓库里，接着积压在物流公司的仓库里，整个物流链条的堵塞，使送货速度变慢、服务变差。尽管短期接到大量的订单，往往是以恶劣的消费体验为代价的。

申通作为第三方物流公司，每年都会在短期订单暴涨中承受物流端供应链的压力。自己进入电子商务，着重解决的便是消费体验的问题。"8小时送货是个比较理想的时间，一般用户晚上下的订单，第二天一大早就能送达。未来，在品类上甚至可以拓展到生鲜食品。”夏祖彬表示，保证8小时送货的关键在于前端我们会设置一个峰值的订单量，系统里订单量一旦超过设置的峰值，新下单的用户在系统上就被告知货物送达时间会超过8小时，用户根据自己的需求选择是否接受等待稍长的时间，从前端来掌控后端的送货能力。

当然，如果要保证这样的消费体验，就不能在前端销售上急功近利，前端拓展与物流体系的发展速度相配合。因此，夏祖彬表示，同城配送的搭建不会全国铺开，只会一个城市一个城市地去搭建。根据订单量来决定自己的配送量，而不是盲目地扩大订单。

足够扎实的覆盖全国的物流宅配体系的价值就不仅仅在于电子商务的营收，申通的野心是打造一个宅配体系的开放平台，未来，无论是线下零售店还是电子商务公司都可以使用这个体系来进行送货。也就是说，宅配体系最终发挥的价值依然是物流价值。

不过，山东青联投资有限公司创始合伙人徐三石并不看好申通进军电子商务。他认为，像快递业这种处于电商底层的服务，如果发力电商，其实就是向上侵占上游客户利益，势必会遭到客户的警惕和抵触，继而导致客户流失，更糟糕的可能是捡了芝麻丢了西瓜，新业务尚未做起来，赖以生存的老业务却遭遇危机。

（资料来源：中国经营网 http：//www.cb.com.cn/businesses/2011_0611/222878.html）

讨论题

申通为什么要进军电子商务？你看好申通进军电子商务吗？说出你的理由。

本章小结

1. 何谓电子商务运营？简单地说，电子商务运营就是面向电子商务的运营，是为在电子商务环境下履行客户订单将投入的各类资源要素通过相关流程转化为客户实际需要的产品和服务的职能活动。电子商务运营，从内容上，既包括企业电子商务应用业务的运营，又包括电子商务网站系统的运营以及电子商务平台服务的运营。电子商务运营的目的是为客户提供所需的产品和（或）服务。

2. 电子商务运营中的支持服务，有的是由电子商务企业自己提供的，有的是由外部服务商提供的。电子商务运营中的具体支持服务是企业自己提供，还是外包给专业服务商提供，应根据企业与具体业务的实际情况以及具体业务战略而定。电子商务运营中的支持服务，总体上可分为两大类：平台支持服务与流程支持服务。

3. 在考虑企业电子商务应用中的支付方式选择问题时，应该坚持如下两个基本原则：①安全支付原则。这是首要原则。②客户选择原则。电子商务应用中货款支付方式应该给客户更多的选择权。上述两个原则的出发点在于：任何支付方式要让客户有安全感和选择权，这样客户才会乐意参与到电子商务中来。

4. 电子商务与物流之间的关系是个互相促进和共同发展的关系。电子商务发展不能没有物流的支持。许多电子商务应用企业把主要精力用于基于网络平台的业务运作，常把电子商务相关的物流服务对外分包给专业物流服务商。电子商务的出现和迅速发展为我国物流服务业提供了发展机会。另一方面，电子商务也为物流服务创新发展创造了条件。电子商务物流是电子商务应用业务运营中的物流，是有别于传统商务物流的电子商务物流。

5. 所谓电子商务物流管理，就是为满足电子商务应用业务中的客户要求，对货物、服务和相关信息在产出地和消费地之间实现有效和高效流动和储存所进行的一系列管理活动。电子商务物流管理的本质是面向电子商务的物流能力管理。电子商务物流管理，从层次上，可分为战略层次的物流管理、职能层次的物流管理和作业层次的物流管理。电子商务物流管理包括两个层面的管理问题：一是电子商务应用企业物流管理，二是物流企业电子商务物流管理。

6. 所谓外包，是指企业将其非核心的业务外包出去，利用外部最优秀的专业化团队来承接其业务，从而使其专注核心业务，达到降低成本、提高效率、增强企业核心竞争力和对环境应变能力的一种管理模式。通常的服务外包可分为 3 大类：信息技术外包、知识流程外包与业务流程外包。适用于电子商务应用企业的服务外包主要有如下几种：①信息技术外包；②物流外包；③电子支付外包；④信用管理外包；⑤呼叫中心外包；⑥人力资源管理外包。

7. 在电子商务应用中，应该采用什么样的电子商务服务外包策略，这是电子商务服务外包管理必须考虑的重要决策问题。电子商务服务外包策略至少应该包括 3 个方面：服务外包选择策略、外包服务商选择策略以及服务外包关系策略。服务外包常常也会面临众多风险。服务外包需要企业投入更多的管理，而不是更少。

关键术语

电子商务运营　电子商务支持服务　支付服务　物流服务　服务外包

思考与练习

1. 何谓电子商务运营？电子商务运营包括哪些内容？
2. 电子商务运营中一般包括哪些支持性服务？
3. 在考虑企业电子商务应用中的支付方式选择问题时，应该坚持什么原则？
4. 与传统商务物流比较，电子商务物流有哪些特点？
5. 何谓电子商务物流管理？不同层面的电子商务物流管理有何不同？
6. 电子商务应用企业物流管理与物流企业电子商务物流管理有何不同？
7. 何谓外包？适用于电子商务应用企业的服务外包主要有哪些？
8. 电子商务服务外包策略一般包括哪几方面的内容？

考察与实践

1. 考察和比较第三方电子支付平台：支付宝和贝宝(PayPal)。
2. 考察和比较亚马逊、当当网、京东商城所采用的支付方式。
3. 考察和比较亚马逊、当当网、京东商城所采用的配送方式。
4. 分组讨论：连锁零售企业开展电子商务有哪些优势和劣势？

第9章

电子商务创新与支持技术

内容概要

在这一章，首先讨论企业电子商务技术的概念、作用与分类，讨论电子商务技术与创新管理的必要性；随后重点讨论电子商务应用中服务技术和管理技术以及技术创新的意义和相关策略问题；然后讨论电子商务应用中知识管理的必要性，并讨论面向电子商务的员工知识管理以及面向电子商务的客户知识管理的相关问题。

学习目标

1. 了解电子商务技术的概念与内涵；
2. 了解电子商务创新的概念与内涵；
3. 了解电子商务应用中创新管理的必要性；
3. 掌握电子商务中服务技术的概念；
4. 掌握电子商务中管理技术的概念；
5. 掌握电子商务应用中技术创新的必要性；
6. 了解电子商务应用中员工知识管理的重要性；
7. 掌握面向电子商务的员工知识管理的基本策略；
8. 掌握电子商务客户知识管理的概念和内涵；
9. 掌握电子商务应用中客户知识管理的重要性。

开篇案例

5种国外创新电子商务模式

电子商务(简称电商)发展到现在，也已经算是一个老行业了，但是其中也不断涌现出许多新的模式，这些新模式给电商领域带来了新鲜的血液，不断刺激着电商行业的发展。而以下就是其中非常具有代表性的五种电商创新模式，他们有可能在未来改变我们的线上消费模式，创造出新的电商未来。

1. Storenvy

Storenvy为用户提供工具，使得他们可以建立自己的网上商店并出售任何东西。买家可以轻松地在诸如Twitter和Facebook等社交网站或是在Storenvy自己的网络市场上开展促销活动。更重要的是，在Storenvy上任何人都能够免费创建一个电子商务类站点，并通过Twitter、Facebook和Storenvy平台来推广产品。Storenvy目前已经拥有数百万的用户和18 000家独立电子商店。Storenvy的开发团队希望能够将Storenvy打造成为电子商务领域的Tumblr。

2. Augment

Augment是一个针对电商的AR(增强现实)技术，它的原理和那些商场促销的虚拟3D互动一样。用户下载Augment后，只要把摄像头对准自己想放置购买商品的地方，在屏幕中就可以看到该物品位于该地点的虚拟3D影像。例如，用户想买一个桌子，只要通过Augment就可以知道桌子在家里某个位置摆放时的效果。

3. Threadflip

Threadflip是一个专注于女性精品二手服饰的电商网站，Threadflip重点关注了一些高档的服装、鞋、箱包、饰品以及珠宝。Threadflip网站页面设计类似于社交图片共享网站Pinterest，网站上展示的商品图片均有着专业摄影品质。为方便用户搜索，Threadflip可以让用户优先选择偏爱品牌、尺寸、风格，并会根据用户在网站上点击“喜爱”的商品做出类似的推荐，用户本身也可利用Facebook Connect功能对其在Threadflip上的好友进行商品推荐。

在寄送商品方面，Threadflip提供的White Glove(白手套)服务可谓一大特色。卖方可以预订免费的专属包装材料与预先打印好的邮资条码，在进行包装后便能立即通知快递取件，这样一来自然免去了自行包装与寄送的不便。此外，卖方也可以选择将出售的商品寄送给Threadflip，让其全权处理货物流与资金流步骤，网站统一与精致的包装可以使其二手精品更容易卖出好的价钱。当然，Threadflip在每次交易中将向卖方收取15%的手续费，其中包含邮资与包装费用。该公司正在研发一个定价引擎，可自动依据二手精品品牌、购买日期，甚至颜色与剪裁等因素综合得出与该商品最相符的价格。

4. Knot Standard

Knot Standard是一个专业的套装定制网站，Knot Standard提供的服务非常高端，用户可以通过照片360度的浏览自己定制的套装，还可以提出各种定制要求，而且Knot Standard网站会提供7×24小时7的全天候人工咨询服务。在Knot Standard上，用户基本上可以定制各种高级的套装和礼服，Knot Standard的裁缝们也十分的专业，整体制作水平非常高。

5. The Fancy

The Fancy采用的是反向营销模式，用户在The Fancy上发布自己想购买的商品后，商家就会主动来满足用户的需求。据说苹果正在考虑收购这款应用，目前The Fancy日均销售额有10 000美元，估值大约1亿美金左右。

电子商务创新是电子商务应用永恒的主题，所有电子商务创新都离不开技术支持。

(资料来源：飞象网，http://www.cctime.com/html/2012-9-11/201291116852757.htm)

9.1 电子商务创新及其动力机制

在电子商务时代，创新永远是根本。电子商务技术极大地提高了信息传递速度，任何新的信息、方法、操作模式、产品、服务都能非常容易地传播给竞争者并被广泛模仿。只有不断地创新，才能保持和对手拉开的一段距离。下面，首先讨论电子商务创新的基本概念，然后讨论电子商务中的服务与管理技术，最后讨论电子商务技术与知识创新问题。

9.1.1 电子商务创新的概念与内涵

企业对电子商务的应用，一般没有固定的模式，必须根据业务需要和技术条件不断进行创新。所谓电子商务创新，就是电子商务应用中诸多方面的创新活动。电子商务创新是在企业战略驱动下基于电子商务应用的不断创新的过程。电子商务创新包括电子商务应用的各个层面，如电子商务理念创新、电子商务模式创新、电子商务组织创新、电子商务技术创新、电子商务流程创新、电子商务管理创新、电子商务产品创新、电子商务服务创新、电子商务知识创新，等等。

电子商务创新的动力来自业务发展和市场竞争的需要。但电子商务创新本身又受到电子商务理念创新、电子商务技术创新、电子商务知识创新的影响，这 3 方面的创新都与人员有关。尤其是对企业高层管理者来说，电子商务理念创新至关重要，它直接决定企业如何应用电子商务创造业务竞争优势。而电子商务技术创新和知识创新，是企业电子商务应用的客观需要，并且与电子商务应用实践互相促进。电子商务应用实践催生新的电子商务技术和知识，电子商务技术创新和知识创新又可支持企业的电子商务创新应用实践。对所有电子商务专业人员来说，电子商务的相关理念和知识不断在发展，只有不断学习，才能适应电子商务创新应用实践的需要。

所以，电子商务专业教育，实际上是素质教育，是培养“不断商务创新”思维与能力的高素质教育，而不是简单的职业教育。电子商务专业教育的目的，是培养懂电子商务的业务人员、管理人员与设计人员。电子商务专业人员，只有不断接受电子商务的新理念、新知识和新技术，才能满足电子商务应用实践的需要。

9.1.2 电子商务创新的动力机制

如前所述，电子商务是创造和变革商业关系、服务和创新业务能力的过程。电子商务创新的动力来自业务发展和市场竞争的需要。成功的电子商务应用，本身就意味着一种服务创新。可以说，服务创新理念是电子商务应用的灵魂。电子商务应用创新是在企业战略驱动下的不断创新的过程。企业对电子商务的应用，一般没有固定的模式，必须根据业务需要和技术条件不断进行创新。电子商务应用实践催生新的电子商务技术，电子商务技术创新又可支持基于电子商务的新业务能力和新商务模式。网络时代是“重新思考和再造一切”的时代。电子商务中的“技术”和“商务”已经不再是原来的“技术”和“商务”了。原先的“技术”已变成一定商业理念下的商务技术，原先的“商务”已变成一定商业理念下的创新商务。商业理念创新是电子商务应用内在的技术和商务创新的动力。电子商务有着内在的创新机制，如图 9-1 所示。所有的电子商务技术和应用的创新都源于商业理念的创新。在商业理念创新驱动下，会有不断的商务技术创新、商务模式创新、业务能力创新。新业务、新技术、新商务之间互相支持并且产生新的创新需求。所以，在电子商务应用中，服务创新理念至关重要，电子商务永远为业务能力创新服务，电子商务永远为用户体验创新服务。

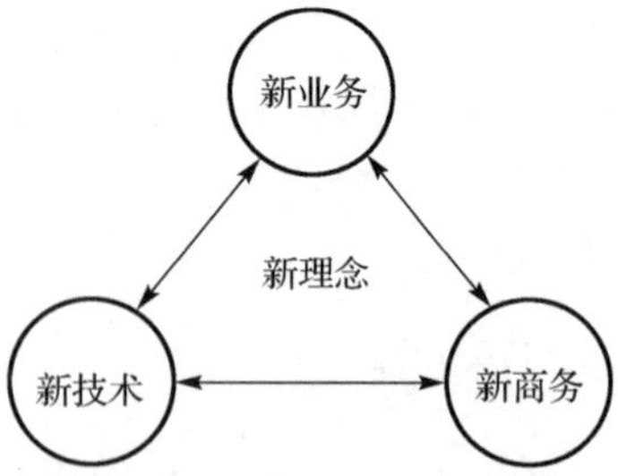

图 9-1 电子商务内在的创新机制

9.2　面向电子商务的服务与管理技术

提起电子商务技术，人们一般比较容易联想到诸如 JAVA、XML、ASP 等技术，这些技术的本质属于信息技术。事实上，电子商务技术有着比较广泛的内涵，不仅包括传统意义上的信息技术，而且包括电子商务所涉及的其他具体商务技术。这里的电子商务技术泛指企业在实施电子商务过程中所用到的各种相关技术，是电子商务技术方面的内容。

电子商务技术是电子商务的基础。电子商务与传统商务的重要区别，就是电子商务需要广泛运用电子化信息技术。电子商务技术的作用体现在两个方面：①对产品与服务交易过程和商务主体间商业关系创新提供支持；②为电子商务应用模式和业务能力创新提供支持。现代信息技术的商业运用，使信息技术演变为商业技术，我们应该把电子商务技术理解为支持交易过程和创新业务能力的商业技术，或者称其为商务技术。

作为商务技术，电子商务技术除了是信息技术外，还表现为平台技术、关系技术、智能技术、优化技术、管理技术与决策技术等。每种具体的商务技术无疑是以信息技术为基础的。电子商务本质上是一种服务，是在电子化网络环境中为商务活动主体提供的一种商务服务。正因如此，阿里巴巴是国内外著名的电子商务服务企业，但马云宣称“阿里巴巴是服务公司，不是互联网公司或电子商务公司”。从服务的角度看，电子商务技术就分成两大类：服务技术与管理技术。服务技术，可以有各种具体的服务技术，如平台服务技术、支付服务技术、安全服务技术，等等；管理技术，也可有各种具体的管理技术，如信息管理技术、关系管理技术，等等。服务技术与管理技术都是以信息技术为基础的。

所以，电子商务技术本身也就不仅仅是技术，也有商业或商务的一面，电子商务技术不完全等同于计算机与网络信息技术。现实中，认为电子商务技术方面的工作完全可以由计算机专业人员或信息系统专业人员来做，是一个很大的误区。也许具体的电子商务系统开发工作可以由计算机专业人员或信息系统专业人员来做，但电子商务系统设计，绝对不是一个纯粹的计算机专业人员或信息系统专业人员可以做的工作，因为电子商务设计需要体现具体商务创新理念和商务设计需求，事实上，电子商务设计不仅仅是技术层面的设计，还有商业层面的设计，这两者之间很难绝对分开。

由于基于信息技术的现代服务技术是电子商务技术的基础，并且发展很快，管理技术在电子商务中越来越重要，下面重点讨论电子商务应用中服务技术和管理技术。这一节首先讨论现代信息技术的基本概念和重要作用，然后讨论几种主要的 Web 2.0 技术以及 Web 2.0 技术应用的 3 个主要特征，最后讨论电子商务中典型的服务技术。

9.2.1　电子商务中的服务技术

电子商务中信息技术应用，不仅实现电子商务过程中的信息处理功能和通信功能，并且在此基础上演化成各种商务功能技术。电子商务技术首先表现为服务技术。电子商务中的服务技术按照不同标准可以划分为很多类型。实际应用中比较普遍和常用的服务技术主要包括以下几种。

1. EDI 服务，是一种商业文件传递服务技术

EDI（电子数据交换）可以简单地认为是企业内部应用系统之间，通过计算机和共用通信

网络，以电子化的方式传递商业文件的过程。EDI 是早期的电子商务模式的核心技术，主要用于在企业间信息的快速传递和处理。虽然其使用价格比较昂贵，但因为使用专用 EDI 增值网，因此有着较高的可靠性和安全性，并能节约时间和降低成本，提高管理和服务质量。因此，目前在许多国际和国内大型企业中，EDI 仍然有着重要的使用价值。

2. 网站建立、维护和管理，是支持网络交易的平台服务技术

电子商务可以进行网络营销，省去了传统商务活动的商城，取而代之的是数字化的商品仓库，并且这些数字仓库需要具有可访问性，即用户的可接入性。同时需要对用户的访问信息和数字仓库本身的信息加以维护和管理。这需要建立好的商务站点并具有切实可用的维护管理工具。

3. 在线支付服务

电子商务需要将可以使用信息流交换完成的工作均信息化。其中必不可少的资金流的信息化也是电子商务发展的一个基础。这需要首先进行支付的电子化，包括资金的电子化表示（电子现金、电子支票、各类信用卡）和电子化资金的广泛使用。电子支付的完成还需要安全保证。

4. 身份认证与签名服务

电子商务活动不同于传统的商务活动的地方在于进行交易的双方无法通过传统的面对面的方式进行身份的确认和对商品信息的质量保证的验证，这便需要具有较为完善的方式实现身份认证（使用认证系统来完成）、实用的网络安全和信息加密技术保证信息传输过程中的安全及信息本身的安全。除此之外还需要使用签名技术以防止任一方对完成交易的抵赖。

5. 终端服务

目前通信技术的发展，使得人们在进行电子商务活动时已不能只满足于使用一种或少数几种终端，而是希望使用目前具有的各种终端，包括移动电话、寻呼机、掌上计算机等。在需要使用时，可将这些终端接入到 Internet。

6. 数据库服务

在电子商务中需要使用存储在数据库中的大量信息，如商家为用户提供的商品信息、认证中心储存的交易角色的信息、配送中心需要使用的配送信息、客户的一些购买信息等。这些信息的存储和使用均要有好的数据库技术作为支持。数据库技术在电子商务中的应用有 3 种：数据的收集、存储和组织，决策支持，Web 数据库。对于实施“数据库营销”电子商务模式的企业，对数据库技术的要求就更高了。

7. 搜索引擎服务

在电子商务中，为方便客户搜索所要购买的产品，常提供产品信息的搜索服务，如卓越亚马逊的产品搜索引擎服务技术可使客户快速找到所要的产品信息。另外，一些专门提供搜索引擎服务的搜索门户依靠专业的搜索引擎服务技术向各类用户提供广泛的搜索服务。Google 是万维网上最大的搜索引擎，用户能够访问一个包含超过 80 亿个网址的索引。

8. 在线商业智能服务

商业智能（Business Intelligence，BI）是将企业业务数据转化为知识，帮助企业做出明智的

业务经营决策的工具。这里所谈的数据包括来自企业电子商务业务系统的订单、库存、交易账目、客户和供应商等来自企业所处行业和竞争对手的数据以及来自企业所处的其他外部环境中的各种数据。在线商业智能能够辅助的业务经营决策，既可以是操作层的，也可以是战术层和战略层的决策。为了将数据转化为知识，需要利用数据仓库、联机分析处理(OLAP)工具和数据挖掘等技术。

上面列举的几种服务技术只是电子商务中比较常见也比较关键的服务技术，并不是其全部；这些技术之间也并非互不相关，而是紧密联系在一起，互为依靠，共同支撑起电子商务坚实的技术基础。随着电子商务和现代服务科学的不断发展，将会有更多的服务技术。例如，阿里巴巴的诚信通和支付宝都是对服务技术的创新，网站分别如图 9-2、图 9-3 所示。也有很多网站为消费者提供在线购物决策支持服务，如比较价格，评估服务、质量和信誉等。

图 9-2　阿里巴巴的诚信通

图 9-3　阿里巴巴的支付宝

另外，借助于 Web 2.0 可以真正实现表示层逻辑和业务层逻辑的分离，能够实现对服务器数据的异步调用，利用数据驱动表示层实现用户交互。Web 服务(Web Services)技术和面向服务的架构(Service Oriented Architecture，SOA)结合 Web 2.0，将能够构建更加灵活、高效、稳健的电子商务应用系统，也会有更多的服务技术出现。

9.2.2 电子商务中的管理技术

人们在电子商务的实践过程中逐渐认识到，电子商务不是信息技术在商务中的简单应用，这个应用过程，是一个服务过程，需要一定的管理技术，提高服务的效率和效益。在这一节，首先介绍电子商务中管理技术的一般概念和内涵，然后讨论电子商务应用中典型的管理技术。

电子商务，与传统商务一样，要正常运行，没有管理是绝对不行的。电子商务的运营管理范围，不仅包括商务前台的活动，也包括商务后台的活动。面向电子商务的管理，包括方方面面的管理，其内容就是本书讨论的对象，这里我们关注的，不是管理本身而是所需要的管理技术。我们所说的面向电子商务的管理技术就是指面向电子商务的管理决策方法以及一些基于 IT 的管理支持工具。

一些管理技术，不管是电子商务与传统商务都是需要的，如业务战略分析方法、市场竞争分析工具、经营绩效分析、办公自动化等；有一些管理技术，传统商务中有，但对电子商务来说，需要更多地考虑电子商务的特点与互联网环境，如配送管理、库存管理、企业资源规划(ERP)、客户关系管理(CRM)、供应链管理(SCM)、知识管理、信用管理等。而有一些管理技术，是电子商务独有的，如网络会员注册与管理、网站内容管理、产品发布管理、在线订单管理、网络数据管理、Web 数据挖掘与在线分析、在线交易过程管理、网络安全管理、网上支付与结算管理等。

下面，我们简单讨论电子商务应用中的一些典型管理技术。

1. 网络会员注册与管理

在电子商务应用中，一般都很重视网络会员的注册与管理。会员注册与管理系统，用于对会员注册过程以及注册会员进行管理。如图 9-4 所示是阿里巴巴会员注册页面。

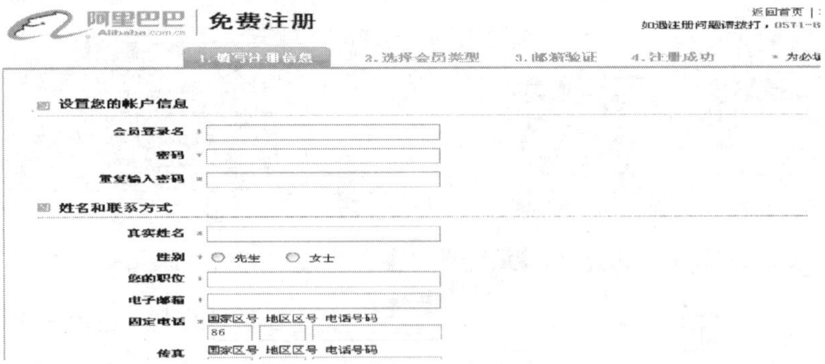

图 9-4　阿里巴巴会员注册页面

会员注册与管理系统通常拟定会员须知或免责条款，使会员管理更加符合企业的实际情况，避免在经营活动中可能出现的纠纷；自行设定会员注册所需填写的内容，从而获得会员的具有一定价值的各种信息；浏览者在线填写注册表，经系统审核后可成为网站会员。网站内容针对会员进行个性化设置，页面添加验证功能，后台设置会员管理界面，管理员可对会员信息进行查询、删除；会员可自行维护个人信息，对个人注册信息进行修改和删除，在线查询遗失的密码；可以根据需要对某些会员进行锁定和解锁操作，以便根据实际情况暂停和启用个别会员资格，企业对会员具有完全的管理能力；通过会员管理达到对会员浏览网站页面的控制。

2. 网站内容管理

许多企业网站的信息大多是静态的 HTML 页面，每次更新信息需要做一个页面，然后 FTP 上传，再修改页面链接，这样维护非常麻烦。

内容管理系统（Content Management System）是一种位于 Web 前端（Web 服务器）和后端办公系统或流程（内容创作、编辑）之间的软件系统。内容可以是文本、图片、声音和图像。内容的创作人员、编辑人员、发布人员使用内容管理系统来提交、修改、审批、发布内容。Gartner Group 认为内容管理从内涵上应该包括企业内部内容管理、Web 内容管理、电子商务交易内容管理和企业外部网（Extranet）信息共享内容管理。

电子商务网站内容一般都非常丰富。运用内容管理系统，能尽可能地减少网站的后期维护成本，能很方便地发布公司的最新信息、产品信息和服务信息，并可对这些信息进行删除、修改、添加等操作。网站内容管理系统大大减轻了网站更新维护的工作量，通过后台维护程序在浏览器上只需录入文字就可以快速实现信息维护，从而大大加快了信息的传播速度，时时保持网站的活动力和影响力。

3. 订单管理

在电子商务应用中，订单管理也是非常重要的管理技术。订单管理主要是订单执行的管理，即对订单的情况的记录、跟踪和控制，包括针对销售合同的执行；控制订货价格、数量和客户、业务员信用管理；随时对订单完成情况的跟踪、控制订单的实际执行；根据实际补货情况实现追加执行订单；进行比较并显示订单执行差异，并通过业务和分析报表进行订单执行情况的反映。购买方可以在线查询订单执行情况。如图 9-5 所示是亚马逊客户可查到的订单信息。

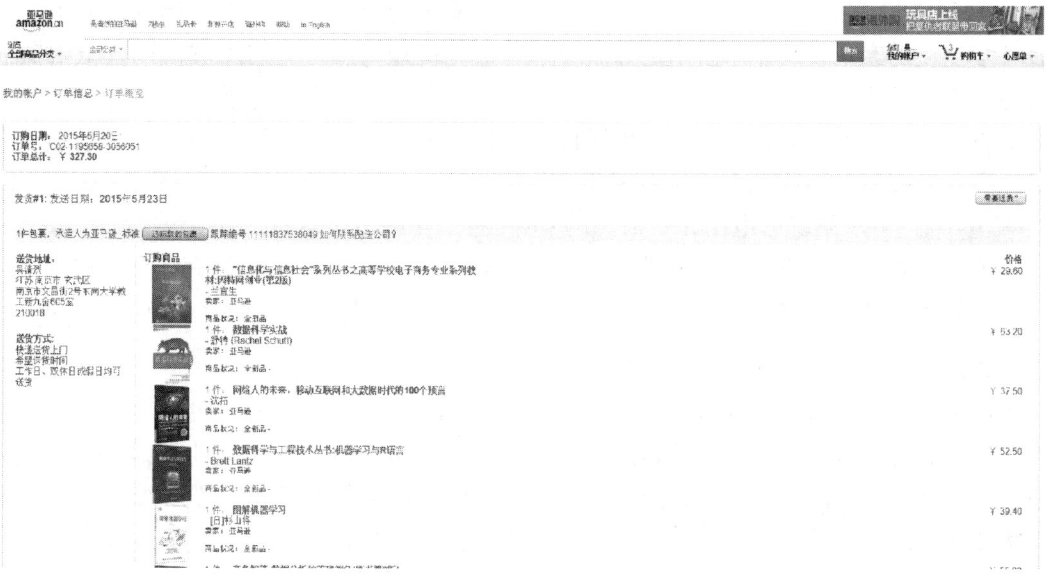

图 9-5　亚马逊"我的账户"中的订单信息

Oracle 电子商务套件的 Oracle 订单管理软件系列简化并自动化了从订单承诺和订单受理直到运输和发货的整个销售订单管理流程。Oracle 订单管理软件捕获包括 EDI、XML、电话销售和 Web 店面在内的多种渠道的需求信息。该软件可为企业带来种种好处，包括可降低订单履行成本、缩减订单履行周期、提高订单准确性和按时交货率。

4. 企业资源规划

电子商务企业的内部资源信息化管理至关重要。成功的电子商务应用离不开企业内部资源信息化管理的支持。美国企业电子商务应用比较充分，在某种程度上，就是因为大部分企业都已经有了很好的信息化基础，并有比较先进的管理理念。企业资源规划（Enterprise Resources Planning，ERP）系统是如今企业重要的信息化管理技术。ERP 将企业内部所有资源整合在一起，对采购、生产、成本、库存、分销、运输、财务、人力资源进行规划，从而达到最佳资源组合，取得最佳效益。

电子商务平台系统与 ERP 系统的集成是很多电子商务应用取得成功的关键。ERP 系统的合理运用可以帮助企业内部业务操作合理化，同时功能丰富的协作/合作技术可以帮助企业在合作企业群体和贸易伙伴之间提高管理水平，扩展企业竞争空间和提高综合能力。电子商务带来的丰富的企业竞争手段和工具，能够帮助企业更好地运用 ERP 将广阔的网络商机和传统信息系统中的企业资源信息有效地结合起来。企业、客户、供应商、交易商和企业员工以前所未有的方式透过网络结合在一起。

目前很多 ERP 系统都考虑了企业电子商务应用，甚至在 ERP 系统中包含了电子化业务管理的模块。

5. 客户关系管理

客户关系管理（Customer Relationship Management，CRM），是一项综合的 IT 技术，也是一种新的运作模式，它源于“以客户为中心”的新型商业模式，是一种旨在改善企业与客户关系的新型管理机制。CRM 系统是利用软件、硬件和网络技术，为企业建立一个客户信息收集、管理、分析、利用的信息系统。CRM 系统通过向企业的销售、市场、服务等部门和人员提供全面及个性化的客户资料，并强化跟踪服务、信息分析能力，使他们能够协同建立和维护一系列与客户以及商业伙伴之间卓有成效的“一对一关系”，从而使企业得以提供更快捷和周到的优质服务，提高客户满意度，吸引和保持更多的客户，从而增加营业额，并通过信息共享和优化商业流程有效地降低企业经营成本。

e-CRM 是 CRM 系统的电子化扩展，是 CRM 系统与网络技术深入结合的产物，是电子商务环境下的 CRM，通常被称为浏览器模式的 CRM。通过不同的 e 化途径与不同的客户一对一营销，了解客户个性化需求，提供一对一个性化的产品和服务，这是 e-CRM 的核心。

6. 供应链管理

供应链管理（Supply Chain Management，SCM）是协调供应链中各方的活动，包括了从生产到发货、从供应商的供应商到顾客的顾客的每一个环节。供应链是企业赖以生存的商业循环系统，是企业电子商务管理中最重要的课题。要完成这样的任务，其首要前提是信息共享，是要保持在整个供应链中各种需求、计划和库存的可见性，电子商务信息技术为供应链管理提供了可能性。然而，供应链管理要协调各方的活动，不仅仅是技术问题，更多的是管理问题。需要一定的思想和方法做指导，需要改善组织形式，制定相应的规则和处理过程。

e-SCM 是基于互联网的电子供应链管理系统。随着互联网的飞速发展，越来越多的企业开始利用网络实现 SCM。即利用互联网将企业的上下游企业进行整合，以中心制造厂商为核心，将产业上游原材料和零配件供应商、产业下游经销商、物流运输商及产品服务商以及往来银行结合为一体，构成一个面向最终顾客的完整电子化的供应链。

e-SCM 实质上已将整个世界连接成为一个巨大的价值链。互联网极大地推动了在线营销(online marketing)与邮购等各类基于 Web 的业务发展，但其中增长最为迅猛的则是供应链中的 B2B 交易领域。互联网从根本上改变了 B2B 供应链模式。目前，每年通过互联网进行的 B2B 电子商务交易总值已达数 10 亿美元，规模远远超过 Amazon、eBay 等领先供应商主导的 B2C 电子商务领域。在这个领域，阿里巴巴是目前国内乃至世界上最大的 B2B 网站。预计未来数年中，B2B 电子商务仍将会保持高速的增长，并将继续给传统供应链带来前所未有的巨大冲击。

7. 知识管理

知识管理(Knowledge Management，KM)是网络经济时代的新兴管理思想与方法。知识管理是以知识为核心的管理，是对企业生产和经营所依赖的知识及其收集、组织、创新、扩散、使用和开发等一系列过程的管理。知识管理有助于企业从现有数据中挖掘有用的知识，增强企业的商务智能，有助于发现和培育新的想法和思维。企业知识管理系统是一个整合的、具有多种功能的、根据企业的业务性质和知识特点所开发的信息系统。

在电子商务环境下知识管理的技术包括如下 3 个主要方面。

(1) 知识管理的 IT 系统

通过信息技术手段，利用计算机管理系统来实现知识整理和建立电子化的虚拟人际交流环境。

(2) 组织学习

通过企业系统的组织学习，建立学习型组织，以达到知识共享和知识利用的目的。

(3) 实践社区

通过建立企业工作组和虚拟团队，达到人际交流的目的。

随着信息技术的发展，知识管理的 IT 系统逐渐成为最为主要的知识管理技术。知识管理 IT 系统的主要技术手段包括：

①协作技术，包括实时协作和异步协作；

②知识传播技术，包括基于计算机的培训技术、电子学习(e-Learning)技术、电子课堂技术与电子会议技术等；

③专家定位技术，包括专家网络、可视通信以及帮助迅速定位目标人群的技术；

④商业智能技术，由数据挖掘、OLAP 技术以及数据仓库技术组成；

⑤知识发现技术，包括检索技术、内容分类技术、知识地图与文档管理技术等。

上述是电子商务应用中常见的一些典型管理技术。不同的电子商务应用有不同的管理问题，需要的管理技术也有所不同。一些电子商务平台服务企业经常为会员企业的电子商务应用提供一些常用电子商务业务管理工具。如中国制造网的“我的办公室”(图 9-6)以及阿里巴巴的贸易通与阿里旺旺。当然，这些也可看做电子商务平台提供的电子商务服务技术。

图 9-6　中国制造网的"我的办公室"

9.3　电子商务的技术与知识创新

如上所述，电子商务应用实践催生新的电子商务技术，电子商务技术创新又可支持企业的电子商务创新应用实践。但是，企业在电子商务中对新技术的应用一般是有条件的，有时会受到很多因素的影响，对电子商务新技术如何运用需要考虑企业的实际情况；企业在各个层面的电子商务创新应该有相应的计划、策略和措施，例如，企业重视电子商务新理念、新知识和新技术的培训，以便更好地开展电子商务创新应用。所以，企业应该重视电子商务技术与知识创新管理。我们可以从如下几个方面认识电子商务技术与知识创新管理的必要性：

①从企业的角度，电子商务新技术应用必须考虑成本与收益，对实际电子商务应用，并不是电子商务技术越新就越好；

②电子商务技术创新可能影响其他方面的电子商务创新，应该做深入细致的分析；

③电子商务新理念、新知识和新技术对提高企业员工电子商务创新应用水平非常重要。

电子商务创新包括企业电子商务应用各个层面的创新。由于技术和知识创新与其他层面的电子商务创新密切相关，并且技术和知识创新也是许多电子商务创新的基础。所以，在这一节，我们重点讨论与电子商务应用相关的技术和知识创新问题。

9.3.1　电子商务的技术创新与管理

企业开展电子商务应用离不开各种电子商务技术的运用。企业如何运用电子商务技术是电子商务技术管理所要考虑的问题。企业与电子商务技术运用以及电子商务技术创新相关的决策是电子商务技术管理的核心。电子商务技术管理本身也就不仅仅是技术管理，需要充分考虑企业电子商务应用的具体需求。

面向电子商务的技术创新是指对电子商务所涉及的各种技术进行更新换代或者根本性创造，使得电子商务的应用导致新的生产效率或市场绩效的提高。关于技术创新，有一个范围的概念。狭义的技术创新是指提出一种至今完全没有出现的新技术。这里，不妨将企业范围的创新也看做一种创新。电子商务技术，无论是服务技术还是管理技术，通常都是以信息与通信技术为基础的。所以，面向电子商务的技术创新一般可以从硬件和软件两方面考虑。

① 硬件上的更新。电子商务技术中的硬件设备是电子商务系统的载体，其主要作用在于快速，稳定地运行电子商务系统，因此硬件设备的性能高低在一定程度上决定着整个系统的运行效率。通过升级硬件设备，可以提高系统的运行效率、提高使用者的满意度。在某些特定的电子商务系统中，硬件性能往往是整个系统关键的指标。例如中国教育发展网，为了更好地满足日益增长的用户的需求，保障网站相关程序的正常运行，从 2008 年 7 月 3 日 06：00 起至 5 日 12：00，对网站服务器将进行迁址升级。

② 软件上的更新。软件是实施电子商务系统项目的最主要成果，决定着系统的功能范围。软件上的创新可以为企业提供更加符合企业需要的功能，不但能满足企业的新需求，还可以提高使用者的满意度。软件有大有小，小型软件因为其功能的简单性拥有更多的提高空间，可以不断创新改进，例如，国内知名的腾讯公司每年都会发布多个版本的 QQ 软件；大型软件如金蝶 ERP，一旦确定下来则既对企业的经营管理产生规范促进作用，也会有约束限制作用，若再想做大的改进就比较困难了，因为系统中一个模块的变动也有可能对整个系统的流畅运行产生不利影响，因此大型软件的创新需要谨慎和全面的思考，最重要的是在设计实施之前就为以后的升级更新留下一定的空间。贸易通是阿里巴巴网站推出的一项服务，它的功能主要有以下几项：和百万商人安全、可靠地进行即时在线沟通、互动；结识、管理自己的商业伙伴，开展一对一的在线营销；强大的商务搜索引擎，搜尽天下商机；“服务热线”为诚信通会员即时解答网络贸易疑问，方便享受高质量的在线客户服务。其界面有点类似于常用的聊天工具 QQ，非常友好且使用简单，如图 9-7 所示。

图 9-7　阿里巴巴的贸易通

面向电子商务的技术创新，有主动创新与被动创新之分。主动创新是指企业完全根据电子商务应用中业务竞争或客户需要，采用新的电子商务技术或者自主研究开发新的电子商务技术。被动创新是指企业在电子商务新技术不断出现的情况下为确保技术不落后不得不使用新的硬件和软件。阿里巴巴从客户需要和业务竞争出发，不断推出新的电子商务服务工具，例如，阿里巴巴在贸易通与淘宝旺旺的基础上又推出阿里旺旺贸易通版与淘宝版；阿里旺旺贸易通版在原来贸易通的基础上，新增了群、和阿里旺旺淘宝版用户互通聊天、动态表情等新功能，贸易通用户可以直接用原来的用户名登录使用，如图 9-8 所示。

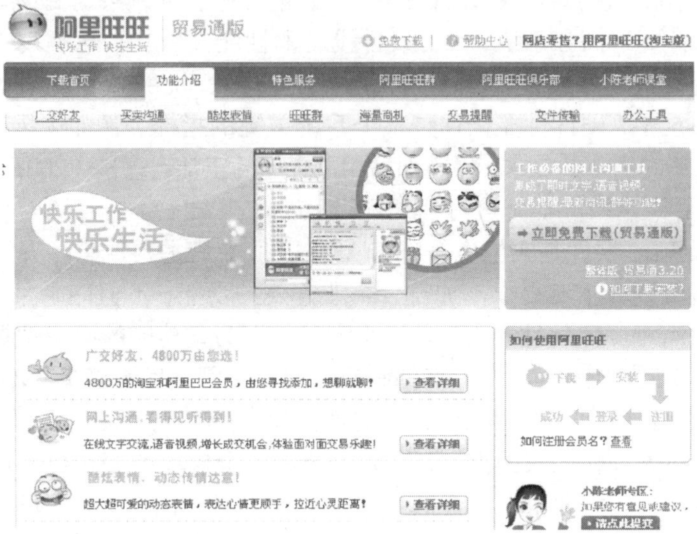

图 9-8　阿里旺旺的贸易通版

阿里巴巴是一个非常优秀的电子商务平台服务商，从其客户的实际需要出发，推出了多种免费在线服务工具和电子服务产品，服务于中小企业电子商务应用。一般电子商务应用企业，在电子商务技术创新内容上，与阿里巴巴等电子商务平台服务商并不完全一样，但阿里巴巴客户导向的创新意识和与服务驱动的创新思路值得所有电子商务企业学习。电子商务专业人员一定会从阿里巴巴电子商务技术创新实践中获益匪浅。

从概念上说，电子商务技术创新管理是对企业电子商务技术创新活动进行计划、组织与实施的过程。电子商务技术创新管理既是电子商务技术管理的一部分，也是电子商务创新管理的一部分。客户的需求在变、服务的理念在变、商务的环境在变，电子商务不能没有创新，并且电子商务创新应该是不断地创新，创新是电子商务的根本，而技术创新是诸多电子商务创新的基础。另一方面，新的网络、信息与通信技术又不断涌现，客户导向的创新意识和服务驱动的创新思路也迫切需要电子商务应用中的服务技术与管理技术不断创新。所以，电子商务技术创新管理在企业电子商务管理中是十分重要的内容。

电子商务技术创新决策是电子商务技术创新管理的核心。对一个电子商务企业来说，面对的决策问题不是确定要不要电子商务技术创新，而是确定如何合理地进行电子商务技术创新。企业的电子商务技术创新永远不停止，只是要确定何时与如何推出哪些服务技术与管理技术是最合适的。企业的电子商务技术创新可以采取自我研究新技术的方式，也可以采取购买新技术的方式。还可能有其他方面的选择问题。电子商务技术创新管理将面临一系列的决策问题。这些决策问题不一定是纯技术问题，有可能是同时与技术、投资和业务战略都相关的问题。所以，对于复杂的电子商务技术创新问题，一般应由高层主管召集相关部门共同做出决策。

对一个企业来说，合理的技术创新能为企业带来竞争优势，但并不是所有的创新技术都能收到好的效果。吉林省长春市某汽配厂，曾经是中国一汽集团最大的零配件供应商之一，年产值超过 12 亿元人民币。为了获得竞争优势，保持快速增长，该公司决定采用一套福特公司正在使用的 ERP 系统。1997 年该厂领导经过认真考虑，项目上马了。在实施过程中，由于国外厂商是基于信用制社会设计的数据库结构，与国内的准信用制社会运作模式不适应，所以该厂只得对采购、物流、生产、营销、客户管理、财务等各个环节进行了重大改组。经过这种削足适履式的改组，系统上线实施后，却并不能满足工作的实际需求，系统与原有工业控制、财务系统不匹配，导致业务环节增多，应收账核对不清。最后该企业不但没有达到降低成本、提高效率的目的，反而丧失了原先固有的灵活机制和核心竞争力。产值、利润下降了 39%，各部门之间也因系统使用中的问题疲于奔命。在耗费了 18 个月的时间和两千万元的资金后，企业最终倒闭。在破产清算时，该厂的有关负责人感叹道“是 ERP 拖垮了我们”。

电子商务技术创新要结合企业实际，根据企业内外环境来决策。对于有志于实施电子商务技术创新的企业来说，可以参考下面的步骤和案例来进行。

(1) 发现和抓住创新点

创新点可以从市场和企业内部两方面获得。通过发现市场机遇可以促进企业信息技术创新。满足市场需求，获得商业利润，是检验创新成功与否的最终标准，所以技术创新要始于市场，终于市场。企业首先要对市场进行深入的了解、分析，进而发现市场的现实和潜在需求，抓住市场机遇。电子商务的先行者们无不是先在市场上发现新技术后，再凭自己敏锐的嗅觉预感到这些技术可能带来的市场机会，从而将其应用到自己商务中，最终大获成功。但是这种创新方式也有着很大的冒险性，如果新的商务模式不符合企业实际需要或者不符合消费者需要，失败几乎在所难免。

通过发现企业内部存在的问题是促进信息技术创新的更简单、更直接的方法。通过发现内部问题，然后考虑如何用信息技术来解决，再到市场上寻求解决技术，最终找到解决方案。例如，很多企业用人力资源管理系统来解决日益复杂的人员管理问题，用生产管理系统来解决生产管理问题，等等。内部发掘是从企业实际出发而发现的问题，因而有很强的针对性，实施起来有的放矢，成功率相对较高。

在实践中要把两种寻找创新点的方式结合起来使用，在充分发掘内部需求的情况下，密切关注技术市场动向，一旦内部需求与外部技术相符，就会又出现一个电子商务技术创新的成功案例。

(2) 明确创新目标

企业在确定创新目标时要从市场和企业需要出发，以提高企业竞争力为目的，注意与企业业务流程紧密结合，再结合技术上的可行性，认真制订出简单明确、参与者认同的切实可行的技术创新目标，并根据创新目标制定出详细的实施办法，落实到具体个人身上。

(3) 决定创新主体

按照不同的创新主体，可以将创新分为内部创新，即自己创新；外引创新，即引用外部力量来搞创新。很多大企业都有自己独立的电子商务技术研发部门，例如，亚马逊公司就高度重视技术研发，把大量资金投入在技术改造和设备升级上面；很多小企业或者刚刚涉足电子商务的大公司还没形成电子商务技术研发力量，就需要借助外部力量来达到目标。实际上，由于电子商务技术的复杂性，很少有企业能够单独解决所有技术创新难关，一项成功的创新项目，往往是多方合作的结果。

(4) 具备创新所需的必要资源

技术创新需要投入，技术创新项目能否成功的关键是看企业是否具备必要的财力、物力和人力资源。财力资源为创新项目提供经费，保证创新项目能够及时有效的开始；物力资源分为硬件资源（设备、仪器等）和软件资源（专利、工艺等）以及技术测试能力，它是技术创新能够正常进行的技术保障：人力资源对技术创新的成功起决定性的作用，许多创新活动的成功都与参加项目的核心人员或项目负责人直接相关，项目核心人员必须具备一定的素质和技能，包括技术水平、商业意识、组织能力和工作热情等。一个合格的技术创新项目负责人应该能瞄准创新目标，实事求是、精心组织、勤奋求实、坚决果断、善于制订计划、勇于面对困难以及具有良好的交际能力、领导才能和创新意识。以上 3 种资源构成企业技术创新的必备资源，缺一不可。

1995 年 7 月，贝索斯在西雅图市郊贝尔维尤的一栋租来的两个房间的屋子里，以第一笔投资 30 万美元创业，成立亚马逊书店。大部分的筹备工作是在日后成为最大劲敌的邦诺书店的咖啡吧里完成的，其中包括创业计划书，这份计划书最后得到克劳菲德/拜尔斯投资（Kleiner Perkins Caufield & Byers）公司的注意，并由其出资成立了亚马逊书店。他将一个车房改装成货仓和作坊，用3 台“升阳”微系统计算机工作站和300 个“顾客”测试网址。他给书店取名为亚马逊，希望它能够像巴西的亚马逊河那样勇往直前。贝索斯不租店面，招聘了 4 名程序员，在自家的书库里开始为亚马逊网站写程序。

尽管后来亚马逊的营业额越来越巨大，但在相当长的一段时期里仍然处于亏损状态，主要原因就是贝索斯将大部分收入投入到新技术的引入和吸引优秀软件工程师上面了。

（5）创新技术的保护与持续开发

这是企业取得竞争优势的重要条件。创新技术的保护取决于制度环境和技术性质。企业应制定严格的技术保护制度，防止技术成果被人窃取。例如，ERP 等委托专业公司开发的软件，更要与开发商协商好保密条款，防止自己的业务过程及保密细节被竞争者获取。

另外，随着企业之间竞争的日益激烈，企业要保护市场竞争优势，还要注重技术的持续开发，不断创新，这就需要企业员工和创新人员有不断创新的动机和热情，所以应建立有效的分配制度和激励机制，加强对职工创新意识的教育，不断提高职工的求异思维、反向思维、替代思维、模仿思维、想象思维的能力，培养企业创新后劲，只有这样才能促进企业持续稳定地发展，企业竞争优势才能得到巩固和加强。

9.3.2 电子商务的知识创新与管理

电子商务创新是电子商务应用永远的主题。而成功的电子商务创新，无论是模式创新、技术创新、组织创新、流程创新、产品创新、服务创新、管理创新，都离不开企业知识员工在创造性活动中对知识的获取和应用。电子商务是以知识为基础的商务，甚至有人提出知识型商务的概念。在网络环境下，信息成本越来越低，但知识价值越来越高，企业关于客户与供应商等的知识越来越重要，在线产品与服务的知识含量越来越高。所以，在电子商务应用中，知识创新与管理越来越受到企业的高度重视。

知识管理是以知识为核心的管理，是对企业生产和经营所依赖的知识及其收集、组织、创新、扩散、使用和开发等一系列过程的管理。对各种知识进行连续的动态管理，通过确认和利用已有的和获取的知识资产，以满足现有的和未来的开拓市场的新机会，是知识管理的根本目的。知识一般分为两大类：显性知识与隐性知识。对企业来说，最重要的是隐性知识。知识管理的出发点是把知识作为企业最重要的资源，最大限度地利用知识作为提高企业竞争力的关键。

对一个企业说，知识管理的目标表现在如下3个方面：第一，企业应具有较强的市场洞察力和适应能力，而这个能力的取得必须依靠员工的知识积累；第二，企业应具有永不间断地获取各种新知识的能力，因为获取知识和应用知识的能力将成为企业竞争力强弱的关键因素；第三，企业应具有高度集成性的特点，企业的整个生产经营活动，从市场调研、产品设计开发、生产制造、营销管理到售后服务构成一个不可分割的整体。

1. 知识管理对电子商务的作用

电子商务本身为企业实行知识管理创造了条件，企业也只有实行知识管理才能适应电子商务新的发展要求。电子商务使企业获取知识、应用知识的能力大大增强，企业可以借助网络收集到企业所需的有用信息，并可通过网络进行知识的传播和交流，使员工的个人知识方便地转变成可以在企业内部广泛共享和恰当利用的“企业知识”；电子商务使得企业从市场和客户那里获得信息和知识以及建立知识和信息的共享机制变得十分重要，企业必须把知识管理和电子商务紧密结合起来，才能谋求更大的发展。知识管理对电子商务的作用体现在以下几个方面。

(1)利用知识管理促进企业电子商务的发展

电子商务本就是人类的多种学科知识累积到一定程度的知识创新产物。因此，通过对电子商务所涉及的各种知识的研究总结，可以发现更多有关电子商务的深层次知识，把握电子商务的内在规律，从而更好地利用电子商务，促进企业电子商务的健康发展。

(2)利用知识管理提高企业电子商务的效率

利用知识管理工具会使企业的内部管理更加敏捷和实时化。企业内部的各部门和各分公司每天的经营情况，包括财务、物资报表等通过网络准确、自动地汇总到总公司的数据库中，实现企业内部数据汇总的自动化;各部门、各分公司也可通过网络随时查询总公司的相应数据库，便于企业领导层迅速地把有关指标和工作安排发到下属各部门、各分公司，从而可以提高整个企业的经营效率。

(3)利用知识管理整合企业电子商务的资源

在传统商务模式向电子商务转换的过程中，商业环境不断变化，企业面对的国内和国际竞争加剧，产品的创新和换代不断加速，因此对市场变化和商业危机的快速决策响应以及向基于知识的服务和产品的转变，使得知识管理变得非常重要。通过建立企业知识管理的策略，整合长期保存下来的信息资源，连同知识员工积累的实践经验，可以进行有效的挖掘、共享和利用，使企业了解自己拥有哪些独特的知识以及如何利用这些知识达到发展的目的。这对于保持企业的竞争优势是至关重要的。

(4)利用知识管理实现企业电子商务的知识创新

知识管理强调知识的获取能力和创新能力。知识创新的前提是知识的获取，而企业电子商务能够为客户提供个性化服务的前提，是企业对市场的灵敏反应和客户的信息收集，作为企业电子商务的商务活动，本身就是一种知识，在企业内部知识和外部知识或事实性知识和员工的想法等知识的获取方面是很方便的，并且对数据库信息的分析过程本身就是一种知识创新，因此，利用知识管理的工具同样可以对企业电子商务的知识进行创新。

电子商务知识管理，在概念上，可以有两种理解：第一种是电子商务应用中的知识管理，也就是企业面向电子商务的知识管理，也就是电子商务企业中的知识管理；第二种是电子商务知识的管理。第一种是广义的概念，第二种是狭义的概念。我们强调广义的面向电子商务的知识管理。广义的电子商务知识管理，不仅要不断获取、共享知识员工所掌握的电子商务相关知识，支持企业在线业务的发展，还要支持企业员工的知识创新，不断在业务过程中获取和应用企业关于客户与供应商等的知识，是电子商务企业全方位的知识管理。对电子商务企业来说，知识资产是最重要的资产，是企业竞争优势和竞争能力的基础。所以，电子商务知识管理本质上是电子商务企业知识资产的管理。

2. 电子商务企业的知识资产

对电子商务企业来说，主要的知识资产内容有如下几种。

(1) 技术知识

电子商务系统是在信息技术基础上建立的，这些技术应与公司的交易流程相结合，才能完成从获取顾客到货运仓储、记账、付款的全交易过程。两者的完美结合，需要公司的系统管理人员熟悉各种电子商务技术方案配置及它们的功能，掌握系统结构及操作界面，将它们融入企业的知识仓库。为此，企业应创造一个系统过程来持续地获取并管理电子商务所需的系统及工具的知识。更重要的是，这些系统管理知识还需不断更新，适应企业电子商务的发展。

(2) 流程知识

电子商务知识管理的核心是把握工作流程，这些流程是确保公司顾客服务及管理与供应商的关系的关键。因此，公司在管理流程中，应尽量具体详细地指明过程中的依赖关系、每个过程中的核心活动以及这些活动的功能。而且这种流程管理还应具有动态性，不仅着眼于现有的流程，还需考虑将来的流程变化。对于现有的流程管理来说，重点是要让员工对与自己相关的流程运作有非常清楚的认识。

(3) 客户知识

客户知识是绝大多数公司市场开拓和创新所需的最重要的知识，它最有可能为公司带来直接的经济回报。使自己区别于其他企业的一个潜在的关键因素，就是能不能充分收集和利用客户知识。

(4) 产品知识

产品知识包含实物产品和服务产品的相关知识。

(5) 环境知识

环境知识是企业对宏微观环境的认知，尤其是对竞争对手、供应商等合作伙伴的相关知识，是企业制定相关战略的基础。对电子商务环境的准确认识对制定企业电子商务战略至关重要。

对电子商务企业来说，知识的形态有的表现为组织知识，存在于企业的文件中或组织结构关系中，完全为企业所有；有的表现为员工知识，存在于企业员工的大脑中，实际为员工所有，当员工为企业所用时，无疑也表现为企业所有。企业知识管理的主要任务通常是：

① 不断从外部获得企业所需要的知识；

② 努力让员工知识转化为组织知识或在组织成员间共享；

③ 管理企业内部知识的收集、组织、创新、扩散、使用和开发过程。

电子商务企业成功的关键就是拥有建立其竞争优势的知识资产，并通过不断获取和开发新的知识资产，推动企业各个层面电子商务的创新。很显然，电子商务知识管理对电子商务企业成功非常重要。知识管理对传统企业也重要，但对电子商务企业更重要。理想的电子商务企业应该是一个具有强大智能优势的知识型企业。电子商务企业的员工应该以知识型员工为主体。所以，员工知识管理在电子商务环境下就更显得重要。下面，我们重点讨论面向电子商务的员工知识管理和面向电子商务的客户知识管理。

许多企业都已意识到，企业最大的财富就是自己所拥有的员工。员工身上蕴含着大量的对企业有价值的财富，而在大多数企业中这些财富尚未被发掘出来。员工身上的这种财富就是员工所拥有的知识。员工知识管理也可看做员工管理的一部分，但我们更愿意把员工知识管理，看做知识管理理念下的员工管理。

按照一般知识管理的概念，员工知识管理是指对员工所拥有知识收集、整理及传递过程的管理。广义的员工知识管理，把员工看做企业知识源，认为员工知识管理是企业识别、获取、开发、组织、传递员工知识所进行的计划、组织和控制过程。员工是企业知识的重要来源和基础。员工知识管理不是被动管理员工已经拥有的知识，包括识别和引进具有特殊知识和能力的员工以及对员工知识的主动开发。

员工，作为企业价值的创造和实现者，其知识拥有的质量与数量直接决定着其工作能力和创造能力，也决定着企业整体的竞争力。因此，为了提高员工的工作效率，大多数企业都会投入一定时间和资金对员工进行培训，以确保员工拥有必要的工作知识。培训的确是帮助员工获得工作知识的重要途径，但员工从中获得的知识量毕竟有限，而且随着知识时代的到来，知识爆炸导致知识更新速度异常迅速，一时的培训难以解决问题。试想：如果企业所有员工都主动将自己所掌握的有价值资料、成功经验通过信息技术供他人分享、借鉴，那么其他员工也有可能提高自己的工作效率；如果一个企业能够在知识分享和应用中既有好的平台的支持，又有好的知识分享文化，那么它给每个人工作所带来的改进是显而易见的。这样的企业也一定是有创造能力的企业。

员工知识管理对企业电子商务应用也有着重要意义。企业电子商务应用项目的实施计划，需要根据各部门员工的业务流程和特点来制定，为此，需要充分听取员工对系统的意见要求，收集员工知识，确保电子商务应用需求的准确性；员工是电子商务系统的使用者，因此在系统应用前，需要对员工进行电子商务应用培训，使员工掌握相关的电子商务知识，才能配合好电子商务的实施。企业对电子商务的应用需要不断地创新，员工在电子商务实践中，会不断积累新的客户知识以及电子商务设计和管理知识，这些知识积累到一定程度导致知识创新，从而促进电子商务创新。由此可见，员工知识管理在电子商务应用的各个过程都有着重要意义和作用，应该引起电子商务应用企业的重视。

目前，很多企业对员工知识管理都采取了不同形式的研究和探索。总的来说，企业与员工必须改变原来那种管理与被管理的关系，努力实现人性化、柔性化管理，使员工知识管理与企业及其业务实现完美的结合，才能建立企业以知识为基础的竞争优势和核心竞争能力。尤其是电子商务应用企业，因其知识密集程度高，对员工拥有的知识量和知识应用程度提出了更高的要求，因此，面向电子商务的员工知识管理，已成为确保电子商务成功实施的重要保证。

3. 面向电子商务的员工知识管理策略

下面讨论面向电子商务的员工知识管理问题时常用的一些具体策略。

(1)学习型组织策略

员工知识管理，不是一个人的问题，而应该是整个企业关心的共同议题。尤其对于电子商务这种可能涉及众多部门并对企业的经营发展产生重大影响的商业变革，更要引起企业从上到下的重视。众多成功企业的经验表明，开展、建立学习型组织是提高企业活力的有效办法，这不但是应对电子商务创新的有效选择，对于企业其他管理变革也有着重要作用。从20世纪80年代开始，在企业界和管理学界，出现了推广和研究学习型组织的热潮，并逐渐风靡全球。美国的杜邦、英特尔、苹果计算机、联邦快递等世界一流企业，纷纷建立学习型组织。初步统计，美国排名前25名的企业，已有20家按照学习型组织的模式改造自己。已经成为时代标志的著名的微软公司，其成功的秘诀就是倾心建立学习型组织。

所谓学习型组织，是指通过培养弥漫于整个组织的学习气氛、充分发挥员工的创造性思维能力而建立起来的一种有机的、高度柔性的、扁平的、符合人性的、能持续发展的组织。这种组织具有持续学习的能力，具有高于个人绩效总和的综合绩效。

虽然企业的具体环境不同、基础条件有差异，但是在迈向学习型组织的过程中，许多共性的东西是值得相互借鉴的。其中，树立对学习型组织的正确观念是主要因素，主要包括：广泛适用的观念、重点突破的观念（自我超越和提高员工素质、建立共同愿望和提高组织向心力、系统思考与提高组织的思维水平等）、不断修炼的观念、综合运用的观念。通过建立学习型组织可以将企业转化为一个知识创新的宝藏。企业在开展电子商务之前，要通过有力措施使员工认识到电子商务的重要性及艰巨性，鼓励员工学习电子商务的相关知识，以便电子商务系统正式投入使用后，员工可快速适应。建立学习型组织是一项系统工程，非一日之功，需要企业全员参与，共同努力才有可能达到目标。一旦成功，企业将获得无限的发展空间，可以灵活应对各种企业变革的冲击。

下面是联想集团的学习型组织案例。

联想集团创建于1984年，自诞生以来一直健康迅速发展，成为行业的优秀企业和成功的典范。联想的成功有多方面原因，但最不可忽视的是联想极富特色的组织学习实践，使得联想能够顺应环境的变化，及时调整组织结构管理方式，从而健康成长。联想具有以下几个组织学习方式：从合作中学习（与惠普、英特尔、微软、东芝等保持良好的合作关系）、向他人学习（前车之鉴后事之师，它山之石可以攻玉，以及向顾客学习等）、从自己过去的经验中学习。联想的学习机制：会议、教育和培训、领导议事机制、委员会和工作小组。联想的组织学习保证和促进机制：“鸵鸟理论”（只有比别人有非常明显的优势时，才具有竞争优势）、建立共同愿望（把联想建设成为长久的、有规模的高技术企业）、企业文化认同、领导以身作则、及时调整组织结构、人员合理流动、建立健全管理制度、合理的知识收集、传播和利用。

(2)知识创新与分享激励策略

知识不是独立存在的，而是依附在人的身上，并且通过人的学习、实验、思考而不断得到创新、积累、传承。因此，激发员工的知识创造力是企业知识创新的头等大事。而事实表明，创造合适的环境对于员工创造力是有积极影响的，这也是学习型组织所强调和提倡的。

在很多情况下，员工不是没有知识，而是员工不愿意将自己的知识分享出来，因为他感觉自己的付出可能得不到应有的回报，或者担心别人掌握自己的知识后自己失去优势。因此，激励员工分享知识是企业需要想办法解决的一个关键问题。所以，企业要真正树立起以人为本的管理思想，了解员工的需求，采用正确的方式激励员工进行知识创新和知识分享，努力将员工知识价值最大化。

在这方面，美国的 3M 公司有着自己一套成功的做法。

美国明尼苏达矿业制造公司(简称 3M 公司)以其为员工提供创新的环境而著称，视革新为其成长的方式，视新产品为生命。

对于一个以知识创新为生存依托的公司而言，3M 公司知道，有强烈的创新意识和创新精神的知识员工是实现公司价值的最大资源，是 3M 赖以达到目标的主要工具。因此，3M 的管理人员相信，建立有利于创新的文化氛围是非常重要的。其主要做法如下。

尊重个人尊严和价值，鼓励员工各施所长，提供一个公平的、有挑战性的、没有偏见的、大家分工协作式的工作环境。尊重个人权利，经常与员工进行坦率的交流。主管和经理要对手下员工的表现与发展负责。鼓励员工发挥主观能动性，为其提供创新方面的指导与自由。冒险与创新是公司发展的必然要求，要在诚实与相互尊重的气氛中给予鼓励和支持。

知识的交流在知识共享中相当重要，它将知识传送出去并且反馈回来，加强了知识在组织内部的流动。信息技术的采用为这个环节的实施提供了便利条件，尤其是计算机网络技术的应用。例如，知识不仅仅通过面对面的方式，还通过电话、电子邮件和视频会议等形式进行共享。知识交流也需要来自公司高级管理层的重视。它要求公司的管理层把集体知识共享和创新视为赢得公司竞争优势的支柱。如果员工们为了保住自己的工作而隐瞒信息，如果公司所采取的安全措施和公司文化常常是为了鼓励保密而非知识公开共享，那么将对公司构成巨大的挑战。

对于那些想从员工中得到最大效益的 3M 管理人员来说，一个可靠的方法就是交流。3M 公司的集体协作气氛、经常性联络制度和员工们的主动精神，意味着交流可以在不经意之间发生。人们会出乎意料地把信息和主张汇集在一起。与国内外同行间的长期友谊和组织关系成为关键信息来源的高速路径。公司每天都会产生各种各样的新思想和新技术，让大家聚在一起通常会产生意想不到的效果。在公司规模还不大的时候，实验室主任便在每星期五的下午召集员工坐在一起，大家边喝咖啡边演示自己的研究计划。现在，3M 在全美和世界各地设有上百个分公司，因此要大家坐在一起进行交流已经不是那么容易了。管理人员通过各种会议、跨学科小组、计算机网络和数据库等方式将大家聚集在一起。

技术论坛，是 3M 的创新活动的知识共享平台，是一个具有管理框架的大型志愿者组织，成员有数千人，每天都有各种活动。技术论坛的成立，目的在于鼓励信息的自由交换，为研究人员相互交流心得和解决疑难问题创造条件，是公司员工相互联络的一种方式。技术论坛下设分会、各委员会。分会主要讨论技术问题，包括诸如物理分会、生活科学分会和产品设计分会。技术论坛委员会负责组织各种活动、教育和交流事务。公司对外委员会负责 3M 员工与其他公司人员进行交流的活动。这个组织还通过公司内部的电视系统向全美各地的分部传送活动情况。交流委员会则向技术论坛成员定期分发公司的业务通讯。员工在这些相互信任的气氛中交流，受益无穷，这是一种文化、一种氛围。然而，更重要的是要培养一种环境，在这种环境中，员工可以与其他部门的人自由组合，同时每个人都愿意与他人共享自己所掌握的信息与知识。

(3) 知识门户策略

企业知识门户(Enterprise Knowledge Portal，EKP)是企业信息门户的一种新的表现形式，是知识管理系统与企业信息门户的结合。企业知识门户是企业员工日常工作所涉及相关主题内容的统一入口，通过它，员工可以方便地了解当天的最新消息、当天的工作内容、完成这些工作所需要的知识等。企业知识门户的使用对象是企业员工，通过企业知识门户，任何员工都可实时地与工作团队中的其他成员取得联系、寻找到能够提供帮助的专家或者快速链接到相关的知识。

在国外，在产品解决方案方面，IBM、Sun、Microsoft、HP、Oracle、BEA 和 Sybase 等大公司都开发出了各具特色的门户产品。惠普、西门子、可口可乐、荷兰银行、加拿大帝国商业银行(CIBC)、杜邦等很多大公司都已实施了企业门户的项目。国内的研究主要集中在门户的特性研究、体系结构和应用技术等几方面。国内的软件商正在努力寻求适合于中国国情的企业信息门户与知识门户战略，并推进其实施进程。

在国内，计划、建立、研究知识门户的企业或部门微乎其微。已开发出来的门户产品的功能也相对薄弱，知识化、智能化水平较低。从严格意义上讲，都不是完备的知识门户解决方案。企业应根据自己实际需求，基于知名门户产品或自主研发，开发出性能更优越，功能更全面，知识化、智能化水平更高的知识门户系统。

(4) 内部员工论坛策略

企业在内部网建立员工论坛，可以让员工在论坛上，对企业大大小小的问题自由的发表意见。员工也可通过员工论坛在线发表自己的创新观点，征求企业其他成员的意见。员工遇到难以解决的问题，也可以在员工论坛上求助其他成员。在网络环境下，论坛是员工知识共享的重要平台，企业也应该制定相应的激励机制，鼓励员工在论坛上参与交流。

腾讯是一个以娱乐服务为核心的公司，但是在腾讯 3 000 多个员工中有将近一半的人在从事研发工作。一种文化的形成需要很长时间的实践才能慢慢形成和沉淀，创新文化同样如此。为了不流于形式，腾讯公司在内部建立了小规模的创新中心。目前其创新中心的规模为几十个人，并且开通一个对内的创新平台——idea. qq. com，长期收集腾讯公司内部员工的创意，组织大家在 BBS 等多渠道讨论创新的想法。

(5) 员工教育与培训策略

由于电子商务的知识、技术和理念不断在创新。所以，电子商务企业的员工的知识、技术和理念也要不断地更新，才能适应企业电子商务应用的需要。

事实上，由于科技发展高速化、多元化，大部分员工发现，知识与财富成正比例增长，知识很快过时，需要不断地学习新知识，只有不断更新自己的知识，才可能获得预期的收入。因此，任何企业的员工都非常看重企业是否能提供知识增长的机会。

电子商务企业尤其要注重员工的教育与培训。电子商务人才的培养不能完全靠学校。电子商务企业也应承担电子商务人才培养的部分义务。电子商务应用人才是电子商务与具体业务相结合的人才，学校培养的电子商务人才通常还需要企业进一步培养，才能成为既懂电子商务又懂业务的复合型人才。同时，电子商务的知识、技术和理念不断在创新，企业的管理层要经常接受电子商务理念的培训，一线员工要经常接受电子商务相关技能的培训。尤其是对企业管理层进行电子商务理念的培训更为重要。中国企业电子商务应用的最大瓶颈，就是企业管理层电子商务理念的缺乏。

电子商务企业员工的培训可以采取企业讲座、远程课程、短期进修、轮岗、研讨会等多种形式。

具体的策略实施过程与一般的战略策略实施的过程类似，这里不再赘述。上述的员工知识管理策略在电子商务企业中能否得到有效实施，从根本上取决于企业领导层是否真正重视员工知识管理。

要真正做好员工知识管理，企业需要建立相应的员工知识管理系统来促进员工知识的收集和分享，这就需要企业投入一定的资金来确保员工知识管理的宝贵成果。另外，对员工的培训，以及在知识创新和奉献中表现优异的员工，需要给予一定的奖励，这些投入都是必需的，因为收入很有可能远远大于投入。当然，通过建立学习型组织和适合员工发挥创造力的环境，可以最大限度地开发企业的员工知识创造能力，最大限度地减少企业在员工知识管理上的资金投入而获得最大的收益。

下面是 IBM 和 3M 公司在员工知识管理中的投入情况。

IBM 认为，保障创新，一在人才，二在投入。IBM 每年投资 50 亿美元用于技术研发。正因为其大规模的投入，IBM 换来了累累硕果，在过去连续十几年中，IBM 是全球产生专利最多的企业，共获得 28 000 多项美国专利，远远超过 HP、戴尔、微软、SUN 等公司专利数的总和。

新产品不是自然诞生的。3M 公司的知识创新秘诀不但是努力创造一个有助于创新的内部环境，还包括硬性的研发投入，如公司通常要投资约 7% 的年销售额用于产品研究和开发，这相当于一般公司的两倍。

总之，在信息经济时代，随着信息技术的不断进步、知识更新节奏的提高，如何加强对员工知识工作的管理，如何稳定员工队伍、提高员工积极性，建立起“尊重人，培养人，成就人”的企业管理机制等问题是亟须进一步深入研究的课题，也是企业保持健康、稳步发展所必需的。

延伸阅读

微软定制 IT 服务 助力上海贝尔-阿尔卡特

一个适合公司业务的 IT 系统，就如同一条流动畅通的河流，使公司的不同部门、业务间自由轻松地沟通，最大限度地节省 IT 成本、提高工作效率！

作为一家拥有国际资源并具备与全球信息技术同步研发实力的中国企业，上海贝尔-阿尔卡特公司提供端到端的解决方案和优质服务，业务覆盖固定语音网络、移动通信网络、数据通信网络、智能光交换网络、网络应用、系统集成与服务、多媒体终端等。公司近 5 000 名员工的内部沟通以及对外业务联系等繁忙工作的完成都有赖于一个高效畅通的 IT 系统。

上海贝尔-阿尔卡特的 IT 架构主要由 IT 部门全面负责，公司一直采用以 Windows 活动目录为核心的 IT 系统的基础架构。在系统建成之后，非常好地满足了业务的需求，得到了公司和用户的肯定。

但是随着公司业务的不断增长、规模的不断扩大，如何进一步地提升现有系统功能，如何使公司的 IT 系统为业务提供更加有力的支持，如何进一步提高 IT 的服务等级、更好地全面实现对 IT 资产的保护、最大限度地节省 IT 成本，如何尽可能地满足公司员工和客户不断变化的需求并使其满意等成为 IT 部门面临的新挑战。

在这种情况下，上海贝尔-阿尔卡特必须细致周密地规划和设计，并在此基础上建立更加规范、标准的运维流程，保障系统的稳定运行，满足公司的实际使用需求。微软 Premier

Service(微软高级技术支持服务)根据上海贝尔-阿尔卡特现状，与其IT部门一起定制了一系列满足公司业务需求的IT解决方案，并在微软全球技术中心的技术支持下，使上海贝尔-阿尔卡特的IT系统产生了极大的效益，同时也为其他公司解决类似问题提供了一个典型案例。

日常服务：确保系统稳定运行

首先，微软Premier Service提高了上海贝尔-阿尔卡特的IT服务等级，以主动服务和响应服务相结合的方式，提高系统运行的整体稳定性和可用性，大大降低了系统停机等问题的出现几率，有效提高了工作效率。

在主动服务方面，微软Premier Service协调大中华区全球技术支持中心的技术人员，定期对公司的核心基础架构系统进行系统健康评估和系统可支持性评估，随时掌握系统运行状况，解决潜在的风险，避免错误的发生，确保系统正常的运行。

而在响应服务方面，微软Premier Service与微软全球技术支持中心密切配合，在内部系统设计了一个“Critsit”的程序，一旦出现严重影响公司业务的事件，程序会被自动触发，微软全球技术支持中心会派最优秀的技术支持工程师及时赶到解决问题，保证客户公司系统出现任何问题时，微软公司都能在最短的时间内响应并解决。

定制服务：打造最适合方案

在客户极为关心的安全以及IT成本方面，微软Premier Service则是通过定制的一系列服务，达到了客户的要求。

安全是每个公司都要面临的问题。上海贝尔-阿尔卡特同样需要一套符合公司自身特点的全面的安全解决方案。微软Premier Service通过分析发现，系统及时的安全更新是公司IT安全管理的最关键点。鉴于此，微软为其量身订制了一套基于SUS和SMS系统的补丁管理解决方案，保证所有的系统能够安全运行。

另外，上海贝尔-阿尔卡特有大量的移动用户需要从公司外接入公司的内部网路，以前的实现方式是通过拨号，这样速度既慢又不安全，而且成本又高。微软将自己IT所采用的VPN方案提供给客户，并同时将自己的最佳实践和经验转授给客户，得到良好的效果，最大限度地节省了IT成本。

深层服务：全面保证客户利益

微软Premier Service提供给上海贝尔-阿尔卡特的服务不仅是全方位的，更是深层次的。当通过常规方法无法快速有效地解决问题时，微软Premier Service将协调微软全球技术支持中心派出最合适的资深技术专家和代码级工程师到现场为客户解决问题。

如果问题是由微软产品本身代码设计引起的，他们还会协调全球技术支持中心通过直接的渠道，向美国产品开发组为客户定制一个补丁程序(HOTFIX)，在最短时间内以最有效和最彻底的方法为客户解决问题，将客户的损失降到最小。在解决系统兼容性的问题上面，上海贝尔-阿尔卡特切实地体验到了这种服务所具有的优势。

两个“协作”促成功

第一个协作是微软Premier Service部门和微软大中华区全球技术支持中心(GTSC)的完美配合和协作。

微软大中华区全球技术支持中心是微软全球化战略和技术支持投资战略的重要组成部分，也是全球500强企业在中国设立的第一个全球中心。中心拥有400多位技术精湛的工程师，代表几乎涵盖所有微软产品的专家级技术力量，借助为全球的客户与合作伙伴提供世界一流的全方位、多元化的服务和技术支持的经验，不断提升技术解疑知识库积累和运作管理的精益求精，以赢得全球最高客户满意度的美誉。

在微软 Premier Service 根据客户情况提出针对性解决方案的同时，整个 GTSC 中心会与美国总部的产品开发组保持密切的联系，随时了解客户需求，并根据 Premier Service 的反馈在最短时间为用户制定出有针对性的最佳解决方案。保证为客户提供更及时、更主动、更有效的全程服务。

另一个协作是上海贝尔-阿尔卡特公司和微软之间默契的配合和协作。

经过7年的合作，双方相互之间已经十分了解，配合可谓十分默契。尤其是上海贝尔-阿尔卡特公司本身对信息化的认识十分超前，内部人员对系统相关的技术也较熟悉，在微软对其制定一系列解决方案的过程中，客户对微软提供的方案不仅能很快响应，而且还能根据自身特点主动提出一些可行性建议，帮助微软完善方案。

正是在微软 Premier Service 提供的解决方案以及微软全球技术中心的技术支持下，在客户的积极配合下，上海贝尔-阿尔卡特公司拥有了一个完全适合自己的 IT 系统，提高了公司 IT 服务等级系统运行的整体稳定性和可用性，并充分使其客户能够享用到迅捷的“一站式”服务。

微软积极有效的服务，解决了客户关于成本、效率、满意度等诸多挑战。赢得了阿尔卡特上海以及全球总部的高度赞誉。

上海贝尔-阿尔卡特公司 IT 总监俞坚曾这样说道：“多年的服务让微软和我们的 IT 系统融为了一体。微软所提供的一系列定制的服务，细致入微地帮助我们解决了系统效率、安全稳定等问题。在这个过程中，为我们节省了可观的 IT 成本，使我们的业务和 IT 系统有机地结合在一起。”

在上海贝尔-阿尔卡特看来，这个适合公司业务的 IT 系统，就如同一条流动畅通的河，使公司的不同部门、业务间自由轻松地沟通，最大限度地节省 IT 成本、提高工作效率！

（资料来源：比特网 http：//solution. chinabyte. com/367/2266867. shtml）

讨论题

请找出案例中的电子商务技术创新策略。

本章小结

1. 所谓电子商务创新，就是电子商务应用中诸多方面的创造和变革。电子商务创新是在企业战略驱动下基于电子商务应用的不断创新的过程。电子商务创新包括电子商务应用的各个层面，如电子商务理念创新、模式创新、组织创新、技术创新、流程创新、管理创新、产品创新、服务创新、知识创新，等等。

2. 服务创新理念是电子商务应用的灵魂。电子商务应用实践催生新的电子商务技术，电子商务技术创新又可支持基于电子商务的新业务能力和新商务模式。网络时代是“重新思考和再造一切”的时代。商业理念创新是电子商务应用内在的技术和商务创新的动力。电子商务有着内在的创新机制。所有的电子商务技术和应用的创新都源于商业理念的创新。在商业理念创新驱动下，会有不断的商务技术创新、商务模式创新、业务能力创新。新业务、新技术、新商务之间互相支持并且产生新的创新需求。所以，在电子商务应用中，服务创新理念至关重要，电子商务永远为业务能力创新服务，电子商务永远为用户体验创新服务。

3. 电子商务创新是在企业战略驱动下基于电子商务应用的不断创新的过程。电子商务技术创新和知识创新，是企业电子商务应用的客观需要，并且与电子商务应用实践互相促进。电子商务专业教育，实际上是素质教育，是培养“不断商务创新”思维与能力的高素质教育，而不是简单的职业教育。电子商务专业教育的目的，是培养懂电子商务的业务人员、管理人员与设计人员。电子商务专业人员，只有不断地接受电子商务的新理念、新知识和新技术，才能满足电子商务应用实践的需要。

4. 作为商务技术，电子商务技术除了是信息技术外，还表现为平台技术、关系技术、智能技术、优化技术、管理技术与决策技术等。每种具体的商务技术无疑是以信息技术为基础的。电子商务本质上是一种服务，是在电子化网络环境中为商务活动主体提供的一种商务服务。从服务的角度看，电子商务技术分成两大类：服务技术与管理技术。

5. 可以从如下几个方面认识电子商务技术与知识创新管理的必要性：①从企业的角度，电子商务新技术应用必须考虑成本与收益，对实际电子商务应用，并不是电子商务技术越新就越好；②电子商务技术创新有可能影响其他方面的电子商务创新，应该做深入细致的分析；③电子商务新知识和新技术对提高企业员工电子商务创新应用水平非常重要。

6. 面向电子商务的技术创新是指对电子商务所涉及的各种技术进行更新换代或者根本性创造，使得电子商务的应用导致新的生产效率或市场绩效的提高。电子商务技术，无论是服务技术还是管理技术，通常都是以信息与通信技术为基础的。从概念上说，电子商务技术创新管理是对企业电子商务技术创新活动进行计划、组织与实施的过程。电子商务技术创新管理既是电子商务技术管理的一部分，也是电子商务创新管理的一部分。

7. 电子商务本身为企业实行知识管理创造了条件，企业也只有实行知识管理才能适应电子商务新的发展要求。电子商务使企业获取知识、应用知识的能力大大增强，企业可以借助网络收集到企业所需的有用信息，并可通过网络进行知识的传播和交流，使员工的个人知识方便地转变成可以在企业内部广泛共享和恰当利用的“企业知识”；电子商务使得企业从市场和客户那里获得信息和知识以及建立知识和信息的共享机制变得十分重要，企业必须把知识管理和电子商务紧密结合起来，才能谋求更大的发展。

8. 电子商务知识管理，不仅要不断获取、共享知识员工所掌握的电子商务相关知识，支持企业在线业务的发展，还要支持企业员工的知识创新，还要不断在业务过程中获取和应用企业关于客户与供应商等的知识，是电子商务企业全方位的知识管理。对电子商务企业来说，知识资产是最重要的资产，是企业竞争优势和竞争能力的基础。所以，电子商务知识管理本质上是电子商务企业知识资产的管理。

9. 广义的员工知识管理，把员工看做企业知识源，认为：员工知识管理是企业识别、获取、开发、组织、传递员工知识所进行的计划、组织和控制过程。员工是企业知识的重要来源和基础。员工知识管理不是被动管理员工已经拥有的知识，包括识别和引进具有特殊知识和能力的员工以及对员工知识的主动开发。

10. 面向电子商务的员工知识管理问题时常用的一些具体策略包括：①学习型组织策略；②知识创新与分享激励策略；③知识门户策略；④内部员工论坛策略；⑤员工教育与培训策略。员工知识管理策略在电子商务企业中能否得到有效实施，从根本上取决于企业领导层是否真正重视员工知识管理。

关键术语

电子商务技术　信息技术　服务技术　管理技术　技术创新　知识管理

思考与练习

1. 为什么电子商务创新是企业战略驱动下的不断创新的过程？
2. 为什么说企业电子商务应用有着内在的创新动力机制？
3. 为什么说电子商务技术不仅是技术，也有商业或商务的一面？
4. 为什么可将电子商务技术分为服务技术与管理技术两大类？
5. 为什么在电子商务应用中要重视电子商务技术创新与知识创新？
6. 如何理解电子商务技术和知识创新是企业电子商务创新的基础？
7. 为什么企业实行知识管理才能适应电子商务新的发展要求？
8. 为什么说电子商务知识管理本质上是电子商务企业知识资产管理？
9. 电子商务企业员工知识管理常用的具体策略一般有哪些？

考察与实践

1. 考察亚马逊中国网站，研究亚马逊中国在网络零售领域的创新实践。
2. 考察阿里巴巴旗下网站，研究阿里巴巴在电子商务领域的创新实践。
3. 分组讨论：目前在电子商务应用领域的最新技术主要有哪些？
4. 在《电商实践》APP 业界评论栏目中，阅读与互联网 + 相关的文章。
5. 参观一家电子商务企业，了解电子商务技术和知识创新管理实践。

第 10 章

电子商务环境与政府行为

内容概要

在这一章，首先讨论电子商务应用的基本环境及其存在问题；然后重点介绍了电子商务应用中的道德问题、隐私权问题，以及知识产权保护问题；最后讨论电子商务应用中的政府行为及其作用。

学习目标

1. 了解电子商务应用环境及其存在问题；
2. 了解电子商务应用中存在的道德问题；
3. 了解电子商务应用中的隐私权问题；
4. 了解电子商务应用中的知识产权问题；
5. 了解电子商务应用中的政府行为及其作用。

开篇案例

电商狂欢落幕，监管该动真格

今年“双 11”购物狂欢节刚刚落幕。在各家电商企业交易额创出新纪录的同时，记者发现，价格先涨后降、货源不足难抢、预付订金不退等问题引发大家集中吐槽(11 月 12 日《新京报》)。

交易总额 571 亿元，这是阿里巴巴今年“双 11”交出的成绩单，远远超过去年的 362 亿元。另外，京东商城的订单量是去年同期的 2.2 倍，全天下单交易额是去年两倍以上。这是今年“双 11”电商狂欢的一个缩影。但另一种声音也随即出现，比如，交易额有多少水分，消费者投诉了多少问题等。

按理说，今年“双 11”投诉量应该少于往年，因为国家质检、工商以及地方商务、工商等部门都提前以约谈等方式给电商打了预防针，电商也按要求进行过整改。然而，从记者发现的多个问题来看，一些电商仍没有落实监管部门要求。笔者以为，对于顶风作案的电商，相关监管部门该出重拳了。

在“双 11”之前，各地监管部门约谈电商时就明确禁止先涨后降。但是，某电商的多款商品在节前提高了原价，一款 60 多元的围巾涨到了 900 多元再降到 119 元——这是先涨后降的一个缩影。而且，这款围巾节前涨价幅度之虚高让人吃惊，“双 11”当天降价后仍是暴利。

我国价格法规定，利用虚假的或者使人误解的价格手段，诱骗消费者或者其他经营者与其进行交易，属于不正当价格行为。显然，部分电商涉嫌违法。而根据《价格违法行为行政处罚规定》，应该对先涨后降的电商责令改正，没收违法所得，并处违法所得5倍以下的罚款；没有违法所得的，处5万元以上50万元以下的罚款；情节严重的，责令停业整顿，或者由工商行政管理机关吊销营业执照。

因此，有关部门应该及时对违法电商进行调查，然后依法开出罚单。另外，一些电商不仅违反价格方面的法律法规，还有可能违反消费者权益保护法、广告法、反不正当竞争法等法律法规，这既需要有关部门主动查处，也需要消费者积极投诉、配合调查。只有这样，才能创造一个健康的网购环境。

现在的问题是，有关部门是否以神秘买家等方式进行明察暗访，是否掌握电商的违法证据，是否愿意对违法电商依法惩罚？

据悉，之前涉及电子商务的案件存在调查取证难等问题，消费者维权时常因为取证难而卡壳。今年"双11"出现的成交记录不显示价格似乎也影响到消费者取证，或者给监管部门调查取证造成麻烦。

然而，从无锡工商局网监分局的做法来看，应该不存在调查取证难问题。因为该部门运用取证软件对无锡所有网络交易重点平台数据进行证据保全，并针对消费者重点关注商品和部分商家促销商品，在"双11"前两周就开始对商品价格进行证据固定，利用证据固定结果同"双11"期间商家的促销活动进行比对，就可以获得价格违法证据。但是不是各地监管部门都能如此监管呢？

尽管"双11"的问题现在还没有完全暴露出来，有的网购商品仍在快递的路上，有的商品消费者还没有仔细查看，但在笔者看来，各地监管部门和消费者协会一方面应该尽快公布已经收到的投诉情况，另一方面针对已经掌握的投诉问题和主动发现的问题，应该及时、逐一进行依法查处。总之，电商狂欢落幕了，监管者该动真格了。否则，今年"双11"大家吐槽的问题在平时或者在今后"双11"还会重现。(冯海宁)

(资料来源：新华网 http://news.xinhuanet.com/comments/2014-11/13/c_1113225420.html)

上述"双11"出现的问题，说明良好的电子商务环境和有力的监管措施非常重要。

10.1　电子商务应用环境及其重要性

电子商务作为互联网时代出现的崭新事物，已经成为一项复杂的社会系统工程，涉及了政治、经济、文化、技术等各个方面。电子商务的发展离不开良好环境的支持。社会是个复杂的系统，电子商务要得到较好、较快的发展，就必须融入这个社会。下面，首先总体介绍电子商务的外部环境，然后讨论电子商务应用环境的重要性。

10.1.1　电子商务应用的外部环境

电子商务应用的外部宏观环境的好坏直接影响着电子商务的发展。电子商务应用的外部宏观环境是个大环境，通常又可分为政治环境、经济环境、技术环境、法律环境、人文环境等。下面主要讨论技术环境、法律环境和人文环境。

1. 技术环境

计算机、互联网和信息技术的发展与普及应用是电子商务的原动力，也是电子商务实施和发展的必要前提。电子商务的实施过程决定了它必须要有一个良好的技术环境作支持。电子商务应用的主要技术应该包括以下几个方面。

(1)网络技术

在电子商务的应用中，计算机网络作为基础设施，将分散在各地的计算机系统连接起来，使得计算机之间的通信在商务活动中发挥着重要作用。计算机网络是计算机技术和通信技术相结合的产物。计算机之间的通信是计算机网络能够实现资源共享的基础，而资源共享则是开发建设计算机网络的主要目的。网络中的资源(主机、大容量硬盘、高速打印机及数据等)由网络操作系统统一管理，网络操作系统为用户提供了操作网络、共享资源的统一接口。与当初人们建立计算机网络的初衷不同的是，在当今的计算机网络中，通信方面的应用要多于共享硬件资源方面的应用。

计算机网络的分类标准很多，比如按网络的交换方式、拓扑结构物理链路的类型以及数据传输速率分类，但这些只给出了网络的某一方面的特征，并不能刻画网络的本质。事实上，网络一般按照他们设计和优化的地理范围和区域加以区分，将计算机网络分为局域网、广域网和互联网等。

在电子商务应用中主要的技术还有：Internet 技术、Extranet 技术、Web 技术和网络计算技术等。

(2)通信技术

通信技术是指利用电子通信设备进行数据传输的技术。上个世纪末，多媒体的广泛推广、互联网的应用，都极大地推动了通信工程专业的发展，展望这个世纪初期，宽带技术、光通信也已经得到了广泛的应用。

通信技术有多种分类方式。按传输技术划分：模拟通信和数字通信；按信道介质划分：有线通信和无线通信；按通信方式划分：单工、半双工、双工。

常用的通信技术有：公用电话交换网技术(PSTN)、公用分组交换网络技术(PSDN)、数字数据网络技术(DDN)、综合数字业务网络技术(ISDN)、数字移动通信网络技术等。

(3)网络协议技术

网络协议是网络上所有设备(网络服务器、计算机及交换机、路由器、防火墙等)之间通信规则的集合，它规定了通信时信息必须采用的格式和这些格式的意义。

一个网络协议至少包括三要素：语法，用来规定信息格式，数据及控制信息的格式、编码及信号电平等；语义，用来说明通信双方应当怎么做，用于协调差错处理的控制信息；时序，详细说明事件的先后顺序、速度匹配和排序等。

由于计算机网络是一个相当复杂的系统，在设计一个实用的网络系统时，为了减少网络设计的复杂性，通常采用在网络中划分层次的方法，即把要实现的功能划分为若干层次，较高层次建立在较低层次基础上，同时又为更高层次提供必要的服务功能。协议分层的优点是：高层次只要低层次提供的功能，而无须了解低层次的技术细节，低层次对高层次是透明的；只要保证接口不变，低层次功能具体实现办法的变更也不会影响较高一层所执行的功能。

由于网络结构有层次性，相应的协议也有层次性，通信双方之间的协议也划分为若干层，与网络结构相对应。目前最著名的两个网络协议标准是：国际标准化组织 ISO 提出的开放系统互联参考模型 OSI/RM 和 Internet 的核心技术 TCP/IP 协议。

(4)云计算与物联网技术

云计算概念最早由Google提出。云计算将所有计算资源集中起来，并由软件实现自动管理，无须人为参与。这使得应用提供者无须为烦琐细节而烦恼，能够更加专注于自己的业务，有利于创新和降低成本。云计算实现，就最终用户而言，意味着不需要硬件购置成本、不需要管理软件许可证或升级、不需要雇佣新员工或咨询人员、不需要租赁设施、没有任何种类基建投资，而且还没有隐性成本，只是一种用仪表测量出来的、根据使用情况支付的订购费或固定订购费，也就是按需提供服务，按量收取费用。

亚马逊是电子商务的鼻祖，也是云计算的引领者。亚马逊现在做的事情是把电子商务与云计算结合起来。云计算应用的不断发展将会进一步促进企业电子商务应用的深入发展。

物联网是新一代信息技术的重要组成部分，英文名称叫“the Internet of Things”。物联网是现代信息技术发展到一定阶段后出现的一种聚合性应用与技术提升，将各种感知技术、现代网络技术和人工智能与自动化技术聚合与集成应用，使人与物智慧对话，创造一个智慧的世界。物联网技术被称为信息产业第三次革命性创新。物联网的本质主要体现在3个方面：一是互联网特征，即对需要联网的物一定要能够实现互联互通的互联网络；二是识别与通信特征，即纳入物联网的“物”一定要具备自动识别与物物通信(M2M)的功能；三是智能化特征，即网络系统应具有自动化、自我反馈与智能控制的特点。

物联网是一个动态的全球网络基础设施，它具有基于标准和互操作通信协议的自组织能力，其中物理和虚拟的“物”具有身份标识、物理属性、虚拟的特性和智能的接口，并与信息网络无缝整合。物联网将与媒体互联网、服务互联网和企业互联网一道，构成未来互联网。

关于我国互联网发展状况，可以参照由中国互联网络信息中心每半年发布的《中国互联网络发展状况统计报告》。根据2015年1月公布的中国互联网络发展状况统计报告，对目前我国电子商务应用的网络环境简单介绍如下。

截至2014年12月，中国网民规模达6.49亿，全年共计新增网民3 117万人，互联网普及率为47.9%，较2013年年底提升了2.1个百分点；中国手机网民规模达5.57亿，较2013年年底增加5 672万人。网民中使用手机上网人群占比由2013年的81.0%提升至85.8%；中国网民中农村网民占比27.5%，规模达1.78亿，较2013年年底增加188万人；中国网民通过台式计算机和笔记本计算机接入互联网的比例分别为70.8%和43.2%；手机上网使用率为85.8%，较2013年年底提高4.8个百分点；平板计算机上网使用率达到34.8%；电视上网使用率为15.6%。

截至2014年12月，48.6%的中国网民认同我国网络环境比较安全或非常安全，54.5%的中国网民对互联网上信息表示信任，60.0%的中国网民对于在互联网上分享行为持积极态度，43.8%的中国网民表示喜欢在互联网上发表评论，53.1%的中国网民认为自身比较或非常依赖互联网。

截至2014年12月，我国域名总数为2 060万个，其中“.CN”域名总数年增长为2.4%，达到1 109万，在中国域名总数中占比达53.8%，中国网站总数为335万，年增长4.6%；国际出口带宽为4 118 663 Mbps，年增长20.9%；全国企业使用计算机办公的比例为90.4%，使用互联网的比例为78.7%，固定宽带使用率为77.4%。同时，开展在线销售、在线采购的比例分别为24.7%和22.8%，利用互联网开展营销推广活动的比例为24.2%。

2. 法律环境

电子商务利用互联网从事商业活动。交易人之间的交易过程也是通过计算机和网络完成的。交易双方不需直接见面，不需使用传统的笔墨，只需在交易页面上进行操作、点击即可完成合同的缔结、货款的支付与结算等一系列商务活动。这种交易环境和手段的变革，使得在传统方式下形成的规则难以在新环境下完全适用，因此，必须建立新的法律法规，创造适应电子商务的法律环境。

电子商务在应用过程中引发了很多法律问题，如网上欺诈问题、销售服务和售后服务问题、信息安全问题、电子合同与电子证据制度不成熟问题、税收问题、隐私权保护问题、知识产权保护问题等。电子商务要推动，就要解决以上问题，建立人们对网络交易的安全感与依赖感。然而，这不仅要靠技术上构建安全的防范体系，而且更需要在法制体系上予以足够的支持与配合，建立规范健康的法律环境。

随着电子商务的蓬勃发展，许多国际组织都纷纷研究并出台了相关的法律规范，为其健康快速的发展提供有力的保证。下面分别从国际和国内电子商务立法现状来讨论电子商务应用中的法律环境。

(1) 国际电子商务立法现状

国际电子商务立法主要是指有关的国家电子商务条约、国际电子商务惯例以及国际组织的决议、指南和示范法，内容主要涉及规范国际电子商务的交易性内容的商事法律规范和对国际电子商务进行管理的管理法律规范。其中规范国际电子商务的交易性内容的商事法律规范是其核心组成部分。

① 联合国国际贸易法委员会

联合国国际贸易法委员会于1984年向联合国秘书长提交了名为《自动数据处理的法律问题》的报告，1985年编写了名为《计算机记录的法律价值》的报告，这些报告被认为揭开了电子商务国际立法的序幕。1996年，联合国国际贸易法委员会经过5年的时间起草的《电子商务示范法》经联合国大会讨论通过，为各国电子商务立法提供了指导性规范。2001年，联合国国际贸易法委员会起草的《电子签名示范法》经联合国大会讨论通过。联合国国际贸易法委员会从2000年开始制定关于电子订约的公约，该公约的名称为《国际合同使用电子通信公约》，已经于2005年7月在贸易法委员会第38届会议上审议和通过，第60届联合国大会也于2005年11月通过了该公约，并自2006年1月1日起开放供各国签署。该公约是有关电子商务的第一个专门性公约，目的是消除现行统一法公约和贸易协定对电子商务造成的障碍。

② 国际商会

国际商会对贸易法委员会的工作给予了积极协助和支持，并在电子商务立法方面也做出了重大贡献。国际商会于1997年11月发布了《国际数字签署商务通则》，该通则被认为是第一部真正意义上的电子商务的全球性自律性规范。国际商会制定的《UCP 500电子交单附则》已于2002年4月1日正式生效。2005年4月，国际商会发布了经过修订的《营销和广告使用电子媒体指南》。此外，国际商会在2004年制定了《国际商会2004年电子商务术语》（载有《国际商会电子订约指南》），为当事人提供了两个易于纳入合同中的简短条款，以此表明当事人打算商定一项具有法律约束力的电子合同。

③ 欧盟

从全球电子商务立法的角度看，欧盟的电子商务立法无论在立法思想、立法内容还是立法技术上都是很先进的。欧盟在1997年4月15日发布了"欧盟电子商务行动方案"，就电子商务问题阐明了欧盟的观点。在有关法律环境方面，欧盟强调，为了保证欧洲企业有效进入全球市场，欧洲必须在基础设施、技术和服务方面做好充分的准备；欧洲必须特别重视与电子商务有关的法律问题的研究与开发，并且应当在欧盟范围内建立一个适用于电子商务的法律和管理框架；欧洲议会于1999年12月通过了《电子签名指令》，于2000年5月通过了《电子商务指令》，这两部法律文件构成了欧盟国家电子商务立法的核心和基础。

④ 世界贸易组织(WTO)

WTO的成员方在1996年的WTO第一届部长级会议上就将电子商务纳入了多边贸易体制，并从1998年起各成员国同意暂不对电子传输的商品征收关税。1998年第二届部长级会议中通过了"全球电子商务宣言"，该宣言指示WTO总理事会制定"综合工作计划"，以审查所有产生于电子商务的与贸易有关的问题，WTO关于电子商务的立法工作既涉及WTO现有规则体系的可适用审查，也涉及电子商务所产生的新问题的新规则制定。除了对电子传输暂时维持不征收关税的实践外，目前对所涉及的诸多新问题仍然停留在讨论和研究阶段。

(2)我国电子商务立法现状

我国关于电子商务的立法主要是针对Internet的管理、安全和经营。国务院颁布了一系列的行政法规与规章，包括:《中华人民共和国计算机信息系统安全保护条例》(1994年2月18日颁布并实施)；《中华人民共和国计算机信息网络国际联网管理暂行规定》(1997年5月20日颁布并实施)；《中华人民共和国计算机信息网络国际联网管理暂行规定实施办法》(1998年3月6日颁布并实施)；《中国互联网络域名注册暂行管理办法》和《中国互联网络域名注册实施细则》。公安部也颁布了《计算机信息网络国际联网安全保护管理办法》和《计算机信息系统国际联网保密管理规定》等。

此外，1991年发布的《民事诉讼法》规定了电子数据可以作为证据使用，具有证据效力，但需要两个无利害关系人证明。1997年10月1日起中国实行的新刑法，第一次增加了计算机犯罪的罪名，包括非法侵入计算机系统罪，破坏计算机系统功能罪，破坏计算机系统数据、程序罪，制作、传播计算机破坏程序罪，等等。在1999年3月15日颁布的《中华人民共和国合同法》中，在合同形式条款中加进了"数据电文"这一新的电子交易方式。中国《专利法实施条约》为了适应国际通行趋势，规定可以用电子通信方式提出专利申请。

2001年8月12日《中华人民共和国电子商务法》(示范法)正式成行，面向全国专家学者征求意见。这份初稿借鉴了欧美发达国家的电子商务立法，从而减少了中国与国外电子商务立法的冲突，利于跨国电子商务的运行。中国《电子商务法(示范法)》的主要内容有：总则(一般规则)；电子信息(电子记录)；电子证据(电子数据的法律确认或法律障碍排除)；电子签名；电子认证；电子信息交易；电子支付(电子资金划拨)；管辖权与法律适用(跨国电子商务的解决)。

2002年3月26日，《中国互联网行业自律公约》正式出台。《公约》共分4章31条，对互联网运行服务、运用服务、上网服务、网络资源及网络产品的开发、生产以及其他与互联网有关的科研教育、服务等领域的自律事项等做了规定。

2004年8月28日，《中华人民共和国电子签名法》经十届全国人大常务委员会第十一次会议通过并于2005年4月1日实施。电子签名法涉及网络商务活动中有关数据电文(电子票据、单证、商务协议文本等)、电子签名(包括用签名加密的电子印章)以及认证机构等各个方面，为电子商务中的信息流、金融流和物流的发展提供了法律依据和法律环境，对于我国电子商务发展将起极大地推动作用，也标志着我国首部真正意义上的信息化法律已正式诞生。

现阶段我国涉及电子商务的立法有《物权法》《著作权法》《专利法》等，同时，我国在法律调整中增加了适应电子商务发展的有关内容，新《刑法》中首次增加了计算机犯罪的罪名，《行政许可法》中明确了数据电文的有效性。最高人民法院今年来先后出台了若干涉及互联网和电子商务的司法解释。广东、上海、海南等地区已经开展了电子商务地方立法起草工作。这些在一定程度上规范了电子商务活动的秩序。但在我国，关于电子商务直接相应的法律、法规以及相关的标准还都没有建立，跨部门、跨地区的协调仍存在较大的问题。因为参与电子商务的不仅是交易双方，更重要的是还涉及工商行政管理、海关、保险、财税、银行等众多部门和不同地区、不同国家，这就需要有统一的法律、政策框架，以及跨部门、跨地区的强有力的综合协调组织，才能促进电子商务的蓬勃发展。

中国电子商务法律网网站如图 10-1 所示。

图 10-1　中国电子商务法律网（http：//www.chinaeclaw.com/）

3. 人文环境

所谓人文环境是指由于人类活动产生的周围环境，是人为的、社会的，非自然的。在电子商务应用过程中，受到人文环境的影响。人文环境影响人的态度、观念、信仰等，因此人文环境的好坏直接影响电子商务的健康发展。这里所说的电子商务的人文环境包括语言、文化、道德、信用、责任、权利等方面。下面仅从文化、信用、人才培养 3 个方面来讨论电子商务应用的人文环境。

（1）文化

全球性是电子商务的一个重要属性，通过国际互联网，商务活动将延伸到世界的每个角落。电子商务企业将面对的是一个国际化的商务平台，将要解决随之而来的许多文化方面的问题，这些问题主要包括语言、文化、信仰、民族、风俗等。这对于企业借助网络在世界范围内建立品牌、交易商品、开展服务等经营活动至关重要。这些文化方面的问题将会影响电子商务的顺利进行。因此，电子商务应用过程中要注意了解各个地区文化语言以及风俗习惯等方面的差异。

例如，美国通用汽车有一段时间发现雪佛兰 Nova 车型在拉丁美洲的销售情况非常糟糕，后来经研究发现，原来“Nova”在西班牙语种里是“开不动”的意思。还有一家出售婴儿食品的公司，其包装上印有一个婴儿的照片，这种婴儿食品在其他地方销售很好，但在非洲的某些地区销售不出去，原因是这地方的习惯会认为食品包装上的照片就是食品的成分。可见，企业在实施电子商务时要对其顾客的语言文化差异背景做深入的调查研究。

世界各地各具特色的风俗习惯、民族宗教等问题也对电子商务在该地区的进行产生重要的影响。电子商务企业必须给予这些问题充分的尊重和适应才能取得成功。例如，目前我国人民使用电子支付手段的比例不是很高，究其原因往往认为是普及程度和基础设施的问题，但在日本，也发现同样的问题，其普及程度和基础设施问题不存在，人们还是不愿意适应电子支付手段，他们和中国人一样更喜欢用现金支付和转账。这就是从文化的角度来看问题。因此，要想获得电子商务的成功，文化是一个很重要的环境因素。

(2)信用

信用，从经济方面理解是指“借”和“贷”的关系。信用实际上是指“在一段限定的时间内获得一笔钱的预期”。在电子商务应用中，商务信息、商务管理和商品交易都是通过计算机网络进行的，交易双方不见面、不签纸质合同、不在纸上签字盖章、不用纸质票据，而代之以网上沟通、电子合同、电子签名、网上支付。

与传统商务活动相比，商业信用在电子商务中更加重要、作用更大。这是因为，在电子商务发展时间还不长、交易者还没熟悉、习惯电子方式的情况下，电子商务信用体系尚未完全建立，交易的一方对交易的另一方是否能够按照约定的交易没有把握，不敢假定交易对方有很高的信用，为了稳妥起见，先假定交易双方没有信用，这就极大地限制了电子商务交易的实现，或者即使实现交易也不能体现出电子商务应有的优越性。电子商务信用体系的不完善，还可能会让一些不法分子钻空子，利用网络和电子商务进行商业欺诈活动。

目前，我国采取了多种办法，如建立信用评价体系、完善信用制度等来加强信用环境建设，并取得了一些成效。但电子商务信用环境的改善是一个综合性的任务，不是仅仅依靠某一方面的努力就能够解决的。这当中有意识问题、技术问题、法律问题等。在意识问题方面，社会应大力引导，树立以讲信用为荣、不讲信用为耻的社会风气，推动全社会良好信用意识的形成。在技术问题方面，要建立和完善电子商务认证中心，建立良好的社会信用评价制度和体系，为电子商务交易提供资信服务。从而促进企业和个人提高信用，保障电子商务活动正常顺利的进行。

(3)人才培养

电子商务的开展是商务管理、商务活动、商务理论与现代电子工具的有机结合。无论是从事电子商务管理，还是从事电子社交活动的人都必须是掌握商务理论与实务及电子工具应用的复合型人才。而我国目前所缺乏的正是这样的复合型人才。

为了适应电子商务发展对人才的需求，教育部 2001 年首次批准了 13 所普通高校开展电子商务本科专业的招生工作。目前全国至少有 375 所普通本科院校、800 余所高职院校开设了电子商务专业。2006 年，教育部又成立了电子商务专业本科教学指导委员会，制定了电子商务专业教学体系，从多学科综合的角度为人才培养奠定了基础。在电子商务应用过程中，企业也应重视电子商务人才的培养，通过企业和学校的共同努力，树立正确的人才观念，才能培养出更好的人才，更好地为电子商务服务。

10.1.2 我国电子商务应用环境存在的问题

电子商务应用环境是个大的系统，这个系统包括诸多要素，如基础设施、电子化水平、网络安全保障、政策法规，等等，电子商务生存于这些要素当中，没有这些环境要素的支持，电子商务无法健康有序的开展。目前，我国电子商务还处于初级阶段，各方面发展很不完善，有待进一步提高。我国电子商务应用环境主要存在以下几方面的问题。

1. 法律环境

从目前情况来看，电子商务相关法律多，专门法律少。虽然颁发了电子签名法等，但对于电子商务来说还远远不够，电子商务涉及多方面的法律问题。如电子支付制度、电子商务操作规范与商务规约、电子商务进出口关税的法律制度、电子商务的金融监管细则、电子商务投机活动的制裁原则，等等。只有给电子商务活动提供有法可依的健康的法律环境，基于网络的电子商务活动才能顺利地开展。

2. 信用体系环境

商业信用体系不健全。与诚信有关的立法、执法力度不够，缺乏有效的失信、违规行为监督惩罚机制。同时缺少对整个行业行使统一管理的行政管理部门，基本处于诚信制度建立的初级阶段。

3. 电子支付环境

银行卡利用率低下。占电子商务交易额规模95%以上的B2B. 目前仍以银行汇款为主。电子支付应用远未达到成熟。安全性和便捷性是影响用户使用网上支付最主要的两个因素。实现网上即时交易，必须辅之完善的网上支付。电子支付系统有待建立和完善，在线支付服务水平和规模还有待提高。

4. 交易安全环境

电子商务安全从整体上分为计算机网络安全和商务交易安全两个方面。计算机网络安全包括计算机网络设备安全、计算机网络系统安全、数据库安全。商务交易安全包括避免商务信息的截获和窃取、信息的篡改、信息假冒、交易抵赖等，即实现商务信息的保密性、完整性、不可抵赖性等要求。安全问题得不到妥善解决，就会打击商家和消费者对电子商务的信心。

5. 标准规范环境

电子商务流程中的相关标准规范依然缺乏。电子商务技术标准难以统一。很多企业在没有行业标准的情况下，自行建立企业、产品以及物流等代码，既浪费了资源，又阻碍了企业间信息流和物流的畅通。

6. 人才环境

开展电子商务需要一大批具有责任心、懂技术、懂业务的专业管理人才。如电子商务项目经理、电子商务分析师、网络营销人员、网站开发设计人员等。虽然我国已有各种不同技能的电子商务人才，但电子商务的开展是商务管理、商务活动、商务理论与现代电子工具的有机结合。无论是从事电子商务管理，还是从事电子社交活动的人都希望他们能够是掌握商务理论与实务及电子工具应用的复合型人才。而我国目前所缺乏的正是这样的复合型人才。

7. 道德环境

由于电子商务是通过网络进行交易，而且目前我国电子商务法制尚未健全，导致电子商务交易的可靠性、安全性大打折扣。电子商务应用中由于道德引发的问题比比皆是，如诈骗、诽谤、偷窃等。人们的道德水平直接影响着电子商务的健康发展。

8. 物流环境

我国的物流企业数量虽具有一定的规模，但能适应现代电子商务的物流企业数量仍很少、规模小。服务意识和服务质量不尽如人意。除少数企业外，大多数物流企业技术装备和管理手段仍比较落后。服务网络和信息系统不健全，大大影响了物流服务的准确性和及时性。大多数物流企业还只是被动地按照用户的指令和要求，从事单一功能的运输、仓储和配送，很少能提供物流策划、组织及深入到企业生产领域进行供应链全过程的管理。物流配送系统离成熟还有很长的一段距离。

由于电子商务还处于初级阶段，所以，电子商务应用环境建设得不够完善，不可避免地出现一些问题。只有加大电子商务应用环境的建设，营造一个良好的环境，才能使电子商务健康地发展。

10.2　电子商务应用中的道德问题

电子商务是在网上虚拟环境中进行的，具有匿名性、虚拟性和自由性，可能交易进行完毕，但买方和卖方还素未谋面。因此，诚信在交易当中扮演的角色就显得尤为重要。人们的道德水平直接决定着电子商务交易的可靠性、安全性。下面首先概述目前在电子商务应用中普遍存在的道德问题，然后讨论解决电子商务应用中道德问题的具体措施。

10.2.1　电子商务应用中的主要道德问题

在目前我国电子商务法制尚未健全的情况下，自觉遵守道德准则成为维系电子商务健康发展的主要手段。目前，由于道德问题引发的现象正肆意泛滥，总结一下，主要有以下几个方面的问题。

1. 虚假信息泛滥问题

网络媒体传播速度快、参与人群不易管理、对信息的真实性不易进行核实；发布信息者不易被查处、隐蔽性强；网络运营商出于经济目的，对一些虚假信息不加核实、不加过滤，任其传播；网络信息管理缺乏有效的法律法规，缺乏有效的行业自律。一些人在网络上不负责任地发布一些虚假信息，有的网络媒体为了吸引读者，更是大肆捏造事实，进行虚假报道，缺少了传统媒体发布信息所受到的种种制约。这些现象已经成为网络界的常见现象。

2. 商业诽谤问题

由于网络言论自由性大、约束力弱，一些企业或个人会利用 Internet 来贬低竞争对手的产品，损坏其他企业或个人的商业信誉及商业形象，还有一些商务网站随意发布一些对他人或其他企业产品与事实不相符的负面评价。淘宝网上有一些恶意买家甚至做起职业差评师，专门以给网店差评为手段索要网店钱财，甚至还出现多人合作的“团伙作案”，给淘宝卖家造成巨大伤害。

3. 商业欺诈问题

网络购物欺诈是指经营者利用网络发布虚假广告、不真实的陈述、隐瞒事实真相或使用其他不正当引诱方式，使消费者做出不恰当的选择而购买其产品或接受服务。网络欺诈的基本内涵是商家缺乏诚信，为牟取暴利，在网络上发布虚假信息，诱骗消费者购买其产品，而达到欺诈的目的。计算机黑客通过运用网络技术，利用商务网站的漏洞入侵网站盗取用户的资料，进行欺诈。《2014 年上半年中国网购安全报告》基于大数据统计分析发现，每一万名网购消费者中，就有一个人实际遭遇网购损失。在网购受害人群中，90 后比例达到 59.8%，男性比例更是高达 63.2%。在诈骗形式上，P2P 网贷、贵金属交易、外汇买卖等新型的互联网金融投资诈骗也日益活跃，消费者应对此予以警惕。另外，随着网购退货政策的出台，同时也出现了一批利用退货政策以退货为职业的人群。在淘宝网运费险规则中，买家的保费根据赔付金额按 5% 收取，比如保费 0.5 元、0.6 元，对应的保额是 10 元、12 元。这样万一在收到包裹后和卖家协商退货，由退货产生的物流费用将由保险公司承担。一伙人就利用淘宝的七天无理由退货、运费险两大游戏规则，赚取快递费和保险公司赔付之间的差价。例如，在淘宝店购买 1 件商品，花 0.5 元购买运费险，显示退货的话，保险公司会承担 10 元运费，但实际上他们将商品退给卖家的快递费可能只有 6 元，中间这 4 元的差价就落到了自己的腰包。

4. 商品品质保障问题

网上购物这种新的购物方式已经逐渐深入人们的日常生活中，而且商品价格也经济实惠。可不少电子商务营销企业就是利用消费者无法看到商品的实样和无法当面交易，为了牟取暴利，制造假冒伪劣商品坑害消费者。消费者协会经常对网上购物者因缺乏发票而爱莫能助，并一再提醒消费者在网上交易前一定要仔细查询卖家的信用度，保留交易记录。不要私下交易，交易完成后一定要索取购物凭证。另外，网上购物买来次品、办会员卡服务缩水、数码相机维修困难等现象经常发生。

5. 商业信息的安全问题

互联网是一个完全开放的网络，任何一台计算机、任何一个网络都可与之相连，并利用网络发布信息，获取与共享网络资源，或进行各种网上商务活动，直接促成了一个网络经济时代的到来。但是，这种开放式的信息交换、资源共享和分布方式增加了网络的脆弱性和易受攻击性。一些别有用心的个人或组织经常利用互联网进行作案，小到盗取 QQ 秘密、银行秘密，大到窃取商业机密、破坏网络的正常运行，阻碍电子商务的发展。

6. 商业信用问题

商业信用问题主要包括以下 4 个方面的问题。

(1) 商品品质的信用

由于电子商务的虚拟性，使交易过程虚拟化，消费者在交易完成前无法看到商品的实样，不能当面交易，暴露出来的问题日益严重，一些企业不讲信誉，出售假冒伪劣产品，消费者对商品的信任度很差，缺乏网上购物的信心。

(2) 支付手段中的信用

电子商务的“无纸化”和“无址化”对参加交易的各方提出了更高的信用要求，而处于转型期的中国社会，传统的“义理社会”价值体系正逐渐削弱，基于法律基础上的“契约社会”观念远未形成，人们信用观念的淡漠对电子商务活动中作为核心环节的支付手段问题带来了极大的负面影响，信用卡、借记卡、储蓄卡、邮局汇款和货到付款等多种支付形式结合的中国电子商务支付手段远未转变为合格的电子商务支付。

(3) 物流配送中的信用

物流配送是电子商务的一个重要环节，令用户满意的物流配送是使消费者信任电子商务这种先进的商业运作方式的信心保证。技术因素是保证物流配送中的信用的一个方面，而是否具有良好的商业伦理，对消费者实行一种真正负责的态度，也是其中一个非常重要的方面。

(4) 售后服务的信用

售后服务是商品品质的保证和延伸，是消费者能够正常、长期、稳定使用商品的保障。在目前我国电子商务活动中，还没有树立售后服务意识，没有建立起系统的售后服务体系。

7. 产生道德问题的原因

以上问题产生的原因归结到底就是缺乏道德的约束。在网络经济扑面而来时，电子商务大潮席卷全球，而当网络必须担负起商务媒介的任务时，道德危机一下子成为一个障碍。网络上到处都是谎言、骗子，到处都是陷阱和骗局。据不完全统计，全球每年在网络上发生的投资诈骗金额就高达几十亿美元。

造成以上这些问题的原因归纳起来主要有以下几方面。

(1) 诚信基础薄弱，导致电子商务交易社会信任度低

现实社会中，假冒伪劣商品肆虐、虚假广告泛滥、信用卡诈骗等诚信问题每天屡见不鲜，几乎成了普遍现象；而电子商务作为不见面的交易模式，更难得到消费者的认同，而“无商不奸”的观念在人们的思想中根深蒂固，企业与企业、企业与消费者、人与人之间防范多于信任，都是电子商务发展的心理障碍。

(2) 信用制度不健全，导致电子商务交易社会信任度低

我国信用系统严重滞后，还未建立起健全的诚信管理体系，缺乏有效的失信、违规行为监督惩罚机制，市场化运作模式虽已初露端倪，但运作存在不规范现象，未形成有效的行政管理机制，行业自律机制尚未形成，因此严重影响了电子商务的正常发展。

(3) 信息不对称，导致信誉度低

在电子商务贸易中买卖双方都对对方的信息不够了解，极易导致产生信任危机，网络交易同样是要讲信誉的。这有两方面的含义：一方面是商家不发布虚假商品、销售信息，即商家的信誉度；另一方面是网络购物者提交订单后不会无故取消，即买家的忠诚度可靠。但实际上往往难以实现。

(4) 信息安全系统尚未建立起来

操作系统安全是网络安全的基本保证。目前我国没有构筑一个安全可靠的电子商务安全屏障，这就导致网络病毒肆虐，网络犯罪猖獗，黑客行为频频发生，这些都对网络安全系统构成威胁，并且严重危及网络环境的安宁。

(5)缺少相应的政策法规、行业规范

国内还缺少针对网络购物的政策和法规，例如，税务问题，网络购物行业规则、规范等。在这种情况下，很多网上商业活动要遵循传统商业的政策，对模式不同的网络购物发展造成了一定程度的阻碍。因此，网络购物呼唤相关政策、法规的出台来保障自身的健康发展。

10.2.2 电子商务应用中道德问题的解决措施

目前，我国的法律法规建设还没有与电子商务发展进程相适应。在这种情况下，很多电子商务活动只能遵循传统商业政策，对不同模式的电子商务发展造成了一定程度的阻碍，不利于电子商务的发展。针对电子商务应用中道德引发的问题，要采取一些措施加以改善。

1. 培育以诚信为核心的社会道德规范体系

首先，要继承和发扬传统道德。传统的道德观念虽然已经不完全适应现代市场经济的发展了，但其重“义”轻“利”的观念仍值得我们继承和发扬。它虽然不可能把每个人都培养成君子，但却可以极大地减少社会中的势利小人，极大地净化社会道德风气，净化电子商务发展的文化环境。

其次，要加强公民道德建设。在电子商务应用中，不讲道德的人只是社会的极少数，而绝大部分人还是重道德的。一个社会的道德水平就体现在普通公民的身上。中华人民共和国教育部2001 年颁布的《公民道德建设实施纲要》制定了公民道德基本规范，为人们明辨是非善恶提供了道德依据。但是，历史和实践表明：道德在社会中的作用大小，并不取决于道德规范数量的多少，而取决于基本道德规范在社会成员中的知晓度、信奉度和履行度。所以，有了道德规范，还必须大力宣传，促使人们去努力履行。

再次，要完善网络道德规范。电子商务是通过网络完成的，网络的虚拟性和网络主体的个人离散化状态，使网络行为不能被舆论所监督，也无法被传统的依靠舆论制约的道德约束。马克思说：“人们按照自己的物质生产的发展建立相应的社会关系，正是这些人要按照自己的社会关系创造相应的原理、观念和范畴。”所以，网络社会的无序状态也需要人们按照自己对和谐、诚信、虚拟社会的向往，本着诚信、自由、民主、平等的原则来建立网络道德。

2. 营造讲诚信的社会法制环境

康德曾经说过：“良好的国家体制并不能期待于道德，倒是相反的，一个民族良好道德的形成首先要期待于良好的国家体制。”在现代市场经济社会中，法律是诚信的重要保障。特别是建立在虚拟技术上的电子商务的发展更不可能依靠所谓的“君子协定”来维系。任何一次交易和合约都必须以法律的形式，明确各自的责、权、利关系和违约所应承担的后果，才有可能使每个人按要求完成交易。完善社会的经济、法律制度体系，建立与电子商务发展相适应的电子商务法规，是我们营造和保护讲诚信的社会环境的首要任务。

3. 构建企业诚信经营的管理体系

企业发展最需要诚信，而企业活动又最容易丧失诚信。我们应该思索如何才能使电子商务企业本身健康发展。首先，应该建立起诚信自律机制，把诚信作为企业和企业领导者的理念，作为企业追求的目标。其次，企业应该把诚信与企业的经济效益紧密结合，防止急功近利的思想。再次，企业应该认真制定明确的诚信经营准则，使企业职工明确什么是诚信行为，怎样做才符合诚信准则，把企业的诚信经营准则转化为自己的自觉行动。在全企业范围内对企业职工实施诚信教育，以此确立企业职工诚信经营意识，提高诚信经营水平。

电子商务发展中需要的诚信，是一种经济契约关系，也是基本社会道德规范。所以，只有政府、企业、社会公民的共同努力才能营造浓厚的社会诚信文化氛围，为我国电子商务的发展扫清道德障碍。

10.3　电子商务应用中的隐私权保护

隐私权保护是电子商务应用中必须考虑的重要问题。下面先讨论隐私权的概念和特点，然后讨论电子商务中侵犯隐私权的主要形式和电子商务应用中的隐私权保护问题。

10.3.1　电子商务隐私权的概念和特点

“隐私权”概念和理论是由美国法学家萨缪尔和路易斯于 1890 年首次提出的。两位学者认为，经过优秀文明熏陶的人们，对公开化更为敏感，因而隐居或隐私对于每个人来说，则变得更为重要。在他们的开拓性研究之后，各国的法学家对隐私权问题产生了普遍的兴趣并进行了大量的研究。

但是迄今为止，各国立法对“隐私权”这一概念并无一个十分明确的定义。国外理论中的综合说认为，隐私权是个人对其私人领域的一种控制状态，包括是否允许他人对其进行亲密接触的决定和他对自己私人事物的决定，它强调的是任何人均应有不受干扰的权利。

我国民法学家则认为，隐私权是指“公民享有的私人生活安宁与私人信息依法受到保护，不被他人非法侵犯、知悉、搜集、利用和公开的一种人格权。”应当说隐私权制度的确立和发展是人格制度发展到一定阶段的必然产物，也是人类文明进步的重要标志。

电子商务是采用电子方式开展的商务活动，包括在供应商、客户、政府机关及其他参与方之间，通过任何电子工具共享商务信息，来完成商务活动、行政活动和消费活动的各种交易。因此，电子商务中的隐私权也就将传统隐私权升华到了电子商务这个大环境下的隐私权。在这个大环境下，隐私权具有了新的特点。

(1) 隐私权的范围发生了变化

传统形式下，隐私权是指“个人秘密，个人生活中不愿为他人所知的秘密，包括私生活、日记、储蓄、通信等”。但在电子商务环境下，隐私权更多地表现为个人数据，如姓名、性别、身高、家庭住址、职业、财产、婚姻等。

(2) 隐私权的性质发生了变化

传统形式下，隐私权是一种独立的人格权。但在电子商务环境下，隐私权又具有了新的特性，具有了财产权的属性。因为个人数据之所以会受到侵犯，是由于它具有了经济价值，具有了财产属性。

(3) 隐私权的保护心态发生了变化

传统形式下，隐私权主要表现为一种“禁”的权利，是一种消极的权利。而在电子商务的环境下，保护隐私权的目的更多的在于防止个人数据的滥用，是一种积极的权利。

10.3.2　电子商务隐私权侵犯的主要形式

电子商务应用中侵犯隐私权的主要形式有以下几种。

1. 任意收集个人数据

当前电子商务经营者为自身经营目的或其他特定目的，经常任意收集和使用消费者个人信息。电子商务经营者收集消费者个人信息的主要方式是 IP 跟踪。在互联网上，每个用户都会被分配给一个唯一的 IP 地址。每一个被访问的站点都会得到该用户的 IP 地址。这些地址可被用来产生出一份该用户的记录，服务商可以根据该记录，清楚地了解到用户网上的行踪。网络服务商还可以通过“网络小甜饼”(cookies)之类的追踪软件来追踪用户在网上的行为，收集其兴趣或者其他个人可识别信息，然后根据这些信息，向消费者有针对性地发送广告，或者把这些信息出售给他人。这样，我们在任何时间登录任何一家网站，浏览任何一条新闻，选择、比较任何一种商品，都会被网络服务商详细记录在册。更为可怕的是，通过网上病毒程序非法收集个人资料。

2004 年 8 月 18 日，江民科技公司截取一款“黑洞”病毒，该病毒能够自动搜索用户客户端，并且能够绕过部分防火墙直接“植入”用户计算机当中。它不但能够像“蜜蜂大盗”那样自动开启用户的摄像头偷窥隐私，盗取用户所有密码，掌握用户计算机的所有资料，而且还具有录音功能，能够偷录下用户语音、视频聊天的一切隐私。

收集个人数据的另一种常用方法是，当消费者在上网浏览或者购物的时候，被要求填写含有个人数据的表格。还有的经营者以市场调查、会员注册的方式收集个人数据。通过病毒程序或者窃听程序等、在消费者个人不知情的情况下收集个人信息很明显侵害了消费者的隐私权，不再赘述。即使在消费者个人知情的情况下收集其个人信息也可能构成侵权。是否构成侵权关键取决于网络服务商使用所收集的个人数据是否超过必要的范围，是否经过消费者本人的授权。

2. 深层次开发利用个人数据

消费者享有个人信息控制权，除非经消费者特别授权或公共机关为公共管理需要而使用个人信息以外，均构成侵权。

在电子消费或交易中，消费者提供必要信息只允许用于其本身的目的，而不能用于其他目的，更不能被散发或任意传播甚至被出卖。未经当事人同意，个人资料被用于与收集的个人资料事由无关的目的即为不正当的利用。当前，许多网络服务商都不公布其所收集的个人信息的使用政策，也不承诺不将这些信息用于规定目的、范围之外的活动，经常将收集到的个人数据进行再次开发利用，建立起种种类型的资料库。实际上，电子商务中的个人数据不但具有价值，更有成为商品的可能。现实中，个人数据已经成为商品在网络上买卖，甚至出现了专门的公司公开在网站上推销个人数据。

3. 非法转让个人数据

个人数据被不当利用还表现为个人数据被擅自非法转让。个人数据在电子商务中的流转主要有两种形式。一种是商家之间相互交换各自收集的信息，或者是与合作伙伴共享信息。这种共享使个人数据用于交易以外的目的，使个人数据有可能被更多的商家知晓和利用，无异于变相侵害个人隐私；另一种是将个人数据作为“信息产品”销售给第三人或转让给他人使用。由于这种方式将个人资料商品化却没有向消费者个人支付任何对价，所以这是对个人隐私侵犯最为严重的一种侵权行为。美国最大的网络广告商 Double Click 公司就因不当获取及销售网络个人材料而曾受到指控。

10.3.3　电子商务侵犯隐私权保护建议

信息技术和网络技术的发展，使得对消费者个人信息的收集、储存、处理和销售有着前所未有的能力和规模，也就使得网络隐私的技术保护显得尤为脆弱。虽然许多网站在收集消费者信息时声称对个人信息的安全负责。但是，不少网站并没有像事先承诺的那样采取措施，加以保密，有的甚至还擅自将用户个人信息出卖给其他网站，牟取暴利。更别说在消费者不知情的条件下，个人信息隐私权被侵犯。因此，有必要加强电子商务中个人信息隐私权的保护。电子商务中个人信息隐私权的保护问题，可以通过自我保护手段、技术手段、法律法规手段和行业自律手段4种手段来加以保护。

1. 自我保护手段

法律规定、行业自律总不免滞后于技术发展，电子商务中由于是消费者本身的隐私权被侵犯，这就要求在电子商务中消费者个人信息隐私的保护上，消费者个人信息主体应增强自我保护意识，积极使用有效的技术保护手段，保护自己的个人信息隐私权免遭他人侵犯。注意商家的隐私政策，了解商家对个人信息资料收集、使用的声明，并尽可能地选择使用安全、加密的软件，小心对付垃圾邮件等。

北京市工商局下发的《关于在网络经济活动中保护消费者合法权益的通告》中第16条就规定："消费者在利用互联网购买商品或接受服务时，应当注意识别网站合法备案标识，并注意识别网上经营者的真实身份，加强自我保护意识"。

2. 技术手段

消费者通过自身的学习，提高计算机及网络使用技术水平，通过技术办法，尽可能地减少电子商务中消费者个人信息在不知情时被收集的情况，如运用一些安全的、专业的软件。及时删除访问纪录、清除访问痕迹；使用反小甜饼工具，拒绝接受小甜饼；用防火墙技术和加密技术保障个人信息。

但是，"道高一尺，魔高一丈"，技术手段可以起到一定的保护作用，但破解技术屏障的手段也在日新月异。每出现一种新的侵犯电子商务中消费者个人信息隐私的方式，就接着会有克制这种侵权行为的新技术、新产品。但是反过来，克制侵权的新技术、新产品的出现，又必然会刺激新的侵权手段的产生。周而复始，无限循环。况且，技术保护手段，还需要消费者付出一定的成本，需要消费者有一定的计算机网络知识，所以技术手段对电子商务中消费者个人信息的保护只可保护一时，并不能彻底保护。

3. 法律法规手段

有关统计表明，关于网络购物的投诉案例一直呈上升势头，在电子商务中消费者权益受到侵害的事件屡屡发生。而我国现有的对电子商务消费者权益的法律保护规定很薄弱。《民法通则》《合同法》《消费者权益保护法》《电信条例》《计算机信息网络国际联网管理暂行规定》《计算机信息网络国际联网安全保护管理办法》等规定，其原有的消费者权益保护法的多数条文很难直接适用到电子商务中，而电子商务正在蓬勃发展，所以，应当制定有关的电子商务中隐私保护的法律来切实保护电子商务中消费者的隐私权。

由于我国长期缺乏对隐私权明确的法律保护，欲对电子商务中消费者的隐私进行切实保护，必须首先确立隐私权的地位。其次在电子商务中消费者的隐私权保护方面的法律法规的规定中，应包含对因合法获得电子商务中消费者隐私预先告知责任和信息保密责任的规定，不得随意泄露或与第三方交易；对非法获得电子商务中消费者隐私的禁止。在电子商务中消费者隐私的使用上，应取得消费者的许可或法定授权，不得随意篡改、增删个人信息，保证个人信息的完整、真实，正当使用消费者个人信息。对法定授权使用的目的、范围、使用的机关、程序和内容等做出明确的规定，不得将所收集的信息用作他用。违反以上规定，必须承担相应的损害赔偿责任，以此加强对网上侵犯消费者权益的监管。

4. 行业自律手段

由于网络信息空间广、容量大、传输快，单纯依靠政府通过立法或司法监督来切实保护电子商务中消费者个人信息隐私权已不大可能，毕竟有一定的局限性。因此，行业自律也是保护电子商务中消费者隐私权的一个不可或缺的手段。很多网络业发达的国家在加强立法的同时鼓励行业自律。依照法律和行业惯例制定个人信息资料使用政策和隐私权保护政策。

中国互联网协会于2002年公布了《中国互联网行业自律公约》，公约第8条规定：自觉维护消费者的合法权益，保守用户信息秘密；不利用用户提供的信息从事任何与向用户做出的承诺无关的活动，不利用技术或其他优势侵犯消费者或用户的合法权益。这说明业界已经认识到行业自律的重要性和必要性。并已经开始了积极的行动。

综上所述，只有将消费者自我保护手段、技术手段、国家法律法规手段及行业自律手段有机融合，才能使电子商务应用中隐私权的保护有一个好的实践效果。

10.4 电子商务应用中的知识产权保护

在世界经济发展的今天，知识产权的作用越来越重要，并且成为经济发展的重要基础。新兴技术如信息产业尤其需要知识产权的保护。随着电子商务应用范围和领域的不断扩大，其活动不可避免地存在着与传统的知识产权法律保护问题的冲突。因此，在知识经济时代，发展电子商务的同时加大对知识产权的保护已刻不容缓。

10.4.1 知识产权的概念与特点

知识产权是指人们基于自己的智力活动创造的成果和经营管理活动中的经验、知识而依法享有的权利。

《中华人民共和国民法通则》规定，知识产权是指民事权利主体（公民、法人）基于创造性的智力成果。世界知识产权组织（WIPO）将知识产权分为两种形式：工业产权和著作权。其中工业产权包括专利、实用新型、工业品外观设计、商标、服务标记、厂商名称、产地标记或原产地名称、制止不正当竞争等项内容。而著作权是指作者对其创作的作品享有的人身权和财产权。人身权包括发表权、署名权、修改权和保护作品完整权等；财产权包括作品的使用权和获得报酬权，即以复制、表演、播放、展览、发行、摄制电影、电视、录像或者改编、翻译、注释、编辑等方式使用作品的权利，以及许可他人以上述方式使用作品并由此获得报酬的权利。

知识产权具有以下几个特点。

(1) 无形性

知识产权的客体指的是智力创作性成果（也称知识产品），是一种没有形体的精神财富。

(2) 双重性

某些知识产权具有财产权和人身权双重性。例如著作权，其财产权属性主要体现在所有人享有的独占权以及许可他人使用而获得报酬的权利，所有人可以通过独自实施获得收益，也可以通过有偿许可他人实施获得收益，还可以像有形财产那样进行买卖或抵押；其人身权属性主要是指署名权等。有的知识产权具有单一的属性，例如，发现权只具有名誉权属性，不具有财产权属性；商业秘密只具有财产权属性，不具有人身权属性等。

(3) 确认性

无形的智力创作性成果不像有形财产那样直观可见，因此，确认智力创作性成果的财产权需要依法审查，确认得到法律保护。例如，发明人所完成的发明创造，其实用新型或者外观设计已经具有价值和使用价值，但是，其完成人尚不能自动获得专利权，必须依照《中华人民共和国专利法》的有关规定，向国家专利局提出专利申请，专利局依照法定程序进行审查，申请符合专利法规定条件的，由专利局做出授予专利权的决定，颁发专利证书，只有当专利局发布授权公告后，其完成人才享有该项知识产权。又如，商标权的获得，我国实行注册制，只有向国家商标局提出注册申请，经审查核准注册后，才能获得商标权。

(4) 独占性

由于智力成果具有可以同时被多个主体使用的特点，因此，法律授予知识产权一种专有权，即具有独占性。未经其权利人许可，任何单位或个人不得使用，否则就构成侵权，并承担相应的法律责任。法律对各种知识产权都规定了一定的限制条件，但这些限制条件不影响其独占性特征。少数知识产权不具有独占性特征。例如，技术秘密的所有人不能禁止第三人使用其独立开发完成的或者合法取得的相同技术秘密。

(5) 地域性

知识产权具有严格的地域性特点，即各国主管机关依照其本国法律授予的知识产权，只能在其本国领域内受法律保护。例如，中国专利局授予的专利权或中国商标局核准的商标专用权，只能在中国领域内受保护，其他国家则不给予保护，外国人在我国领域外使用中国专利局授权的发明专利，不侵犯我国专利权。著作权虽然自动产生，但它受地域限制。我国法律对外国人的作品并不都给予保护，只保护共同参加国际条约国家的公民的作品。同样，公约的其他成员国也按照公约规定，对我国公民和法人的作品给予保护。

(6) 时间性

知识产权具有法定的保护期限，一旦保护期限届满，权利将自行终止，成为社会公众可以自由使用的知识。至于期限的长短，依各国的法律确定。例如，我国发明专利的保护期为 20 年，实用新型专利权和外观设计专利权的期限为 10 年，均从专利申请日起计算；我国公民的作品发表权的保护期为作者终生及其死亡后 50 年；我国商标权的保护期限自核准注册之日起 10 年，但可以根据其所有人的需要无限地续展权利期限，在期限届满前 6 个月内申请续展注册，每次续展注册的有效期为 10 年，续展注册的次数不限，如果商标权人逾期不办理续展注册，则其商标权也将终止；商业秘密受法律保护的期限是不确定的，该秘密一旦为公众所知悉，即成为公众可以自由使用的知识。

10.4.2 电子商务应用中知识产权保护现状

在现实世界中，知识产权的侵权行为屡见不鲜，而网络环境所特有的匿名性和信息的开放性使得虚拟世界中的知识产权保护困难重重。

目前，虽然已经有一些针对在线知识产权保护的法律法规出台，维护互联网的信息产权的安全性，但网上知识产权侵权行为仍然相当普遍。有关知识产权主要有以下几种：著作权；专利权；商标权和域名。

(1)著作权

电子商务中具有独创性的内容，可以通过著作权及相关权利予以保护。电子商务中的著作权问题，主要集中在商务信息著作权、向公众传播权、复制权、互联网的数据库保护等方面。互联网使用者或内容提供商在未获得授权的情况下，在自己的网站页面、电子布告栏等论坛区擅自复制、传播、转载他人作品；非法使用共享软件；擅自破解著作权人对作品所采取的技术措施，有偿或无偿向其他网络用户提供破解版，从而侵害网络著作权人的发表权、署名权、保护作品完整权、修改权等权利。虽然在线内容服务提供商的商业模式几年之前就出现了，但在线的数字化信息购买远未普及。相反，网上几乎零成本的复制使得数字化信息的非法复制十分猖獗。

近年来，有关网上著作权侵犯的报道十分普遍。网上著作权侵犯主要有两个形式：一是在未得到著作权人许可的情况下将擅自复制的作品上传到网上，如MP3音乐文件等；二是通过链接形式将其他网站的资源集中到自己的网站，并供使用者免费下载。

(2)专利权

电子商务的发展催生了新的商业方法，专利保护也由过去仅针对有形商品的创新发明扩大到无形商品的创新发明。电子商务专利权涉及很多新型主体，包括电子商务软件以及电子商务商业方法和模式，而由于网络的公开性，这些无形产品专利保护难以实施。关于在网上公开技术信息是否影响专利的新颖性、是否影响专利的申请，没有明确的法律进行规范。此外，由于专利法属于国内法，带有明显的地域性，网上侵权行为不易觉察，网络中对专利权的使用又进一步复杂化，侵权管辖权问题仍在探讨之中。

因此，在各方面的法律规范尚未成熟并且有关电子商务专利认定存在很大的地域差异的情况下，专利权的侵权行为在网络环境中十分普遍。网络上很多提供共享软件下载的网站，尤其是对电子商务方法和模式的保护十分薄弱，具有创新性的电子商务方法很快就会被竞争对手复制。

(3)商标权和域名

商标代表了企业形象，因此商标权保护在电子商务活动中的作用不容忽视。然而，网络环境下的商标(如动态商标、电子商标等)与传统商标制度之间存在冲突，网络上存在的商标链接与隐性商标带来了相关的新的侵权问题。

在电子商务活动中，域名也和商标类似，代表着企业的形象，目前域名恶意抢注问题已成为电子商务中的常见问题。互联网的域名分配机制决定了域名的唯一性，而我国商标法实行的是商品或服务的分类管理，因此网上域名与商标的管理必然发生冲突。关于域名是否具有知识产权属性的问题尚无定论，然而实际上域名相当于企业的无形资产。

近年来，网络环境中的纠纷问题不断，很多国际名牌的品牌被抢注并产生纠纷。有时不少知名企业不得不花巨资买回被抢注的域名。世界范围内，各国对域名纠纷极为重视，所采取的措施也比较一致，一些国家制定了机制以规范域名管理，但电子商务的跨地域性以及域名的唯一性使得对域名的有效管理必须建立在国际合作的前提下。

10.4.3　电子商务应用中保护知识产权的对策

我国在知识产权法律制度建设方面，在短短的几十年时间，走过了发达国家 100 多年所走过的立法过程，并取得了成就。在不断完善知识产权法律制度的过程中，现在又面临着高科技电子商务活动深度开放的挑战。

尽管我国关于知识产权保护方面已经达到了发展中国家的先进水平，但是，从尊重知识产权、建立完善的激励机制、维护社会竞争秩序方面看，我国在对知识产权保护方面的工作仍有待结合电子商务的发展趋势进一步完善。

1. 制定更多相关的法律来规范电子商务环境下的知识产权保护

结合电子商务知识产权的特殊性完善立法。传统的保护知识产权的法律往往不能适应电子商务环境，因此，亟须制定更多相关的法律来规范电子商务环境下的知识产权保护。电子商务环境下的信息可以瞬间复制并以极低的成本广泛传播，所以应当明确界定电子商务活动中合法和非法行为，减少原有法律对新形式的网络知识产权的不适用。

关于“域名”、“电子商务模式”、“电子商务方法”等到底是属于商标、专利还是著作权法律的问题，必须有明确的规定。电子商务中知识产权保护体系已有很多成型的国际公约，我国也制定了《专利法》《商标法》《著作权法》《计算机软件保护条例》等一系列知识产权保护的法律法规，初步形成与国际经济贸易接轨的知识产权法律保护体系。

尽管近年来我国在关于知识产权保护方面的立法情况逐渐改善，但与发达国家相比仍有待进一步完善。

2. 加强电子商务知识产权法律的实施与国际合作

网络信息传递的迅速和无形的特征使得电子证据的取证和真实性确认的工作难以实施，网络的无国界使得电子商务可以触及全球市场。然而，由于全球各地区立法的程度对知识产权保护的力度存在差异，电子商务的这个优势使得在线知识产权保护十分棘手。

在欧美发达国家，有关知识产权保护的立法较完善，对未授权的使用者惩罚也较严厉。在不少欠发达地区，盗版非常猖獗，也没有相应的法律进行有效的约束。电子商务环境下的知识产权保护是一个全球性的事业，应用“木桶原理”，如果有部分国家保护的力度不够或忽视这个问题，知识产权保护还是无法达到令人满意的效果。

因此，各国应该加强电子商务知识产权保护的合作，使得网上传播信息在世界各地能得到同样的保护。

3. 加强企业的知识产权管理

不少企业缺乏知识产权保护的意识。其实企业的数据库、运作模式、特有的管理方式都是企业的知识产权，是保持其核心竞争力的重要因素。大中型企业应加强知识产权的组织管理，建立知识产权管理部门，形成自身知识产权管理体系，对企业的知识产权工作进行管理，小型企业可借助知识产权咨询机构和研究院所的力量进行管理，委托中介来制定出符合自身发展的知识产权管理方案，提高知识产权管理的效果。

10.5 电子商务应用中的政府行为

电子商务应用中的政府行为是影响电子商务应用发展的重要因素。电子商务应用，从一开始就受到各国政府的高度重视。电子商务应用中的政府行为，既包括对电子商务发展的促进，也包括对电子商务环境的监管，主要体现在电子商务应用发展的政策与法规上。作为社会和市场管理者，政府需要加强对电子商务有效的监管，履行市场监管者的责任，以保证电子商务市场健康、有序发展。有效的政府监管，可以为电子商务应用的健康发展提供良好的外部环境。

10.5.1 对电子商务应用发展的促进

美国政府不断完善电子商务政策，使之渐成体系。为了保持和扩大在电子商务方面的领先优势，近几年来美国政府陆续出台了一系列有关电子商务的政策法规。1996 年 12 月，美国政府提出了《全球电子商务纲要》文件；1997 年 12 月 11 日，美国政府发表了《全球电子商务框架白皮书》，指出政府有必要修改和制定法律，尽快建立规范的电子商务法律体系；1998 年，美国参众两院分别通过了《互联网免税法案》，规定在三年内禁止征收新的互联网访问和服务税；1998 年 5 月，美国商务部发布《新兴的数字经济》报告，1999 年 6 月，美国商务部发布了第二份《新兴的数字经济》报告；2000 年 3 月，美国与欧盟就网上隐私和保护问题达成协议，促进美欧电子商务协调发展；2000 年 6 月 5 日，美国商务部发布了《数字经济 2000 年度报告》；2000 年 6 月，美国众议院通过法案，确认电子签名的法律地位。这一系列政策、法规的出台，为美国电子商务的发展扫清了障碍，营造出了一个良好的发展环境。

我国政府也十分重视电子商务发展，2001 年，《中华人民共和国电子商务法》（示范法）正式成行，面向全国专家学者征求意见；2005 年，实施《中华人民共和国电子签名法》；2005 年，国务院办公厅发布文件《关于加快电子商务发展的若干意见》（国办发[2005]2 号）；2009 年，商务部商贸服务司发布文件《促进加快流通领域电子商务发展》（商商贸发[2009]540 号）；2010 年，国家工商总局发布《网络商品交易及有关服务行为管理暂行办法》（国家工商行政管理总局令，第 49 号）；2011 年，商务部发布《第三方电子商务交易平台服务规范》（公告 2011 年第 18 号），发改委、商务部等 5 部委联合下发《关于开展国家电子商务示范城市创建工作的指导意见》。2011 年 11 月 16 日，国家发改委在深圳召开“国家电子商务示范城市、国家物联网云计算试点示范、国家创新能力建设”授牌表彰大会。北京、天津、上海、重庆等 21 个城市（后增加到 23 个）被授予“国家电子商务示范城市”牌匾。这 23 个城市包括北京市、天津市、上海市、重庆市、青岛市、宁波市、厦门市、深圳市、哈尔滨市、武汉市、广州市、成都市、南京市、长春市、杭州市、福州市、郑州市、昆明市、银川市、南宁市、吉林市、苏州市，汕头市。2013 年 10 月 31 日，商务部以商电函[2013]911 号印发《关于促进电子商务应用的实施意见》，该《意见》分工作目标和原则、重点任务、保障措施三部分，重点任务是：引导网络零售健康快速发展；加强农村和农产品电子商务应用体系建设；支持城市社区电子商务应用体系建设；推动跨境电子商务创新应用；加强中西部地区电子商务应用；鼓励中小企业电子商务应用；鼓励特色领域和大宗商品现货市场电子交易；加强电子商务物流配送基础设施建设；扶持电子商务支撑及衍生服务发展；促进电子商务示范工作深入开展。2014 年，国务院办公厅印发《关于促进内贸流通健康发展的若干意见》。2014 年 3 月 20 日，国家发改委和财政部、商务部等部门联合下发通知，为贯彻落实《国务院关于促进信息消费扩大内需的若干意见》(国发[2013]32 号)中关于加快推进电子商务示范城市建设的工作部署，按照国家发展改革委等 13 部门办公厅《关于进一步促进电子商务健康快速发展有关工作的通知》(发改办高技[2013]894 号)的有关要求，经研究并评议论证，同意东莞市、义乌市、泉州市、莆田市、徐州市、长沙市、株洲市、温州市、贵阳市、宜昌市、赣州市、常州市、济南市、台州市、潍坊市、呼和浩特市、西安市、揭阳市、烟台市、芜湖市、无锡市、石家庄市、南昌市、沈阳市、洛阳市、兰州市、合肥市、桂林市、襄阳市、太原市共 30 个城市创建国家电子商务示范城市。

2015 年十二届全国人大三次会议上，李克强总理在政府工作报告中首次提出“互联网 +”行动计划。“互联网 +”代表了一种新的经济形态，即充分发挥互联网在生产要素配置中的优化和集成作用，将互联网的创新成果与经济社会各领域深度融合，提升实体经济的创新力和生产力，形成更广泛的以互联网为基础设施和实现工具的经济发展新形态。5 月 4 日，国务院发布《关于大力发展电子商务加快培育经济新动力的意见》(国发[2015]24 号)，进一步明确国家鼓励电子商务快速发展的态度，指明利用电子商务培育经济新动力的发展方向。5 月 15 日，商务部制定发布《“互联网 + 流通”行动计划》，目的是加快互联网与流通产业的深度融合，推动流通产业转型升级，创新服务民生方式，释放消费潜力。《行动计划》的主要任务是，在电子商务进农村、电子商务进中小城市、电子商务进社区、线上线下融合互动、跨境电子商务等领域打造安全高效、统一开放、竞争有序的流通产业升级版，实现流通方式的不断创新、流通效率的大幅提升以及流通环境的进一步完善。《行动计划》提出将培育 200 个电子商务进农村综合示范县、创建 60 个国家级电子商务示范基地、培育 150 家国家级电子商务示范企业、推动建设 100 个电子商务海外仓、指导地方建设 50 个电子商务人才培训基地。

我国政府针对电子商务应用发展，已经做了大量工作，可以概括为如下几个方面。

① 积极制订开发电子商务的发展规划、行动计划和实施方案，同时还要制定法律法规，为全社会开展电子商务创造良好的法律环境。在电子商务发展过程中，政府的主要作用是为电子商务发展创造良好的外部环境，确保有序竞争、合同履行、保护知识产权和私有权利、防假冒、增强透明度、增进商业贸易、促进争端的解决等。

② 率先垂范，即积极推动政府上网，开展 G2B 和设立咨询网站，特别是要以 G2B 带动 B2B 作为发展电子商务的切入点，实现政府信息化、政府公开上网采购，必将推动企业信息化和 B2B 电子商务的发展。

③ 制订电子商务技术标准与标准化模式，使网上交易规范化、标准化，同时加强基础设施建设，构筑社会电子商务平台。

④ 制定优惠政策，积极引导和推进企业信息化，鼓励企业开展电子商务。企业信息化是 B2B 电子商务的基础，但传统企业开展电子商务的速度十分缓慢。因此，必须提高传统企业对电子商务的认识，加快其信息化进程，以促进电子商务的发展。

⑤ 支持电子商务相关技术研究和开发，积极发展信息产业。信息基础设施是电子商务发展的物质基础和载体。发展信息基础设施需要政府和业界的共同努力，尤其需要政府的大力投资和宏观调控。同时，为了维护国家的利益和经济安全，在电子商务相关技术方面一定要注重自主知识产权技术的开发，不能全部依赖进口。因此，必须大力支持电子商务技术的研究开发工作。

⑥ 鼓励发展电子商务教育与培训，积极培养 IT 和电子商务应用人才，吸引国际一流人才。人才是电子商务应用发展的关键。

⑦ 鼓励全民上网，普及计算机应用，形成社会发展基础。提高网络技术水平，加强电子商务的安全性，切实保护用户的利益和隐私，增强企业和消费者的信心。

⑧ 加强电子商务领域的国际合作，谋求建立全球电子商务体系。互联网全球性开放的特点，使建立网上国际贸易自由区的理想成为可能。

在百度上以“电子商务政府”为关键词搜索，可以搜索到大量新闻，从这些新闻中可以提炼出两个要点值得我们注意，第一点是政府对电子商务的扶持正在落实到各个区域，这表示电子商务的政策支持已经从中央部门扩展到了地方政府；第二点是政府对电子商务的扶持呈现百花齐放的态势，措施方法各有不同，但目的都一致，都是致力于从政策上为电子商务扫清障碍。

10.5.2 对电子商务交易行为的监管

与我国流通业创办超级市场、连锁店相比，电子商务只比最为发达的美国晚了几年。一定要抓住这一机遇，利用工商部门转变职能、加大执法力度的契机，不断完善对电子商务市场进行监督管理的模式和思路，全力推动我国以网络经济为代表的新经济形式的发展。

电子商务监管是一个亟待深入研究和实践的课题，特别在当前的起步阶段，作为监管主体的政府，还需要选择好监管的方式和监管的重点领域。例如，消除虚假信息，加强监管的制度设计，并不断探索利用网络手段监管网络，发动群众监管市场，依法、透明、高效、协同地进行监管，促进整个电子商务市场的健康发展。电子商务的虚拟性、多样性和多元化特征使政府对电子商务监管涉及多个部门，主要通过立法形式进行。其监管电子商务的体系与国家的市场监管体制基本相当。从监管的角度看，电子商务的监管主要包括市场经营主体的监管、市场行为的监管以及市场体系的监管，其重点在于对市场行为进行监管。

电子商务涉及消费者权益保护、安全问题、税收、技术标准、知识产权保护等多方面问题，由于其特有的虚拟性和无国界性，使交易的过程中存在不少问题。例如，有的网络公司通过给消费者提供虚假信息进行欺诈，有的消费者利用信用系统骗取商品，有的网站宣称房屋贷款免利息，还有消费者在网上修改自己的不良信用记录，另外还有涉及电子合同的履行、著作权的侵犯等问题。因此，亟须对中国电子商务市场秩序进行必要的规范和整顿。

中国电子商务发展至今，已在国民经济生活中占有重要地位，继续任其不受规则约束地野蛮生长已不合时宜。对消费者的保护、假货和侵犯知识产权现象的整治、对经营者的管理和保护，都会成为今后一段时间监管方工作的重点。从 2014 上半年开始，我国整治电子商务并完善监管制度的大趋势已经形成。2014 年 3 月新消费者权益法出台，6 月 19 日国家工商总局发布《关于开展 2014 红盾网剑专项行动的通知》，从 7 月 11 日起用 5 个月时间开展专项行动，打击通过互联网销售假冒伪劣商品、侵犯商标专用权的行为，关闭一批违法违规经营网站，恰好持续到“双 12”结束之后。在这一行动中，电子商务暴露出来的问题触目惊心，其中最突出的就是假货和侵犯知识产权行为的大量涌现，几乎所有中大型以上电商平台均有问题发生。在红盾网剑行动开展半个月后，聚美优品、京东商城、亚马逊、1 号店等平台的售假行为就被媒体曝光。在“双 11”之前，总局联合中消协约谈了 10 家国内主要电商，但在“双 11”之后的抽检中，天猫及苏宁等 6 家电商平台上却又被查出假货及有质量问题的商品。在“双 11”之前对 10 家电商的约谈中，总局特别强调了“先涨价后降价”以及虚假促销等现象，并禁止虚构成交量和成交额。对于这些在电商中普遍存在的问题，目前并无有效的监管手段加以禁止，但意义在于这个问题已被提上议事日程，这无疑给那些严重依赖这些不法手段实现商业利益的电商平台敲响了警钟。

2015 年 1 月，商务部下发《网络零售第三方平台交易规则制定程序规定(试行)》，规定电商平台在更改规则之前，需备案并公示，广泛征求各方意见。对违反规定的电商平台，除警告外还要对社会进行公示。长久以来，电商的规则制定都是自行其是，一家一个规矩且视情况随意更改，公平性难以保障，甚至为此还闹出过群体性事件。商务部出台的这个规定，意在限制第三方平台随意解释规则的过大权力，进一步保障商家的利益，维持市场公平。

通过上述一系列政策的出台，可以想见监管部门是能意识到电子商务存在的诸多问题的，如假货和侵犯知识产权、虚假宣传、虚假营销、侵害消费者权益、刷单、随意更改规则等。每一个规定的出台，都有相当的针对性，又能给经营者留出调整的缓冲期。事实上在行业发展这个角度上，最好的规则不是令行禁止，而是构建促其向良性转变的机制。

目前我国的电子商务发展迅速，而受我国经济发展水平低、人们的信用意识差、对复杂经济现象的判断力低下等因素的影响，必须发挥政府部门的监督管理作用，引导电子商务向健康的方向发展。各级政府应注重发挥工商行政管理部门的市场监管主力军作用。工商部门在监管各类市场过程中积累了许多宝贵的经验和人才，执行的各种国家法律法规与电子商务密切相关。在我国的电子商务体系中，市场监管应由工商行政管理部门牵头，联合相关部门对电子商务进行监管，工业和信息化部、公安部、商务部、人民银行、科技部等在各自领域进行监管或向工商部门提供技术协助。如图 10-2 所示，是重庆市工商行政管理局的电子商务监管服务网。

图 10-2　重庆市电子商务监管服务网(http://www.cqgseb.cn)

延伸阅读

商业欺诈傍上淘宝：电子商务平台面临假货侵袭

电子商务平台假货频现早已不是新闻……这一系列的商业诈骗背后，则是“标准化”的诈骗手段和运作链条。

在正规专卖店里卖几千元的商品，淘宝网上几百元甚至几十元就能到手！有过淘宝购物经验的人，对这样的感叹不会陌生。而所谓“几百元几十元能到手”的商品，通常情况下是所谓的“A货”，或者干脆就是赤裸裸的假货。

电子商务平台假货频现早已不是新闻，4月23日央视《焦点访谈》栏目刚刚曝光淘宝网售假问题。而比售假更恶劣的是，有人已经开始把在电子商务平台上售卖假货当成专门的“工作”，进行赤裸裸的商业诈骗。这一系列的商业诈骗背后，则是“标准化”的诈骗手段和运作链条。

近日，有淘宝商家反映，目前淘宝网上有店铺以售卖假冒品牌香水为主业，诈骗金额之巨大令人咋舌。而这些店铺的诈骗行为之所以能够屡屡得手，除了低价引诱消费者外，其对于淘宝机制熟稔、进而钻规则的漏洞也是原因之一。

在一位资深淘宝化妆品卖家小岩眼里，淘宝网和部分团购网站已经沦为商业欺诈的“避风港”。

“完美骗局”重复不断

“特价女士淡香水100 ml买一送三”、“特价专柜行货女香(女士香水)128元包邮”……在淘宝网搜索框输入“香水”作为关键词，在搜索页面瞬间出现了很多这样的结果，尤其淘宝页面右侧和下方的淘宝直通车展示位(类似于百度的竞价排名)，更是被这样的商品覆盖。

“这些香水90%以上都是假货。”小岩笃定地对笔者说道。

小岩以自己店铺正在售卖的一款100 ml香奈儿邂逅清新淡香水举例。他称，这款香水在淘宝上很容易就可以搜到99元、128元等这样低价位的促销，但他的进货价就达到575元。

小岩出售的正是所谓的走私香水。走私香水是指通过蹿货、避税等方式，拿到了品牌香水在其他国家和地区的供货。由于区域定价差异，这些产品的价格比国内专柜在售香水价格便宜不少。

据小岩介绍，他的供货商是北京地区走私香水前五大批发商之一，对方主要供给淘宝网上的大型网店。“575元的价格已经接近底价了。”这款香水目前大陆的专柜售价是895元。

那么淘宝网上，价格“低到离谱”的99元、128元的香奈儿邂逅清新淡香水到底货源从何而来？一位业内人士告诉笔者，这些香水大多是劣质的假冒香水，很多用了正品的空瓶，里边灌装的却是“酒精、香精”。在广东珠三角等地区，这样的香水每瓶批发价只有“几十元甚至十几元”。

这些问题香水不仅价格上难以自圆其说，具体到店铺的运营上，亦是疑云重重。比如他们大多是新近注册不久的店铺，其卖家信用级别只有几个小红心；店铺内的宝贝无一例外都是品牌香水，一般商品数量控制在10～20种以内，价格“低到离谱”；在宣传上，更是极尽夸张之词，比如“买一送三”、“特价包邮”、“限时秒杀”等。

而根据小岩的观察，在这些店铺售卖的每个宝贝下面，一般都会有10～20个购买记录和好评，这些好评无一例外都是对产品的褒扬溢美，如肯定产品是正品，称买得划算，等等。此类评价往往采取匿名形式，或者干脆同一注册用户多次购买。笔者点击进去发现，这些用户多为新注册用户。

“就是炒信用！”在一个淘宝化妆品卖家“旺旺群”中，谈及这件事，一位卖家愤慨地说道。他表示，这些评价往往是卖家自己注册了小号反复购买，或者找相关熟人购买，从而达到炒作信用的目的。

一旦信用炒起来，这些专卖假冒香水的店铺便开始“撒网”。他们大多会参加淘宝的限时特价，从而让商品排名更靠前，或者干脆付费加入淘宝直通车从而让自己出现在淘宝搜索的广告位置。而不明真相的买家往往被吸引，进而点击购买。

笔者在1个月累计关注了5家这样的店铺，并对其购买记录进行了截图。这些店铺部分单品的售卖在几天内超过1 000件，甚至个别达到2 000多件。然而，最近几天这些店铺陆续无法打开。

显然，这些问题店铺已经被淘宝查封。但是在小岩这样的淘宝卖家看来，“封店”治标不治本。他以一家已关店铺为例算了一笔账，这些店铺在营业期间售出约2 000多瓶香水，每瓶香水售价128元，从批发市场的进价却不过几十元甚至十几元。换句话说，在短短一个月，净赚超过20万元。

更要命是，这些商家往往是“打一枪换一个地方”，这家店铺查封了，换张身份证重新注册一个店铺再如法炮制。

淘宝的挑战

笔者试图联系这些问题店铺卖家，无一例外都遭到拒绝。一位业内人士告诉笔者，这些卖家诈骗的金额不小，一旦核实，将可能随时面临法律的制裁：“谁会犯傻出来讲呢？”

在调查中，笔者发现以上商业诈骗的诈骗手段和链条化运作已经相当标准化，比如店铺怎么做推广营销，怎么前期找人配合炒作信用，等等。

在小岩看来，目前这些不良商家钻的是淘宝网的机制漏洞，比如淘宝直通车和限时特价，目前都是价高者得之。而淘宝一直以来对店铺的管理和处罚更多的是基于后端的用户举报，前期的商品审核则相对疏忽。

事实上，化妆品假货欺诈只是冰山一角。类似的网络商业欺诈在淘宝平台屡见不鲜。淘宝长久以来深陷这种维权漩涡难以自拔。

2006年，达斯勒体育用品波马股份公司诉淘宝网商标侵权，为43 932个PUMA产品网络商店提供支持平台。波马股份称，这些网络商店遍布全国，大量销售假冒、仿冒PUMA产品。

2009年，淘宝被中国友谊出版公司告上法庭。对此，北京市东城区人民法院认定，淘宝网在网店侵权行为中发挥了重要的辅助作用，应当承担共同侵权责任。淘宝与网上贩卖盗版《盗墓笔记4》的杨某被判决共同赔偿2 000元。

2009年年末，法国护肤品品牌雅漾就假货问题向淘宝发出律师函，提出包括提供销售雅漾的网店资料等要求，这也是国际日化品牌首次向“网购”渠道开刀。

2010年4月，皮尔·卡丹羽绒服代理商江苏世纪依豪服饰有限公司状告淘宝网侵权案在杭州开庭。此次维权案采取了与以往不同的方式，由网络打假团进行全面的市场调查，掌握了淘宝侵权网店的详细情况。

不久前，商务部披露：淘宝网、易趣网等网络购物平台成为网络购物领域侵权和假冒伪劣案件的重灾区，产品主要为“假名牌”。

对此，淘宝网公关经理颜乔回应称，假货是全社会的问题，淘宝作为一个平台，自然也会被假货盯上。他介绍，2010 年淘宝网处理侵权商品 1 400 万件，淘宝对待假货的态度亦非常明确，不会容忍假货的存在：“但淘宝一个平台的力量也是有限的，希望与广大厂商、用户和第三方共同合作打击假货。”

面对“淘宝造假”的指责，阿里巴巴董事局主席马云则大喊冤枉，他称：“淘宝不生产假货，是社会上生产的假货在淘宝上更容易被发现而已。我没有办法把这个假货打掉，因为我不是执法机构，我只能关店。”

谈到此问题时，中国互联网协会政策与资源委员会委员于国富认为，根据侵权责任法第三十六条的规定：“网络用户利用网络服务实施侵权行为的，被侵权人有权通知网络服务提供者采取删除、屏蔽、断开链接等必要措施。网络服务提供者接到通知后未及时采取必要措施的，对损害的扩大部分与该网络用户承担连带责任。”

值得注意的是，侵权责任法上述条款明确了网络服务提供者应当采取的措施是“及时采取必要措施”，比此前外界经常引用的信息网络传播权保护条例中规定的删除通知链接的责任要高。

于国富认为，淘宝网虽然屡次根据权利人的投诉删除部分侵权链接，但是，根据相关证据，淘宝网对于能够识别出来的侵权商品，仅因为其不在权利人的投诉通知上而怠于删除，其行为显然没有达到侵权责任法中规定的“及时”和“必要”。对于那些因为淘宝网怠于删除而继续得以销售的侵权行为给权利人造成的扩大损害，淘宝网应当承担连带侵权责任。

观察(VIEW)

规范与活力如何平衡

李子晨

C2C 集市的海量卖家和商品让淘宝成为了中国最大的电子商务平台。而今，同样的理由亦让淘宝面临监管困局。

当网络购物不再仅仅是一个年轻人时尚行为的表现，而是大多数消费者日常购物的主要途径时，整个网购市场环境的健康与否就变得非常重要。

当然，这不是淘宝网一家的事情。从团购网站到垂直 B2C 平台，无不陷入这样的泥潭。当传统商业欺诈深入互联网经济，规范与活力的天平该如何平衡？这关系着以淘宝网为代表的网络商圈能有多大的未来。

探索解决办法充满艰难曲折。但是，作为一个电子商务行业内的领军企业，淘宝网更须深知，健康的市场环境，不仅仅指的是单纯的商品本身的质量，还包括经营者在这个市场里的发展状态。淘宝网服务好卖家，卖家才能服务好买家，买家才能反过来持续推动淘宝网的发展。如此的生态环境是维持网购市场健康发展的必要条件。

这其中，规则将是保持这个生态圈良性发展最主要的基础保障。阿里巴巴集团法务部副总裁俞思瑛就建议：希望能联合政府共同设计出一套机制，即把网络购物平台上的知识产权纠纷按不同的性质进行分类管理，并跟不同的政府部门或社会团体等进行程序对接，这样才能将网络购物平台的建设方从这个泥淖中解脱出来。

此起彼伏的侵权公司、商业欺诈纠纷，亦让淘宝开始反思并寻找更多解决之道。3 月 14

日，淘宝宣布联合 LV、GUCCI、李维斯、香奈儿、苹果、雅诗兰黛、三星、松下、施华洛世奇等 89 家国际大牌厂商举行网络维权行动。

这次行动中，淘宝将出资购买由品牌商提供的涉嫌侵权的商品，由品牌商和专业第三方机构负责鉴定，一旦确证为假货将根据淘宝规则对相应卖家做出严厉处罚，情节严重的交由工商、公安等相关部门处理。同时这一手段将形成制度，定期开展。

这不啻为网上维权的一次创造性探索和尝试。有业内人士评价认为，淘宝此举有效降低了品牌商的维权成本，使得网上维权更有效率、更有主动性。

然而，这还只是开始，淘宝的网络维权规范之路，将任重而道远。

（资料来源：中国经营报，中国经营网 http：//www.cb.com.cn/deep/2011_0430/204620.html）

讨论题

如何才能有效打击淘宝网上的商业欺诈行为？

本章小结

1. 电子商务外部宏观环境的好坏直接影响电子商务的发展。电子商务外部宏观环境是个大环境，通常又可分为政治环境、经济环境、技术环境、法律环境、人文环境等。

2. 电子商务在应用过程中引发了很多法律问题，如网上欺诈问题、销售服务和售后服务问题、信息安全问题、电子合同与电子证据制度不成熟问题、税收问题、隐私权保护问题、知识产权保护问题等。电子商务要推动，就要解决以上问题，建立人们对网络交易的安全感与依赖感。然而，这不仅要靠技术上构建安全的防范体系，而且更需要在法制体系上予以足够的支持与配合，建立规范健康的法律环境。

3. 目前，我国电子商务还处于初级阶段，各方面发展很不完善，有待进一步提高。只有加大电子商务应用环境的建设，营造一个良好的环境，才能使电子商务健康的发展。

4. 电子商务发展中需要的诚信，是一种经济契约关系，也是基本社会道德规范。所以，只有政府、企业、社会公民的共同努力才能营造浓厚的社会诚信文化氛围，为我国电子商务的发展扫清道德障碍。

5. 只有将消费者个人自我保护、技术手段、国家法律法规保护手段及行业自律手段有机融合，才能使电子商务应用中隐私权的保护有一个好的实践效果。

6. 虽然已经有一些针对在线知识产权保护的法律法规出台，维护互联网的信息产权的安全性，但网上的知识产权侵权行为仍然相当普遍。有关知识产权的内容和侵权行为主要有以下几种：著作权；专利权；商标权和域名。

7. 电子商务应用中的政府行为，既包括对电子商务发展的促进，也包括对电子商务环境的监管，主要体现在电子商务应用发展的政策与法规上。作为社会和市场管理者，政府需要加强对电子商务有效的监管，履行市场监管者的责任，以保证电子商务市场健康、有序发展。有效的政府监管，可以为电子商务应用的健康发展提供良好的外部环境。

8. 电子商务监管是一个亟待深入研究和实践的课题，特别在当前的起步阶段，作为监管主体的政府，还需要选择好监管的方式和监管的重点领域。例如，消除虚假信息，加强监管的制度设计，并不断探索利用网络监管网络，发动群众监管市场，依法、透明、高效、协同地进行监管，促进整个电子商务市场的健康发展。

关键术语

技术环境　法律环境　人文环境　道德问题　隐私权　知识产权　政府行为

思考与练习

1. 电子商务应用外部宏观环境主要包括哪几个方面?
2. 我国电子商务应用环境主要存在哪几方面的问题?
3. 电子商务应用中普遍存在的道德问题主要有哪些?
4. 解决电子商务应用中道德问题的具体措施又有哪些?
5. 电子商务应用中的侵犯隐私权的主要形式有哪几种?
6. 在电子商务应用中，应该如何加强对知识产权的保护?
7. 为什么说政府行为是影响电子商务应用发展的重要因素?

考察与实践

1. 登录中国电子商务法律网，了解最新发布的电子商务法律法规。
2. 考察和分析各地电子商务产业园发展的现状与存在问题。
3. 分组讨论：如何看待“人肉搜索”中的隐私权问题?

参考文献

[1] (美)大卫·范胡斯. 电子商务经济学[M]. 北京:机械工业出版社,2003.

[2] (美)詹姆斯·奥布赖恩,乔治·马拉卡斯. 管理信息系统[M]. 北京:人民邮电出版社,2007.

[3] (美)Ravi Kalakota,Andrew B Whinston. 电子商务管理指南[M]. 北京:清华大学出版社,2000.

[4] (美)Ravi Kalakota,Marcia Robinson. 电子商业(e-Business)——通往成功之路[M]. 北京:人民邮电出版社,2000.

[5] (美)MartinV. Deise,Conrad Nowikow,Patrick King, Amy Wright. 电子商务管理者指南[M]. 北京:清华大学出版社,2002.

[6] (美)杰弗里·雷波特,伯纳德·杰沃斯基. 电子商务导论(第2版)[M]. 北京:中国财政经济出版社,2004.

[7] (美)埃弗雷姆·特班,戴维·金, 等. 电子商务:管理视角(原书第4版)[M]. 北京:机械工业出版社,2007.

[8] (美)埃弗雷姆·特班,戴维·金, 等. 电子商务:管理视角(原书第5版)[M]. 北京:机械工业出版社,2010.

[9] (美)彼得·芬加,哈什·库玛,塔伦·萨尔玛. 企业电子商务[M]. 深圳:海天出版社,2001.

[10] (美)穆罕·梭尼,杰夫·萨宾. 企业E化七步——企业电子商务战略与操作指南[M]. 北京:企业管理出版社,2006.

[11] (美)彼得·德鲁克. 下一个社会的管理[M]. 北京:机械工业出版社,2006.

[12] 黄敏学. 电子商务[M]. 北京:高等教育出版社,2004.

[13] 张宽海,梁成华. 电子商务概论[M]. 北京: 电子工业出版社,2003.

[14] 覃正. 电子商务商业建模[M]. 西安:西安交通大学出版社,2005.

[15] 甘嵘静,陈文林. 电子商务概论[M]. 北京:电子工业出版社,2006.

[16] 李海刚,樊博. 电子商务[M]. 北京:高等教育出版社,2006.

[17] 赵卫东,黄丽华. 电子商务模式[M]. 上海:复旦大学出版社,2006.

[18] 肖萍,王超学. 电子商务网站设计与管理[M]. 南京:东南大学出版社. 2002.

[19] (美)Kenneth C. Laudo, Carol Guercio Traver. 电子商务——商业、技术和社会[M]. 北京:高等教育出版社,2004.

[20] 吴应良. 电子商务原理与应用[M]. 北京:华南理工大学出版社,2002.

[21] 王曰芬,丁晟春. 电子商务网站设计与管理[M]. 北京:北京大学出版社,2002.

[22] 孙杰,张建立. 电子商务实务[M]. 北京:清华大学出版社,2002.

[23] 李建雨,肖松岭. 网络组建与应用大全[M]. 成都:电子科技大学出版社,2006.

[24] 徐天宇. 电子商务系统规划与设计[M]. 北京:清华大学出版社,2006.

[25] 祁明. 电子商务实用教程[M]. 北京:高等教育出版社,2000.

[26] 章学拯. 电子商务[M]. 上海:上海人民出版社,2001.

[27] 方美琪. 电子商务概论[M]. 北京:清华大学出版社,2002.

[28] 黄敏学,廖以臣,吴思,刘茂红. 企业电子商务[M]. 武汉: 武汉大学出版社, 2002.

[29] (美)Brenda Kienan. 电子商务管理实务[M]. 北京:清华大学出版社,2002.

[30] 杨坚争. 电子商务基础与应用(第4版)[M]. 西安:西安电子科技大学出版社,2006.

[31] (美)Brenda Kienan. 电子商务[M]. 北京:北京大学出版社,2001.

[32] 张润彤,王力波. 电子商务基础教程[M]. 北京:首都经济贸易大学出版社 2003.
[33] 方美琪,付虹蛟. 电子商务理论与实践[M]. 北京:中国人民大学出版, 2005.
[34] 矫云起,张铎,张东海,张润彤. 电子商务[M]. 北京:中国铁道出版社,1999.
[35] 张福德. 电子商务概论[M] . 北京:清华大学出版社 2004.
[36] 彭欣. 电子商务实用教程[M] . 北京:中国宇航出版社 2003.
[37] (美)萨蒂普・克里希纳默西. 电子商务管理:课文和案例[M]. 北京:北京大学出版社,2005.
[38] 王学东. 企业电子商务管理[M]. 北京:高等教育出版社,2002.
[39] 王学东. 电子商务管理[M]. 北京:高等教育出版社,2006.
[40] 杜江萍,高京广,孙德林,李健. 电子商务管理[M]. 广州:华南理工大学出版社,2006.
[41] (澳)斯蒂芬・陈. 电子商务战略管理[M]. 北京:北京大学出版社, 2006.
[42] (法)塔菲克・杰拉希. 电子商务战略概念与案例[M]. 东北财经大学出版社,2006.
[43] (美)阿兰・奥佛尔,克里斯托福・得希. 互联网商务模式与战略[M]. 北京:清华大学出版社,2002.
[44] (美)罗伯特・普兰特 .电子商务战略制定[M]. 北京:机械工业出版社,2003.
[45] (美)格里高利・G・戴斯, G. T. 拉普金. 战略管理——创建竞争优势[M]. 北京:中国财政经济出版社,2004.
[46] (美)迈克尔・波特. 竞争优势[M]. 北京:华夏出版社,2005.
[47] 李琪. 电子商务概论[M],北京:高等教育出版社,2009.
[48] 张润彤. 电子商务概论[M]. 北京:电子工业出版社,2003.
[49] 张宽海. 电子商务概论[M]. 北京:机械工业出版社,2007.
[50] 姜红波. 电子商务概论[M]. 北京:清华大学出版社,2009.
[51] 吴清烈. 电子商务管理[M]. 北京:机械工业出版社,2009.
[52] 吴清烈. 电子商务: 理念、误区与未来[J]. 南京邮电大学学报(社科版),2010(2): 55-63.
[53] 吴吉义. 电子商务概论与案例分析[M]. 北京:人民邮电出版社,2008.
[54] (美)克里斯・安德森. 长尾理论[M]. 北京:中信出版社,2006.
[55] (加)泰普斯科特,(英)威廉姆斯. 维基经济学:大规模协作如何改变一切[M]. 北京:中国青年出版社,2007.
[56] (美)约翰・A・皮尔斯二世,小理查德・B・鲁宾逊. 战略管理——制定、实施和控制[M]. 北京:中国人民大学出版社,2005.
[57] (美)布雷德・艾伦・克兰多. 战略化的电子营销[M]. 北京:机械工业出版社,2001.
[58] (美)朱迪・斯特劳斯,雷蒙德・弗罗斯特. 电子营销[M]. 北京:社会科学文献出版社,2003.
[59] (美)乔治・邓肯. 直复营销:互联网、直递邮件及其他媒介[M]. 上海:人民出版社,2003.
[60] (美)Richard Metters, Kathryn King - Metters, Madeleine Pullman. 服务运营管理[M]. 北京:清华大学出版社,2004.
[61] 刘丽文. 服务运营管理[M]. 北京:清华大学出版社, 2004.
[62] (美)彼得・芬加,罗纳尔多・阿罗尼卡. 去伪存真——e 经济的死亡与真正新经济的诞生. 北京:机械工业出版社,2005.
[63] (美)埃里克・布伦乔尔森,格伦・厄尔本. 成功的第二代电子商务战略[M]. 北京:高等教育出版社,2006.
[64] (美)Kenneth C. Laudon, Carol Guercio Traver. 电子商务——商业、技术和社会[M]. 北京:高等教育出版社,2004.
[65] (美)Elias M. Awad. 电子商务: 从愿景到实现[M]. 北京:人民邮电出版社,2009.
[66] 罗文兴. 移动通信技术[M]. 北京:机械工业出版社,2010.
[67] 方美琪,刘鲁川. 电子商务设计师教程[M]. 北京:清华大学出版社,2005.
[68] 秦成德,王汝林. 移动电子商务[M]. 北京:人民邮电出版社,2009.

[69] 杨金月,杨林,孙颖. 客户智能:CRM 的内核[J]. 管理现代化,2002(7):22-25.

[70] 单朝阳,王明. 服务企业 CRM 中的客户智能系统框架及其实现技术[J]. 科技管理研究,2007(5):154-156.

[71] 朱近之. 智慧的云计算——物联网的平台(第 2 版)[M]. 北京:电子工业出版社,2011.

[72] 吴清烈. 电子商务导论[M]. 大连:东北财经大学出版社,2011.

[73] 吴吉义,徐瑶之,吴清烈,杜鹏. 电子商务概论与实例分析[M]. 北京:清华大学出版社,2012.

[74] 吴清烈. 我国电子商务人才培养误区与专业发展思路[J]. 中国大学教学,2015(2):37-41.

[75] 阿里研究院. 互联网 + :从 IT 到 DT[M]. 北京:机械工业出版社,2015.

[76] 王吉斌,彭盾. 互联网 + :传统企业的自我颠覆、组织重构、管理进化与互联网转型[M]. 北京:机械工业出版社,2015.

[77] 许正. 工业互联网:互联网 + 时代的产业转型[M]. 北京:机械工业出版社,2015.

[78] 彭龙,张晨昊. 中国电商市场发展报告[M]. 北京:人民邮电出版社,2015.

[79] (美)乔 · 韦曼 (Joe Weinman). 云经济学:企业云计算战略与布局[M]. 北京:人民邮电出版社,2014.

[80] (美)埃弗雷姆 · 特班,戴维 · 金, 等. 电子商务:管理与社交网络视角(原书第 7 版)[M]. 北京:机械工业出版社,2014.

反侵权盗版声明

举报电话：（010）88254396；（010）88258888

传　　真：（010）88254397

E-mail：　dbqq@phei.com.cn

通信地址：北京市海淀区万寿路 173 信箱

　　　　　电子工业出版社总编办公室

邮　　编：100036

华信经管引进精品

序号	国际书号	书　　名	定价	作　者	出版年月	奖项教辅
1	7-121-24029-4	管理学：全球竞争中的领导与合作(英文注释版·第10版)	69	ThomasS.Bateman	2014-11	
2	7-121-24030-0	管理学基础(第7版)	55	StephenP.Robbins	2015-01	
3	7-121-25296-9	组织：行为、结构和过程(第14版)	69	JamesLGibson	2015-01	
4	7-121-16511-5	创业管理：创立并运营小企业(第2版)	55	Steve Mariotti	2012-04	
5	7-121-18627-1	供应链管理：流程、伙伴和业绩(第3版)	49	Douglas Lambert	2012-11	
6	7-121-15038-8	管理信息系统(第3版)	55	David M.Kroenke	2012-03	
7	7-121-19017-9	国际商务(第3版)	49	Stuart Wall	2013-01	
8	7-121-17143-7	国际商务(英文版·第3版)	59	Stuart Wall	2012-06	
9	7-121-19595-2	运营管理精要(英文版)	49	Nigel Slack	2013-03	
10	7-121-19014-8	战略管理基础(第2版)	39.8	Gerry Johnson	2013-01	
11	7-121-25754-4	财务管理基础(第8版)	59.8	ArthurJ.Keown	2015-07	
12	7-121-20500-2	财务会计和报告(英文注释版·第15版)	69	Barry Elliott	2013-06	
13	7-121-23532-0	财务报表分析与解读——一种基于项目的方法(第6版)	49	Karen P. Schoenebeck	2014-07	
14	7-121-24994-5	布林克现代内部审计(第7版)	49	Robert R. Moeller	2015-03	
15	7-121-26102-2	微观经济学(第8版)	59	John Sloman	2015-06	
16	7-121-26260-9	宏观经济学(第8版)	65	John Sloman	2015-08	
17	7-121-20956-7	发展经济学(英文注释版·第11版)	69	Michael P.Todaro	2013-07	
18	7-121-21719-7	工程经济学(英文注释版.第15版)	65	William G.Sullivan	2013-11	
19	7-121-21471-4	金融学案例(双语版·第2版)	49.8	Jim DeMello	2014-01	
20	7-121-21416-5	市场营销学：真实的人，真实的选择(第7版)	69	Michael R.Solomon	2013-10	

华信经管创优系列

序号	国际书号	书　　名	定价	作　者	出版年月	奖项教辅
1	7-121-15293-1	财务报告解读与分析	45	张新民	2011-12	
2	7-121-24746-0	财务分析	42	陈星玉	2015-01	
3	7-121-17036-2	中国税制(第2版)	35	刘　颖	2012-06	北京市精品教材, PPT
4	7-121-22609-0	中级财务会计(第3版)	48	谢明香	2014-03	PPT
5	7-121-22976-3	中级财务会计(第3版)习题与解答	35	谢明香	2014-04	
6	7-121-25684-4	财务会计学(第2版)	42	高锦萍	2015-03	PPT，习题解答
7	7-121-26288-3	高级财务会计(第2版)	43	陈良华	2015-06	PPT，习题解答
8	7-121-25453-6	财务管理信息化(第2版)	39.9	王海林	2015-02	
9	7-121-24225-0	Excel 财务管理建模与应用	39	王海林	2014-09	
10	7-121-25720-9	会计信息系统——理论、技术与实践	39	杨　莹	2015-03	国家级特色专业、浙江省级实验教学示范中心成果教材, PPT, 实验视频、数据
11	7-121-23720-1	MBA 财务管理	45	鲁爱民	2014-07	
12	7-121-25740-7	管理学——原理与实践	39	张卓等	2015-06	

序号	国际书号	书　　名	定价	作　者	出版年月	奖项教辅
13	7-121-19323-1	创业管理(第2版)	45	梁巧转	2013-03	
14	7-121-25787-2	项目管理	36	楚岩枫	2015-04	
15	7-121-25703-2	投资项目评价	39	党耀国	2015-04	
16	7-121-23681-5	质量管理工程概论	38	李明荣	2014-07	PPT
17	7-121-25774-2	质量管理	33	方志耕	2015-05	
18	7-121-23205-3	质量可靠性理论与技术	35	王海燕	2014-05	PPT，习题解答
19	7-121-24022-5	服务质量管理	35	王海燕	2014-09	PPT
20	7-121-24694-4	质量工程试验设计	39	王海燕	2015-01	PPT，习题解答
21	7-121-25019-4	质量分析与质量控制	35	王海燕	2015-01	工信部“十二五”规划教材，PPT，习题解答
22	7-121-25018-7	质量统计学	35	王海燕	2015-03	PPT，习题解答
23	7-121-24923-5	管理运筹学	39	江文奇	2014-12	
24	7-121-25739-1	运筹学	30	党耀国	2015-04	
25	7-121-26907-3	管理数学实验	45	左秀峰	2015-09	
26	7-121-25759-9	系统工程方法与应用	36	周德群	2015-04	
27	7-121-25663-9	工业工程导论	38	蔡啟明	2015-03	
28	7-121-24925-9	工程经济学概论(第3版)	35	邵颖红	2015-01	
29	7-121-24302-8	生产物流系统建模与仿真	39	王建华	2014-09	多媒体资料、教师题库、学生题库
30	7-121-15877-3	管理控制：化战略为行动	55	罗　彪	2012-04	PPT
31	7-121-17177-2	管理信息系统：理论与应用	39	刘腾红	2012-06	
32	7-121-21237-6	管理信息系统	35	王北星	2013-09	
33	7-121-23860-4	管理信息系统	39	王　宇	2014-07	大连理工大学教学成果教材，PPT
34	7-121-26833-5	企业资源计划——ERP原理、应用与案例(第2版)	35	杨建华	2015-09	PPT
35	7-121-25057-6	ERP系统原理与应用	35	刘秋生	2015-01	PPT
36	7-121-17605-0	企业资源计划(ERP)：原理.实施.应用(第3版)	38	朱　江	2012-09	
37	7-121-17721-7	企业资源计划(ERP)原理及应用(第2版)	39.8	刘红军	2012-08	
38	7-121-25793-3	管理统计学	37	吴和成	2015-04	
39	7-121-21831-6	管理统计学(第2版)——基于SPSS软件应用	43	王雪华	2014-01	大连理工大学教学成果教材，PPT，习题解答
40	7-121-20619-1	电子商务概论(第3版)	39	张宽海	2013-06	PPT
41	7-121-25588-5	电子商务网络营销	38	王颖纯	2015-03	
42	7-121-18990-6	网络金融	39	秦成德	2012-12	PPT
43	7-121-21009-9	网络金融营销学	35	赵海军	2013-08	
44	7-121-21938-2	商务谈判学	35	袁其刚	2014-01	PPT，案例分析，视频
45	7-121-21993-1	商务谈判——理论与实务(第2版)	39.8	陈丽清	2014-02	PPT，浙江省精品教材
46	7-121-26325-5	国际贸易理论与实务(第2版)	46.5	李　宏	2015-06	天津市精品课教材，PPT
47	7-121-25589-2	国际经济学	39	张碧琼	2015-04	
48	7-121-16918-2	国际结算学新编	39	徐立平	2012-05	PPT
49	7-121-24807-8	进出口贸易实务案例及问题解答	48	李秀芳	2015-01	
50	7-121-13610-8	现代物流学	38	王　转	2012-06	PPT
51	7-121-20292-6	物流案例分析与实践(第2版)	39	张庆英	2013-05	PPT
52	7-121-26836-6	配送与配送中心(第2版)	39	王　转	2015-08	